KB108239

韓日關係 50年의 省察

아시아연구기금
(The Asia Research Fund)

도서출판 오래

발 간 사

　아시아연구기금은 1996년 설립 이래 한국과 일본 양국 간의 상호이해증진과 동아시아지역의 문화와 역사, 안보 및 경제발전 등과 관련한 학술적 연구 및 교류활동을 지원하는 공익사업을 수행해 오고 있는 민간 재단법인입니다. 특히, 지리적으로 인접하고 있는 한국과 일본의 두 국가 관계는 실로 오랫동안 정치 경제 문화 등 수많은 분야에서 서로 영향을 주고받은 역사를 공유해 오고 있습니다. 상호 이해증진과 협력을 위한 노력도 양국 사이에서 다양하게 전개되었지만, 때로는 그 동력이 좌절되어 갔던 시대도 있었습니다.

　2015년, 아시아연구기금에서는 한일 국교정상화50주년을 맞아 인접한 양국간의 50년 역사를 종합적으로 평가할 필요가 있다고 생각했습니다. 어느 한 편의 일방적 역사 평가가 아니라 양국의 중견 학자들이 참여하여 서로 의견을 주고받으며 토론하는 과정이 필요하다고 판단했습니다. 양국 지식인들의 격의 없는 토론 자체가 양국 상호이해증진의 가장 근본적 토대가 될 것으로 믿기 때문입니다.

　한일 양국관계의 역사는 단순히 정부간의 관계에 그치지 않습니다. 국가의 대외적 상호관계를 구성하고 있는 다양한 요인들, 즉 국내정치적 요소, 시민사회 및 정체성, 리더십 요인뿐 아니라 국제정치적 환경이 미치는 영향도 중요한 요인이기 때문입니다.

그 다양한 층 위에서 발생했던 요인들 중에서 어떤 동력들이 양국을 협력의 관계로 추동하였는지, 마찬가지로 또 어떠한 요소들은 그 협력 동인을 일정기간 좌절시키는 요인이었는지를 냉정하게 성찰할 필요가 있습니다.

이러한 목표로 구상된 '한일관계 50년의 성찰' 작업에는 한일 양국에서 16분의 학자가 참여를 했습니다. 2차례의 워크샵을 통해 같은 주제에 대해 교차방식으로 발표와 토론을 진행했고, 그 결과물을 이번에 저서로 출판하게 되었습니다. 우리 기금과 한일 양국 학자들의 노력이 한국과 일본 양국의 새로운 발전적 미래를 위한 작은 밀알이 되었으면 하는 바람입니다. 참여해 주신 학자분들께 깊은 감사의 말씀을 드립니다. 어려운 출판계의 사정에도 불구하고 흔쾌히 출판을 허락해 주신 출판사 오래의 황인욱 사장님께도 감사를 전하고 싶습니다.

2017년 2월

문정인(文正仁)
오코노기 마사오(小此木政夫)

차 례

Part 1. 정부간 협의와 결과

1. 한일기본조약의 의의와 한계

1.1 한일기본조약 체제의 회고와 향후 과제
니시노 준야(西野純也)

2. 고노 무라야마 담화

3. 한일공동선언

4. 남겨진 역사문제: 위안부·강제징용

Part 2. 대내외적 환경의 변화와 과제

5. 동북아시아의 정세변화

7. 정치와 미디어가 한일관계에 준 영향

7.1 일한 50년의 성찰 ─ 정치와 매스미디어
야쿠시지 가쓰유키(薬師寺克行)

7.2 한일 50년 성찰 ─ 정치와 미디어를 중심으로
신정화(辛貞和)

8. 시민사회의 변증법과 한일관계

8.1 시민, 민주주의, 사회
오구라 키조(小倉紀蔵)

8.2 한일 시민사회 교류 50년
이기태(李奇泰)

서문:
한일 국교정상화 50년 역사가 던지는 학문적 의미들

김기정(金基正. 延世大學)

2015년, 한일관계 50년을 뒤돌아보다

   2015년은 한국과 일본의 국교정상화 50년이 되는 해였다. 정부간 영역은 물론 학계와 문화계를 비롯한 민간영역에서도 실로 다양한 행사가 열렸다. 한국 외교부의 통계에 의하면 2015년 양국간에는 약 410여개의 50주년 관련행사가 개최되었다. 실제로는 이보다 더 많은 행사가 개최되었을 것이다. 50년이면 한 세기의 딱 중간이니 숫자가 주는 결절점에 특별한 의미를 부여하고 싶은 것은 한일간 문화인식에서 존재하는 공통적 반응일 것이다. 거의 모든 행사들이 지난 50년을 반추하면서 새로운 50년의 희망과 기대를 얘기하는 것으로 채워졌으리라고 예상하는 것은 그다지 어렵지 않다. 역사를 되돌아본다는 것은 역사적 의미를 다시 되새기면서 그 경과를 성찰한다는 뜻이다. 거기에 그치지 않고 희망을 교환한다는 것은 지난 역사가 여전히 미완의 요소들을 품고 있다는 뜻이며, 보다 더 깊게 더 넓게 양국관계를 만들고 싶다는 열망이기도 하다. 지리적으로 가깝게 위치한 두 나라의 오랜 역사를 생각한다면 이러한 성찰과 희망 역시 필연적 과정일 것이다. 아시아연구기금(ARF: The Asia Research Fund)의 "50년 성찰" 프로젝트도 이런 "필연적" 의미를 담은 학문적 기획이다. 어쩌면 2015년이었기에 이런 희망은 더욱 절실했는지도 모른다.

1965년 6월 22일, 한일기본조약이 조인되고 외교적 관계의 정상화를 선언했던 당시, 한국과 일본, 두 국가의 정부 수반은 박정희와 이케다 하야토(池田勇人)였다. 그 이전 20세기 초부터 오랜 기간 동안 양국간 불편했던 지배와 피지배의 역사, 1945년 이후 외교적 단절을 고려한다면 1965년은 한일 양국 역사에서 매우 중요한 결정의 지점이기도 했다. 지리적으로 인접한 두 국가가 맺어 왔던 실로 오랜 역사의 관점에서 본다면 1965년 당시 두 나라 정부의 정치적 결정은 필연적 과정이기도 했다. 정부간 관계만이 두 국가간 맺어져 있는 수많은 영역의 관계들을 독점할 수는 없다는 측면에서 더욱 그러했다.

그렇게 다시 출발했던 두 정부간 외교관계 50년이었다. 그러나 2015년은 국교정상화 이후 50년 양국관계 역사에서 가히 최악이라도 평가받았던 한 해였다. 우선 정부간 외교적 관계가 최저점이었다. 양국 정부의 수반은 박근혜와 아베 신조(安倍晋三)였다. 양국 정부가 몰두하고 있었던 외교적 쟁점과 전략에는 이격(離隔)이 뚜렷했다. 2012년 같은 해에 정부 수반으로 선출된 두 정치인이었다. 연령대도 크게 다르지 않았고 가문의 정치적 배경 또한 유사했지만, 외교적 케미컬은 교합이 불편한 정도로 악화되었다. 이전 정권에서 수시로 진행했던 정상회담, 셔틀외교는 돌연 실종되었다. 양국 학계와 언론들은 "역대 최악"이라는 표현을 서슴지 않았다. 위안부문제를 양국 외교관계 입구에 못박아둔 박근혜정

부의 외교적 경직성이 문제의 하나였고, 미국을 등에 업고 한국
따위는 안중에 없는 듯 미일동맹 강화 전략을 구사했던 아베정부
의 교만함도 문제였다. 두 국가의 정부관계가 비틀어지면서 보통
사람들의 상호인식도 더불어 악화되었다. 배타적 민족주의의 묵
은 감정이 되살아나 그 틈새에서 기승을 부렸다. 혐한론, 반일정
서가 2012년부터 2015년까지 양국관계를 대표하는 단어가 되었
다. 양국 언론의 논조도 여기에 편승했고 오히려 배타성을 부채질
하는 측면도 없지 않았다. 국가간 관계가 단순히 정부와 정부 사
이에 외교적 관계, 정권과 정권간의 관계만이 아니다. 박근혜-아
베 정권의 부조화에 가까운 조합은 양국 국민들간 감정을 악화시
켰다. 이 감정은 50주년을 지나면서 향후 한국과 일본의 국민들
에게 서로를 경원시했던 인식을 미래 어느 시점에서인가 다시 복
원해야 하는 부담을 주게 되었다.

  역대 최악이라 평가된 지점에서 한일 양국 외교관계사 반세
기를 다시 재조명해 보는 작업은 그래서 오히려 의미가 있어 보
인다. 그저 "잘 되어 갈 것입니다"(Everything will be alright)라는
풍의 통상적 외교적 수사(修辭)만을 반복하는 형식으로부터 탈피
할 수 있기 때문이다. 학문적 관점에서, 그리고 통찰력을 갖고자
하는 지식인의 관점에서 한일관계 50년사는 아주 중요한 관찰과
분석의 대상임에 틀림없다. 인접한 두 국가의 관계에는 실로 다양
한 영역들이 상호 연관되어 작동하고 있음을 다시 깨닫게 된다.
한일관계 50년사의 성찰 작업을 통해 우리는 국제정치의 가장 근
원적 질문을 다시 끄집어내 본다. 그것은 "국가간 우호와 협력이란
과연 무엇"이며, "어떤 요인들이 협력의 동력을 만들어 내는가?"

4

등의 본질적 질문이다. 동시에 "국가간 긴장과 갈등관계에는 어떤 요인들이 작동하는가?" 등의 질문은 국제관계의 본질과 성격, 작동 메커니즘에 관한 연구에 가장 근본적 질문과 맥을 같이 한다.

1965년 양국 정부는 새로이 외교관계를 설정하는 정치적 결정을 했다. 길고도 긴 양국관계의 오랜 역사를 생각하면 그 역시 필연적 의미를 가진 결정이었다. 1965년 양국 정부는 "한일기본 조약"(대한민국과 일본국간의 기본관계에 관한 조약)을 체결했다. 1951 년 이후부터 시작되었던 오랜 외교적 협상의 결과였다. 더불어 "어업협정", "재일교포의 법적 지위 및 대우 협정", "재산 및 청구권에 관한 문제의 해결 및 경제 협력에 관한 협정"도 함께 체결했다. 36년 일본의 식민지 지배의 역사 동안 파생되었던 제반 문제들을 어떤 방법으로, 어떤 인식하에서 해법을 찾고 새로운 국가간 관계를 설정하느냐가 당시의 고민이었을 것이다. 새로운 출발시점에서 셋팅한 제도들이 완성체가 아니었기 때문에, 1965년 양국의 정치적 결정은 향후 더 큰 완결성을 지향하는 약속과 같은 것이기도 했다. 1965년의 제반 결정들이 여전히 미완이라는 의미는 그 무렵은 물론이거니와, 지금까지도 제국주의 시대와 식민지 지배에 관한 역사적 인식문제에 양국 사이에 여전히 간극이 있기 때문이다. 1965년 양국 정부는 협력을 위한 더 많은 노력들을 이후 정부들과 국민들에게 과제로 남겼다. 그리고 50년, 미래를 위한 협력 노력들은 상당 부분 성취되었다. 정부와 민간 영역에서 발휘되었던 그 동력은 실로 대단한 것이었다. 이와 동시에 1965년 당시 잠복해 있었던 묵은 미완의 과제들도 표면 위로 드러났다. 시대의 변화에 따라 새로운 도전들도 나타났다. 갈

등의 요소들은 양국 정치사회에 전반적으로 잠복해 있었고 그것
들이 간헐적으로 표면화되면서 양국관계를 몇 걸음 뒤로 후진시
키기도 했다.

지난 50년을 되돌아보면 한국과 일본 양국 사이에는 협력과
갈등의 이중주가 끊임없이 연주되었던 역사였다. 협력의 동기와
요인들이 양국 관계를 미래로 진행시키는 동력이었다면, 갈등 요
인들이 드러나면 양국관계는 과거로 퇴보했다. 50년 동안 협력의
동력은 무엇이었고 갈등의 요인들은 어떤 조건 속에서 정치적 동
력을 가졌던가? 이 질문이 "한일관계 50년 성찰"의 핵심 테마였
다. 협력의 동력은 다양하게 포진되어 있고 상호 연계되어 있다.
이를테면 화해를 위한 상호 이해의 노력, 미래지향적 비전, 협력
과 안정 중심의 지역 미래상, 협력이 갈등보다는 국익추구에 도움
이 될 것이라는 자유주의적 판단과 기대감, 시장영역의 실제 이익
의 공유, 시민사회간의 교류, 문화적 접촉과 대화, 그리고 제반 조
약과 담화, 선언 형식으로 나타났던 역대 정부들의 미래를 향한
정치적 약속 등이 협력지향의 동력에 해당된다. 반면, 갈등의 동
력 또한 다양하고 상호연계되어 있음을 발견한다. 그것은 양국관
계의 진전을 제어(constrain)하는 동력이다. 이것에 해당되는 것은
장기적 비전보다는 현실이라는 이름의 단기적 판단, 배타적 민
족주의, 국가간 갈등의 설정으로 국내정치적 이익을 확대하려는
정치적 셈법과 욕망, 역사에 대한 상이한 해석과 인식, 증오와
폄하를 부추기는 황색 저널리즘, 적대적 균형논리에서 기인한
진영화의 대결논리 등이었다. 이 상반된 두 가지 동력들이 지난
50년 한일관계를 장식했다. 앞으로 진전시키기도 했고, 몇 발짝

6

퇴보시키기도 하면서 양국관계의 역사를 만들어 왔다. 2015년은 후자의 동력이 기승을 부렸을 시점이었다. 따라서 50주년을 기념하는 각종 행사들은 다소 우울하긴 했지만, 오히려 그 이유 때문에 미래지향의 협력동력들에 대한 기대감을 더 높게 만들었을 것이다.

아시아연구기금에서는 협력과 갈등의 50년사를 성찰하면서 크게 두 부분으로 주제를 나누었다. 하나는 지난 50년 동안 한국과 일본 두 국가의 정부가 합의하고 약속했던 협력과 갈등의 동력에 관한 것이었다. 정부간 합의는 두 국가의 관계의 제도적 토대와 같은 의미를 지니고 있다는 판단에서였다. 1965년 한일기본조약의 의의와 한계를 우선 검토했고, 고노 담화(1993년)·무라야마 담화(1995년)의 의미, 1998년 김대중-오부치의 한일 파트너십 공동선언도 제도적 진전의 하나로 다루었다. 그것이 등장하게 된 정치사회적 배경도 한일관계 50년을 이해하는 것에 매우 중요한 단서임에 틀림없다. 아울러 그것이 한국과 일본 사회에 각각 어떻게 인식되고, 해석되면서 수용, 혹은 제한적 수용이 가능했는지를 검토하고 싶었다. 이러한 제도적 진전에 더불어 남겨진 역사적 문제, 즉 위안부와 강제징용문제에 관한 양국 정부간 협의과정을 다루었다.

다른 하나의 주제는 정부간 외교관계 외의 영역에서 진행되었던 협력과 갈등의 동력들에 관한 것이다. 여기에는 한국과 일본을 둘러싼 동북아 국제환경 변화가 던졌던 도전에 관한 것을 주제에 포함시켰다. 북한 변수, 영토문제를 둘러싼 공방도 이 주제에서 다루었다. 또한 한국과 일본 양국의 내셔널리즘과 정체성의 정치가 어떤 영향을 미쳐왔는지, 그리고 한일 양국의 매스미디어의 시대 인식과 해석이 정부간 관계 및 시민사회 관계에 어떤 영향을 미쳤는지를 검토하고 싶었다. 마지막으로 시민사회들간 소통의 역사를 재조명하는 것도 연구 주제로 삼았다. 이러한 질문들에 대한 대답과 토론들이 이 책의 주제이자 주된 내용들이다.

한일관계 50년이 던지는 학문적 과제들

한일 국교정상화 50년이 진행되는 동안 그 역사적 경과를 관찰하면서 한국과 일본의 지식인들에게 많은 학문적 지성적 과제들을 가지게 되었다. 한일관계 50년 역사의 재조명을 통해 우리는 협력과 갈등이라는 두 가지 상반된 개념과 더불어 실로 다양한 주제들이 연계되어 있음을 발견하게 된다. 일반 국가로서의 관계 양식도 물론 있고, 한국과 일본이기 때문에 존재하는 특수한 관계도 작동한다. 보편성으로 바라보는 논제라면 동아시아 국제관계의 질서 양식이나 구조적 변동, 그 속에서 '합리적'으로 계산되는 국가이익의 교합과 충돌이라는 측면을 봐야 한다. 반면, 특수성의 입장이라면 상호인식이 여론이라는 영역에서 형성되고 수용되고 문화적 맥락을 고려하지 않을 수 없을 것이다. 50년간 작동해 왔던 양국의 국가이익에 관한 설명을 구성주의 관점에서 접근하여 설명한다면 보편성보다는 특수성 논제를 더 고려하게 될 것임에 틀림없다.

(1) 가까움(proximity)의 국제정치적 의미

한일관계 50년 역사가 국제정치 연구에 던지는 또 하나의 주제는 "가깝다는 것의 의미"(a sense of proximity)와 관련된 것들이다. 가깝다는 것은 국가간 관계에 차지하고 있는 지리적 조건에 관한 것이지만, 국가가 서로 이웃하고 있다는 것(neighboring countries' relations)은 비단 지리적 수치만의 문제는 아닐 듯하다. 안보영역의 민감성도 지리적 조건과 관련된 정치적 인식의 문제, 즉 지정학적 인식이다. 이미 오래전 19세기 말 제국주의 시대가 지배할 무렵 야마가타 아리토모(山顯有朋)의 '한반도는 일본의 심장부에 들이댄 칼과 같다'는 인식이나, 1969년 닉슨-사토 공동 커뮤니케에 등장하는 '한국의 안보는 일본의 안보에 사활적이다' 등의 표현은 모두 지리적 근접성에서 비롯되는 안보민감성 인식이다.

'국가들이 가깝다'는 말의 또 다른 의미는 문화적 유사성(cultural similarity)의 의미를 담고 있다. 한국과 일본은 고대로부터 동일한 문화권이었다. 문명의 이동경로도 그렇거니와 오랜 역사 기간의 문화교류를 통해 동일한 문화 양식을 공유해 왔다는 의미다. 동일한 문화권은 동일한 규범양식과 가치판단을 가능케 한다. 문화적 대화를 통해 동일한 의미권(sphere of meaning)을 형성할 수 있는 가능성이 그만큼 높다는 의미이기도 하다. 총균쇠의 저자 제레드 다이아몬드(Jared Diamond)는 고대로부터 작물, 식량생산 방식, 문화 등의 이동 통로의 관점에서 한일 양국의 오랜 역사적 관계를 관찰하였고 심지어 문자까지도 같은 시각에서 설명하였다. 그는 한일관계를 성장기를 함께 보낸 "쌍둥이"와 같다고 묘사한다.[1]

---

1) 제레드 다이아몬드, 『총, 균, 쇠』, 김진준 옮김, 문학사상사, 2013. pp. 625~644.

대중문화가 교류되기 시작한 1999년 이래 한국 내에서도 일본대중문화 애호가가 증가하였고 일본 내 한류 애호가가 폭발적으로 늘었다는 것은 양국 문화가 갖는 매력(attraction)의 대중적 수용성이 그만큼 유사하다는 의미일 것이다. 한국과 일본은 "가장 가까우면서도 가장 먼 나라"라고 불린다. 인종적 유사성은 물론, 문화적 유사성이 갖는 애증의 관계를 표현한 말일 것이다. 지리적으로 근접한 두 국가 사이에서 안보적 민감성은 안보 공통 이익을 어떻게 규정하게 만드는가? 문화적 근접성은 국가간 문화대화(cultural dialogue)의 방식에 어떤 영향을 미치는가? 이러한 논제들이 한일 50년사 재조명이 우리에게 던지는 학술적 과제들이다.

(2) 국제정치와 화해(reconciliation)의 문제

한국과 일본의 근대사에는 상처가 있다. 제국주의 시대가 남긴 유산이다. 한일간에는 역사가 단순히 과거의 기록으로만 존재하지 않는다. 역사 자체에 남겨진 상처는 그 시대를 살았던 사람들의 삶에도 상처로 남았고, 그 역사를 상기하고 재생산하는 후대의 사람들에게도 기억으로 남아 외교문제의 현안이 되고 있다. 이를테면 위안부문제, 교과서문제, 영토문제 등이다. 그러므로 기억의 정치학은 한일간 관계사 연구에 매우 중요한 학술적 논제가 되어 있다. 기억의 계승과 재생산의 동력, 그것이 작동하는 사회 내부적 메커니즘에 관한 주제뿐 아니라, 기억의 정치학이 한일 양국에서 각각 다르게 작동하는 패턴 또한 중요한 학술논제가 된다.[2] 이와 더불어 기억이 여론의 휘발성과 어떻게 맞물리는가에

---

2) 김상준, "기억의 정치학: 야스쿠니 vs. 히로시마", 「한국정치학회보」, 제39집 제5호(2005).

대한 것도 지난 50년 한일관계 역사가 우리에게 던지고 있는 국제정치학 연구의 테마가 된다.

역사문제가 제시하는 또 하나의 주제는 국가간 화해과정에 관한 것이다. 화해(reconciliation)는 갈등관계에 놓인 두 국가가 평화와 협력의 관계로 전환되는 중요한 매듭에 해당한다. 화해의 정치적 과정을 필요로 하는 갈등이란 대개 전쟁이거나 또는 식민지화 과정에서 맺어지는 지배-피지배의 관계다. 전쟁이나 식민지를 거치고 난 후 어떠한 과정을 통해 협력의 길로 전환되는 것에 화해의 국제정치적 의미가 있다. 국가간 화해는 다양한 종류들이 있다. 전쟁을 마무리하는 평화조약, 외교관계 수립 등의 제도적 화해가 있고, 배상, 보상 등을 포함한 물질적 화해가 있다. 그런가 하면 진정어린 사과와 소통 등을 포함하는 인식적 화해가 있다.[3] 지난 50년 한일관계에는 식민지 사죄와 청산, 배상과 보상 등 화해의 방도를 두고 끝없이 씨름해 왔다. 외교적 봉합은 있었으되 마음으로부터의 사과, 진정한 화해는 없었다. 국가간 화해는 무엇인가? 진정한 화해는 과연 가능한 일인가? 국가간 관계를 국가이익과 권력 외의 다른 요소들이 작동하고 있다는 점을 인정한다면 한일관계 50년 역사에서 국제정치의 화해를 어떻게 더 탐구할 것인가? 이러한 과제가 학술 주제로 남겨져 있다.

(3) 제도의 기능과 한계

한일관계 50년 역사가 우리에게 던지는 또 하나의 화두는 국가간 제도적 장치에 관한 것이다. 협력은 제도적 장치와 함께

---

3) 천자현, 「화해의 국제정치: 국가간 화해의 유형과 가해국 정책결정 요인 연구」, 연세대학교 대학원 정치학과 박사학위 논문(2012).

확장된다는 것이 자유주의 국제정치학의 신념이다. 제도는 국가 간 정치적 결정을 담은 약속이며, 동시에 국가 행위의 예측 가능성을 담보하는 장치이기도 하다. 국가간 제도적 장치 중의 하나는 다양한 이슈의 협력적 결과를 기대하는 기구(organization)이며, 정부간 체결된 조약도 중요한 장치의 하나다. 그보다 다소 무형적 성격을 띤 제도로는 선언이나 담화 형식이 있다.

한일관계 50년에는 실로 다양한 제도적 정치들이 작동했다. 협력을 위한 순기능적 역할을 제도들이 경제, 문화, 정치, 외교, 시민사회 등의 영역에 다수 만들어졌고 활발하게 작동해 왔다. 외교관계 정상화를 위한 조약들은 국가간 화해와 협력을 위한 필요충분조건이 되는가? 그 자체로 완결된 것이 아니라면 제도에 대한 또 다른 보완적 장치는 어떻게 모색되는가? 제도적 장치의 정치(定置) 이후에 나타나는 해석과 평가는 어떤 부분이 동일하고 어떤 부분은 상이한가? 동일한 해석은 어떤 과정들을 통해 재확인되고 계승되는가? 상이한 해석이라면 그것의 원인은 무엇이고 그것이 장래 갈등의 원인으로 작동하는가? 담화나 선언이 갖는 정치적 구속력은 어디까지인가? 한일관계 50년 역사에서 협력의 동력을 제공했던 과정에 다양한 제도적 장치들이 작동했음은 이론의 여지가 없다. 동시에 이러한 제도들이 국가간 관계에 미치는 영향과 한계 등에 대한 생각들도 한일관계를 통해 다시 고민해봐야 하는 국제정치학적 논제들이다.

(4) 국내정치와 외교문제, 그리고 정치 리더십문제

1945년 2차대전이 끝난 이후 유럽에서는 더 이상 전쟁으로 국가간 갈등을 해결할 수 없다는 신념이 시대적 담론이 되어갔다.

협력을 넘어 공동체로, 공동체를 넘어 통합으로의 길을 찾았다. 그 과정에서 유럽의 지도자들은 전쟁과 평화, 갈등과 협력에 관한 정치가라기보다는 사상가에 가까웠다. 그들의 정치적 신념이 담론을 이끌었고 시대의 진행방향을 결정했다. 그들은 그들을 선출했던 국내정치 기반 확대/보전에 연연하지 않았다. 단기적 셈법보다는 유럽이라는 지역의 먼 미래를 생각했다.

외교정책론 분야에서 갈등현상을 매개로 국제정치와 국내정치가 상호연관성을 가진다는 것은 이전부터 제기되어 왔던 터였다. 이를테면 "국내갈등의 외화현상"(externalization of internal conflict), 또는 "애국심 고양 현상"(rally-round-the-flag phenomena)도 이러한 주제에 해당된다. 국가가 국내 정치적 위기를 극복하기 위한 방편의 하나로 현존하는 국제정치적 위기구조를 악화시키고, 그러한 위기구조가 다시 국내 정치에서 민족주의 정서, 애국심을 통해 지지 세력을 동원하고 결집하는 갈등구조가 악순환적 형태를 띤다는 것이다. 결국, 국가의 행위는 정치적 책임을 가지고 있는 지도자가 국내정치적, 국제정치적 제약(constraint)의 환경 속에서 정책을 통해 정치적 이익을 추구하는 정치적 행위의 하나라는 점에서 이 두 영역은 필연적으로 상호관련성을 가진다.[4] 외교를 국내정치적 목적으로 활용한다는 평가는 한국과 일본의 특정한 정치인들에게 국한되는 말은 아니다. 외교적 이슈를 말하되 국내 지지자들을 주요 audience로 간주하는 경향이 있어 왔다. 민족주의 정서의 간극, 역사인식의 간극을 국내정치 목적으로 활용하려는

---

4) 국제정치학 연구는 궁극적으로 국제정치학과 비교정치 영역의 결합의 중요성을 중요하게 제기하고 있는 것도 이러한 이유에서다. Suzanne Werner, David Davis and Bruce Bueno de Mesquita, "Dissolving Boundaries," *International Studies Review*, Vol. 5, Issue 4(Dec. 2003).

셈법이었다. 지난 50년간 한일 관계의 진전을 저해하는 망언들은 그런 배경에서 수시로 튀어 나왔다.

이런 맥락에서 국가간 관계에 있어 정치 리더십이란 협력-갈등의 이중주 속에서 어떻게 작동하는가? 보다 규범적 질문으로 "바람직한 리더십"은 무엇이어야 하는가? 이 질문은 한일관계의 역사와 미래, 그리고 지역으로서 동북아 미래를 고려할 때, 매우 중요한 학술적 질문이다. 리더십 요인은 외교정책론 연구에 중요한 변수다. 정치지도자의 국제정치관, 역사관, 비전, 결단은 외교정책 변화의 핵심요인으로 작동하고 국내자원의 가용성을 결정하는 요인이기도 하다. 또한 관료정치적 갈등을 증폭시키기도 하고 경감시키는 요인이기도 하다. 더 나아가 이것은 학술적 질문이기도 하지만 동시에 양국 지성인들에게 주어진 규범적 질문이기도 하다.

한일관계 50년 재조명은 한일관계에 더 나아가 동북아 국제질서의 미래상을 제시할 담대한 리더십에 대한 희망을 더 간절하게 만든다. 정치지도자는 비전을 제시해야 한다. 대중들로 하여금 그 비전에 공감하게 만들고 그들의 에너지를 동원하는 기술이 정치 리더십의 핵심이다. 국가라는 정치 조직 속에서 진행되는 정치적 과정이지만 외부에 적을 만들고 적대감을 부추기는 방법으로는 단기적으로 국내정치 영역에서는 성공을 거둘지 모르나 지역정치를 더욱 대립으로 몰고가는 결과를 낳는다. 국경을 넘어 한일 양국 대중들의 공감을 얻는 정치 지도자의 리더십을 열망하게 만든다.

(5) 여론, 언론, 그리고 집단적 기억

지난 한일 양국 50년 동안 협력과 갈등의 양국사에 미친 언론의 역할은 무엇이었을까? 양국 대중들의 상호인식에 언론의 보도 태도는 어떤 영향을 미쳤을까? 이 주제는 이번 프로젝트에서도 심층적으로 다루어지긴 했지만, 후속 학문적 과제를 남긴다. 대중들의 정치적 선호도나 사회적 무드를 여론이라 부른다면 그것이 정책결정과정에 미치는 통로에 언론이 위치해 있다. 정치권력과 언론의 관계는 다양하다. 정권에 대한 비판과 견제의 역할도 수행하는가 하면, 공생관계 또는 유착관계를 형성하기도 한다. 또는 언론이 통치기구의 일부로 작동하는 경우도 있다.

언론은 사실(facts)에 대한 해석을 설계하는 소위 "틀짓기 효과"(framing effect)로 그 자체가 권력적 능력을 행사하기도 한다. 그 틀에 의해 대중들의 인식의 윤곽이 결정되는 경향이 있기 때문이다. 언론이 여론을 주도한다는 설명은 그런 의미를 가진다. 언론이 여론을 주도할 수 있다는 자인식은 자칫 그들의 권력 욕구를 자극한다. 민주주의 정치체제에서 간혹 언론을 권력의 제4부로 간주하는 것도 그런 인식 경향 때문이다. 그럴수록 국가관계 진전에 언론의 영향은 매우 중요하다. 양국관계를 협력의 동력을 자극할 수도 있고 갈등 동력을 증폭시킬 수도 있다. 그런만큼 정치적 결정을 평가하는 언론의 입장은 지성적 관점, 역사적 시각에 입각해야 한다. 이 역시 규범적 관점에서 제시되는 논변이다. 사회의 지성집단이 객관적 시선을 갖는다는 것의 의미, 미래지향적 가치를 가진다는 것의 의미를 다시 생각하게 된다. 언론인뿐 아니라 학자들을 포함한 사회 전반의 지성의 역할에 관한 고민이기도 하다.

　　보다 분석적 관점에서는 언론과 집단적 기억의 작동 메커니즘에 관한 주제를 생각할 수 있다. 대중들의 집단 기억은 그 자체가 유지, 계승, 통제, 변용되는 다양한 기제들이 존재한다. 그러나 그것이 여론으로 분출될 때는 정치적 의미를 가진다. 여론은 대중들의 정치적 성향이나 정책적 선호뿐 아니라 분노, 두려움, 혐오, 우호적 친밀성 등 정서적 판단도 포함되어 있다. 여론의 정서적 판단에 집단기억이 작동한다. 문제는 그 발화의 메커니즘에 관한 것이다. 정치인들의 대중의 정치적 동원을 위한 행동이나 언술도 발화의 요인이다. 더불어 언론의 보도 경향도 집단기억의 정치적 발화에 매우 중요한 요인임을 생각하게 된다.

이 책의 집필방향

　　아시아연구기금의 프로젝트는 주제별로 한국과 일본 양측에서 같은 수의 학자들, 언론인이 참여했다. 해당 주제에 맞는 글을 쓰고 제출하는 것에서 그치지 않고 두 차례의 워크숍을 통해 의견들을 교환하고 토론하는 방식이었다. 지적 대화를 위한 작업이었다. 해당 주제에 관한 한 측 학자의 집필에 대해서 다른 측 학자들이 평론하고 코멘트를 주는 방식, 즉 교차 토론 방식을 택했다. 하나의 주제에 대해서 사실상 한국과 일본 양측의 입장을 모두 수록하고 싶었기 때문이다. 동일한 시각도 의미가 있고 상이하다면 상이한 해석을 수록해 두는 것도 의미가 있다고 봤다. 그러한 작업이 얼마나 성공을 거두었는지는 아직 미지수다. 오로지 독자들 판단의 몫으로 남겨두려 한다.

Part 1.
정부간 협의와 결과

1.
한일기본조약의 의의와 한계

1.1
한일기본조약 체제의 회고와 향후 과제

니시노 준야(西野純也. 慶應義塾大学)

Ⅰ. 위기에 직면한 1965년 체제

2015년 12월 28일 한일 양국 정부는 한일관계의 최대 현안이었던 위안부문제에 대해 "최종적 및 불가역적으로 해결될 것임을 확인"한 합의를 발표했다. 국교정상화 이후 최악이라고 평가될 정도로 악화된 양국 관계는 국교정상화 50년이라는 분기점에 한일관계개선을 위한 전기를 만드는 데 성공했다. 그러나 본 합의에 대한 한국 내 반대여론의 존재는 향후 한일관계의 발전궤도 진입이 쉽지 않을 것을 보여준다.

본래 기념비적이었을 국교정상화 50주년을 맞이한 한일관계에 무슨 일이 일어난 것인가. 주지하는 바와 같이 아베 총리와 박근혜 대통령 사이의 상호불신이 양국관계 악화의 주요 원인 중 하나였다. 2015년 초반 전문가들 사이에 '정상회담 없는 정상화'라는 평가와 함께 아베 정권 및 박근혜 정권 기간 중 정상회담 개최는 단념하고, 그 외의 분야에서 한정적으로나마 관계개선을 모색하는 방법밖에 없다는 비관론이 만연했다. 다행히 서울에서 열린 한중일 정상회담을 계기로 앞선 11월 2일에 한일정상회담이 실현되었다. 2012년 5월 이명박 대통령과 노다 요시히코 총리 회담 이후 3년 만의 정상회담이었다. 본 회담이 계기가 되어 2015년 말 위안부합의가 이루어졌고, 다음 해인 2016년에 한일 양국 지도자간의 신뢰관계도 빠르게 회복되었다.

그러나 한일관계 악화의 원인이 지도자 레벨에만 존재하는 것은 아니다. 최근 몇 년간 한일 양국에서는 정치지도자뿐만 아니라 정치, 외교, 사회 등 다양한 레벨에서 상호불신이 심화되는 부(負)의 스파이럴, 즉 관계악화의 악순환이 이어졌고, 이와 같은 악순환에서 벗어나기 위해서는 많은 시간과 노력이 필요할 것이다.

지금까지의 한일관계를 되돌아 보면 한일 양국의 정권간에 긴장관계가 형성되어도 지도자와 뜻을 같이하는 측근들이 교섭채널을 통해 난국을 헤쳐나가는 역할을 수행해 왔다. 그러나 한일간의 역사인식문제 및 영유권문제와 같은 현안에 대해 양국여론이 격화됨에 따라 비공식 교섭채널도 제 기능을 하지 못하게 되었다. 한일관계가 '국내정치문제화'되었기 때문이다. 과거 한일관계에서 일정한 역할을 수행해 온 한일협력위원회와 한일의원연맹 등의 양국 지도층간의 네트워크도 현재로선 한일 양국의 현안문제 조정을 위한 능력을 발휘하지 못하고 있는 실정이다.

한일관계의 내정문제화는 외교당국간 채널에도 악영향을 미쳤다. 과거 양국 지도자간에 의사소통이 부족해도 양국의 외교당국이 한일관계개선 및 발전을 위해 함께 노력하며 양국관계 발전을 위한 기초를 유지해 왔다. 그러나 최근 몇 년 동안은 외교당국간의 신뢰관계도 예전만큼 강하지 않고 오히려 약화되고 있는 상황이다. 이는 결국 역사인식문제와 영유권문제를 둘러싼 격렬한 비난전으로 인해 한일 외교당국간에도 상호불신과 피로감이 쌓여가고 있기 때문일 것이다.

사회레벨에 존재하는 위기도 심각한 원인이다. 한국언론은 일본사회의 심각한 우경화 경향을 보도하며 한국민의 일본에 대한 부정적 인식형성에 영향을 주었다. 일례로 2014년 2월부터 3월까지 아사히신문이 실시한 한중일 3국 여론조사에 의하면 '일본이 전후 약 70년간 평화국가의 길을 걸어왔는가'라는 질문에 대해 19%가 '그렇다', 79%가 '그렇지 않다'고 답했고, '이후에도 평화국가의 길을 걸을 것이라고 생각하는가'라는 질문에 대해 82%의 응답자가 '걷지 않을 것'이라 답했다(아사히신문 2014년 4월 7일).

이뿐만이 아니다. 한국사회에서는 한일관계 그 자체에 대한 재검토를 요구하는 인식이 주를 이루고 있다. 이는 김대중-노무현 대통령 재임기인 진보정권 10년을 통해 한국사회의 이념적 스펙트럼이 확대되고 진보세력의 영향력 확대에서 비롯되었다. 진보세력은 박정희 정권이 추진한 일본의 충분한 사죄와 보상이 부재한 한일국교정상화를 중대한 문제로 지적해 왔다. 이러한 인식이 오늘날 한국사회의 주된 인식으로 자리잡고 있는 것이다. 2011년 8월에 내려진 위안부문제에 관한 헌법재판소 판결과 일제 강제징용 노동자의 개인청구권을 인정한 2012년 5월 대법원의 판결은 오늘날 한국사회의 변화된 인식을 보여 주는 사례이다.

역으로 이와 같은 한국의 대일인식변화는 일본인의 한국에 대한 부정적인 감정형성에 영향을 미쳤다. 이를 단적으로 보여주는 사례는 일본 내각부에서 매년 실시하는 외교에 관한 여론조사 결과에서 찾을 수 있다. 한국에 '친밀감을 느낀다'는 응답은 오부치 게이조 총리와 김대중 대통령의 한일공동선언이 이루어진 다음 해인 1999년 이후 계속해서 '친밀감을 느끼지 않는다'는 응답을 상회하며 2009년에는 '친밀감을 느낀다'는 응답은 과거 최고치인 63.1%에 달했다. 그러나 2012년에는 같은 응답자의 수가 39.2%까지 급락했고, '친밀감을 느끼지 않는다'는 응답자가 59%로 역전했다. 2014년에는 '친밀감을 느낀다'가 31.5%, '친밀감을 느끼지 않는다'가 66.4%로, 모두 1978년 첫 여론조사 실시 이후 과거 최저/최고 수치를 기록했다. 일본여론이 연일 계속해서 한국의 일본비판과 '중국경사' 등을 '반일'행동으로 간주하여 보도하는 것 또한 일본국내의 혐한정서를 조장하는 데 일조했다. 2016년 1월에 이루어진 조사에서도 '친밀감을 느끼지 않는다'고 답한 응답자 수가 64.7%로 앞선 조사와 마찬가지로 여전히 높은 수치를 유지하고 있다.

유감스럽게도 1998년 한일공동선언 이후 한일 양국이 중시해 온 "한일 양국의 과거를 직시하고 상호이해와 신뢰에 기반하는 관계"는 국교정상화 50주년을 맞이한 지금, 깊은 상처를 입게 되었다. 한일 양국은 상호간 부정적 평가와 그에 대한 반발이 불러 일으키는 부(負)의 스파이럴에서 벗어나야 한다. 이를 위해서는 '우경화'와 '반일'이라는 수식으로 상대방에 대한 비난을 계속하는 것이 아닌 지금까지 걸어온 한일관계의 길을 보다 냉정하고 객관적으로 평가하는 것에서부터 시작해야 한다.

한일국교정상화 50주년의 분기점이기도 한 2015년은 전후 한일관계의 출발과 지금까지 걸어온 길을 되돌아 보며 이를 바탕으로 향후 50년 나아가서는 100년 대계를 준비할 수 있는 절호의 기회이다. 본 프로젝트 「한일관계 50년의 성찰」은 과거 한일관계의 50년을 되돌아보고, 2012년 이후 쌓여온 상호불신의 연쇄를 끊음과 동시에 50년간 함께 노력하여 구축해 온 한일 양국의 협력관계를 보다 더 발전시켜 가기 위한 지적 작업이다.

본고에서는 1965년에 성립된 국교정상화의 재검토를 통해 향후 한일관계 발전을 위한 과제와 전망을 제시하고자 한다. 이른바 '1965년 체제'에 대해 살펴본 후, 체제성립과정의 구조적 제약을 검토하겠다. 그 다음에 국교정상화교섭(이하 한일회담)의 주요 쟁점들에 대해 고찰하고 마지막으로 2015년 말 성립된 위안부합의를 중심으로 향후 과제들에 대해 생각해 볼 것이다.

Ⅱ. 1965년 체제의 성립

한일 양국정부는 약 14년간의 한일회담을 거쳐 1965년 6월 기본조약 및 제 협정에 조인했다. 한일회담은 1951년 10월 예비교섭을 개시한 이래로 중단과 재개를 반복하며 제7차 회담에 이르러 최종타결에 합의했다. 기본조약은 한일 양국국회의 비준을 받아 65년 12월에 발효되었다. 1945년 일본이 한반도에서 물러난 이후 20년 만에 양국간 국교가 수립된 것이다.

한일 양국 관계정상화를 규정한 기본조약 및 4개의 협정─청구권 및 경제협력협정, 어업협정, 문화재협정, 재일한국인 법적지위협정— 그리고 분쟁해결에 관한 교환공문이 국교정상화의 골자가 되었다. 이들 합의를 바탕으로 1965년 이후의 한일관계의 발전이 이루어졌고, 이러한 전후 한일관계는 '한일기본조약체제' 또는 '1965년 체제'로 불리어 왔다.

1950년대 이승만 정권은 강경한 대일자세를 취하고 국교정상화에 대해서 신중한 태도를 견지했지만 60년대 박정희 정권이 성립하면서 양국간 교섭은 가속화되었다. 교섭 가속화의 이유는 다양하지만 당시 한국의 사정에서 본다면 1950년대 말 미국의 대한원조가 감소함에 따라 박정희 정권이 일본으로부터 자금도입이 필요하다는 것을 강하게 인식한 것이 중요한 요인으로 작용했다. 박정희 집권 이전인 장면 정권기에도 일본과의 관계개선을 위해 노력했지만 장면 정권은 불과 10개월밖에 유지되지 못했고, 난관을 거듭해 온 일본과의 교섭을 타결시킬 만한 정치적 리더십이 부재했다. 반면 박정희 정권은 강력한 리더십을 발휘하여 일본과의 국교정상화를 추진하여 실현시켰다. 그러나 국내에서 일어난 한일국교정상화 반대운동을 강권정치로 진압한 것은 이후 한일관계에 대한 한국 내 부정적인 여론형성에 영향을 미쳤다.

한편 일본에선 자민당 중심의 보수세력이 한국과의 국교정상화에 찬성했지만, 식민지배에 대한 인식차이는 결국 한일회담에서 양국간 대립의 주요원인이 되었다. 사회당 등의 혁신세력은 북일관계를 중시하였고, 박정희 군사정권에 대한 비난과 더불어 한일국교정상화는 미국 중심의 동북 아시아 군사기구창설로 이어진다는 점을 들어 한일국교정상화에 반대했다(辛貞和 2000).

결국 자민당 정권은 한일국교정상화에 앞서 일본의 한반도 식민통치에 기인하는 청구권명목의 자금 거출은 인정하지 않았지만, 경제협력의 명목으로 무상 3억 달러, 유상 2억 달러, 민간차관 3억 달러를 제공하여 박정희 정권의 기대에 부응했다. 한국정부는 일본으로부터의 자금을 이용해 경부고속도로와 소양강댐, 포항종합제철소를 건설하여 고도경제성장의 토대를 만들었다.

그러나 알려진 바대로 일본이 제공한 청구권자금/경제협력자금의 대부분이 사회간접자본 및 기간산업건설에 투입되어 개인에 대한 보상은 충분히 이루어지지 못했다(경제기획원 1976). 최근에 다시금 새로이 현안문제로 부상하고 있는 일제 강제노동자/징용공 개인보상에 관한 문제에 대해, 박정희 정권이 한일국교정상화 이후 국내 개인보상문제를 경시했다는 점에서 이 문제에 관한 이의신청이 끊이지 않는 원인을 찾을 수 있다. 2005년 노무현 정권기에 이루어진 한일회담 문서공개를 통해 밝혀진 사실 중 하나는 한국정부가 청구권문제 해결을 위해 책임을 가지고 대응했어야 한다는 점을 정부 스스로가 인지하고 있었다는 것이다. 이를 인지하고 있었음에도 불구하고 개인에 대한 보상이 충분히 이루어지지 않았다는 것은 개인보상문제와 관련하여 한국정부의 책임이 적지 않다는 것을 의미한다. 그러나 또 다른 한편으로 고도경제성장 이전인 1960년대 당시의 한국경제를 생각하면 한정된 자금을 분산하지 않고 대규모 경제 프로젝트에 집중적으로 투입하여 경제발전을 실현한 공적을 과소평가해서도 안 될 것이다.

또한 박정희 정권은 냉전이라는 국제환경을 경제발전을 위한 기회로 이용하여 일본으로부터 대규모 경제협력을 이끌어냈지만 일본의 대한경제협력은 한일간의 역사문제를 봉인해 버린 측면이 존재한다. 당시 한일국교정상화는 한일간의 역사 화해를 무시한 채 이루어진 것이다(이원덕 1996).

결과적으로 한일간의 역사문제에 대한 진지한 대화는 국교
정상화로부터 33년이 지난 1998년 10월 김대중-오부치 한일공
동선언의 성립으로 실현되었다. 당시 오부치 총리의 "일본이 과
거 한때 식민지 지배로 인하여 한국민에게 다대한 손해와 고통
을 안겨 주었다는 역사적 사실을 겸허히 받아들이면서 이에 대
해 통절히 반성하고 마음으로부터 사죄한다"는 역사인식 표명과
전후 일본의 발자취에 대한 김대중 대통령의 긍정적인 평가가 본
선언에 명기된 것이다. 그러나 1990년대 이후에는 위안부문제가,
2000년대에는 일본총리의 야스쿠니 신사 참배문제가 현안이 되어
역사문제는 여전히 한일관계 속에서 오늘날에도 반복되고 있다.

Ⅲ. 1965년 체제의 구조적 제약

한일관계에 관한 연구 중에서도 국교정상화에 관한 연구는
가장 많은 연구업적과 성과를 보유하고 있다. 특히 2005년 한국
정부가 한일회담 관련 외교문서를 공개하고 이어서 일본측이 외
교문서 자료를 공개하면서 관련연구가 더욱 활발히 이루어졌고,
최근 들어 해당 연구성과가 한일 양국에서 차례로 발표되고 있다
(李鍾元·木宮正史·浅野豊美 編著, 2011a, 2011b; 木宮正史·李元德 編, 2015).
여기서는 최근 연구성과를 바탕으로 한일기본조약체결 당시의 시
대배경에 대해 고찰해 본다. 한일회담은 1951년 10월 예비회담을
시작으로 1965년 6월 조인에 이르기까지 약 14년의 세월이 소요
된 매우 어려운 교섭이었다.

(1) 한일 양국간의 압도적인 국력 차이

한일회담이 시작된 1951년, 일본은 연합국과 샌프란시스코 강화조약을 체결하며 패전 후 연합군 점령상태에서 재 독립하게 되었다. 한편 한국은 샌프란시스코 강화회의 참석을 원했지만 실현되지 않았고, 일본과의 직접적인 당사국간 교섭을 통해 전후 한일관계 설정에 착수하게 되었다. 한국이 강화회의에 참가할 수 없었던 이유는 제2차세계대전 종전 당시에 일본치하의 상태였기 때문이다. 제2차세계대전 이후에도 식민지를 보유하고 있던 영국이 한국의 참가를 부정적으로 생각했다는 점에서 알 수 있듯, 샌프란시스코 강화조약에 의한 일본의 재 독립은 일본통치하에 있었던 한국의 탈 식민지화와 분리되어 이루어진 것이다.

더욱이 냉전의 시작과 함께 '역 코스'를 취한 미국의 대일정책으로 인해 일본은 '관대한 강화'의 혜택을 누리며 다시금 '강한 일본'의 성립에 대한 기대와 함께 점령 상태에서 독립하게 되었다. 또한 제2차세계대전으로 황폐해졌지만 일본은 20세기 전반 대국의 지위를 향유한 경험을 가진 나라였다. 이에 비해 한국은 해방 후 3년간의 미군정을 거쳐 1948년 8월에 독립한 신생국가였을 뿐만 아니라 1950년 6월 이후 진행중이었던 한국전쟁으로 인해 한국국토는 황폐한 전장이 되어 있었다. 일본은 패전국이 되었지만 한일회담이 시작된 당시 한일 양국의 국제사회에서의 존재감과 국력의 차이는 압도적이었고 한국은 어려운 조건 아래 교섭을 진행해야 하는 입장이었다.

한일회담의 장기화가 예견되는 가운데 일본은 전후 부흥과 고도경제성장을 실현시켰다. 첫 경제백서를 통해 "더 이상 전후가 아니다"고 선언한 1956년 일본은 일소공동선언을 발표하며 소련과 국교정상화에 합의했고 유엔에 가맹하며 명실공히 국제사회의 일원으로서 복귀하게 되었다. 또한 1964년 도쿄올림픽개최와 OECD가맹은 전후 일본의 경제성공을 상징하는 일이었다. 14년간의 한일회담 기간중 일본의 국력은 더욱 크게 신장했다.

그에 반해 한국은 1953년 한국전쟁 휴전 이후에도 미국의 경제적 지원에 의존하는 대미 의존적 원조경제체제하에서 경제적 테이크 오프에 성공하지 못한 상태였다. 이후 1960년대에 들어와 한국은 미국의 원조삭감으로 인해 더욱 곤란한 경제상황에 직면하게 되었다. 즉 1960년대 전반기의 한일 양국은 대조적인 경제상황 속에 있었고, 양국의 경제력에도 막대한 차이가 존재했다. 이러한 경제력의 차이가 경제협력방식을 통한 한일국교정상화를 가능케 한 배경요인이 되었다.

경제력뿐만 아니라 한일 양국의 외교력 차이도 한일회담에 영향을 미쳤다는 시각 또한 최근의 연구를 통해 분석되고 있다. 패전 이전 강대국으로서 국제무대에서의 풍부한 외교경험을 가진 일본과 국제무대에서의 외교경험이 전무하다시피한 신생국가로서의 한국, 더욱이 국가운영을 담당하는 인물들 또한 외교경험이 적은 장교출신이 많았던 박정희 정권의 대일교섭은 열세적 위치에서 이루어졌다 해도 과언이 아니다. 박정희 대통령과 이케다 하야토 총리의 정상회담, 김-오히라 메모로 유명한 김종필 중앙정보부장과 일본외상 오히라 마사요시 회담, 기본조약에 조인한 이동원 외무부장관과 시이나 에쓰사부로 외무대신 회담 등의 사례에서 알 수 있듯이, 한국측 대표들이 30-40대의 비교적 젊고 정치외교경험이 적었던 것에 비해 일본은 외교경험이 풍부하고 노련한 정치가들이 교섭을 담당했던 것이다. 더욱이 해당교섭을 담

당하는 한일 양국의 외교부에도 외교경험의 차이가 분명히 나타
났다. 그러나 1965년 한일회담을 타결로 이끈 박정희 정권의 대
일외교를 '졸속했다'고 평가할 것인지 혹은 수많은 제약 속에서도
'선전했다'고 평가할 것인지 두 개의 대조적인 시각이 존재한다.
박정희 정권이 국교정상화를 서두른 가장 큰 이유는 한국경제발
전에 필요한 자금을 일본에서 도입해 오는 데 있었고 이에 성공
했다. 그러나 이와 동시에 대다수의 한국민이 바랐던 식민지통치
에 대한 사죄를 받아내는 데에는 실패했다.

(2) 미국의 동아시아 냉전정책

한일기본조약체결의 또 하나의 중요한 시대배경은 냉전과
미국의 동아시아 전략이다. 이종원의 연구를 시작으로 다양한 연
구가 밝혀낸 바와 같이 한일국교정상화 교섭은 한일 양국간의 교
섭이 아닌 미국을 포함한 한·미·일 삼국간의 교섭이었고, 냉전이
라는 국제환경 속에서 미국의 동아시아 전략이 한일회담의 진행
방향을 크게 좌우했다.

그러나 미국의 동아시아 전략에 의해서만 한일국교정상화가
성립되었다는 분석은 너무 성급한 판단이다. 한일회담관련 외교
문서공개 이후의 연구들이 밝혀낸 바와 같이 한일회담 과정에서
미국의 영향력이 한일 양국에 일방적으로 행사되었다기보다는 한
일이 각자의 의도대로 미국의 관여를 유도하거나 거부하는 식의
보다 복잡한 전략이 구사되었다고 이해할 수 있다(이종원).

미국의 관여는 한일회담개시와 함께 보다 분명하게 나타났
다. 1951년 10월 도쿄에서 시작된 예비회담은 연합국총사령부
(GHQ)의 주선에 의한 것이었다. 당초 한국은 일본에 비해 열세에

놓여 있던 협상력을 보강하기 위해 미국의 관여를 필요로 했다. 그러나 일본은 주권을 회복한 후에 한일간 현안을 처리하길 바랬기 때문에 초기회담에서는 구체적인 진전이 보이지 않았다. 1952년 본회담이 시작된 이후에도 '이승만 라인/평화선' 선포와 일본 어선의 나포, '구보타 망언' 등으로 인해 한일 양국은 첨예하게 대립했고 양국 사이에서 미국의 중재도 큰 역할을 수행하지 못했다.

그러나 1950년대 한일회담이 지연된 이유는 한일 양국의 대립만이 아니었다. 한국전쟁을 계기로 한국에 대한 미국의 관여정책이 분명해지자 한국은 미국의 대규모 부흥원조를 기대하며 일본과의 관계를 조기에 회복할 필요성을 느끼지 못했다. 일본 또한 미국의 대한원조정책으로 인한 부흥특수의 혜택을 누리며 한국에 대한 경제적 이해가 미국을 매개로 실현된 상황에서 대한교섭에 의욕적이지 않았다. 즉 한국전쟁 이후 한국에 대한 미국의 관여정책은 한일교섭의 동력을 오히려 약화시키는 역할을 수행한 것이다(李鍾元 1994a).

1960년대에 이르러 한일회담의 타결이 추진된 배경에도 미국의 동아시아 정책이 깊이 연관되어 있었다. 베트남 정세에 대한 관여를 확대해 나가던 미국은 한국에 대한 원조를 삭감함과 동시에 해당 원조정책의 임무를 일본이 수행해 줄 것을 기대했다. 한일국교정상화 실현과 일본자금의 한국도입을 도모하기 위해 미국의 대외정책 중에서도 한일관계는 높은 우선순위가 되었다. 이러한 미국의 동아시아 정책에 박정희 정권도 적극적으로 호응했다.

한일회담의 최대쟁점이었던 청구권 금액문제를 사실상 타결시킨 1962년 11월 '김-오히라 메모'의 '무상원조 3억 달러, 유상차관 2억 달러, 상업차관 1억 달러 이상'의 내용에 한일 양국이 합의하는 과정에서도 미국이 중요한 역할을 수행했다. 도쿄와 서울의 미국대사관은 한일 양국과 긴밀히 연락하며 구체적인 금액을 언급하는 등 양국간 조정을 관리하고 타결을 이끌어낸 것이다(李鍾元 2011). 그 후 한국 내에서 반대운동이 일어나고 한일회담이 정체되자 미국은 한국 내 반대파에 대한 설득과 압박을 통해 국교정상화에 장애가 되는 요소들을 제거하기 위해 노력했다(李鍾元 2014b).

미국의 동아시아 냉전정책이 커다란 추진력이 되어 한일국교정상화를 실현시킨 결과, 원래대로라면 한일교섭을 통해 해소되었어야 하는 일본의 한반도통치에 대한 인식 차이는 미해결인 상태로 남게 되었다. 미국으로서는 한일간의 역사 화해보다 한일국교정상화에 의한 일본의 대한경제협력추진과 그에 따른 자국의 부담경감이 중요했던 것이다.

Ⅳ. 한일회담 주요쟁점 및 이후의 전개

1951년부터 65년까지 14년에 걸친 한일회담은 다양한 분야의 많은 쟁점을 다루었고, 특히 이하의 세 가지 ① 일본의 한반도통치에 대한 인식과 청구권문제, ② 한국의 관할권 범위, ③ 독도/다케시마 영유권문제를 둘러싼 양국의 주장이 격렬하게 대립했다.

첫째로 가장 극심한 대립을 보인 쟁점은 일본의 한반도통치에 대한 인식 차이와 청구권문제이다. 한국측은 1910년 8월 "한국병합에 관한 조약"(한일합병조약) 체결은 일본측의 강제에 의한 것으로, 이후의 식민통치와 함께 조약체결은 당초부터 "불법적이고 부당"한 것이라고 주장했다. 이에 대해 일본측은 합병조약체결 및 통치는 "합법적이고 정당"한 것이라는 주장으로 한국측의 주장을 정면에서 반박하며 한국과 대립했다. 1948년 8월 한국정부수립을 일본에 의한 강제적 식민지배로부터의 독립이라 주장하는 한국과, 샌프란시스코 평화조약에 따른 일본으로부터의 영토분리임을 주장하는 일본간의 간극은 심각했다. 결국 합병조약 무효를 확인하는 한일기본조약 2조에 "이미 무효"라는 표현이 삽입되었지만, 한국측은 이를 1910년 당시의 조약체결 그 자체를 무효라고 주장하는 "원천무효"로 해석하는 반면, 일본측은 한국정부수립과 함께 합병조약이 무효가 된다고 해석하고 있다. "이미 무효"라는 표현에 대한 해석 차이는 역사인식문제의 원형으로 오늘날에도 양국 정부간의 해석 차이는 여전히 계속되고 있다.

그러나 합병조약체결에 관한 일본측의 인식이 1965년 국교정상화 당시와 현재에 이르러 상이하다는 점에 유의해야 한다. 합병조약이 유효했다는 점에 대해서는 일관되게 효력이 존재한다고 주장하지만, 조약체결은 한국측의 "뜻에 반하여" 이루어진 "부당한 것"이었다는 입장을 취하게 되었다. 즉 합병조약은 "합법적이고 정당한 것"이라는 인식에서 "합법적이지만 부당한 것이었다"는 인식으로 변화한 것이다.

이와 같은 일본의 변화된 인식을 가장 잘 보여주는 사례로 2010년 8월, 한일 강제병합 100주년의 분기점에 발표된 간 나오토 총리의 담화를 들 수 있다. 간 담화문은 "삼일운동과 같은 격렬한 저항에서 알 수 있듯이 정치적·군사적 배경하에 당시의 한국인들은 그 뜻에 반하여 이루어진 식민지 지배에 의해 나라와

문화를 빼앗기고 민족의 자긍심에 깊은 상처를 입었다"고 하였고, 당시 이명박 대통령은 간 담화문의 가치를 높이 평가했다. 그러나 한국 국내에서는 여전히 일본측이 합병조약의 원천무효를 인정하지 않고 있다는 점에 대한 불만의 목소리도 존재했다.

합병조약체결에 대한 인식 차이는 한일회담 중 청구권문제를 둘러싼 논쟁에도 그대로 반영되었다. 예를 들어 1953년 10월 일본측 교섭대표는 일본의 한반도 통치는 한국을 위한 것이었다고 발언했다. 이른바 '구보타 망언'은 한국측을 격노하게 만들었고, 이로 인해 한일회담은 재개되기까지 약 4년간 중단되었다. 한일회담 재개 이후에도 청구권문제를 둘러싼 한일간 대립은 계속됐고, 1962년 11월 '김-오히라 메모'를 통해 경제협력자금으로 무상 3억 달러, 유상 2억 달러를 제공한다는 원칙적 타결에 합의했다. 그러나 한국 내에서는 비밀교섭에 의해 일본의 사죄 없이 타결된 것에 대해 항의하는 한일회담 반대운동이 전개되기도 했다.

일본에서 들여온 청구권자금/경제협력자금을 활용한 사회간접자본 및 기간산업건설은 한국경제성장에 주요한 역할을 수행했음에도 불구하고, 일본의 과거사문제에 대한 사죄가 충분하지 않았다는 점으로 인해 한국 내의 일본에 대한 반일감정은 오늘날에도 여전히 존재하며, 2000년대에 들어 더욱 악화되는 경향을 보이고 있다.

둘째로 한국의 관할권 범위 문제는 한일기본조약 제3조에서 다루어졌다. 한국정부의 관할권이 미치는 영역은 한반도 이남으로 한정되며 이북에는 별개의 정권이 존재한다는 일본측의 이해와는 달리, 한국측은 한국정부만이 한반도의 유일한 합법정부임을 주장했다. 일본은 장래 북한과의 국교수립을 염두에 두고 있었지만, 냉전기 분단상태에서 북한과 정통성문제를 두고 경쟁한 한국은 북한의 존재는 불법이라는 점을 일본이 인정하도록 주장한 것이다.

결과적으로 기본조약 제3조에서 한국정부는 국제연합 총회 결의안 제195호(Ⅲ)에 분명히 표시되어 있는 대로 "한반도에 있어서의 유일한 합법적 정부임이 확인된다"고 기술되었다. 한국측은 이를 유일합법성이 인정되었다고 해석하는 반면, 일본측은 한국정부는 국제연합 감시하의 선거를 통해 수립된 합법정부이지만 그에 따른 관할권은 선거가 이루어진 한반도 이남지역에 한정된다는 해석을 현재까지도 유지하고 있다. 실제로 일본정부는 1959년부터 재일조선인의 '북송사업'을 통해 북한과 비공식적이지만 관계를 형성해 왔고, 1970년대 초 데탕트기에는 민간차원 및 국회의원 방북단이 조성되는 등 일본정부가 남북 등거리외교를 모색하는 듯한 시기도 존재했다. 냉전이라는 시대상황 속에서 한국정부가 일본의 대북 접촉이 이루어질 때마다 강하게 반발했음은 자명한 사실이다.

한국정부가 더 이상 일본의 대북 접촉에 반발하지 않게 된 것은 1988년 노태우 정권기 7·7선언이 발표된 이후의 일이다. 그러나 실제로는 냉전종식 후 김영삼 정권기에도 여전히 한국정부는 북일 관계의 진전을 경계, 견제했다. 1990년 노태우 정권의 가네마루 신 자민당 부총재와 다나베 마코토 사회당 위원장의 방북에 대한 비판과 1995년 무라야마 정권의 대북 쌀 지원에 대한 김영삼 정권의 강한 반발이 대표적인 예이다.

한국정부가 북일 관계개선을 진심으로 환영하게 된 것은 김대중 정권 성립 이후이다. 김대중 정권은 대북관여를 중심으로 하는 '햇볕정책'을 추진하며 북일간 국교정상화를 환영하는 입장을 취했다. 2002년 9월 고이즈미 수상이 평양을 방문하여 김정일 총서기와 함께 평양선언에 서명하게 된 배경에는 김대중 정권 이후 한국정부의 대북정책 변화가 존재한다. 2000년 6월에 이루어진 남북정상회담은 한국의 대북 자세가 한일국교정상화 시기와는 확연히 다르다는 것을 나타내는 상징적인 일이었다.

김대중 정권이 환영한 것은 북일 관계의 개선만이 아니었다. 당시 한국정부는 클린턴 정권과도 보조를 맞추어 한미일 삼국협조에 의한 페리 프로세스를 통한 북미관계의 진전에도 큰 의미를 두었다. 그 결과로 2000년 10월에 북한 조명록 국방위원회 부위원장이 백악관을 방문하여 북미공동성명 발표가 이루어졌다. 그러나 부시 정권의 성립과 '9·11테러' 발생으로 인해 북미관계개선의 흐름은 끊어졌다.

한편 노무현 정권 성립 이후에도 남북교류 및 협력은 계속해서 진전되었고 2007년 10월에 제2차 남북정상회담이 이루어졌다. 김대중-노무현 정권기 10년간 한국 내 대북인식은 냉전기의 적대적 감정에서 화해협력의 대상으로 변화한 것이다.

이와는 대조적으로 일본 국내의 대북인식은 2002년 이후 크게 악화되었다. 당시 고이즈미 총리의 방북 이후 일본 국내에서는 북한의 납치문제에 대한 대응을 비난하는 여론이 고조되어, 북일 평양선언을 계기로 한 북일관계개선 추진에도 불구하고 북일 정부간 국교정상화교섭은 바로 교착상태에 빠졌다. 오늘날에도 일본 국민의 대북인식은 매우 강경하며 일본정부 또한 "납치문제의 해결 없이는 북한과의 국교정상화도 없다"는 입장을 관철하고 있다. 2014년 5월의 북일 '스톡홀름 합의'가 일본정부의 대북 대화의 창이 닫힌 것은 아니라는 점을 증명했지만, 북한의 납치문제재조사위원회 설립 이후에도 계속된 북일간 교착상태는 북일 양국이 납치문제를 두고 상이한 입장을 견지하고 있다는 것을 재확인한 사례이다.

이후 이명박 정권에서 박근혜 정권으로 이어지는 보수정권의 발족 및 2010년 천안함 침몰 사건과 연평도 포격 사건으로 한국 내 대북인식은 다시금 악화되어 현재에 이르렀다.

김정은 정권의 도발적인 언행과 계속되는 핵실험 및 미사일 발사는 한일 양국의 상이했던 대북 위협인식이 한쪽으로 수렴하는 데 영향을 미쳤고, 2016년에 들어와 북한의 위협에 대응하기 위한 한일 안전보장 협력이 다시 진전되었다. 그러나 다음 대선의 결과로 한국에 정권교체가 이루어져 진보정권이 들어설 경우, 한일 양국간 대북인식의 차이가 현저해질 가능성 또한 여전히 존재한다.

셋째로 독도/다케시마 영유권문제는 1952년 1월 이승만 정권기 '해양주권선언(인접해양의 주권에 대한 대통령선언)'을 통해 독도/다케시마를 한국영토로 포함하는 '평화선/이승만 라인'을 선포하여 독도/다케시마 주변에서 일본어선을 나포한 이래 현안화되었다. 1954년 9월 일본측이 국제사법재판소에 영유권문제를 위임할 것을 제안하였으나 한국측이 이를 거부하며 한일회담을 통한 문제해결을 위해 노력했다. 독도/다케시마를 실질적 관리하에 두고 있는 한국측은 영유권문제에 관한 일본측의 제안에 응하지 않았고, 양국간 분쟁은 외교적으로 해결 또는 조정해야 한다는 취지를 밝힌 '분쟁해결에 관한 교환 공문'을 양국이 교환하는 것으로 영유권문제는 일단락되었다. 그러나 영유권문제가 분쟁에 포함된다는 일본측에 반해 한국측은 포함되지 않는다는 입장을 고수하고 있다.

어선조업에 관하여 어업협정으로 독도/다케시마 주변을 한일공동규제수역으로 지정함으로써 영유권문제와 어업문제는 별개의 사안으로 분리되었다. 또한 1990년대 유엔 해양법조약 발효에 의해 배타적경제수역(EEZ)의 설정이 200해리까지 가능해지면서 1998년에 한일 양국은 독도/다케시마 주변을 잠정수역으로 지정하는 신 어업협정을 체결하였다. 그러나 여전히 한일 양국은 각자 영유권을 주장하고 있으며, 2005년 2월 일본 시마네현의회의 '다케시마의 날' 조례제정 추진 및 2010년 8월 이명박 대통령의 독도/다케시마 방문을 통해 이 문제가 여전히 한일관계 악화에 영향을 미치는 주요 요인으로 작용하고 있음을 확인할 수 있다.

V. 앞으로의 50년을 바라보며

위안부 문제는 한일회담 당시에는 논의되지 않았으며, 1990년대 초반에 본격적으로 부상한 이후 한일관계의 최대 현안으로 존재해 왔다. 한일 양국 정부는 위안부 문제 해결을 위해 노력을 해 왔으나 이 문제를 둘러싼 상황은 오히려 악화되어 왔다. 특히 2011년 말 이후 당사자간에 승패를 가르는 제로섬게임의 발상으로 한일 양국의 대응을 외교전으로 인식하는 경향이 양국 여론형성에 큰 영향을 미쳐 왔다. 그러나 이번 합의는 한일 양국 정부가 제로섬관계에서 벗어났다는 점에서 의미를 갖는다. 이번 합의는 위안부 문제는 한국과 일본 중 어느 한쪽만의 노력과 조치로는 해결할 수 없으며, 한일간 공동의 의지와 협력으로 해결해 나아가야 한다는 양국 정부의 강한 의지표명으로 이해할 수 있다. 다만 앞으로 합의를 이행해 가는 과정에서 이번 합의에 이르기까지 기울여온 노력 그 이상의 것이 양국에 요구될 것이다. 여기서는 현재에 이르기까지 위안부 문제의 경위를 확인하고 이번 합의에 대한 세 가지 평가와 다섯 가지의 후속과제를 지적하고 본고를 마무리하고자 한다.

첫 번째 평가는 이른바 '법적 책임'문제에 관한 것이다. 법적 책임문제를 둘러싸고 한일 양국 정부는 극심한 입장 차이를 보였었다. 1965년 한일 청구권 및 경제협력 협정에 따른 "완전히 또 최종적으로 해결될 것을 확인함"(본 협정2조1항)의 입장을 견지해 온 일본정부에 대해 한국정부는 "반인도적 불법행위"임을 강조하며, 위안부 문제는 본 협정에 의해 해결되었다고 볼 수 없으며 일본정부의 법적 책임은 여전히 남아 있다(2005년 한일회담 문서공개 후속대책 관련 민관합동위원회 결과 발표)는 입장을 고수했다.
이번 합의에서 일본측은 기존의 입장을 유지하면서도 "일본정부는 책임을 통감한다", "아베 내각총리대신은 일본국 내각총리대신으로서 다시 한번 (중략) 마음으로부터 사죄와 반성의 마음을 표명한다"는 지금까지보다 더 진전된 표현을 통해 한국측 입장에 다가서는 자세를 보였다. 한국측이 최선으로 받아들이는 '법적 책임'이라는 표현은 없지만 책임과 사죄의 주어가 "일본정부", "아베 내각총리대신"이라는 점에서 한국측과 타결할 수 있었다. 지금까지 한국측은 아베 수상의 "역대내각의 입장을 계승한다"는 뜻을 소극적 자세라 평가했지만, 이번 합의에서 일본측이 주어를 분명히 하고 책임과 사죄를 표명한 것에 대해 적극적인 자세라고 평가한 것이다.

또한 아시아여성기금 사업의 일환으로 위안부 피해자 여성들에게 전달된 편지에 적혀 있는 "도의적 책임"이라는 표현에서 '도의적'이라는 단어를 지우고 '책임'의 범위를 보다 넓게 인정하는 등 합의를 위한 노력의 흔적이 발표 내용에서도 보여진다.

두 번째 평가는 자금거출과 사업실시 형태에 관한 내용이다. 이번 합의에 따르면 "한국정부가 前위안부 분들의 지원을 목적으로 하는 재단을 설립하고 이에 일본정부 예산으로 자금을 일괄 거출하고, 일한 양국 정부가 협력하여 모든 前위안부 분들의 명예와 존엄의 회복 및 마음의 상처 치유를 위한 사업을 행하기로 한다"는 내용이 명시되어 있다. 특히 이번 합의는 아시아여성기금이 실패한 경험을 바탕으로 '일본정부 예산의 일괄 거출'과 '한일 양국 정부의 협력'을 강조한 것이 특징이라 할 수 있다.

일본은 아시아여성기금에 관한 다음과 같은 세 가지 경험을 염두에 두고 이번 합의에 임했을 것이다. ① 민간모금을 바탕으로 사업을 추진한 결과 위안부 피해자 지원단체로부터 일본정부의 책임회피라는 비판을 받은 점(실제로는 일본정부가 기금운영비 등 약 48억엔을 출자했다), ② 한국측이 기금사업을 일본측의 일방적 조치로 간주하게 됨으로써 당초 긍정적으로 평가했던 한국정부도 소극적 자세로 돌아섰다는 점, ③ 일본정부가 청구권 및 경제협력 협정의 "완전하고 최종적인 해결"이라는 표현과 기금사업의 정합성을 의식하여 사업추진과정에서의 정부 역할을 적극적으로 알리지 않았다는 점(청구권 및 경제협력 협정으로 이미 해결된 문제에 일본정부가 다시금 관여하는 것을 모순이라고 생각했다).

위의 경험을 교훈으로 삼아 ① 일본정부예산 10억엔 거출, ② 한국정부가 재단을 설립하고 일본정부가 자금을 거출하는 형태의 양국정부협력, ③ 이상의 내용을 한일 양국 외교장관들이 공동발표한다는 내용의 합의가 2015년 말에 이루어진 것이다.

세 번째 평가는 "향후 유엔 등 국제사회에서 동 문제에 대해 상호 비난·비판하는 것을 자제한다"는 합의내용이다. 박근혜 정권 출범 이후 대통령이 해외순방시에 일본정부 지도자의 역사인식을 반복해 언급하는 것은 일본 국내에서 '고자질 외교'라는 야유와 함께 반한감정이 악화되는 원인으로 작용했다. 한편 한국 국내에서는 일본이 워싱턴을 중심으로 자국 주장의 정당성과 한국의 '중국경사'를 미국에 호소하고 있다는 인식이 널리 퍼져 있다. 이와 같은 한일 양국의 상호 비난전에 많은 미국측 관계자들 또한 곤란해했다. 상호 비난전으로 인해 계속되는 한일관계 악화의 악순환을 양국의 정치지도자가 중대한 사안으로 인식하고 조치를 취했다는 점을 높이 평가할 수 있을 것이다.

과연 이번 합의를 통해 위안부문제가 진정으로 "최종적 및 불가역적으로 해결"이 되고, 한일관계는 새로운 시대를 맞이할 수 있을 것인가? 이후에도 여러가지 어려운 과제들이 남아 있음이 분명해 보인다. 위안부 피해 할머니들이 고령임을 감안하면 이번 합의가 신속하게 이행되어야 하지만 합의이행을 위한 노력이 긍정적 평가를 받기까지는 긴 시간이 필요할 것이다. 최종적 해결을 향해 한일 양국 정부와 국민들의 강한 인내심이 필수적이라는 점을 전제로 이하 다섯 가지의 과제를 지적하고자 한다.

첫째로 가장 중요한 것은 합의내용 중 "모든 위안부 피해자들의 명예와 존엄의 회복 및 마음의 상처 치유"를 위해 앞으로도 성심을 다하여 노력해 나가는 것이다. 합의내용에 대한 위안부 피해자 할머니들의 이해를 얻기 위해 진중한 자세로 노력하는 것이 절실히 필요한 때이기도 하다.

1990년대에는 일본정부는 아시아여성기금을 설립하고, 한국정부는 지원금을 지급하는 등 서로 다른 별개의 조치를 취했다. 그러나 앞으로는 한일 양국 정부가 협력하여 사업을 진행해 나갈 필요가 있다. 재단운영은 한국측이 일차적으로 책임을 지지만 한일 양국 모두가 책임전가와 회피를 해서는 안 될 것이다.

이번 합의를 통해 "표명한 조치가 착실히 실시되는 것"이 위안부문제의 "최종적 및 불가역적인 해결"의 전제라는 점에서 양국이 협력하고 "명예와 존엄의 회복 및 마음의 상처 치유"를 위해 최선을 다해 노력해야 하는 것은 너무나도 당연한 일이다.

둘째로 한국정부가 이번 합의에 대해 국내여론 특히 위안부 피해자 지원단체의 이해를 어디까지 확보할 수 있을 것인지가 중요하다. 일본정부가 관심을 보이며 이번 합의에도 관련내용이 포함된 일본대사관 앞 소녀상문제는 앞으로 한국정부가 위안부 피해 할머니들과 관련단체를 설득할 수 있는지에 해결 여부가 달려 있다. 국내여론의 이해가 부족한 상태에서 소녀상이 철거 또는 이전된다면 합의 자체가 의미를 잃게 될 수도 있다. 어떻게 국민감정에 신중하게 대처해 나갈 것인가가 한국측에 요구되는 큰 과제일 것이다. 일본측에도 우선 한국측의 노력을 지켜보는 자세가 필요하다.

이번 합의 및 재단설립에 대해 위안부 피해자 지원단체가 여전히 부정적으로 반응하고 있는 것은 안타까운 일이다. 그러나 많은 한국언론이 신중하고도 유보적인 자세이긴 하지만 합의이행상황에 주목하고 있다는 점에도 주의를 기울일 필요가 있다.

셋째로 위안부문제를 비롯하여 역사인식문제를 둘러싼 한일 양국 국민감정의 악화를 어떻게 회복할 것인지도 중요하다. 이번 합의는 공동기자회견에서 윤병세 장관이 마지막으로 언급한 "새로운 한일관계를 이어나가"기 위한 첫걸음일 뿐이다. 정부간 합의에 대한 한일 양국민의 이해와 지지를 얻기 위해서는 악화된 국민감정을 회복해야만 한다. 그러나 위안부 문제 이외에도 독도/다케시마문제나 교과서문제 등 역사인식을 둘러싼 현안들의 심각성은 계속해서 깊어지고 있다. 양국의 국민감정이 가까운 시일 내에 개선될 것이라고 볼 수 없는 상황이다.

한국 내 여론의 반일감정 이상으로 심각한 것은 2012년 이후 심각하게 악화된 일본의 반한여론이다. 일본내각부의 조사에 따르면 1998년 한일공동선언 이후부터 상승세를 보이던 일본인의 한국에 대한 친근감은 2009년에 63.1%를 기록했지만 2012년에는 39.2%까지 급락했다. 2016년 1월 조사에서도 친근감을 느낀다는 답은 33.0%에 그쳤으며, 이를 회복하기란 쉽지 않을 것이다.

넷째로 역사문제가 다른 영역에 악영향을 끼치지 않도록 주의를 기울여 한일관계를 관리하는 이른바 투 트랙 외교의 유지도 중요한 문제이다. 2015년 말 위안부합의가 성립된 요인의 하나로 한국정부의 투 트랙 접근을 들 수 있다. 박근혜 대통령도 "외교가 역사에 침몰되어서는 안 되며 별개의 명확한 목표를 갖고 추진해야 한다"(2015년 5월 4일 청와대 수석비서관회의)고 강조하며 일본과의 관계회복에 임했다. 앞으로도 한국정부가 이러한 기조를 유지해 나가기를 바란다.

단, 투 트랙 접근은 역사문제를 제쳐두고 다른 영역의 협력을 우선하는 것이 아니란 점을 분명히 해 두어야 한다. 역사문제로 인한 한일간 갈등을 최소화하기 위해 부단히 노력함과 동시에 다른 영역에서의 협력을 함께 진행해 나가야 한다.

마지막으로 합의내용의 이행과 함께 한일관계가 진정한 의미의 새로운 시대를 맞이할 수 있도록 양국 지도자를 비롯한 각계각층의 인사들이 새로운 한일협력의 모습을 적극적으로 제시하고 실천해야 할 것이다. 되돌아보면 한일관계가 크게 진전된 시기에는 관계발전에 대한 한일 지도자들의 강력한 의지표명과 양국 국민들의 폭넓은 공감대가 존재했다. 지금이야말로 "21세기를 향한 새로운 한일 파트너십"을 내세운 1998년 10월 한일공동선언 및 행동계획, 그리고 "한일 신시대"와 "국제사회에 함께 공헌해나가는 한일관계"를 주창한 2008년 4월 한일공동언론발표를 잇는 한일관계의 새로운 비전과 행동이 필요할 때이다.

〈참고문헌〉

경제기획원. (1976). 『청구권자금백서』.

이원덕. (1996). 『한일과거사처리의 원점―일본의 전후처리 외교와 한일회담』. 서울대학교 출판부.

李鍾元·木宮正史·浅野豊美 編著. (2011a). 『歴史としての日韓国交正常化Ⅰ, 東アジア冷戦編』. 法政大学出版会.

李鍾元·木宮正史·浅野豊美 編著. (2011b). 『歴史としての日韓国交正常化Ⅱ, 脱植民地化編』. 法政大学出版会.

李鍾元. (2011). 「日韓会談の政治決着と米国―『大平・金メモ』への道のり」.

李鍾元. (1994a). 「韓日会談とアメリカ――『不介入政策』の成立を中心に」. 『国際政治』.

李鍾元. (1994b). 「韓日国交正常化の成立とアメリカ――1960-65年」. 近代日本研究会 編, 『戦後日本外交の形成』. 山川出版社.

木宮正史·李元徳 編. (2015). 『日韓関係史 1965~2015』. 東京大学出版会.

辛貞和. (2000). 「日本の北朝鮮政策(1945~1992)―国内政治力学の観点から」. 慶應義塾大学法学研究科博士学位論文.

1.2

한일기본조약의 의의와 한계

김웅희(金雄熙. 仁荷大學)

I. 서   론

한일기본조약의 체결을 통해 한국과 일본이 국교정상화를 실현한 지 50년의 시간이 경과하였다. 그 동안 한일 양국은 자유민주주의와 시장경제, 그리고 법치주의 등 기본가치를 공유하면서 안보와 경제를 비롯한 다방면의 협력관계를 착실하게 구축해 왔다. 그러나 작금의 한일관계에는 양국이 진정으로 우호협력의 친선 관계를 공고하게 발전시켜 왔다고 잘라 말할 수 없는 어두운 측면도 존재한다. 여러 차례에 걸친 양국 정상간의 미래지향적 합의에도 불구하고, 진정한 화해와 공통의 역사인식을 공유하지 못한 채 갈등과 대립은 여전히 수면에서 부침을 거듭하고 있다.

과거사 청산을 둘러싼 갈등과 대립의 반복이 바로 그것이며, 전후 한일관계의 한쪽 얼굴은 이른바 기억을 둘러싼 치열한 전쟁으로 크게 일그러져 왔다고 해도 과언이 아니다. 기본적으로 한일 양국간의 과거사문제는 일본의 조선 식민지 지배에 대한 역사인식의 괴리에서 그 연원을 찾을 수 있다. 한일수교 50년을 보내면서 이른바 한일관계의 '65년 체제'를 탄생시킨 한일기본조약에서 과거사 청산문제가 어떻게 다루어졌는가에 주목하지 않으면 안 되는 이유가 바로 여기에 있는 것이다.

본고에서는 한일간의 끝이 보이지 않는 과거사문제의 원점이 한일기본조약을 통해 매듭을 제대로 풀지 않은 채 미봉적인 타협이 모색되었다는 데서 기인한다고 하는 시각을 수용하면서도 한일회담 전반에 있어 국익의 충돌이 있었고 당시의 상황에서 최선을 다한 불가피한 선택이었다는 주장도 균형있게 평가한다. 이러한 입장에 서서 1965년 한일기본조약 체결의 배경과 주요 내용, 그리고 의의와 한계에 대해 살펴보는 것이 본고의 목적이다.

먼저 제II항에서는 한일회담에 있어 과거사 청산의 논리가 냉전과 연계된 안보논리와 경제논리에 의해 압도되어 가는 과정을 한일기본조약 체결의 배경, 한일회담 반대운동과 관계국의 입장, 그리고 핵심 쟁점에 대한 이해를 통해 살펴보고자 한다. 제III항에서는 한일조약에 대한 부정 및 긍정 평가와 한일조약의 구조적 한계를 지적하는 논의를 중심으로 한일기본조약에 대한 평가와 해석을 종합적으로 정리한다. 마지막으로 제IV항에서는 조약 개정론을 검토하고 기로에 선 한일기본조약 체제의 의의에 대해 살펴봄으로써 결론에 대신하고자 한다.

II. 한일기본조약 체결의 배경과 핵심 쟁점

(1) 한일기본조약 체결의 배경

한국전쟁이 계속되던 1951년 9월 미국은 샌프란시스코강화조약과 미일안전보장조약을 체결하고, 휴전협정 조인 후 한미상호방위조약을 체결함으로써 동아시아 반공진영의 안전보장을 강화했다. 삼각 동맹체제 하에서 미국은 한국과 일본의 외교가 정상화되는 것을 원했지만 역사인식을 둘러싼 양국간의 간극과 이승만 정권의 대일 강경자세로 한일교섭은 한동안 이렇다 할 성과를 거두지 못했다.

한국과 일본은 종전 직후부터 한일회담의 개최를 대비하여 치밀하게 준비했다. 한국은 승전국의 지위를 확보하기 위해, 일본은 패전국으로서 활로를 모색하기 위해 샌프란시스코 강화조약을 염두에 두고 치열한 외교활동을 전개했다. 이승만 정권은 한일회담이 개최되기 전인 1949년 9월 일본에 대한 배상 요구 조서를 작성했고, 일본은 이를 상쇄할 수 있는 해외 재산의 조사를 실시하기도 했다. 그러나 패전국 일본의 식민지였던 한국은 결국 샌프란시스코강화조약의 서명국 참가 좌절로 인하여 배상 수취 자격을 획득하지 못했다. 강화조약은 한일관계 정상화문제에 대해 양국이 별도로 해결할 것을 권고하였고, 이에 의거해 한국정부는 청구권으로서 대일교섭에 임하게 된다.

한일회담은 1952년 2월 제1차 회담이 개최된 이후 65년 6월 22일 조인되기까지 14년에 걸친 일곱 차례의 회담 끝에 타결에 이르렀다. 미국의 중재하에 예비회담이 시작된 1951년 10월 이후 청구권문제가 10여 년 동안 교섭의 진전을 가로막았다. 반일감정이 강했던 이승만 정권하에서는 청구권으로 24억 달러 가량을 요구했고 일본측은 원천적으로 협상거부의사를 표시하여 아무런 진전을 볼 수 없었다. 일본측은 한국이 샌프란시스코강화조약의 당사국이 아니기 때문에 배상 청구권은 주장할 수 없으며, 다만 영토분리로 초래된 재정상 민사상의 청구권을 명확한 근거자료를 제시하고 요구하라는 입장을 고수하였다. 이후 계속된 협상에서 한일 양국은 첨예하게 대립하여 합의점을 찾을 수 없었다. 1차 회담은 일본측이 한국에 역청구권을 주장하면서 처음부터 난관에 봉착했다. 이는 오히려 한국이 식민지 시대 한국에 있던 일본인 재산에 대해 권리를 요구할 수 있다는 것이었다. 1953년 10월 개최된 3차 회담에서는 일본측 수석대표 구보타 간이치로(久保田貫一郎)의 '망언'으로 인해 협상은 사실상 결렬되어 이후 4년 반 동안 열리지 못했다.

박정희 정권이 들어서면서 한일 국교정상화 논의가 재개되었다. 1961년 11월 박정희 국가재건최고회의의장(당시)이 방일하여 이케다(池田勇人) 수상을 만나 한일회담의 조기 타결을 위한 돌파구를 모색하게 된다. 박의장은 이케다 수상과의 정상회담에서 일본이 대일 청구권에 성의를 보인다면 정치적 배상은 요구하지 않고, 법률적 근거가 있는 청구권만을 요구할 것임을 명확히 했다. 회담 후 기자회견에서는 "일본이 대일 청구권에 성의를 보인다면 우리는 평화선문제에 신축성을 보이겠다"고 밝혔다(김종필 2016, 213). 이를 계기로 회담이 활기를 띠기 시작했고, 1962년 11월 중앙정보부장 김종필은 외무대신 오히라 마사요시(大平正芳)를 만나 '김-오히라 메모'로 불리는 협상 내용을 합의하게 된다.

박정희 정권이 주도한 협상 타결을 어떻게 평가할 것인지에 대해서는 여전히 견해가 엇갈리고 있다. 니시노 준야(西野純也)가 지적하는 것처럼, 한국전쟁을 겪고 경제적 난국에 처한 한국에 외교경험과 국제법에 대한 지식이 풍부한 구 종주국 일본과의 국교정상화는 결코 만만한 일이 아니었다. 특히 과거사 청산이라는 가치를 중시하는 입장에서 본다면 한국정부가 명확한 원칙과 전략을 결여한 채 청구권문제의 해결을 서둘렀기 때문에 일본의 식민지배에 대한 책임 추궁이 힘들어졌다는 지적이 마땅히 제기될 수 있을 것이다. 한상일은 1960년 제5차 한일회담에서 민주당 정권이 경제적 안정을 이룩하고 경제개발정책의 조기 실시를 위해 일본의 자금과 기술을 도입하는 것에 급급하여 청구권문제의 해결을 서둘렀고, 이러한 기조는 박정희 정권에서도 크게 달라지지 않았다고 지적한다(한상일 2010, 163-187).

박정희 정권이 경제개발을 전략목표로 내걸고 국교수립을 서두르면서 노출된 교섭전략상의 한계에도 불구하고 주어진 제약조건 속에서 선전했다는 평가에도 귀를 기울여야 할 것이다. 경제논리에 입각해서 보면 한일회담 전반에 있어 국익의 충돌이 있었고 한국정부로서는 당시의 상황에서 최선을 다한 불가피한 선택이었다는 것이다. 청구권 관련 합의를 이끌어낸 김종필은 "나라를 일으키려면 밑천이 있어야 한다. 밑천이 나올 수 있는 곳은 대일 청구권뿐"이라며 이 돈으로 도로와 공장을 짓고 기술을 얻어 고도성장의 길을 열었다는 주장을 일관되게 전개하고 있다. 김종필은 한국을 중공과 소련에 막혀 대륙의 끝에 맹장처럼 매달려 있는 신세로 표현하며 일본을 디딤돌로 해서 세계로 나가야 한다고 역설했다(김종필 2016, 210; 244).

경제적 측면에서 볼 때 1960년대는 한일 양국의 경제격차가 상당한 수준에 이르렀으며, 미국의 한국에 대한 경제원조가 감축되는 시기였다. 이러한 경제격차와 원조경제의 후퇴가 경제협력방식에 의한 국교정상화를 촉진한 배경이 된 것도 사실이다. 이원덕(1996)에 따르면 경제협력방식은 다음과 같은 두 가지 측면으로 이루어져 있다. 첫 번째 측면은 한국의 청구권 요구를 명목과 지불의 둘로 나눠 지불 액수에 있어서는 한국의 요구에 최대한 접근하되 명목에 관해서는 사죄와 보상의 의미를 배제하고 경제협력의 의미를 부여한다는 것이다. 두 번째 측면은 한국에 일본의 공업제품과 역무를 제공함으로써 이를 장래 한국에 대한 경제 진출의 토대로 활용한다는 것이다(이원덕 1996, 209).

박정희 정권뿐만 아니라 한국 경제계 또한 성장하는 일본경제로부터 자본, 기술, 분업체제 구축 등 다양한 경제적 수혜를 얻기 원했기 때문에 조기 국교정상화를 지지하였다. 또한 일본도 1955년부터 61년에 걸친 고도성장기의 부산물인 과잉생산(능력)을 해결하기 위해 국교정상화를 지지하였다. 일본의 재계는 1960년대 들어 회담타결의 분위기가 무르익자 이에 맞춰 교섭당국과 자민당 실력자들에 대한 압력활동을 전개하고 일한경제협회의 결성 등을 통해 타결을 촉진하기 위한 촉매 역할을 적극적으로 수행하였다. 이처럼 한국에 대한 경제 진출을 본격화하려는 일본 경제계의 요구도 경제협력을 앞세운 한일회담의 타결논리를 강력하게 뒷받침하였다(한일역사공동연구위원회 2005).

앞서 언급한 김종필의 구상은 냉전논리가 팽배했던 당시의 국제적 구조와도 잘 맞아떨어졌다. 미국은 일본과 한국의 '화해'를 통해 동아시아에 있어 대공산권 봉쇄의 틀을 확립하고 동시에 낙후한 한국경제에 대한 원조 책임을 일본에 분담시키려는 전략을 구상하고 있었다. 한편 일본은 이러한 미국의 전략적 의도에 부응하여 경제협력을 매개로 한국과의 국교를 정상화함으로써 전후 처리 외교의 결실을 맺고자 했다. 한일관계 50년의 성찰에 있어 조약 및 협정이 애당초 식민지 지배 책임을 일체 문제 삼지 않았던 '샌프란시스코 체제'와 미국의 냉전적 국제질서 구상을 전제로 진행되었다는 점을 간과해서는 안 될 것이다.

한일협정이 군사정권의 정당성과 산업화 자본이 부족한 박정희 정권의 굴욕외교, 졸속협상의 소산이었다는 평가는 한국의 대일 배상청구권이 배제된 샌프란시스코 강화조약 이후의 냉엄한 국제현실을 충분히 감안하지 않은 측면이 있음을 부정할 수 없다. 한일협정의 체결은 식민지배의 불법성을 당초부터 인정하지 않는 일본과 일제 강점기의 부당성 및 이에 대한 배상을 주장한 한국과의 외교적 타협의 산물이었고, 당시 한국정부는 대체로 주어진 상황에서 치열하게 일본과 교섭하고, 국익 증진을 위해 나름대로 선전했다는 평가에도 충분히 주의를 기울여야 할 것이다.

한일 국교정상화의 정치과정은 냉전논리와 경제논리가 과거사 청산 논리를 압도하는 과정이기도 했다. 특히 60년대에 들어서 냉전논리와 경제논리의 결합이 한일협정의 타결에 강력한 추진력으로 작동하면서 한일간 과거사문제는 봉합되게 되었다. 역사인식문제에 대한 일본의 법률론·증거론(서양적 어프로치, 경제협력 방식)과 한국은 심정론(동양적 어프로치, 과거사 청산방식)이 애매모호하게 접점을 발견하게 된 것이다.

(2) 한일회담 반대운동과 관계국의 입장

한일회담이 진행되는 가운데 한국과 일본 양국에서 한일회담과 기본조약 체결에 반대하는 사회운동이 전개되었다. 기본조약에는 식민지 지배에 대한 반성과 사죄나 반성의 문구는 한 구절도 담겨 있지 않다. 지금도 출발점부터 잘못된 조약이라는 원리주의적인 주장이 존재하는 것이 바로 이때문이다. 당시, 한국에서는 학생과 야당세력을 중심으로 격심한 반대운동이 전개되었고, 박정희 정권은 계엄령을 선포하고 조약을 체결했다.

이하에서는 한일 양국에서 전개된 반대운동의 성격과 논리에 대해 정리한다.

1) 한국의 반대투쟁

1962년 11월 12일 '김-오히라 메모' 이후 한일 회담의 비준까지 3년 가까이 난항을 거듭했다. 협상 자체도 쉽지 않았지만 양국 내부에 수교를 반대하는 세력들이 존재했기 때문이다. 한일 국교정상화를 견인한 박정희 정권의 경제논리는 당시 대학생의 운동논리와 첨예하게 대립했다. 주목을 끄는 점은 당시의 6·3세대가 과거사문제가 경제나 안보 논리로 봉합된 데 대한 분노로 일관한 것은 아니라는 사실이다. 학생들이 가두에서는 '제국주의자 및 민족 반역자 화형식'을 거행하고 '매국(賣國) 정상배(政商輩) 퇴진'을 요구했지만 반일 민족주의에 사로잡히지는 않았다는 것이다. 일본과의 국교정상화가 분단 고착화로 이어질 것이라는 생각에 회담 자체를 반대했지만 결과적으로 반대운동이 한일 회담 과정에서 한국측에 유리하게 작동하는 데 기여한 측면도 있었다. 다시 말해 동아시아 지역에서 미국이 구상하는 삼각 안보협력체제가 공고해지고 한국이 냉전적 대립의 선봉에 서게 될 경우 남북통일은 요원해질 수밖에 없을 것이라는 우려와, 북한 또한 교섭 당사자가 되어야 한다는 민족주의적 열망이 반대운동의 명분으로 작용했다는 것이다(이충형 2015).

한일 회담에 반대하는 또 다른 운동논리는 민주화와 관련된 것이었다. 박정희 정권은 군사정권이 직면할 수밖에 없는 정통성의 취약점을 보완하기 위해 경제개발자금이 필요했기 때문에 신정부가 결행해야 할 가장 중요한 외교적 과제로 한일회담 타결을

설정했다. 군사쿠데타로 집권한 박정희정부가 이 조약을 통해 정
권의 안정화를 도모하려는 정치적 목적에 반대한 것이며, 이러한
의미에서 "한국 현대사를 이끌어 온 두 주역인 민주화와 근대화 세
력이 최초로 충돌한 사건"이었다. 또한 한국에서는 신식민주의적
종속관계를 만들어내는 결과로 이어질 것이라는 우려도 존재했으
나 결과적으로는 경쟁관계를 만들어내는 데 기여했다(이충형 2015).

2) 일본의 반대운동

재일동포에 의한 한일회담 반대운동은 제1차 회담 개시전인
1950년대 초기부터 이미 시작되었지만, 일본인이 참가하는 한일
회담 반대운동이 본격화하는 계기는 제4차 회담중인 1958년 5월
일조협회의 호소에 의해 '일한문제대책연락회의'가 결성된 것에
서 비롯된다. 하지만 한일 양국 모두에 있어 운동이 활발하게 전
개된 것은 1960년대에 들어서부터이다.

한일 국교정상화에 대해 반대 입장을 밝힌 당시 일본 지식인
사회가 문제삼은 것은 한일협정이 갖고 있는 군사적, 국제적인 성
격이었다. 일본 역사학연구회가 발표한 성명에 담긴 핵심적인 주
장은 결국 미일의 지배계급이 한일협정을 통해 "아시아에 대한
반인민적인 군사체제를 강화하고, 일본 독점자본이 한국에 신식
민주의적 진출을 할 길을 트고 있으며, 한반도의 분단을 고착하려
한다"는 것이었다(길윤형 2015). 일본 혁신세력의 반대운동론은 한
마디로 조선반도의 자주적 통일이라는 원칙론에 머물러 있었다고
할 수 있으며, 일본이 식민지배에 대해 역사적 책임을 져야 한다
는 인식을 가진 사람들은 극히 소수에 불과했다(大畑裕嗣 2015,
71-76).

이처럼 일본의 경우 안보투쟁이 그대로 한일조약 반대로 이어진 측면이 있었다. 반대파의 다수는 학생과 시민단체로 "북한을 버리지 말라!" "미국의 요구를 따르지 말라!"고 주장했다. 적어도 한일회담이 진행되던 시기에 한정하여 볼 경우, 일본의 혁신진영의 반대논리 속에서 구체적인 현안과 관련된 정책적인 비판이나 전향적인 역사인식과 적극적인 과거사 처리를 촉구하는 자세는 발견할 수 없었다(이원덕 1996, 220-224).

3) 북한과 미국의 입장

북한정부는 한일회담의 예비교섭 단계부터 일관적으로 회담을 반대했고, 기회가 있을 때마다 한일조약의 무효 및 조약의 파기를 주장했다. 한일조약의 체결에 즈음해서는 북한은 제3조에 관한 일본정부의 의도와는 상관없이 기본조약 자체를 전혀 무시하는 태도를 보였다. 노동신문 논설(1965년 2월 21자)을 통해 "한일협정은 대한민국을 한반도에서 유일한 합법적인 정부로 인정한다는 어처구니없는 말로 시작된다. 전 조선인민을 기만하는 매국적인 '한일조약'은 60년 전의 을사보호조약과 본질상 어떠한 차이도 없는 명실공히 그 재판이다"고 논평했다(이원덕 2010, 314)

대일재산 청구권문제와 관련해서는 "청구권협정에서 일본정부는 이미 일제가 조선에서 행한 야만적인 식민지배의 악랄성에 대한 조선인민의 막대한 재산청구권을 박정희 일당에게 얼마간의 금전을 던져줌으로써 흥정을 끝내버렸다. 그것조차도 경제협력의 레테르를 붙여서 일본정부는 의무를 져버렸을 뿐 아니라 원조자의 가면을 쓰고서 경거망동을 서슴지 않았다. 일본 당국과 박정희 일당 사이에 주고받은 것은 사적인 금전거래에 불과하였지 결코 배상금의 지불이 아니었다"는 입장을 표명했다.

　북한정부는 1965년 6월 22일 한일조약이 정식 조인되자 이의 무효를 주장하는 성명을 발표했다. 한일조약이 조인된 이튿날 발표된 정부 성명에서는 "조선민주주의 인민공화국정부는 한일조약과 협정들이 무효라는 것을 엄숙히 선언한다. 조선민주주의 인민공화국정부는 이번 체결된 조약과 협정들은 인정하지 않을 것이며 그것을 끝까지 반대할 것이다"라고 주장했다(이원덕 2010, 327; 정재정 2015, 42-43).

　이처럼 북한은 식민지 지배의 또 다른 피해 당사자인 자신을 도외시한 채 남한이 한반도를 대표하여 일본과 조약을 체결할 자격이 없다고 주장했다. 또 구 '조선인' 전체가 공유해야 할 배상 등의 문제를 남한 정부가 단독으로 처리할 수 없다는 견해를 밝혔다. 배상의 명목도 식민지 지배에 대한 피해보상을 의미하는 청구권에 입각한 것이 아니라, 경제협력의 방식으로 변질시켜 일본의 책임을 애매모호하게 만들었다고 비판했다.

　북한과는 대조적으로 미국은 한일기본조약이 조인되자 이를 환영했다. 러스크(Dean Rusk) 국무장관은 한국과 일본이 친밀한 관계를 맺는 것은 대단히 좋은 일이라는 성명을 발표했다(정재정 2015, 43; 민동용 2005). 그에 앞서 존슨 행정부는 사실상 중단상태에 빠져 있던 한일회담의 재개를 위해 1964년 9월부터 적극적으로 조정 역할에 임했다. 국무성의 극동 담당 차관보 번디(William P. Bundy)는 일본을 거쳐 한국을 방한하여 1964년 10월 3일 한일기본조약을 지지한다는 공동성명을 발표하였다. 이 공동성명을 통해 "① 한일 국교정상화의 조기타결을 위해 가능한 한 빠른 시일 내에 회담을 재개한다. 회담성립을 위해서 미국은 적절한 방법으로 지원할 용의가 있다. ② 한일 국교정상화 후에도 미국은 한국에 대한 경제원조를 계속한다"는 입장이 천명되었다(이원덕 1996, 243-246).

당시 미국(존슨 행정부)은 한국이 일본에 식민지 지배 책임을 묻는 것보다는 한국과 일본의 정치적, 경제적 결속을 통한 반공의 방파제 구축에 절박한 이해관계를 갖고 있었고 그러한 맥락에서 한일 국교정상화에 압력을 가일층 증대시켰던 것이다(정재정 2015, 42-43)

(3) 한일기본조약의 핵심 쟁점

한국정부는 한일회담을 통해 일제에 의한 불법통치의 과거를 청산할 수 있는 법적 구속력이 있는 문서로서 기본관계를 정식화하고자 했다. 반면 일본은 35년간의 통치는 합법적으로 이루어졌다는 입장을 시종일관 견지했다. 특히 문제가 된 핵심 쟁점은 기본조약 제2조의 구 조약의 무효시점, 그리고 청구권 및 경제협력 협정 제2조에 명기된 청구권 소멸에 관한 문제였다. 그리고 한일회담의 정식의제는 아니었지만 양측은 독도/다케시마문제를 어떻게 처리할 것인가를 놓고 회담 막바지까지 대립했다. 결국 양국 정부는 독도문제의 해결을 일단 보류하고 국교를 정상화하는 것에 합의했다.

첫 번째는 한일병합조약 등 구 조약의 무효확인 문제였다. 한국측은 처음부터 무효였다는 입장인 반면 일본은 해방 이후부터 무효라고 맞섰다. 기본조약 제2조의 구 조약 무효확인 조항의 핵심은 '이미 무효(もはや無効)'(already null and void), 즉 1910년 8월 22일 이전에 한일간에 체결된 모든 조약 및 협정이 언제 무효가 되었는가 하는 점이다. 이 조항은 1952년 3월 5일의 기본관계 위원회에서 한국측으로부터 제기된 것이다. 그러나 일본측은 '無効(null and void)'라는 표현을 받아들이지 않았기 때문에, 동위원회에서 논의를 매듭지을 수 없었다. 이후 이 문제가 실질적으로 논의된 것은 1964년 12월부터 시작된 기본관계위원회였다. 1965년 2월 20일에 서울에서 기본조약이 가조인되는데, 구 조약 무효확인 조항을 둘러싸고 마지막까지 쌍방이 소모적인 공방을 거듭했다. 결국, 이 논의는 시이나(椎名悦三郎) 외무대신과 이동원 외무부장관에 의한 최후의 회합으로 넘겨졌다. 일본측은 단지 '無効(null and void)'로 하는 것이 아니라 'もはや(already)'라는 어구를 삽입하는 것을 주장한 결과, '이미 무효임을 확인한다'는 애매한 시제표현으로 조문이 완성되었다. 이것이 한국측이 일본측의 역사인식을 수용한 것을 의미하는 것은 아니었다. 구 조약의 무효확인 문제는 합방 이후 무효라는 한국 주장과 해방 이후 무효라는 일본 주장이 각각 다른 해석을 할 여지를 남겨놓은 셈이다.

한편 제3조는 한국정부가 '한반도에 있는 유일한 합법정부'라는 것을 확인하는 조항이다. 단, 조문에 있는 유엔총회 결의는 남한만을 인정하는 것으로, 유엔감시하에 선거가 실시된 대한민국정부가 수립된 경위를 고려하여 한국정부의 합법성을 인정한 내용이다. 일본정부는 한국정부의 관할권은 남한만이라고 설명하고 있는 데 대해, 한국정부는 이 유엔결의가 한국정부의 관할권을 제한하는 것은 아니라고 하여, 한반도 전역에 대한 관할권을 주장하고 있다.

둘째로 청구권협정 제2조 1의 '완전히 그리고 최종적으로 해결된' 청구권이란 무엇인가 하는 논점이다. 이에 대해서는 특히

1965년 4월 이후 청구권협정의 조문화 작업에 주목할 필요가 있다. 일본측은 청구권문제에 대해 모두 해결하는 조문의 작성을 추진했다. 한편 한국은 일본과의 교섭에서 논의된 항목에 대해서는 해결된 것으로 하지만, 국교정상화 이후에 교섭에서 상정되지 않았던 의제에 대해서 개별적으로 협의할 수 있는 여지를 남겨 두어야 한다는 입장이었다. 조문화 작업도 또한 그러한 양자의 입장이 서로 대립하는 형태가 되었다. 이러한 경위를 거쳐 청구권협정이 조문화된 결과, 일본측은 청구권이라는 자구를 삽입함으로써, 식민지지배 이전에 기인하는 모든 청구권에 대해 '완전히 그리고 최종적으로 해결되었다'고 생각했다. 그러나 한국측이 일본측과 마찬가지의 해석을 했다는 문서는 아직 확인되고 있지 않다(吉澤文壽 2015, 211-212).

물론 1965년 4월 20일의 청구권 및 경제협력위원회에서 한국측 대표는 '완전히 그리고 최종적으로 모든 청구권이 해결되었다고 해석할 수 있기 때문에, 이 문제에 관해서는 지금부터 양국이 각각 국내적으로 어떻게 소화하고 처리할지의 문제만이 남아있다'고 발언했다. 다만, 여기서 말하는 '청구권'은 모두 '대일청구8항목'에 포함되어 있는 것으로 생각된다. 또한 청구권협정 체결 후에 일본정부 내에서 대일청구권관련의 다양한 채무의 처리가 이루어지지만, 그것들도 또한 '대일청구8항목'을 전제로 하는 것이었다. 즉, 일본에서도 한국에서도 한일국교정상화의 시점에서 청구권교섭에서 토의된 항목 이외는 어떠한 조치도 시행되지 않았다.

이에 대해, 종전 전에 발생한 문제에 관해서는 회담에서의 제기 사실 여부와 관계없이 일단 모두 협정대상에 포함되어 있다

고 판단하지 않을 수 없다는 주장도 있다. 그러한 의미에서 일본
이 평화조약상 지게 된 법적 처리에 관한 의무는 종료되었으며,
2005년의 한국정부의 결정은 잘못된 것이라는 것이다(장박진 2015,
171-176; 장박진 2014, 819-821).

세 번째는 독도 영유권에 관한 (합의) 문제이다. 종전 이후
독도가 한일 양국간에 주요 이슈로 등장한 것은 1952년 1월 18일
발표된 대한민국 국무원 고시 제14호 '인접 해양의 주권에 관한
대통령 선언'(이승만 라인)이 선포되면서부터다. 일본정부는 자국
어선과 어민이 잇따라 나포되는 상황을 타파하기 위해 한일협정
체결을 서두르라는 국내적인 압박을 받기도 했다. 독도문제는 한
일회담의 정식의제는 아니었지만 양측은 이 문제를 어떻게 처리
할 것인가를 놓고 회담 막바지까지 대립했다. 결국 양국 정부는
독도문제의 해결을 일단 보류하고 국교를 정상화하는 것에 합의
했다.

이 문제에 관련해서는 이른바 '독도 밀약설'이 존재한다. 이
밀약은 1965년 1월 11일 서울에서 정일권 국무총리와 고노 이치
로(河野一郎) 자민당 부총재의 밀사인 우노 소스케(宇野宗佑) 사이
에서 확정된 합의를 칭한다. 독도 밀약의 실재 여부에 대해서는
논란이 존재하며, 김종필 전 총리는 2015년 5월 4일 <중앙일보>
와의 인터뷰에서 밀약의 존재를 부인하고 있다(김종필 2016,
224-232). 그러나 밀약의 중개역으로 지목되는 김종필의 형 김종
락은 2010년 8월 1일 방영된 NHK 방송과의 인터뷰에서 밀약의
실체를 증언한 바 있다.

이 설에 따르면 한일 양측은 밀약을 통해 한일 양국은 독도
문제를 "해결하지 않는 것을 해결한 것으로 간주한다. 따라서 조

약(한일협정)에는 언급하지 않는다"며 이 문제의 해결을 사실상 보류('미해결의 해결')했다. 그 정신에 따라 6월 체결된 '분쟁 해결에 관한 교환공문'에서 (독도의 명칭을 거론하지 않고) "양국간의 분쟁은 우선 외교상의 경로를 통하여 해결하기로 하고, 이에 의하여 해결할 수 없을 경우에는 양국 정부가 합의하는 절차에 따라 조정에 의해 해결을 도모하기로 한다"고 합의한다(길윤형 2015). 한국이 합의하지 않는 한 한국의 독도 실효지배를 일본이 변경할 수 없는 구조가 만들어진 것이다.

한일국교 정상화가 이루어진 이후 이 교환공문을 놓고 양국간에 견해 차이가 드러난다. 일본정부는 독도문제는 양국간의 분쟁에 해당되기 때문에 국제사법재판소를 통한 결착이 필요하다고 주장하고 있다. 이에 반해 한국정부는 독도는 한국 고유의 영토이며 양국간에 영토분쟁은 존재하지 않는다는 입장이다. 2012년 8월 이명박 대통령의 독도 방문 이후 일본 측이 '분쟁해결에 관한 교환공문'의 조정을 통한 문제해결을 요구하고 있는 상황에서 이 교환공문을 둘러싼 교섭의 배경과 경위, 그리고 그에 대한 평가를 이해하는 것은 현재의 독도문제와 양국의 입장을 이해하는 데 중요한 실마리를 제공한다.

Ⅲ. 한일기본조약에 대한 평가와 해석

앞서 지적한 바와 같이 1965년 체제는 냉전적 상황과 그에 기반을 둔 안보논리와 경제논리가 과거사 청산의 논리를 압도한 이중적 구조였다. 한일기본조약 및 협정의 체결에도 불구하고 과거사문제가 여전히 한일관계를 가로막는 걸림돌로 작용하고 있는 것은 과거사문제의 처리가 유보된 채 안보와 경제논리에 입각한 편의적인 해법이 모색되었기 때문이다(이원덕 1996).

　1910년 한국병합조약에 대해 한국은 '원천 무효'라고 했고 일본은 '당시엔 합법'이라고 맞선 상황에서 '미완의 봉합'으로 국교정상화가 이뤄졌다. 국제법적으로 보면 한일회담의 기본전제는 영토분리 또는 독립에 따른 채권채무 청산 성격이었다. 식민통치의 압박과 질곡에 대한 정신적 보상이나 일본의 침략행위에 대한 배상이 아니었다. 이는 전승국들이 일본과 체결한 51년 샌프란시스코 강화조약에서 한국이 정식 서명국이 되지 못했기 때문이었다. 이승만정부는 실제 일본에 대해 배상금을 받으려고 많은 준비를 했었다. 강화조약에서 한국이 전승국 지위를 얻을 것이라는 기대 때문이었다. 한일회담은 샌프란시스코 강화조약 제4조 B항에 따라 양국간의 미해결 재산문제에 대한 양자교섭의 형태로 진행되었다.

　당시 한일간의 국력에는 비교할 수 없을 만큼 큰 격차가 있었다. 1962년 한국의 1인당 국민소득은 87달러에 머물러 있었다. 정부의 역량 면에서 볼 때 일본은 메이지 유신 이후 근대국가를 100년 가까이 운영했으며 외교 교섭능력이나 국제법에 대한 지식의 측면에서도 한국과는 비교할 수 없었다. 이런 상황을 고려할 때 신생 독립국의 왜소한 관료기구가 일본에 대항해서 교섭했다는 것은 국민정서나 기대에는 미치지 못했을지 몰라도 어느 정도 평가해야 할 것이다. 당시 한일협정 전반에서 국익의 충돌이 있었고 한국정부로서는 불가피한 선택이었다는 주장이 설득력을 얻는 근거이기도 하다. 정반대로 당시 한국정부의 외교수준이 일본의 초등학생 수준도 안 됐기 때문에 결국 이 같은 협상을 맺은 것이라는 비판도 있다.

한일회담과 기본조약 및 협정에 대해서는 논의가 시작된 당시부터 찬성(긍정)과 반대(부정)의 주장이 첨예하게 엇갈리고 있다. 청구권자금이라는 종자돈을 받아 한국의 근대화와 경제발전의 기틀을 마련했다는 점에서 긍정적인 평가가 존재하는 한편, 실리에 급급한 나머지 과거사 청산의 명분과 기회를 희생시켰다는 부정적인 평가가 제기된다. 그리고 이러한 엇갈림은 국교정상화 50주년이 지난 지금까지도 풀리지 않은 채 갈등과 반목을 재생산하고 있다. 한일조약에 대한 엇갈린 평가를 정리하면 다음과 같다.

(1) 한일조약에 대한 부정적 평가

한일협정이 안고 있는 가장 큰 한계는 과거의 식민지배에 대한 사죄조차 받아내지 못한 채 원천무효임을 명기하지 못함으로써 결과적으로 일본으로 하여금 식민통치를 합법화할 수 있는 빌미를 제공했다는 것이다. 이러한 주장은 한일회담 외교문서 내용이 알려진 것과 달리 굴욕적이지 않다는 주장에 대해 해방 직후 '패전국가의 식민지'라는 한국의 정체성과 기본적인 국제관계조차 이해하지 못한 '몰역사적 견해'라고 비판한다. 그 동안 한국의 시민사회에서 한일회담을 '굴욕회담'이라고 주장한 이유는 한국 정부가 일본의 요구대로 무조건 응했기 때문이 아니라, 식민지배에 대해 아직도 반성과 사죄를 하지 않는 일본의 태도를 바꿔놓지 못했기 때문이라는 것이다. 당시 일본은 청구권문제에 대해 샌프란시스코 대일 강화조약을 법적 근거로 재정적, 민사적 채권·채무 관계를 해결한다는 입장이었으며, 이에 대해 한국정부는 이

조약의 상황논리를 뛰어넘는 단호한 논리를 개발해서 제대로 대응했어야 했다는 것이다.

한일 유착론도 제기된 바 있다. 한일조약 발효 이후 양국 정부의 관계가 심화되면서 정치적으로는 한국의 군사독재를 강화하고 민주주의를 억압하는 현상이 나타났다. 일본의 식민지 지배와 연결되는 자민당 정권과 이른바 친일파 세력이 결합함으로써 한일유착이 심화되고 민족정기가 흐려졌다는 것이다. 박정희 군사정권이 식민지배에 대한 대가를 '경제개발'을 명분으로 독점하면서 부정부패와 재벌성장의 밑받침으로 이용했다는 비판도 있다. 한국이 경제개발에 투자할 욕심으로 소액의 청구권자금을 받아내는 데 그치고 당당하게 많은 배상금을 받아내지 못함으로써, 민간인 피해자에게 제대로 보상할 수 없었다는 의미에서 한일협정은 '과거사 평가와 피해자 개인의 권리를 외면한 두 나라 권력집단의 정치적 야합'(안병욱)으로 비춰진다(안수찬 2005).

경제적으로는 이권이 달려 있는 일본 자본이 한국에 유입됨으로써 부패의 고리가 형성되었다. 한국경제는 저임금을 바탕으로 한 노동집약산업으로 정착되고, 일본 독점자본의 재생산구조에 종속되는 형태가 자리잡았다. 국제적으로는 한·미·일의 정치적, 군사적, 경제적 유착을 강화시켜 한반도 냉전을 격화시키고 남북통일을 어렵게 만들었다.

오타 오사무(太田修)의 표현에 따르면, 협정에서 식민지 지배와 전쟁으로 인한 폭력의 책임이 문제된 적이 없었고 피해의 청산이 이뤄지지 않았다. 일본을 동북아 자본주의 진영의 중심으로 삼고 한국의 경제적 발전을 도모해 자본주의 시스템의 우위를 보여주려 했던 냉전의 논리가 중시됐다. 이에 따라 협정은 식민지

지배, 전쟁의 폭력이 은폐된 경제협력으로 처리됐다(太田修 2015). 이렇듯 일본측의 식민지 지배에 대한 인식이 바로잡히지 않고, 과거사 청산이나 역사 화해가 이루어지지 않았다는 점을 지적하는 연구는 전후 보상의 관점에서 청구권·경제협력협정을 통한 타결에 비판적인 입장을 취한다.

(2) 한일조약에 대한 긍정적 평가

한일조약의 부정적 측면을 인정하면서도 전체적으로는 국교 정상화에 따른 한일경제관계의 구축이 한국에 경제적 기여를 했다는 평가도 만만치 않다. 최근 이러한 측면에 대한 재평가 논의가 주목을 받고 있다. 구체적으로 박정희 정권이 결단하고 강행한 한일기본조약 및 협정을 통해 한국에 유입된 청구권 자금이 한국의 경제발전에 도움이 되었다는 것이다.

그렇다면 박정권은 왜 '사죄 없는' 관계 정상화를 강행한 것인가? 박정희 대통령의 결단을 촉구한 것은 당시의 양극적인 냉전체제와 미국의 동아시아 정책, 그리고 남북간의 격심한 체제경쟁이었다. 요컨대 '안전보장과 경제개발'이 한국의 최우선 전략목표로 설정되었고, 그러한 관점에서 일본과의 관계 정상화가 추진되었던 것이다. 일본으로부터 제공된 준배상적인 성격의 경제협력자금은 한국의 경제개발 5개년계획에 투입되었다. 이는 수출주도형 경제발전전략의 채택과 베트남전 특수와 맞물려 경제발전의 원동력이 되었다. 많은 비판에도 불구하고, 냉전시대의 한일관계가 일종의 성공스토리였다고 지적되는 것은 바로 이때문이다(小此木政夫 2015).

1966년부터 1975년까지 일본으로부터 한국정부에 5억 달러

(상업차관 3억불 별도)의 청구권 자금이 제공되었다. 청구권 자금의
액수 자체보다는 이것이 한국 경제의 성장에 기여한 바가 크다는
점에 주목한다. 경제기획원이 1976년에 발간한 '청구권자금백서'
에서는 한국정부로 유입된 5억 달러의 자금에 관해서 '60년대 초
두부터 시작된 경제개발 5개년계획을 수행하는 데 효과적으로 사
용된 것은 사실'이라고 지적하고 있다(경제기획원 1976, 89-106). 경
제적 기여의 측면을 구체적인 수치로 나타내면 다음과 같다. 10
차에 걸쳐 공여된 5억 달러는 중공업 발전에 기여한 것으로 평가
하고 있다. 사용실적을 산업별로 보면, 광공업 투자가 55.6%로
가장 많았고, 국토개발 등 사회간접자본 시설 확충이 18%, 농림
수산부문 배정이 13.2%로 되어 있다.

　구체적으로는 포항제철소 건설(1973년 제1기 설비 준공)에 약 1
억 1,948만 달러(무상자금 3,080만 달러, 유상자금 8,868만 달러로 전체
청구권 자금의 23.9%)가 투입되어, 경공업에서 중화학공업으로의 산
업구조 전환에 기여한 것으로 평가되고 있다. 광공업용으로 도입
된 원자재 1억 3,282만 달러(무상자금 총액의 44%)도 대부분 포항제
철소를 건설하고 공장을 가동하는 데 투입되었다. 원자재 도입분
까지 합산하면 전체 청구권 자금의 절반 이상이 포항제철에 투입
된 것이다. 또한 1973년 준공된 소양강 다목적댐 건설에 2,161만
달러(4.4%), 1970년 개통된 경부고속도로 건설에 약 689만 달러
(1.4%)가 투입되었다(경제기획원 1976; 藤本欣也 2015).

　한국 이외에 일본정부로부터 청구권 자금(배상금)을 공여받은
나라는 미얀마, 인도네시아, 필리핀, 베트남이었다. 이들 대부분의
국가는 기간산업과 비교우위가 있는 산업 그리고 생활용품 등 경
공업과 농림수산 부문에 우선순위를 두고 투자하였다. 특히 도로,

항만, 전력과 같은 기간산업과 제철 등 중공업에 집중 활용한 국
가의 경우에는 그 이후 해당국의 경제성장에 큰 기여를 하였다.
특히 한국의 경우는 철저한 사전계획으로 가장 효율적으로 자금
을 활용한 국가로 평가받고 있으며 특히 원자재의 확보를 위하여
원자재 도입 부분에 높은 비중을 두고 투자하였다(김정식 2000,
78-79). 한편, 이에 반해 1962년부터 10년간 차관의 7할은 구미로
부터 제공된 것이고 일본의 몫은 2할에 지나지 않는다고 일본의
공헌을 평가 절하하는 논의도 있다.

　한국에서는 신식민주의적 종속관계를 만들어 내는 결과로
이어질 것이라는 우려도 존재했다. 경제적으로는 이권이 달려 있
는 일본 자본이 한국에 유입됨으로써 부패의 고리가 형성되었다.
한국 경제는 저임금을 바탕으로 한 노동집약적 산업으로 정착되
고, 일본 독점자본의 재생산구조에 종속되는 형태가 자리잡았다
는 것이다. 그러나 한국경제가 일본에 종속된 것이 아니라, 결과
적으로는 결합된 발전(associated development)이 이루어졌고, 경쟁
관계가 창출되었다고 보는 것이 현실에 가까운 분석일 것이다.

　청구권 자금은 당시 일본의 외환사정으로 볼 때 적지 않은
금액이었지만 한국의 경제성장으로 일본 상품의 수출이 크게 증
가할 것을 감안하면 일본정부에도 큰 부담은 아니었다. 더구나 한
국이 자유진영의 반공국가로 안정적으로 발전하여 일본의 안보방
벽 역할을 했기 때문에 더욱 만족스러운 일이었다. 한일간의 청구
권 협상에 적극적으로 개입했던 미국정부도 한일 양국의 국교정
상화로 동북아시아에 한미일 협력체제가 견고하게 구축되는 기반
이 조성되었다고 환영했다. 따라서 한일기본조약 체결은 한미일
삼국이 서로에게 이익이 되었다고 납득할 수 있는 수준의 결정이

었다(정재정 2014).

(3) 한일조약의 구조적 한계(론)

최근에는 애초부터 한일회담과 한일조약이 찬성(긍정)과 반대(부정)의 논리만으로 재단하기 어려운 구조적 한계를 지니고 있었다는 점을 간과해서는 안 된다는 주장도 제기되고 있다. 국제냉전이 초래한 예정된 코스였으며, 외통수의 불가피한 선택이었다는 것이다. 기존 학계는 한일회담에서 식민지 과거 청산이 이뤄지지 않았던 원인을 주로 미국의 대일 및 대한반도 정책, 일본정부의 과거에 대한 무반성적인 자세, 그리고 한국 정권의 속성 등에서 찾았다. 하지만 이 주장은 애초부터 한일회담의 성격 자체가 식민지 청산을 제기할 만한 구조적 기반을 갖추지 못했다는 점에 주목한다(장박진 2009).

이에 대해서는 다음과 같은 세 가지 근거가 제시되고 있다. 첫째, 한국정부는 과거청산에 관한 국민적 합의를 도출할 능력이 없었다는 것이다. 둘째, 일본 내에서 과거를 반성하는 세력들은 한일회담 자체를 반대했기 때문에 한일회담이 일본의 과거사 반성을 토대로 진행될 가능성은 전무했다는 점이다. 셋째, 한일회담의 법적 근거인 샌프란시스코평화조약은 반공 논리에 따라 고안되었기 때문에 애당초 한국이 기대하는 조약이 성립되기는 불가능했다는 것이다.

이러한 의미에서 애초에 한일회담은 구조적으로 과거사를 청산할 수 없는 무대였으며 오히려 실현 불가능한 과거 청산이라는 과제를 정식으로 역사 속에 묻어버리기 위한 절차였다고 지적한다. 이러한 논리는 박정희 정권이 아닌 어떤 정권이라도 과거사 청산이 불가능했다는 주장으로 이어진다. '배상', '청구권', '경제 협력'이라는 해결방식의 명목상의 극적인 변화(각 시기 개념상의 단절)와 달리 각 정권의 피해보상 교섭에는 연속성이 존재하였으며, 해결방식의 변화가 액수 부분에서 큰 변화를 일으켰다고 보기 어렵다. 즉, 경제협력 방식으로 바뀌었기 때문에 특수한 과거관계의 청산 성사에 근본적인 차이를 낳은 일은 없었다는 것이다(장박진 2010, 189-225).

　　한일기본조약의 평가에 있어서는 국제정치적 역학구조, 국내 정치상황의 제약, 양국의 외교적 노력 등을 종합적으로 고려할 필요로 있다. 한일기본조약은 전 과정에 미국이 깊숙이 관여해 사실상 한미일 삼국의 이해관계가 투영된 조약이었으며 냉전시대 한일 양국이 미국의 후견하에 안정과 번영을 이룩할 수 있는 기본틀이 되었다. 오코노기(小此木政夫)의 표현을 따르면 65년 체제는 결국 냉전과 개발 즉 안전보장과 한국의 경제개발이라는 두 가지 큰 목표를 가진 체제였다. 게다가 그 체제의 성립은 결코 '화해'의 결과가 아니라, 지난한 교섭 끝에 이루어진 '타협'의 산물이었다. 65년체제는 경제개발과 안전보장에 의해 뒷받침된 성공의 역사였다. 한국은 경제력을 키우기 위해 일본으로부터의 자금협력을 요청했고, 일본은 미소가 치열하게 대립하는 냉전하에서 이른바 방파제로서 한국을 필요로 한 것이다. 또한 기미야(木宮正史)의 지적처럼 한일 경제협력으로 한반도의 남북간 체제 경쟁에서 한국이 우위를 확립하게 된 것도 긍정적 측면의 하나라고 평가된다.
　　경제논리에 더 초점을 맞춘 연구는 일본과 한국 쌍방의 경제계가 경제관계를 위해 국교정상화를 강력히 원했고, 그것이 국교정상화를 위한 추진력이 되었다는 점을 강조한다. 그러나 양국의 경제계가 그들의 선호와는 별도로 실제 교섭과정에서 어느 정도의 영향력을 발휘했는지에 대해서는 보다 세밀한 논의가 필요할 것으로 생각된다. 일본의 재계는 줄곧 한국에 대한 경제진출문제에 관해 적극적인 입장을 견지해 왔지만 이들이 회담 촉진을 위해 다양한 활동을 전개하기 시작한 것은 한국의 반대운동에 의해 중단된 회담을 재개하기 위한 조정이 활발하게 진행되고 있던 1964년 후반부터였다.

재계의 움직임 가운데 가장 주목되는 것은 일한경제협회에 의한 경제사절단의 파견과 한국 사절단 초청이었다. 이러한 움직임은 경제계의 한국시장 진출 의욕을 한층 강화시키는 데에 큰 역할을 하였다. 또 일련의 방한과 한국경제의 실태조사 작업은 한국의 "풍부하고 저렴하며 질적으로도 우수한 노동력"에 대한 재계의 관심을 고조시켜, 조기타결 촉진의 분위기를 조성하였다(이원덕 1996, 279-284).

Ⅳ. 맺음말

한일 국교정상화 50주년을 맞이하여 한일기본조약 체제가 한일관계에 갖는 의의와 한계를 균형있게 조망하기 위해, 본고는 1965년 한일기본조약을 통해 한일 양국이 합의한 다양한 합의 내용들이 어떻게 인식, 평가되어 왔고, 또 어떻게 굴절되어 왔는가에 대해 고찰했다. 그 동안 한일 양국의 관계에는 부정적인 갈등과 대립의 측면도 있지만, 긍정적인 협력의 측면도 있었다. 그리고 상당한 위기에 직면해 있는 현재의 한일관계에 있어 협력적 관계들도 여전히 유의미하게 작동하고 있다는 점을 과소평가해서는 안 될 것이다.

한일기본조약은 타협의 산물이었지만 타협이 그대로 방치된 것도 아니고, 50여 년 동안 진화를 거치면서 화해에 가까운 지점까지 수정되어 왔다. 식민지배의 법적 책임문제에서 자유롭지 못하다는 점에서는 아직 한일관계는 기본조약의 테두리를 벗어나지 못하고 있지만, 양국의 정치사회구조의 변용과 동북아 국제정치경제구조의 전환에 따라 '1965년 체제'는 변화의 기로에 서게 되었다.

한일관계가 과거사문제를 둘러싼 대립의 악순환과 뉴노멀화에서 벗어나기 위해서는 과연 과거사 처리의 원점인 한일기본조약 체제가 재고되어야 할 것인가? 한일기본조약의 문제점은 일본의 식민지배를 문제삼지 않은 한일기본조약 제2조와 배상문제를 유보시킨 청구권협정의 제2조에 집중적으로 표현되고 있다.

조약을 개정해야 한다는 입장은 한일기본조약 제2조가 한일 과거사 갈등의 근저에 자리하고 있기 때문에 이 문제점을 해소하는 것이야말로 한일 과거청산의 출발점이며, 시간이 걸리더라도 식민지배를 부당한 것으로 명확하게 자리매김하는 새로운 조약을 체결해야 한다고 주장한다. 예를 들어 제2조를 둘러싼 논란이 "이미 무효"라는 어구의 "이미"라는 시점에 있기 때문에 이 문제에 대한 해법은 "이미"라는 용어 자체를 삭제하든지 제2조에 대한 일본정부의 공식해석을 변경하는 것에서 찾을 수밖에 없다고 본다.

그렇지만 여전히 일본정부가 식민지배는 합법적이며 유효하

게 이루어졌다는 역사인식과 공식입장을 고수하고 있는만큼 일본
이 제2조의 개정작업에 착수할 가능성은 희박하다고 하겠다. 한
국정부 또한 현실적인 판단과 조약개정의 주장이 초래할 대일관
계 전반의 외교적 득실을 고려하여 신중한 입장을 취하고 있는
상황이다. 현재 조약 개정론은 위안부 및 강제징용 피해자와 지원
자 그룹 등 민간 중심의 운동수준이나 정당 차원의 간헐적 문제
제기에 머물고 있으며, 피해자들을 지원하는 입장에서조차 개정
의 가능성에 대해서는 부정적 전망을 내세우고 있는 것이 현실이
라고 하겠다.

한편 조약을 보완해야 한다는 입장에는 폭넓은 스펙트럼이
존재한다. 대체적으로 당시 한일협정 전반에 걸쳐 국익의 충돌이
있었고 한국정부로서는 불가피한 선택을 한 것이었기 때문에 지
금 개정해야 한다는 주장에 대해서는 바람직하지 않다고 본다. 외
교는 상대편이 있는 것이기 때문에 특별한 사정변경이 없는 한
국가간 합의를 번복하는 것은 국제관행상 인정하기 어렵다는 것
이다. 나아가 한일간의 역사인식은 고노 담화(1993년), 무라야마
담화(1995년), 한일 파트너십 공동선언(1998년), 간 담화(2010년) 등
을 통해 한일관계의 변곡점에서 한일기본조약의 부족한 부분을
보완하며 진화를 해 왔다는 점에 주목하면서 보다 긴 호흡에서
미래지향적으로 이 문제에 접근해야 한다고 본다.

진화의 구체적인 궤적은 1995년의 무라야마 담화나 1998년
의 '21세기 새로운 한일 파트너십 공동 선언' 등에서 찾아볼 수
있다. 무라야마 담화는 "일본은 국가정책을 그르쳐 식민지 지배
와 침략으로 아시아 여러 나라에 다대한 손해와 고통을 줬다. 이
와 같은 역사의 사실을 겸허하게 받아들이고 여기서 다시 한번

통절한 반성의 뜻을 표하며 진심으로 사죄의 마음을 표명한다"는 내용으로 구성되어 있다. 무라야마 담화의 역사인식은 1998년 10월 '한일 파트너십 공동선언'에 이르러 대상이 '아시아 여러 나라'에서 '한국'으로 특정화되었고, 2010년 '간 담화'에서는 식민지배가 "한국인들의 의사에 반해 이뤄졌다"는 진일보한 인식으로 나타났다. 2015년 12월 한일 양국의 '위안부문제에 대한 합의'에서는 위안부문제는 당시 군의 관여하에 다수의 여성의 명예와 존엄에 깊은 상처를 입힌 문제로서 이러한 관점에서 일본정부는 책임을 통감한다고 언급함으로써 과거사문제에 있어 일본정부의 책임을 공식적으로 인정했다.

이처럼 조금씩 간극을 좁혀온 양국간 역사인식에도 불구하고, 한일기본조약 제2조 문제와 관련하여 한일병합 조약이 '애당초 무효'라는 한국의 입장을 일본이 받아들이는 형태로 조약을 개정하는 것은 일본에서 "혁명이 일어나지 않는 한"(오타 오사무) 어려운 문제인 것도 엄연한 현실이다(길윤형 2015). 실타래처럼 엉킨 난국을 일거에 풀어낼 묘수가 존재하지 않는 상황에서 한일 양국은 그간의 담화 등에 담긴 역사인식과 내용을 더욱 발전시키고 공유할 수 있도록 대화와 협력을 지속할 수밖에 없다.

식민지배의 피해자로서 한국이 일본에 집요하게 비추어질 수 있는 요구를 지속하는 것은 바람직하지 않으며, 일본 또한 원칙적 입장만을 고수할 것이 아니라 한국이 사죄를 받아들일 수 있도록 협력하는 것이 필요하다. 나아가 동아시아 전체에 공생을 위한 복합적인 네트워크를 구축하는 데 있어 국제공공재를 제공할 수 있도록 한일 양국은 다방면에 걸친 경험과 지식을 공유하면서 미래지향적이고 구체적인 협력을 추진해야 할 것이다.

〈참고문헌〉

경제기획원. (1976). 『청구권자금백서』. 서울: 경제기획원.

길윤형. (2015). "수교 50돌 새 한-일관계 탐색 ② 키워드로 본 한일 50년." 『한겨레』(6월 3일).
http://www.hani.co.kr/arti/politics/diplomacy/694025.html (검색일: 2016. 04. 10).

김정식. (2000). 『대일 청구권 자금의 활용사례 연구』. 서울: 대외경제정책연구원.

김종필(중앙일보 김종필증언록팀 엮음). 2006. 『김종필 증언록 1』. 서울: 와이즈베리.

민동용. (2005). "[한일협정 외교문서]美, 고비마다 '보이지 않는 손' 개입." 『동아일보』(8월 27일).
http://news.naver.com/main/read.nhn?mode=LSD&mid=sec &sid1=100&oid=020&aid=0000313326(검색일: 2016. 05. 14).

안수찬. (2005). "'과거 담합' 풀어야 동북아 평화." 『한겨레』(1월 18일).
http://www.hani.co.kr/arti/politics/politics_general/4398.ht ml (검색일: 2016. 04. 10).

이원덕. (1996). 『한일 과거사 처리의 원점: 일본의 전후처리 외교와 한일회담』. 서울: 서울대학교출판부.

이원덕. (2010). "한일기본조약과 북한 문제." 국민대학교 일본학연구소 편. 『의제로 본 한일회담』. 서울: 선인.

이충형. (2015). "광복 70년, 기적의 70년<2> 한·일 국교정상화와 60년대." 『중앙SUNDAY』(5월 17일).
http://sunday.joins.com/archives/17094(검색일: 2016. 04. 10)

장박진. (2009). 『식민지 관계 청산은 왜 이루어질 수 없었는가』. 서울: 논형.

장박진. (2010). "한일회담에서의 피해보상교섭의 변화과정 분석." 국민대학교 일본학연구소 편. 『의제로 본 한일회담』. 서울: 선인.

장박진. (2014). 『미완의 청산: 한일회담 청구권 교섭의 세부 과정』. 서울: 역사공간.

장박진. (2015). "개인청구권을 둘러싼 한일관계: 해법의 열쇠." 현대일본학회 한일국교정상화50주년국제학술행사. 제주. 6월.

정재정. (2014). 『주제와 쟁점으로 읽는 20세기 한일관계사』. 서울: 역
　사비평사.

정재정. (2015). 『한일회담·한일협정 그 후의 한일관계』. 서울: 동북아
　역사재단.

한상일. (2010). "제5차 한일회담과 청구권 문제." 국민대학교 일본학
　연구소 편. 『의제로 본 한일회담』. 서울: 선인.

한일역사공동연구위원회. (2005). 『한일역사공동연구보고서 제6권, 제
　3분과, 근·현대사편』.

小此木政夫(오코노기 마사오). (2015). "日韓国交正常化50年(2)日本
　の視点." 『NHK ONLINE』(6月19日).
　http://www.nhk.or.jp/kaisetsu-blog/400/221348.html(검색
　일: 2016.04.10).

太田修(오타 스스무). (2015). 『日韓交渉　請求権問題の研究』. 東京:
　クレイン.

大畑裕嗣(오하타 히로시). (2015). "日本の日韓会談反対運動とその内
　在的批判: 日本社会党, 総評, 共産党を中心に." 현대일본학회 한
　일국교정상화50주년국제학술행사. 제주. 6월.

吉澤文寿(요시자와 후미토시). (2015). "日韓諸条約の評価をめぐる日
　韓関係: 基本条約第二条, 請求権協定第二条一を中心に." 현대일
　본학회 한일국교정상화50주년국제학술행사. 제주. 6월.

藤本欣也(후지모토 긴야). (2015). "【日韓国交正常化50年】日本供与の
　5億ドル使途は? 浦項製鉄所建設へ23%　重工業発展に寄与." 『産経
　ニュース』(6月18日).
　http://www.sankei.com/world/news/150618/wor1506180005
　-n1.html(검색일: 2016. 04. 10).

2.
고노 무라야마 담화

2.1
두 개의 '담화'와 역사인식문제의 난관
오쿠조노 히데키(奧薗秀樹. 静岡県立大学)

들어가며

박근혜 대통령은 자서전에서 "다른 어떤 나라보다 인내가 요구되는 것이 일본과의 외교"이며, "우선은 무엇보다 양국이 눈물이 날 정도로 서로 노력해서 신뢰를 회복하는 것부터 시작해야 한다"고 말하고 있다. 박정희의 딸로서 '친일파' 이미지가 늘 따라다니는 박근혜에게 '우경화'가 경계되는 아베 신조(安倍晋三) 정권에 안이하게 접근했다가는 정권의 구심력을 잃을 수도 있는 위험을 내포하고 있다. 박근혜 대통령은 냉각된 관계가 계속되는 것이 서로 이익이 되지 않는다는 것을 인식하면서도 더욱 인내와 신중함을 가지고 대일 외교에 임할 수밖에 없을 것이다.

과연 박근혜 대통령은 취임 직후 "가해자와 피해자라는 역사적 입장은 천 년의 역사가 흘러도 변할 수가 없는 것"이라고 이례적인 표현을 사용하여 일본정부에 '적극적인 변화와 책임 있는 행동'을 촉구했다. 그 후 아베 총리의 야스쿠니 신사 참배가 국내외에 파문을 부르자 "한일관계는 지금까지 일본정부의 공식 견해인 '고노 담화'나 '무라야마 담화'를 기초로 이어져 온 것이며 한국정부도 그것을 믿어 왔지만 이것들을 부정하는 언동이 반복되면서 협력할 수 있는 환경이 파괴되고 있는 것은 유감이다"라고 언급하였다. 한일관계의 복구와 정상회담 실현을 위해서는 두 '담화'의 계승과 위안부문제에서 구체적이고 성실한 조치가 필요하다는 입장을 밝힌 것이다.

한편 아베는 총선에서 위안부문제를 둘러싸고 일본의 명예를 훼손하는 부당한 주장에 대해서 적극적으로 반론하겠다는 공약을 내걸어 압승을 거두고 정권을 다시 찾았다. 총리 취임 후에는 '고노 담화'에 대해 각의 결정된 것이 아니라는 이유로 재검토를 시사했고, '무라야마 담화'에 대해서도 "내각으로서 그대로 계승하고 있는 것은 아니다"라고 말했다. 이랬던 아베 총리였으나 이후에는 '무라야마 담화', '고이즈미 담화'를 포함해서 역사 인식에 관한 역대 내각의 입장을 전체적으로 계승하고 있다고 하였고, '고노 담화'에 대해서는 그것을 검토하는 것은 생각하고 있지 않다는 입장을 밝혀 기존 방침을 수정하는 모습을 보였다. 두 '담화' 계승을 요구하는 박근혜 대통령의 요청에 응하는 자세를 보인 것이다.

그런데 이후에도 '고노 담화'의 작성 과정에 대한 검증 결과가 발표되고, 아사히신문의 위안부 보도에 관한 검증 기사가 게재되는 등 기회 있을 때마다 '고노 담화'를 둘러싼 논쟁은 재연되었다. 또한, 전후 70년 총리 담화 발표를 앞두고 아베 총리가 연설할 때마다 그 내용과 표현을 둘러싸고 '무라야마 담화'가 예로 인용되면서 한국, 중국, 때로는 미국도 휩쓸리는 형태로 논쟁이 발생하는 등, 두 담화는 지금도 역사인식문제의 논점이 되고 있다.

본 논문에서는 두 '담화'가 왜 역사적 유산이 아니라 현재적으로도 이토록 커다란 의미를 가지고 있는지 담화에 담긴 내용을 비롯해 성립에 이르는 과정과 배경, 내외 평가, 해석과 의의, 지금까지 해 온 역할 등에 대해 정리하고 분석해 보기로 한다. 그리고 일단 봉합되었다고 여겨지던 문제가 다시 불거지면서 한일관계와 동아시아 국제질서를 뒤흔들게 되는 원인에 대해서 분석해보고 싶다.

Ⅰ. 일본군 위안부문제와 '고노 담화'

(1) '고노 담화' 발표

93년 8월 4일, 미야자와 내각의 고노 요헤이(河野洋平) 관방장관은 기자회견을 열고 '위안부 관계 조사 결과 발표에 관한 고노 내각관방장관 담화'(이하, '고노 담화')를 발표했다. 김학순 할머니가 전 위안부로서 본인 이름을 밝히는 눈물의 기자회견을 하고약 2년이 지나 우여곡절 끝에 일본정부는 '이른바 종군위안부문제에 대해'라는 제목의 조사결과를 발표하여 위안부문제에 대한 견해를 분명히 한 것이다.

여기에는 "오랫동안 광범위한 지역에 걸쳐 위안소가 설치되어 수많은 위안부가 존재했던 것", "위안소 설치, 관리 및 위안부

이송에 대해서는 일본군이 직접 혹은 간접적으로 이에 관여한" 것, 또한 "위안부 모집에 대해서는 군의 요청을 받은 업자가 주로 이에 해당되지만 이 경우도 감언, 강압 등 본인들의 의사에 반하여 모집된 사례가 다수"였다는 것, 심지어 "위안소 생활은 강제적인 상황에서 고통스러운 것이었다" 것이 밝혀져서 논란이 되었던 군의 관여와 '강제성'이 인정된 형태로 되어 있다.

또한 "전쟁터에 이송된 위안부의 출신지에 대해서 일본을 제외하면 한반도가 큰 비중을 차지하고 있었다"며 "당시 한반도는 일본의 통치하에" 있었다고 언급하고, "모집, 이송, 관리 등도 감언, 강압 등 대체로 본인들의 의사에 반하여 이뤄졌다"는 것이 기술되어 있다. 이것은 한반도 출신 위안부에 대해 특별히 언급된 것이고, 여성들이 식민 통치하에 대체로 본인들의 의사에 반하여 모집되었다는 것을 인정하는 형태로 되어 있다.

일본정부는 이 문제가 "당시 군의 관여 아래 다수 여성의 명예와 존엄을 깊이 손상시킨 문제"이며 "출신지 여하를 막론하고 이른바 종군위안부로 수많은 고통을 경험하고 심신에 걸쳐 치유하기 힘든 상처를 받은 모든 분들에게 진심으로 사죄와 반성의 마음을 바친다"고 말하며 사과와 반성의 뜻을 표명한 것이다.

고노 관방장관은 최대 쟁점이었던 강제 연행 여부에 대한 일본정부의 인식을 묻는 질문에 대해, "그런 사실이 있었다는 것. 이 한마디로 족하다"고 대답했고, "강제라고 하는 것 중에는 물리적인 강제도 있고 정신적인 강제도 있다"고 하며 "본인의 의사에 반하여 모집된" 사례가 많았던 것은 분명하다고 말했다. 또한 조사의 정리 작업을 주도한 다니노 사쿠타로(谷野作太郎) 내각외정심의실장도 기자 브리핑에서 강제를 뒷받침하는 자료가 발견되었는지 여부를 묻는 질문에 대해 '강제'를 어떻게 파악할까에 따라 다르지만 모집, 이송, 관리의 3단계에서 대체로 본인들의 의사에 반하여 행해졌고, 일상생활이나 행동도 엄격히 제한되어 강제성을 수반했다는 점은 틀림없다며 우회적으로 답변했다.

일본정부로서는 위안부 청취를 포함한 조사 결과와 이에 관한 '담화'를 발표함으로써 위안부문제의 진상규명에 일단락을 짓는 모양새였다.

(2) 전환기 일본외교와 '고노 담화'

고노 전 관방장관은 '고노 담화'에 대해 "그때 내가 하지 않는다면 묵사발 돼서 두 번 다시 나오지 않을 것이라고 생각했다"면서 "관방장관을 하고 있으면 총리가 무엇을 중요시하고 있는지는 당연히 안다", "미야자와 내각이 아니면 그렇게까지 파고 들어서 말할 수 없었다고 생각한다"고 말했다.

'고노 담화'는 한국측에 밀린 저자세 외교라고 일부의 비판을 받고 있지만, 이러한 '담화' 발표가 가능했던 것에 대해서는 일단 정치개혁을 내걸고 자민당을 탈당한 경력까지 있는 당내 리버럴파, 고노 요헤이라는 정치가의 특성을 가지고 말하는 경우가 많다. 그러나 고노 자신도 말하고 있듯이 그것은 관방장관 개인의 생각이 아니라 미야자와 내각의 책임으로 결정한 내각의 의지이며, 미야자와 정권의 정책 결정의 결과로 나온 것인 이상 미야자와와 총리와 내각의 외교 자세를 반영한 것임을 잊지 말아야 할 것이다.

미야자와 기이치라는 정치가는 대장성(大蔵省) 관료 출신으로서 유창한 영어 실력으로 일찍부터 대미 외교의 최전선에서 활약해 온 경력을 바탕으로 친미파 정책통으로 보수본류의 이케다파 코치카이(宏池会)를 이어받아 온건파 합리주의의 이미지가 강한 반면 아시아와는 이렇다할 연관이 없는 인물처럼 보였었다. 그러나 실제로는 미키(三木) 내각의 외상으로 김대중 사건의 정치 결착에 노력했고, 스즈키(鈴木) 내각의 관방장관으로 '근린제국 조항'을 제정하여 교과서문제를 진정시킨 것 외에 총리로서도 PKO협력법을 통과시켜 자위대를 캄보디아에 파견하고 최초의 천황 방중에 노력하는 등, 아시아 국가들과의 관계에 유연하고 과감한 자세로 임해 온 실적이 있음을 지적해 두어야 한다. 미야자와의 아시아 중시 자세는 총리 퇴임 후에도 오부치(小渕) 내각의 대장 대신으로 아시아 외환 위기시 '신미야자와 구상'을 내세우고, 더 나아가 초당파 월드컵유치 국회의원연맹 의원회장으로 한일공동개최를 지원하는 방침을 내세워 대회를 성공적으로 이끈 것도 잊어서는 안 된다.

　미야자와는 총리 취임 후, 냉전 이후 일본의 아시아 외교에 대한 제언을 정리하는 사적 자문기관 '21세기 아시아태평양과 일본을 생각하는 간담회'를 설치했다. 첫 모임 인사에서 미야자와는 첫 외유지로 한국을 선택한 것을 언급하면서 냉전이 종결되고 전후 국제질서에 역사적 변화가 일어나고 있는 가운데 아시아태평양에서 일본이 적극적 역할을 해 나가기 위해서는 무엇보다도 역내 국가들과의 협력과 신뢰 관계 구축이 중요하다고 말했다. 그리고 일본이 21세기에 '품격 있는 국가'로 발전해 나가기 위해서는 '과거의 역사'를 바탕으로 역내국 사람들의 마음을 깊히 이해하면서 일본의 역할 확대에 대한 불안과 경계를 불식하고 신뢰를 얻는 노력이 필요하다고 했다.

간담회의 제언은 "아시아태평양 지역의 많은 사람들의 마음 속 깊이 남아있는 상처는 일본이 무언가를 하면 그걸로 모든 것이 결착이 되는 성질의 문제가 아니라", "성실하고 겸허한 태도를 가지고 지속적으로 참을성 있게 문제에 임하고 계속해서 피해국 사람들을 접하는 태도가 필요하다"고 하고 있다. 그리고 "21세기 아시아태평양 지역 전체에 대한 공헌이야말로 일본의 국민적 이익"이라고 하며 "일국의 번영에만 급급하지 않고 또 독선적 이념을 휘두르는 것도 없이 아시아·태평양 지역 사람들로부터 진정한 파트너로 인정받아 함께 생각하고 함께 살아가는 것이야말로 장래 일본인의 모습이기를 원한다"고 마무리짓고 있다.

냉전 종결 후 새로운 국제질서가 모색되는 가운데 걸프 위기라는 일대 시련을 거쳐 일본외교는 새로운 국면으로 나아갈 때를 맞이하고 있었다. 새로운 시대의 아시아 외교, 즉 경제에 그치지 않고 정치, 안보문제를 포함한 아시아·태평양 국가들과의 정책 협조관계 구축에 적극적으로 영향력을 행사해 나가려는 방향성이다. 그런 가운데 나온 미야자와 정권의 아시아 중시 자세는 미야자와 스스로가 말하고 있는 대로 "아무리 생각해도 앞으로 일본의 미래는 아시아밖에 없다"는 신념에 근거한 것이었다. 새로운 일본외교를 전개하는 데 아시아·태평양 지역의 신뢰를 얻기 위한 국제협력이 요구되었던 것이다. 이러한 미야자와의 아시아 인식은 호소카와 정권, 무라야마 정권에도 기본적으로 계승된다. 미야자와의 아시아 인식과 일본외교의 새로운 지향점을 빼놓고 '고노 담화'를 말할 수 없는 것이다.

(3) 위안부문제의 부상과 '고노 담화'의 발표 프로세스

1) 위안부문제의 부상

65년 한일 국교정상화의 주역으로 잘 알려진 김종필씨는 92년 1월 미야자와 총리 방한시 '동아일보'의 취재에 응하면서 "청구권 협상 당시 정신대문제를 채택할지의 여부에 대해 가능성은 논의되었으나 한일 양국 어느 쪽도 그러한 자료를 조사, 파악한 것이 없었기 때문에 어떻게 할 방법이 없었다", "당시는 먹고 살아가는 것이 고작이었기 때문에 오늘날의 눈으로 당시를 봐서는 안 된다"고 말했다.

식민 통치하 태평양전쟁에 더해 한국전쟁, 베트남전쟁을 경험한 한국에서 일본군 위안부의 존재 자체가 전혀 인지되지 않았다고 보기는 어려울 것이다. 단지 여성에 정조 관념을 요구하는 전통이 널리 존재하는 유교사회 한국에서 이 문제를 밖으로 드러내 나타내는 것을 꺼려왔던 것은 상상하기 어렵지 않다. 그 벽을 깨고 위안부문제가 관심을 모으는 계기가 된 것은 90년 1월 윤정옥 이화여대 교수가 '한겨레신문'에 연재한 '정신대, 원한의 발자국 취재기'라는 제목의 르포였다. 11월에는 최대 위안부 지원단체로서 한국정부의 정책 결정을 크게 좌우하는 존재가 되는 '한국정신대문제 대책협의회'(이하 정대협)가 결성되어, 대표에 윤정옥이 취임하였다.

91년 8월 위안부로서는 처음 이름을 밝힌 김학순 할머니가 서울에서 눈물의 기자회견을 하자 한국정부는 정신대를 둘러싼 실태 조사에 착수했다. 그리고 12월 6일 김학순 할머니 등 위안부 3명을 포함한 35명이 일본정부를 상대로 보상을 요구하면서 도쿄지방법원에 제소하자 미야자와 내각의 가토 고이치(加藤紘一)

관방장관은 "정부가 관여했다는 자료는 없고 지금 대처하는 것은 곤란하다"고 논평하여 한국 여론의 반발을 불렀다. 한국 외무부는 주한일본공사를 불러 진상규명을 요청하였고, 이에 가토 관방장관은 일본정부가 조사할 것을 표명했다. 위안부문제는 이렇게 외교문제화된 것이다.

2) "군 관여"와 '가토 담화'

일본군의 관여를 나타내는 문서가 발견되면서 가토 관방장관은 "일본군이 어떤 식으로든 관여하고 있었다는 것을 부정할 수 없다"며 "이른바 종군위안부로 형언할 수 없는 고통을 겪은 분들에게 마음으로부터 사과와 반성의 마음을 표한다"는 견해를 발표하고 정부로서 군의 관여를 인정하고 처음으로 사죄했다. 여기에는 미야자와 총리의 첫 외국 방문이 될 한국 방문을 사흘 앞두고 문제의 진정을 도모하려는 정치적 판단이 작용했을 가능성이 있다. 그런데 실제로 방한한 미야자와 총리는 사흘 동안의 한국 체류 기간중 정상회담, 국회 연설, 기자회견 등 세 차례에 걸친 반성과 사죄의 말을 반복했고, 계속해서 진상규명에 노력할 뜻을 표명하는 사태가 되었다.

여기에는 어디까지나 한국과의 청구권에 관한 문제는 65년 '청구권협정'에 의해 완전히 그리고 최종적으로 해결되었다는 것이 확인되었고, 법적으로는 이미 결착되었으며 한국정부도 그렇게 생각하고 있다고 일본정부는 판단하고 있었던 것으로 보인다. 그런데 한국정부는 점점 거세지는 국민여론 속에서 일본정부가 법적 책임을 인정하고 새로운 보상 조치를 실시할 것을 요구하는 지원 단체의 압박과 법적 결착을 확인한 '청구권협정' 사이에서 진퇴양난의 상황에 빠지게 된다.

　반년 가까이 걸친 일본정부 조사 결과는 92년 7월 6일, '한반도 출신의 이른바 종군위안부문제에 관한 가토 내각관방장관 발표'(가토 담화)로 밝혀졌다. 거기에는 위안소 설치에서 모집 종사자의 단속, 관리, 운영, 신분증명서 발급 등에 대해 정부의 관여가 있었다는 것이 공식적으로 인정되었고, 정부로서 "국적, 출신지 여하를 떠나" 모든 종군위안부 분들에게 사죄와 반성의 마음이 표현된 것이었다.

　그런데 여기서 문제가 된 것은 위안부 동원 과정에서 '강제성' 여부에 대해 '강제 연행'을 뒷받침하는 자료, 문서는 발견되지 않았다고 한 점이었다.

3) '강제성' 인정을 둘러싼 교섭

　일본에서는 '강제 연행'의 정의에 대해 '협의의 강제성'과 '광의의 강제성'을 둘러싼 논란이 전개되는 등 문제는 복잡한 양상을 나타내게 되었다. 한편 한국에서 보면 총리 자신이 '사죄와 반성'을 거듭 표명하면서 관방장관은 '결착 완료'된 것이며 또한 이번에는 '강제 연행'을 증명하는 자료가 발견되지 않았다고 하는 일본정부의 태도는 이해하기 어려운 것이었다. 그것은 일본정부가 진상규명을 위한 진지한 노력을 게을리하고 강제 연행 사실을 은폐한 채 문제를 덮어두려 한다는 의심을 낳았고, 불신을 증폭시켜 반발을 더욱 확대시키는 결과를 초래하게 되었다.

　한국정부는 독자적으로 실시한 '일제하 군대 위안부 실태 조사' 중간보고를 발표하고, 위안부들의 증언 등을 바탕으로 동원 과정에서 일본정부가 강제 또는 강제에 가까운 방법을 행사한 것으로 추정된다고 하여 위압적 연행이라는 사실상의 강제연행이 있었다는 주장을 전개했다. 사태는 '강제성'의 인정을 둘러싼 양국간의 교섭이라는 형태로 전개되게 된 것이다.

일본정부는 단정적 표현을 피하면서도 '강제성'을 수반하는 요소도 있었음을 언급하는 형태로 일정한 인식을 보여주고, 그것을 실질적으로 인정하는 선에서 타결을 모색하고 있었다. 하지만 한국정부는 일본이 자료를 찾을 수 없었기 때문에 강제성이 있었다고는 말할 수 없다고 하는 주장을 하게 되면 한국 국민들은 일본의 성의에 의심의 눈초리를 보낼 것이며, 일본정부가 위안부 할머니로부터 직접 청취 조사를 실시하고 동원의 강제성을 인정하는 것이 중요하다고 주장했다.

일본측은 위안부 할머니의 증언 청취에 대해서는 수습이 되지 않을 우려가 있고, 또한 재판에 계쟁중이라는 점에서 당초 이에 난색을 표했지만 진상규명을 위한 일본의 진지한 노력을 행동으로 보이고 최선을 다하는 모습을 보여 주어야 한다는 한국측의 요구를 받아들여 최종 단계에서 필요 최소한의 형태로 감행하게 되었다. 조사결과와 '고노 담화' 발표를 다음 주에 앞두고, 16명의 위안부로부터 청취 조사가 서울에 있는 태평양전쟁 희생자 유족회(이하, 유족회) 사무소에서 닷새에 걸쳐 실시되었다. 일본측에서는 내각외정심의실과 주한일본대사관에서 총 5명이 증언 청취에 나섰다.

'가토 담화' 발표 이후, 일본정부는 진상규명을 위한 조사에서 대상 범위를 확대하는 형태로 실시했다. 국내에서는 관계 부처와 파견 기관을 비롯해 국립국회도서관이나 공문서관 등의 자료 문헌 조사와 구일본군 관계자와 위안소 경영자, 전 조선총독부 관

계자에게 위안소 인근 거주자, 역사 연구자, 시민단체 관계자 등
으로부터의 청취 조사를 실시했다. 또한 한국정부 작성의 조사보
고서와 정대협 등 지원 단체가 작성한 위안부 증언집의 분석뿐만
아니라 미국 국립공문서관에서 문헌 조사도 실시했다. 그리고 위
안부로부터 직접 청취 조사가 실시되었다.

　　다방면에 걸친 조사 정리는 내각외정심의실이 담당하였고
외무성과 협의, 협력하면서 조사 결과 발표를 위한 '고노 담화'의
문안 작성 작업이 진행되었다. 구체적인 문구를 둘러싼 한국측과
의 협의, 조정에서는 일련의 각종 조사 결과에서도 이른바 '강제
연행'은 확인할 수 없다는 인식에 서서 사실관계를 왜곡하지 않는
범위에서 한국정부의 의향·요망에 대해 받아들일 수 있는 것은
받아들이고 받아들일 수 없는 것은 거부하는 자세로 임했다.

　　전 위안부 김학순 할머니가 눈물의 기자회견을 열고 약 2년
이 경과한 93년 8월 4일, '이른바 종군위안부문제에 대해서'라는
제목의 조사결과보고와 '고노 담화'가 발표되었다.

(4) '고노 담화'를 둘러싼 반응과 논점

1) '고노 담화'를 둘러싼 반응

　　'고노 담화'에 대해 김영삼 대통령은 발표 전날 밤에 주일한
국대사관을 통해 일본측의 최종안을 평가한다는 뜻을 전했다. 한
국 외무부는 "(일본정부가) 군대 위안부의 모집, 이송, 관리 등에
대해 전반적인 강제성을 인정하고 또한 군대 위안부 피해자에 대
한 사죄와 반성의 뜻과 함께 이를 역사의 교훈으로 직시해 나간
다는 등의 결의를 표명한 점"을 평가하고 싶다는 논평을 발표했
다. 그것은 한국정부의 의견을 상당한 수준으로 반영한 것이며 향

후 이 문제를 양국간 외교문제로 삼지 않고, 한일간의 최대 장애물이 해소됐다고 환영한 것이다.

주한일본대사관의 외무성에 대한 보고에 따르면 한국 내 보도에 대해 사실을 담담하게 말하고 비교적 긍정적인 평가가 많다는 점, 강제성 인정이 불충분하다는 지적도 있지만 부정적인 톤은 기존에 비해 억제되고 있다는 인식이었다.

일본 국내에서는 '광의의 강제성' 또는 '협의의 강제성', '전체적인 강제성' 등, '강제'의 이해를 둘러싼 양국간 인식의 차이를 지적하고 '담화'의 표현을 둘러싸고 양국간에 의견 교환이 이루어졌음을 지적하는 등 비교적 침착한 논조로 보도되었다. 그 외에 미국과 중국 언론들도 대체로 긍정적으로 평가하는 논조가 눈에 띄었다.

그런데 이에 대해 한국의 위안부지원단체의 반응은 매우 냉담하였다. 일본정부에 의한 위안부의 청취 조사에 협력한 유족회는 정부 개입에 대해 막연하게 인정했을 뿐이라고 불만을 표시했다. 강제성 인증 등을 청취 조사 실시의 조건으로 하는 등 강경한 자세를 취해 온 정대협은 일본정부가 강제성을 제대로 인정하고 사과한 것이라고는 도저히 볼 수 없다고 하며, 문제의 본질을 회피한 채 조사를 끝내려 한다고 강하게 비난했다.

김영삼 대통령은 취임 직후부터 진상규명이 가장 중요하며 국교정상화에서 이 문제의 매듭된 이상 일본정부에 물질적 보상을 요구하지 않고 보상은 한국정부 예산으로 실시할 방침을 스스로 밝히는 등 일본정부와의 공통 인식에 가까운 유연한 자세를 보였다. 이러한 한국정부가 일본정부에 대해 국내 지원단체가 납득하는 방식으로 진상규명에 진지하게 임할 것을 요구하고, '담화'가 한국 국민들로부터 평가를 받을 수 있는 필요성을 강조해서 사태를 수습하고 결착시키기 위해 정부가 여론을 조절하고 국내를 억누르는 일은 할 수 없다고 언급하는 등 '담화'를 둘러싼 조정 작업에서 국내 여론의 동향을 중시하는 방향으로 점차 자세를 전환했다. 이 배경에는 국민 여론에 힘입어 그 영향력을 날로 증대시켜 나가는 정대협과 지원단체의 존재가 있었다.

지원단체는 한국정부가 만족감을 표명한 '고노 담화'를 신랄하게 비판하였고, 이들의 압력은 이후에도 한층 더 거세지게 된다.

2) '강제성' 인정을 둘러싼 대립과 비판

위안부문제를 둘러싸고 일본군과 정부의 관여 및 '강제성' 인정이라는 두 가지 점이 논란의 대상이 되었다. 전자에 대해서는 '가토 담화'에 의해 이미 밝혀져 있었고, '고노 담화'도 대략 추인되었지만 모집 동원을 한 주체에 대해서는 '군 요청을 받은 업자'가 주로 이에 해당되고, "관헌 등이 직접 이에 가담한 적도 있었다"고 하여 군이 이를 직접 수행하거나 지시, 명령했다고는 하지 않아 애매한 느낌이 불식되지 않았다는 비판을 받게 되었다. 한편, '고노 담화'에 대한 논의의 핵심은 후자였다. 양측의 견해에 차이가 있는 가운데 '강제성'이 어떤 표현으로 포함될 것인가가 관건이 되었다.

일본정부가 '강제 연행'을 뒷받침하는 문서나 증명자료는 발견되지 않았다고 하자, 이에 대한 여론과 지원단체의 반발이 높아지는 가운데 위기감을 느낀 한국정부는 '강제성'을 한정적으로 밖에 인정하지 않는 듯한 표현이 사용되면 국민감정을 자극해서 수습이 안 되는 사태가 될 수도 있다고 하고, 자발적으로 위안부가 된 사람도 있다는 인상을 국민에게 주는 것은 절대 받아들일 수 없는 '넘을 수 없는 한계'이기 때문에 일본측 주장에 거부감을 나타내었다.

이에 대해 일본정부는 모든 부분에서 강제적인 동원이 이루어졌다고 하는 것은 조사 결과에 반하며 수긍할 수 없다고 했다. 하지만 일부에 다양한 형태로 강제적인 요소를 수반하는 경우가 있었다는 것을 감안하여, 양측에 응어리가 남지 않는 형태로 일본정부의 인식을 나타내는 아슬아슬한 표현을 검토하고 싶다고 하면서 한국측에 대국적 견지에서의 이해와 협력을 구했다. 양측은 사전 조정이 이루어진 것을 공표하지 않기로 하고, 다음과 같이 '강제성' 인정에 관한 표현으로 합의에 이르렀던 것이다.

즉, '강제적'이라는 단어 사용을 위안소에서의 생활에 대해 언급하는 부분에 그치는 한편 모집에 대해서는 '본인들의 의사에 반하여 모집된 사례가 많았다'는 표현으로 모두가 강제적으로 모집되었다고 말할 수 없다는 일본측 주장에 따른 것이었다. 반면에 전쟁터로 이송된 위안부는 일본을 제외하면 한반도 출신이 큰 비중을 차지하고 있었고 한반도 출신 위안부로 한정한 단락을 마련해서 당시 한반도가 일본통치하에 있었다는 사실을 언급한 뒤 "그 모집, 이송, 관리 등도 감언, 강압 등 전체적으로 본인들 의사에 반하여 이루어졌다"고 한 것이다. '전체적으로 본인들 의사에 반하여'라는 표현을 통해 한국측이 요구하는 모집시의 '강제성'을 전체적으로 인정하는 형태가 되었다.

이렇게 사실상 양측 합의하에 발표된 '고노 담화'였으나 예상했던 대로 이것은 일본 국내에서도 자민당 내를 포함한 보수세력으로부터 커다란 비판에 직면하게 되었다. 미야자와 총리가 퇴진을 표명한 후에 한국측의 요구를 받아들이는 식으로 위안부의 청취 조사를 실시하여 확실한 증거도 뒷받침도 없이 위안부 증언을 바탕으로 조금씩 조금씩 '강제성'을 인정하였고, 이를 사과하는 관방장관 담화를 내각 총사퇴 하루 전에 발표해서 재임중에 정치 결착을 서둘렀다는 점에서 국제사회에서의 일본의 명예를 손상시켰다는 것이다. 이러한 비판은 위안부문제의 교과서 기술을 둘러싼 논의에서 자민당의 젊은 의원들을 중심으로 '고노 담화'를 철회, 수정하여 사실을 밝히고, 비방중상에 반론해서 잃어버린 명예를 회복해야 한다는 주장으로 발전하게 되었다.

예전부터 역사 인식의 재검토에 관심을 가지고 침략전쟁과 전쟁 책임에 대한 정의를 비롯해 종군위안부의 강제성 여부에 대해서 회의적인 발언을 반복해 온 아베 신조는 그 리더격이라고도 말할 수 있는 존재였다. '전후레짐으로부터 탈각'을 내건 아베 정권의 탄생은 이러한 세력을 활기 넘치게 만들었다. 그러나 동시에 이것은 한국과 중국뿐만 아니라 미국을 비롯한 여러 나라로부터도 '역사 수정주의'라는 비판을 받게 되었다. '고노 담화' 발표로부터 21년 후 제2차 아베 정권하에서 '담화'의 작성과정에 대한 검토라는 형태로 구현되었고, 한국측의 거센 반발을 초래하게 된 것이다.

(5) '고노 담화'와 아시아여성기금

'고노 담화'는 '마음으로부터의 사과와 반성의 마음'을 "우리나라(역자주: 일본)가 어떻게 표현할 것인가에 대해서 지식인의 의견 등도 구하면서 앞으로도 진지하게 검토해야 할 것"이라고 했다. 이후 '담화'의 후속 조치로 '여성을 위한 아시아평화국민기금'(이하, '아시아여성기금')에 의한 '보상 사업'이 실시되는 형태로 구체화되었다.

한일 양국은 65년의 '재산 및 청구권에 관한 문제 해결 및 경제 협력에 관한 일본국과 대한민국간의 협정'(청구권협정)에서 "양 체결국 및 그 국민간의 청구권에 관한 문제"가 "완전히 그리고 최종적으로 해결되었다는 것을 확인"하고 있다. 따라서 법적으로는 위안부문제를 포함해서 이미 모든 것이 결착된 것이 되지만 이것을 전제로 일본정부와 국민들이 피해자들에 대한 마음을 성의있게 표시하기 위해 도출된 것이 민간모금의 형식으로 설립된 '아시아여성기금'에 의한 '보상 사업'이었다. 이것은 이미 시행된 법적 해결의 틀과는 별도로 인도적 견지에서 실시된 자주적 조치로 자리매김했다.

'보상 사업'은 민간모금에 의한 '보상금'과 정부예산에 의한 의료복지지원비 지급에 총리의 '사죄 편지'를 첨부하는 형식으로 실시되었다. '청구권협정'과의 균형에서 위안부 개인에 대한 현금 지급 형태로 된 '보상금'에는 정부 출연금이 아닌 민간모금이 쓰였지만, 수교시에는 일본정부를 대표해서 진심어린 사죄와 반성의 뜻을 나타내는 내각총리대신의 편지가 첨부되어 직접 위안부들 앞으로 전해졌다. 일본정부는 도의적 책임을 다한다는 관점에서 '기금'에 대해 운영 경비 전액을 부담하고, 모금 활동에 전면적으로 협력함과 동시에 필요 자금을 거출하는 등 사업 추진에 최대한 협력을 한 것이다.

한국정부는 일부 사업에 일본정부 예산이 거출되어 공적 성격이 가미되고, 당사자에 대한 국가로서의 솔직한 반성과 사죄가 표명되는 등 당사자의 요구가 어느 정도 반영된 성의 있는 조치로 이를 평가하는 논평을 발표했다. 그러나 정대협을 중심으로 한 지원단체는 '아시아여성기금 방식'에 의한 해결은 국가로서의 법적 책임 인정과 공식 사죄, 보상을 수반하지 않는 방식이며, 일본 정부가 책임을 회피하고 있다고 하면서 강력한 반대운동을 전개했고 미디어도 가혹한 비판을 전개해 나갔다. 갈수록 강해지는 압력 속에서 한국정부의 입장에도 서서히 변화가 보이기 시작하여 '아시아여성기금'에 의한 보상 사업에 대해서도 이를 사실상 거절하는 방침으로 전환하는 상황이 되었다.

그 결과 한국에서는 지원단체 등에 의한 강한 압력을 받고 '보상 사업'을 받아들인 일부 피해자가 심한 비난의 대상이 되었기 때문에 '기금'은 활동을 일시 정지할 수밖에 없었다. 정대협은 '기금'에 의한 '보상 사업'을 받아들이지 않게 하기 위해 민간모금을 호소하며 '보상금'을 받은 피해자 이외에 보조금을 지급했고, 한국정부도 '기금' 사업을 받아들이지 않는다고 약속한 피해자에 한해 생활지원금을 지급하는 등, 사태는 인도적 차원을 벗어나 복잡한 양상을 띠게 되었다.

양국의 주장이 그 후에도 평행선을 달리며 사태 타개의 전망이 보이지 않는 가운데 '기금'은 활동 정지에 몰렸고, 2002년 5월 지원단체와 정부의 이해를 얻지 못한 채 한국에서의 사업 신청 접수를 종료했다. 한국에서 '보상 사업'을 받아들인 것은 한국정부가 2004년에 인정한 위안부 207명 중 3분의 1에도 못 미치는 61명에 머물렀다.

Ⅱ. '무라야마 담화'와 그 존재 의의

(1) '무라야마 담화' 발표

전후 50년이 되는 1995년 8월 15일, 무라야마 도미이치(村山富市) 내각총리대신은 기자회견을 열어 '전후 50주년의 종전기념일에 즈음하여'(이하 '무라야마 담화')라는 제목의 수상 담화를 발표했다. 그것은 지금까지 역대 총리가 회담, 회견, 연설 등에서 거듭 표명해 온 '과거'를 둘러싼 유감과 반성의 뜻, 사죄의 마음을 집대성한 것이며, 각의 결정을 거쳐 정부의 공식 견해인 '총리 담화'의 형식을 취했다는 점에 중요한 의의가 있었다. 일본정부의 역사 인식을 처음으로 포괄적인 형태로 내외에 천명했다는 점에서 커다란 의의를 가진 것이었다고 말할 수 있다.

담화에는 "우리나라는 멀지 않은 과거의 한 시기, 국책을 잘못하여 전쟁의 길을 걸어 국민을 존망의 위기에 빠뜨렸다", "식민지 지배와 침략에 의해 많은 국가들, 특히 아시아 국가의 사람들에게 다대한 손해와 고통을 주었다"고 하며, 일본이 '국책을 잘못'하여 일본 국민을 위기에 빠뜨렸고 '식민지 지배'와 '침략'에 의해 이웃 국가 사람들을 괴롭히고 피해를 준 것이 명기되었다. 그리고 "의심할 것도 없는 이 역사의 사실을 겸허하게 받아들이고 여기에 재차 통절한 반성의 뜻을 표하며 진심으로 사죄의 마음을 표명"하고, "이 역사가 가져온 내외의 모든 희생자에게 깊은 애도의 마음을 바친다"고 하면서 '통절한 반성'과 '진심어린 사죄'가 표현되었고, 내외 불문하고 모든 희생자에게 애도의 뜻을 표시했다. 또한 앞으로는 "깊은 반성에 입각하여 독선적인 내셔널리즘을 배제하고 책임 있는 국제사회 일원으로 국제 협조를 촉진하고, 이를 통해 평화 이념과 민주주의를 널리 퍼뜨려 나가야 한다"
고 하며 향후 일본이 나아가야 할 방향성이 제시된 것이다.

담화에서 무라야마 총리는 "이웃 국가 사람들과 손 잡고 아
시아태평양 지역 나아가 세계 평화를 확고히 해 나가기 위해서는
무엇보다도 이들 국가들과의 사이에 깊은 이해와 신뢰에 기반한
관계를 증진시켜 나가는 것이 불가결"하다고 하고, "杖莫如信(신
의보다 더 소중한 것은 없다)"는 중국 고전을 인용하여 "신의를
시정의 근간으로 할 것을 내외에 표명"했다. 거기에는 일본이 향
후 국제 사회에서 발언력을 가지고 살아가기 위해서는 아시아에
서 존재감을 나타내는 것이 필수적이며, 그러기 위해서는 아시아
의 일원이라는 인식에 입각하여 이웃 국가들과 신뢰관계를 구축
해야 하고, 그것 없이 일본의 미래는 없다는 무라야마 총리 자신
의 신념이 담겨 있었다.

(2) 자사사(自社さ) 연립 무라야마 정권의 탄생과 '천명'

자민당의 38년만의 하야로 '55년 체제'가 붕괴되고 국민의
기대 등에 업고 비자민 비공산의 호소카와 모리히로(細川護熙) 연
립 정권이 탄생했다. 그러나 정권 운영 과정에서 대립에 빠지고
조정이 불가능해지면서 불과 8개월만에 와해되었다. 이어진 하타
쓰토무(羽田孜) 정권의 조각 과정에서 불신감을 느낀 여당 제1당
인 일본사회당은 연립을 이탈했다.

한편 어떻게든 정권 복귀를 하고 싶다는 일념을 가지고 있던
자민당은 모리 요시로(森喜朗) 간사장 등의 움직임으로 사회당의
무라야마 도미이치 위원장을 수반으로 하는 자민·사회·사키가케
의 연립정권 수립을 모색하고, 고노 요헤이(河野洋平) 총재가 사

회·사키가케 양당에 의한 정책 합의의 수용을 타진하면서 망설이고 있던 무라야마의 설득에 나섰다.

정권 복귀를 이루지 못하면 스스로의 존재감이 없어진다는 위기감에 직면한 자민당과, 여당 제1당으로서 권력의 묵직함과 달콤함을 엿보면서 정권 내에서 경시되었던 굴욕에서 어떻게든 권력의 자리에 접근하여 혼란한 정국을 수습하고 책임을 다하고자 하는 사회당의 생각이 일치한 모양새였다.

'55년 체제'에서 오랜 시간에 걸쳐 일본 정치의 대립축을 이루어 온 자민, 사회 양당이 손을 잡는 것에 대한 양당 내의 강한 저항과 반발을 억누르면서 총리 후보에는 무라야마가 추대되었다. 1994년 6월, 누구도 예상조차 할 수 없었던 '자사사(自社さ)' 연립에 의한 무라야마 도미이치 정권이 탄생한 것이다.

자민당과 사회당은 각각 다른 지지 기반을 가지고 정책적으로도 역사관의 차이로 인해 헌법과 안보문제를 둘러싸고 심각하게 대립해 왔다는 점에서 양당에 의한 연립정권 수립은 권력 추구의 야합이라는 비판을 면치 못했다. 게다가 여당 제1당인 자민당이 정권 복귀를 최우선하는 가운데, 제2당인 사회당, 그것도 미일 안보 파기를 주장하는 좌파 출신의 무라야마 위원장을 수반으로 하는 연립 내각이 발족한 것은 국내외에 적지 않은 불안과 경계를 불러일으켰다.

이러한 불안을 뒤로 하고 무라야마 총리는 취임 직후 미일안보조약 견지, 자위대 합헌, 히노마루·기미가요 용인 방침을 차례차례 내놓고 창당 이래 사회당이 관철해 온 정책을 크게 전환하겠다는 의향을 밝혔다. 미일 관계는 일본외교의 기축이며 미일 관계의 기본을 이루는 안보조약을 부정하게 되면 일본외교는 근본부터 흔들리게 된다. 또한 내각총리대신은 육·해·공 자위대의 최고지휘감독권자이며 자위대를 위헌이라고 한다면 총리를 맡을 수 없다. 그런 이상 방침 전환 표명은 빠르면 빠를수록 좋다는 판단에 의한 것이었다.

이것은 내각총리대신으로 지명을 받은 이상 사회당 당수이기 전에 일국의 총리로서의 직책을 다하고 정치인 개인의 입장과 당 이념보다도 국가를 위해 어떤 선택이 요구되는가를 우선해야 한다는 신념하에 깊은 고민 끝에 내린 판단이었다. 당 내의 거센 반발이 불가피하다는 것은 자명했고, 무라야마는 당 중앙집행위원회가 이를 승낙하지 않는다면 즉시 총리를 사직한다는 비장한 각오로 이를 극복했다.

무라야마는 제1당이 아닌 사회당 당수가 총리가 되는 것은 헌정의 상도에 어긋나지만 뜻밖에도 사회당 수반의 연립정권이 탄생했다는 것은 '천명(天命)'이며 역사적인 사명으로서 이를 받아들이고, 사회당이 아니면 할 수 없는 것을 하고 그 역할을 다하면 그걸로 끝내고 싶다는 결의였다고 회고하고 있다. 전후 50년을 한 해 앞두고 계속해서 제자리 걸음인 전후 처리문제를 비롯해 보혁 대립 아래 오랫동안 자민당 단독 정권에서는 처리, 해결할 수 없었던 국내외 여러 과제들을 자민당을 제1당으로 하는 사회당 수반의 연립정권이라면 마무리 지을 수 있을 것이라는 생각에서 무라야마 내각은 출범한 것이다. 관방장관을 지낸 사회당의 이가라시 고조(五十嵐広三)와 자치대신이 된 자민당의 노나카 히로무(野中広務)는 전후 50년을 앞두고 이런 형태로 무라야마 정권이 탄생하기에 이른 것은 '하늘의 배합'이였다고 평가하고 있다.

연립정권을 구성하는 데 있어 사회당과 사키가케에 의한 '새로운 연립정권 수립에 관한 합의 사항'은 자민당이 이를 받아들여 3당간의 정책 합의가 되었다. 여기에는 '전후 50년과 국제평화'라는 항목이 있고, "신정권은 전후 50년을 계기로 과거 전쟁을 반성하고, 미래 평화에 대한 결의를 표명하는 국회결의 채택 등에 적극적으로 대처한다"고 명기되어 있었다.

이렇게 정권 발족 이후, 평화주의 정당으로의 기본이념을 전환한 것을 비롯해 고뇌의 결단에 잇따라 직면한 가운데, 무라야마 총리와 사회당에 역사 인식과 과거 청산문제는 사회당 수반 내각이 아니면 할 수 없을 일을 하는 것이 자기 자신에게 주어진 사명이라고 강력하게 인식하게 되었다.

(3) '부전 결의'와 '무라야마 담화'의 발표 프로세스

1) 역사 인식을 둘러싼 불협화음과 '전후 50년 국회 결의'

무라야마 정권이 상이한 역사관을 가진 세력이 동거하는 연립정권인 이상, 역사 인식의 차이에서 기인하는 불협화음이 벌어지는 것은 불가피했다. 내각 발족 초기부터 현직 자민당 각료에 의한 '논란 발언'이 잇따라 물의를 빚었다.

그러한 가운데 연립여당 3당 합의에 따라 '전후 50년 문제 프로젝트 팀'이 구성되어 전후 50년 국회 결의 채택을 향한 노력이 진행되게 되었다. 근본적으로 다른 역사 인식을 가진 당, 의원의 생각이 뒤섞인 가운데 납득할 수 있는 표현으로 결의문을 정리하는 것은 역시나 매우 어려운 기술이었다. 초점은 무라야마 총리가 소신표명연설 등에서 언급한 "일본의 침략 행위와 식민지 지배 등"이 "많은 사람들에게 극심한 고통과 슬픔을 가져왔다는 것"이며 이에 대한 '깊은 반성'을 담을지 여부였다. 논의는 뒤얽혔다.

정권을 담당하면서 잇단 타협을 강요당했던 사회당에 '부전결의' 채택 및 '침략 행위'와 '식민지 지배'에 대한 '반성'이라는 문구는 평화주의 정당으로서 양보할 수 없는 최후의 일선이었다. 한편 자민당 의원의 거의 절반이 참가하고, 결의 자체에 신중하고 회의적인 입장이었던 '종전 50주년 국회의원연맹'은 압박을 강화했다. 결론은 간사장·서기장 협의로 넘어 왔고, 정국 혼란을 회피하고 연립을 유지하기 위해 타협이 필요하다고 판단한 자민당 집행부가 양보하는 모습을 보였지만, 당내 설득은 난항을 거듭했다.

우여곡절 끝에 중의원 본회의는 95년 6월 9일, 전후 50년을 맞이하여 '역사를 교훈으로 평화에 대한 결의(決意)를 새롭게 하는 결의(決議)'를 찬성 다수로 가결했다.

최종적인 결의 문구는 "세계 근대사에서 수많은 식민지 지배와 침략 행위에 생각이 미쳐 일본이 과거에 행한 이러한 행위가 기타 국민 특히 아시아 여러 국민들에게 가한 고통을 인식하고 깊은 반성의 뜻을 표명한다"고 했다. 여기에는 이웃 나라 사람들을 괴롭힌 주어가 일본이라는 것을 명확히 하여 반성의 뜻을 표하면서도 '침략적 행위'라는 모호함을 남기는 표현이 사용되었다. 또한 근대사에서 열강의 식민지 지배와 침략적 행위를 먼저 언급함으로써 일본의 행위를 상대화하려는 의도가 엿보이는 표현이 되었다. 그리고 "우리는 과거의 전쟁에 대한 역사관의 차이를 넘어 역사의 교훈을 겸허하게 배우고, 평화로운 국제사회를 구축해 나가야 한다"며 역사 인식의 다양성을 받아들여야 한다는 주장도 느끼게 만드는 내용이 되었다. 협의 결과 도출된 결의문 내용은 수정을 거듭한 타협의 산물일 수밖에 없었던 것이다.

국회 결의는 만장일치가 관례이지만 야당 제1당인 신진당은 결석하고 여당 3당에서도 결석이 속출하여 결석자 수는 251명에 달했다. 일본 공산당은 참석하면서도 반대에 나섰고, 찬성은 정수의 과반수에도 못 미치는 약 230명에 머무르는 이례적인 사태가 되었다. 참의원에서는 채택조차 보류되었다. 이러한 참담한 결과는 다양한 의견이 존재하는 국회에서 결의라는 형식으로 통일된 역사관을 제시하는 것이 얼마나 어려운지를 보여주고 있었다.

2) 아시아 국가들 방문과 '무라야마 담화'의 작성 프로세스

총리 취임 후의 한국 방문에 이어 동남아시아 4개국 순방, 중국 방문은 사회당 수반의 연립정권이 되어도 일본의 아시아 중시 외교방침에 변화가 없다는 것과 세계대전에 대한 반성과 사죄의 마음을 각국 정상에게 전하는 기회가 되었다. 이것은 무라야마 총리가 예전부터 품어 왔던 역사인식이 반영된 방문이었다.

아시아 국가 방문을 통해 무라야마 총리는 각국이 일본에 대해 기대감을 보이면서도 일본에 대한 불신이 여전히 불식되지 않았다는 것을 느꼈다고 말했다. 이러한 사실은 총리 자신이 재차 전후 50년에 '과거'를 확실히 매듭짓고 새로운 일본이 나아갈 방향을 제시함으로써 아시아 국가들의 불안을 해소하고, 신뢰를 얻을 필요성을 재인식하는 기회가 되었다. 그만큼 전후 50년 국회 결의의 결과는 무라야마 정권에 그대로 방치하면 "과거의 전쟁을 반성하고 미래의 평화에 대한 결의를 표명한다"는 결의의 원래 의미조차 의심받을 수밖에 없는 것이었다.

이런 가운데 무라야마 총리는 전후 50년 담화를 발표하기로 결정했다. 이것은 총리 개인의 견해를 의미하는 '총리 담화'가 아니라 각의 결정을 거친 정부의 공식 견해로서 '총리 담화'라는 보다 중량감 있는 형식을 취하게 되었다. 만장일치를 전제로 자민당도 참여하는 연립 정권의 내각 총의로 담화를 발표하여 정부의 통일 견해라는 의미를 부여하고 일본의 역사 인식과 21세기 아시아 외교의 기본 이념을 내외에 어필하는 것이었다.

작업은 전후 처리문제를 평생의 업으로 삼아 왔던 사회당의 이가라시 고조(五十嵐広三) 관방장관의 지시에 따라 내각외정심의실이 정리하는 형태로 진행되었다. 사무적으로는 외무성에서 파견 중인 타니노 사쿠타로(谷野作太郎) 외정심의실장을 중심으로 소노다 히로유키(園田博之) 정무담당 관방부장관, 후루카와 테이지로(古川貞二郎) 사무담당 관방부장관이 맡았다. 여기에 몇몇 학자들의 의견도 참고하면서 검토가 반복되었고 총리에게도 보고되었다. 연립 여당의 고노 요헤이 자민당 총재, 다케무라 마사요시(武村正義) 신당 사키가케 대표 둘 다 자유주의 정치신조의 소유자였던 덕에 작업은 원활하게 진행되었다.

초안의 기반이 된 것은 무라야마 총리가 그 동안 연설과 담화, 기자회견 등에서 언급한 내용이었다. 기안 단계에서는 외무성의 담당 창구로서 초안 작성에 나선 종합외교정책국의 다나카 히토시(田中均) 총무과장이, 타니노 외정심의실장과 마찬가지로 외무부에서 파견되어 있었던 무라야마 총리의 마키타 쿠니히코(槇田邦彦) 비서관 등과 협의하면서 작업이 진행되었다. 총정국 총무과에서 작성된 초안은 내각외정심의실에서 검토되었고, 총리의 눈을 거치면서 막바지 작업을 수행한 후, 최종안으로 확정되어 갔다.

거기에서는 지금까지처럼 역사문제가 반복해서 외교문제화하는 사태를 막기 위해 말 속임수로 받아들여질 수 있는 표현을 피하고, 명쾌한 언어를 사용하는 데 주저하지 않았다. 전후 50년을 계기로 '무라야마 담화'를 집대성해서 정부의 상식적인 역사 인식을 알기 쉬운 말로 분명히 표명함으로써, 역사의 과오를 인정하는 것에 거부감을 감출 수 없었던 역대 자민당 정권의 애매한 자세가 낳아 온 역사문제의 악순환을 끊으려는 것이었다.

3) '무라야마 담화'의 각의 결정

담화 문구가 확정되어도 각의 결정에 이르기까지의 과정은 신중을 기하는 것이었다. 새로 취임한 사회당의 노사카 코켄(野坂浩賢) 관방장관은 각의 결정에 필요한 모든 각료의 동의를 미리 확보하기 위해 자민당 강경파 각료 개개인에 대한 사전 교섭 공작에 나섰다. 각의 자리에서 '담화' 내용에 이의를 제기할 것을 삼가하도록 다짐을 받아둘 필요가 있었던 것이다. 또한 하시모토 류타로(橋本龍太郎) 통산대신은 일본유족회 회장이기도 했기 때문에 무라야마 총리 자신이 사전에 문안을 제시해서 확인에 나섰다.

8월 15일 당일 각의는 긴장된 분위기 속에서 신중에 신중을 기하는 형태로 진행되었다. 후루카와 관방장관이 담화안의 문구를 천천히 읽어 나가고 설명이 끝나자 진행 역할인 노사카 관방장관이 두 차례에 걸쳐 참석자의 의견을 구했다. 반대 의견이 제기되어 논의가 복잡해지면 각의 결정이 성립되지 못해 '총리 담화'는 취소될 것이며, 그렇게 되면 국내외에 미치는 영향은 국회결의에 비할 수 없는 사태가 될 것이었다. 각의에는 당일 아침에 야스쿠니 신사 참배를 마친 직후의 자민당 각료 8명도 출석했다. 긴장이 고조되었지만 발언은 없었고 담화는 전원일치로 각의 결정되기에 이르렀다.

각의 후, 바로 기자회견이 열렸고 무라야마 총리 자신 스스

로 내각총리대신담화 '전후 50주년의 종전기념일을 맞아'를 발표
했다. 동시에 '담화'에 강한 관심을 가지고 이전부터 역사문제에
대해 정상간에 대화가 이루어지고 있던 중국, 한국, 미국, 영국 등
의 4개국에는 '담화'가 수교되고 보충 설명으로서 총리 서한이 첨
부되었다.

노사카 관방장관은 후에 각의에서 이의를 제기한 각료가 있
었다면 내각의 방침에 맞지 않는 것으로 즉각 파면할 생각이었다
는 것을 밝혔지만, 총리 자신도 이전부터 전후 50년 담화도 낼 수
없다면 자신이 총리가 된 의미는 없다고 말하는 등 남다른 결의
를 갖고 있었다. 각의에 임하는 데 있어 '담화'가 부정된다면 총리
는 사임할 각오였다는 것을 자민당 각료들도 충분히 감지하고 있
었던 것으로 보인다.

원래 사회당 위원장 무라야마를 총리로 추대해서 연립정권
수립을 제의한 것은 자민당이었고, 이것은 어떻게든 정권 복귀를
완수하기 위해 고안된 고육지책이었다. 국회에서 과반수를 밑돌
고 있던 자민당으로서는 여기서 무라야마 총리가 정권을 내던져
버리면 다시 야당으로 되돌아가는 사태가 될 것이었고, 정권을 유
지하기 위해서는 양보해서라도 참을 수밖에 없었던 것이 실제 사
정이었다. 이것은 역시 권력을 잡고 있는 총리의 강점이다. 비록
역사문제에 일가견을 가진 자민당 각료의 면면이기는 하지만 '담
화'의 문구에 반발을 느끼면서도 조용히 있을 수밖에 없었던 것으
로 보인다.

(4) '무라야마 담화'를 둘러싼 논의와 평가

1) 문구를 둘러싼 논의와 해석

'무라야마 담화'는 역사관과 기본 이념이 근본적으로 다른 정당이 동거하는 연립내각의 수반인 무라야마 총리가 자민당과의 교섭 과정에서 자민당 단독정권과는 다른 사회당 수반 내각의 독자성을 발휘하기 위해 자기 주장을 담은 타협의 산물이라고도 말할 수 있다. 그런만큼 담화에서 사용된 단어 하나하나에 다양한 의문과 비판이 제기되었다.

우선 '침략'이라는 표현이다. 비자민 연립정권을 이끌었던 호소카와 전 총리는 앞선 전쟁에 대해 '침략전쟁'이라고 명백히 말했지만 무라야마 총리는 취임 이후 일관되게 '침략행위'라는 단어를 사용해 왔다. 또한 전후 50년 국회 결의에서는 침략이라는 단어에 거부감을 가진 일부 세력의 압력을 받아 '침략적 행위'라는 한 발 물러난 표현이 사용되었다. 이런 가운데 단순히 '침략'으로 함으로써 기존의 '침략행위'로부터 후퇴한 것 아니냐는 지적에 대해 특히 양 단어를 다른 개념으로 구분하고 있는 것은 아니라고 피해 갔다.

국책(国策)을 잘못했다는 '멀지 않은 과거의 한 시기'가 언제인지를 묻는 질문에 대해서는 '침략'에 대한 명확한 정의가 없고 다양한 논의가 있는 이상 시기를 명확하게 구분하는 것은 적절하지 않다고 하며, '총리 담화'라는 것은 역사적 사실을 증명하기 위한 문서가 아니라 일종의 정치적 문서인 이상 각자가 해석하는 것이지 끝까지 따져가며 시기를 규정할 만한 종류의 것이 아니라고 말했다. 또한 일본이 침략을 행한 대상, 반성과 사죄를 표명하는 대상에 대해서도 역시 특정 국가와 지역을 단정하지 말아야 한다고 했다.

또한 국책을 잘못한 책임, 즉 전쟁 책임이 미치는 범위에 대해서 천황의 책임을 운운하는 것은 아니라고 부인했다. 그리고 통수권을 가지고 있던 것이 천황인 이상 천황에게 책임이 없다고는 말할 수 없지만, 천황의 통수권을 군부가 남용한 것이 가장 큰 잘못이라고 하면서, 연립정권의 여당 제1당인 자민당에 대한 배려와 신헌법이 상징으로서 천황의 존재를 인정하고 있는 점을 들어 정치적 판단하에 담화 속에 '책임'에 천황을 포함시키는 것을 보류했다고 인정했다.

한편 '담화'를 바탕으로 소송이 제기되고 있는 개인 청구권을 인정하고 개인 보상에 응할 생각은 없느냐는 질문에 대해서는 기존 입장에 아무런 변화가 없음을 분명히 했다. 즉 솔직한 반성과 사죄, 다른 한편으로는 세계대전과 관련된 배상, 재산·청구권 문제에 대해서는 샌프란시스코 평화조약과 양국간 평화조약, 기타 관련 조약·협정 등에 따라 성실하게 대처하고 있으며, 당사국 사이에서 이미 법적으로 해결된 것으로 국가가 개인 보상을 할 생각이 없다는 입장을 재확인하고, 위안부문제 등 진행중인 전후 처리문제에 대해서는 '인도적 관점에서' 계속해서 성실하게 대응해 나간다는 방침이 강조되었다.

2) 관계 각국의 반응과 평가

'무라야마 담화'를 둘러싼 각국 정부와 미디어의 반응에 대해 외무성 총정국 총무과가 95년 8월 16일자로 발표한 '전후 50주년에 즈음한 내각총리대신 담화에 대한 관계국 정부의 반응'외 정보공개법에 의해 공개된 문서를 분석한 핫토리 류지(服部龍二)의 논문을 중심으로 정리해 보기로 한다.

그에 따르면 구체적 반응으로 먼저 한국을 언급하고 '담화'를 받아서 일본정부가 역사 청산의 차원에서 철저하게 역사의 진실을 규명하고, 올바른 역사 인식이 확립되도록 적극적으로 노력할 것을 바란다고 한 외무부 대변인 논평을 들고 있다. 위안부문제 등을 염두에 두고 일본정부가 앞으로 '담화'의 정신을 어떻게 구체적 행동으로 옮겨 나가는지가 중요하다고 다짐하는 형태가 되었다.

또한 '담화'와 함께 일본정부로부터 수교된 무라야마 총리 서한에 대한 답신에서 김영삼 대통령은 의미깊은 '담화'라고 평가하고, 이것이 일본의 올바른 역사 인식 확립의 토대가 될 뿐만 아니라 한일 양국 나아가 일본과 아시아 이웃 국가들과 미래지향적 협력관계 구축에 기여할 것으로 기대한다고 밝혔다. 이것은 한국 내에서는 공표할 예정이 없는 서한으로 '담화'를 솔직하게 평가하는 대통령의 자세가 엿보이는 내용이다.

또한 한국 미디어에서 높은 관심을 보였는데 식민지 지배와 침략이 명기된 점에 대해서는 일정한 평가를 하면서도, 국가로서 개인 보상에 응할 생각이 없음을 재차 선명히 했다는 점을 들어 한계를 지적하는 논조도 보였다.

한편, 중국정부는 외교부 대변인이 기자의 질문에 답하는 형식으로 코멘트하고, '담화'에 나타난 일본정부의 태도가 적극적이라고 평가한 후, 동시에 일본 사회에는 정치권을 포함하여 여전히 역사문제에서 올바른 태도를 갖고 있지 않은 사람이 있다는 것을 지적하지 않을 수 없다고 못박는 형태가 되었다.

미국 정부는 국무부 대변인이 총리의 진심어린 성명을 환영하고, '담화'의 정신을 받아들이겠다고 말했다. 또한 백악관 대변인은 '담화'가 보여준 진심어린 사죄를 환영하고, 미래에 걸친 협력과 발전으로 이어질 것을 희망한다고 말했다. 클린턴 대통령은 당시의 쿠리야마 다카카즈(栗山尚一) 주미일본대사가 백악관 보좌관에게 의뢰해서 보낸 '담화'에 대해 매우 용기 있는 성명이라는 코멘트를 보낸 것이 밝혀졌다.

이처럼 '무라야마 담화'에 대해 각국 정부는 대체로 긍정적으로 반응했지만, 한중 양국은 향후 일본이 올바른 역사 인식의 확립을 위해 더욱 노력할 것을 요구했다고 말할 수 있다.

(5) '무라야마 담화'의 역할과 그 존재가치

'무라야마 담화'는 일본정부의 역사 인식을 포괄적으로 정리하고 각의 결정을 거친 내각의 총의를 국내외에 처음으로 천명한 점에서 커다란 의미를 갖는다. 역대 정권은 국내에 존재하는 다양한 역사 인식에 배려하다 보니 '역사'에 대해 명쾌한 입장을 표명하는 것을 주저했고, 모호하고 간접적인 표현으로 일관해 왔다. 그것이 오히려 국제 사회의 의구심을 불러일으켰고, 외교문제화하는 패턴을 반복해 온 것이다. '무라야마 담화'는 과거와 구분을 지으면서 이러한 악순환을 차단했고 일본은 과거를 직시하려 하지 않는다는 비판을 반박하는 데 설득력을 가질 수 있었다.

그 후 하시모토 총리를 비롯한 오부치, 모리, 고이즈미, 아베, 후쿠다, 아소로 이어지는 자민당 정권부터 하토야마, 간, 노다의 민주당 정권에 이르기까지 각각 온도차는 있었지만 결과적으로 10명의 총리가 약 18년간에 걸쳐 이 담화를 계승해 온 사실은 사실상 '무라야마 담화'가 일본정부의 공식 입장으로 기능하고 이미 국제적 기조로서 정착한 것을 의미한다고 해도 과언은 아닐 것이다.

오부치 게이조 총리가 김대중 대통령과 서명한 '한일공동선언'에서도 '무라야마 담화'는 계승되었고, 야스쿠니 신사 참배 강행으로 중국, 한국과의 관계를 악화시킨 고이즈미 준이치로 총리는 전후 60년 기념일에 발표한 총리 담화에서 '무라야마 담화'의 대목을 그대로 인용하면서 계승하는 자세를 명확히 했다. 또한 이어서 아베 신조 총리도 취임 전에는 '고노 담화'와 '무라야마 담화'에 의문을 나타내는 등 '전후 레짐으로부터의 탈각'을 내걸고 역사를 둘러싼 마찰이 격화될 것이 우려되었으나, 취임 후에는 악화된 중일, 한일관계를 회복하고, 또한 미국의 우려를 불식할 필요성에서도 '무라야마 담화'와 '고노 담화'를 계승한다는 생각을 표명했다. 게다가 한일 병합 100주년에 간 나오토 총리가 발표한 '총리 담화'에서도 '무라야마 담화'가 명확하게 계승되었다.

다양한 역사관을 가진 역대 총리가 개인으로서의 역사관은 '무라야마 담화'와 반드시 일치하지 않고 취임 전에는 다른 견해를 가지고 있었지만, 일국을 이끄는 총리로서 일본이 아시아 국가들과 마주하여 구미를 포함한 국제사회와 협조해서 살아가기 위해서는 이를 인정하고 존중할 수밖에 없는 것이다. 이러한 현실이 가지는 의미는 결코 작은 것이 아니라고 생각된다.

사상과 신조의 자유가 보장된 민주주의 국가인 이상, '과거'를 둘러싼 다양한 견해가 존재하고 대립하는 것이 있어도, "정부의 인식"을 표명하여 역사문제가 외교문제화되는 사태를 방지할 수 있다. 이러한 귀중한 도구로서 기능해 왔다는 점에서 '무라야마 담화'는 적지않은 가치를 가지고 귀중한 역할을 해 왔다고 말할 수 있다.

Ⅲ. 위안부문제의 재부상과 아베 정권

2005년 노무현정부는 한일조약 관련 외교문서를 공개하면서 '한일회담 문서 공개 후속 대책 관련 민관 공동위원회'를 설치하고, '청구권협정'의 효력 범위와 그에 따른 정부 대책 방침에 대한 견해를 밝혔다. 여기에는 일본군 위안부문제, 사할린동포문제, 원폭피해자문제에 대해서 '청구권협정' 대상에 포함되지 않기 때문에 해결된 것으로 간주할 수 없고, 일본정부의 법적 책임도 남아 있다고 했다. 일본정부로서는 이미 그때까지 그 어떤 문제에 대해서도 법적으로는 완전히 결착되었다는 것을 전제로 인도적 조치를 강구하는 방식으로 대처해 온 경위가 있어서 한국측 주장은 수용하기 어려운 것이었다.

이렇게 위안부문제를 둘러싼 양국의 대립은 '청구권협정'의 해석과 그 대상 범위에 관한 견해 차이에 기인하는 것이며 이것은 65년 국교정상화의 근간을 이루는 것인만큼 해결이 매우 어렵게 되었다. 분명 결착이 되었던 문제를 다시 문제삼는 한국측의 태세 전환에 당황하며 피해자 구제를 위한 일본 국민과 정부의 선의가 물거품이 되었다면서 태도가 강경해지는 일본, 양국 간의 전후 처리문제뿐만 아니라 여성의 인간으로서의 존엄을 유린한 보편적 인권문제로 성의 있는 조치와 용기 있는 결단을 요구하는 한국, 양측의 골을 메우는 묘안을 이끌어내는 것은 매우 어려운 기술이다. 위안부문제는 평행선인 채로 사태 진전을 기대할 수 없는 교착 상태에 빠져 버린 것이다.

(1) 한국의 민주화와 '역사 재구성'의 새로운 단계

1) 헌법재판소의 위헌 결정과 위안부문제의 재부상

한일관계가 국교정상화 이후 최악이라고 불리는 상태에 빠진 직접적 계기가 된 것이 이명박 전 대통령의 독도방문이었다는 것에는 의심의 여지가 없을 것이다. 이명박은 위안부문제를 둘러싼 노다 요시히코 정권의 소극적 자세에 변화 조짐이 보이지 않자 애가 탄 나머지 방문을 단행했다고 밝혔다. 그러나 무엇보다 한국정부가 그 동안 사실상 방치하고 있던 위안부문제를 다시 대일 외교의 장으로 내놓게 된 계기는 2011년 8월에 한국 헌법재판소가 내린 위헌 결정이었다. 헌법재판소는 일본군 위안부의 배상청구권을 둘러싼 헌법소원에 대해 한일 양국 사이에 '청구권협정'을 둘러싼 해석의 차이가 있음에도 불구하고, 소정의 분쟁 해결을 위한 절차를 이행하지 않은 것은 정부의 부작위(不作為)이며 헌법에 보장된 기본권을 침해하고 있다고 하여 위헌이라고 결정을 내린 것이다.

한국의 사법 판단에 따라 일본이 대응을 재촉받는 형태가 된 셈이다. 그러나 사법에 의한 위헌 결정이 내려진 이상 당연히 행정부 수장인 박근혜 대통령도 다시 이에 구속되는 것은 두말할 나위 없다. 한국정부는 일본정부와 국제사회를 상대로 위안부문제 해결을 위한 움직임을 계속 촉구하게 된 것이다. 일본의 입장에서 보면 이미 종결된 사항이 계속 다시 문제시되고 있다는 생각을 할 수밖에 없는 것이 사실이다. 65년 한일국교정상화의 핵심이라고 말할 수 있는 '청구권협정'의 해석을 둘러싼 인식 차이가 그 축을 이루고 있으며, 그것을 주도하는 것은 어떠한 경우에는 정부의 공권력 행사와 공식 견해조차 변경을 강요하는 한국의 사법 판단이다. 이렇게 사실상 '방치 상태'에 있던 위안부문제는 한국 사법의 판단에 따라 뜻밖의 형태로 재부상하게 되었고, 한일관계가 교착상태에서 벗어나기 위해서 피할 수 없는 최대 현안이 된 것이다.

2) 민주화와 '역사 재구성'의 확대

한국의 사법이 거기까지 판단을 내린 배경에는 한국의 민주화와 그에 따른 '역사 재구성'의 경위가 있음을 지적해 두어야 한다.

1987년 6월의 '민주화 선언'을 가지고 한국은 '민주화 시대'를 맞이했다. 여야당이 합의한 개헌안은 국민투표를 거쳐 공포 시행되었다. 현행 대한민국헌법이다. 이후 역대 정권은 지금까지 '당시 정권'에 의해 현대사의 발걸음을 재평가하려는 움직임을 추진하게 된다. '역사 바로 세우기'(김영삼정부)에 의한 과거 청산 사업이다. 이것은 주어진 정치 상황에 기인하는 역대 정권의 의도도 얽혀 있는데, 여론을 같은 편으로 끌어들이면서 당시 정권의 관점에서 과거를 단죄하고 역사를 재구성해 나가는 시도라고도 말할 수 있다. 이명박의 독도방문을 계기로 한일간의 마찰이 단번에 분출되어 나온 감이 있는데, 이처럼 한일간의 마찰이 잇달아 표면화된 것에는 지금까지 국내 사안을 둘러싸고 전개되어 왔던 '역사 재구성'의 대응이 대일 관계에까지 영향을 미치게 된 결과라고 볼 수도 있을 것이다.

민주화가 진행되고 냉전이 종식으로 향하는 가운데 세계적으로도 국가 우선, 이데올로기 중시의 풍조에 의문이 제기되었고, 그 대신에 개인 존중과 인권 의식이 고양되어 다양한 형태로 구체화되어 왔다. 한국에서도 민주화 이후 시민사회가 단번에 활성화되었고, 그때까지 국가권력 아래에서 봉쇄되었고 목소리를 낼 수 없었던 사람들이 수많은 시민사회단체를 결성하여 정치적, 사회적 요구를 외치게 되었다. 그러던 중 과거 일본과의 국교정상화에서 국가의 경제 개발만이 중시되어 개개인이 입은 손해에 대한 보상이 충분히 이루어지지 않은 것에 불만을 가진 피해자들이 자신의 권리를 주장하기 시작한 것은 우연이 아닐 것이다. 그것은 국가 지상주의에 의해 힘으로 밀어붙인 국교정상화에 숨어 있는 '모순'을 바로잡으려는 시도라고 볼 수도 있을 것이다.

또한 이러한 움직임이 동아시아 국제질서가 크게 변화하는 가운데에서 일어나고 있는 것도 간과해서는 안 된다. 아시아에서 유일한 선진국으로 홀로 앞서가는 세계 2위의 경제 대국 일본, 이를 필사적으로 쫓는 한국, 잠자는 대국 중국이라는 구도는 이제 과거의 유물이 되었다. 일본이 '잃어버린 20년'에 침체된 반면 한국은 약진하였고 국제적 지위를 향상시키고 커다란 자신감을 갖게 되었다. 대국 중국은 급속히 부상해서 경제면, 정치면, 안보면 모두에서 압도적인 존재감을 과시하고 있다. 한국만이 일방적으로 일본을 필요로 하고 한국에 일본이 절대적으로 필요불가결한 존재였던 시대는 종말을 고하고 한국 외교에서 일본의 위상은 크게 낮아진 것이다.

이런 가운데 50년 전 국교정상화의 틀 자체에 이의를 제기하는 움직임이 표면화된 것이다. 그것은 마치 한국이 "더 이상 우리는 예전의 한국이 아니다"라는 자신감으로 존재감을 잃어 가는 일본을 상대로 과거 힘이 없던 시절에 손을 댈 수 없었던 조약과 협정을 바로잡고 한국에 있어 '불평등한 관계'를 시정하려고 하는 듯하다.

3) 한국 사법이 강요하는 '역사 재구성'

분출되기 시작한 개인의 목소리를 먼저 받아들인 것은 사법이었다. 잇단 사법 판단에 당황하는 정부의 모습은 마치 정치 권력에 대한 사법의 반란 양상이다. 배경에는 한국 현대사에서의 권력과 사법의 관계성이 있다.

오래도록 계속된 군 출신 대통령의 권위주의적 통치하에서 한국의 사법은 '통치 수단'으로 기능해 왔다. 그런만큼 과거 민주주의와 국민의 기본적 권리를 지키는 역할을 이루지 못한 데서 오는 회한의 마음과 속죄 의식은 한국의 사법 문화에 깊이 새겨져 있다. 사법의 독립성에 민감하고 정치권력에 대한 경계심이 강하고 사회정의 실현'을 사명으로 하는 것을 자임하고 있다. 그것은 때로는 시대 흐름과 여론, 국민정서를 중시한 나머지 자칫 법보다 그때그때의 풍조에 좌우되기 쉽다는 비판과도 연결된다. 한국 사법을 평하면서 "헌법 위에 국민 정서법이 있다"고 말하는 이유다.

이런 경위를 감안했을 때 현행 헌법은 오랜 세월에 걸친 '군사독재정권'과의 싸움 끝에 국민이 쟁취한 헌법이며 군사쿠데타 이후 26년 만에 부활한 헌법재판소의 존재는 민주화 승리의 상징이라고도 말할 수 있는 것이었다. 한때 '권력의 도구'로 전락했던 대법원과는 별도로 신설된 헌법재판소는 부끄러운 과거도 속박도 없는 정통성을 자랑하는 존재이다. 헌법재판소는 국민에 의한 직접 소원을 받아 헌법 가치와 원리를 기준으로 판단을 내리는 사법기관으로 신뢰를 얻고 있다. 헌법재판소의 판단은 정부를 무겁게 짓누른다.

한국 사법에 남아 있는 '군사독재정권 시대'에 대한 속죄 의식, 국가 우선에서 인권 중시로 높아진 의식, 국제적 지위를 향상시키고 약진하는 한국의 자신감, 그리고 반일 감정을 자극하는 일본의 '우경화', 이러한 여러가지 요소가 뒤얽힌 가운데 일본을 상대로 하는 '역사 재구성' 시도가 사법을 통해 전개되고 정부를 움직이게 만들고 있는 셈이다. 이러한 움직임을 주도하고 있는 것은 그 동안의 정치적 의도에서 자의적으로 움직이는 '당시 정권'이 아니라 피해자 '개인'이고 '사법'이다. 개인이 사법에 호소하면서 행동을 발생시키고, 이에 응한 사법이 주도해서 행정에 '역사 재구성'을 강요하는 형태이다. 헌법소원제도를 이용한 피해자에 의한 헌법재판소에 대한 직접 청구와 한일 국교정상화에 있어 양국 정부가 '국가 대 국가', '국민 대 국민' 차원에서 청구권문제가 완전히 그리고 최종적으로 해결된 것을 확인하고 있는 점을 감안했을 때 피해자 개인이 일본 기업을 상대로 개인청구권의 인정을 요구하는 소송을 제기해서 '개인 대 기업'의 형태를 취하게 된 것은 필연이라고 할 수 있을 것이다.

위안부문제의 재부상과 한일관계의 고착화는 이러한 내외의 다양한 요소가 복합적으로 겹쳐진 가운데 일어난 현상이라고 파악해야 할 것이다.

(2) 아베 정권과 역사인식문제

1) 제1차 아베 정권의 탄생

위안부문제가 외교문제화되어 '가토 담화', '고노 담화'가 발표되었고, 전후 50년을 맞이하여 '무라야마 담화'가 나온 90년대 전반은 전후 일본에 있어 전환기였다. 경제적으로는 버블 붕괴 이

후 오랜 침체에 돌입한 격동기에 정치적으로도 38년 만에 자민당
이 하야하고 비자민 비공산의 호소카와 연립정권, 자민·사회·사
키가케의 무라야마 연립정권이 탄생한 혼란기에 해당한다. 전후
오로지 부흥과 경제 발전에 매진해서 세계 두 번째 경제 대국을
건설하여 찬사를 받았던 일본이 경제적 침체와 정치적 혼란에 빠
져 자신감을 잃어버렸고, 냉전 이후 새로운 국제질서가 형성되어
가는 가운데 일본의 위치와 역활에 대해 혼란스러워하던 시기였
다고 말할 수 있다.

　　이런 가운데 '과거'의 반성과 사죄를 반복해서 강요당하고
자기 부정 역시 강요받는 것에 의문과 저항을 느낀 세력이 부상
하게 되었다. 1996년 모든 중학교 역사 교과서에 강제 연행의 하
나로서 위안부문제가 기재된 것이 판명되자 이러한 세력은 단번
에 표면화되었다. '새로운 역사 교과서를 만드는 모임'이 발족하
고 자민당에는 '일본의 전도와 역사교육을 생각하는 젊은 의원 모
임'이 결성되었다. 전후에 태어난 젊은 의원들이 표적으로 삼은
것은 위안부의 '강제성'을 인정하고 그것을 역사교육에서 오래도
록 기억에 남도록 표명한 '고노 담화'와 이것을 계승한 '무라야마
담화'였다.

　　평소부터 역대 정권의 역사 인식에 의문을 감추지 않으며,
침략전쟁과 전쟁 책임의 정의에도 회의적인 발언을 반복하고, '고
노 담화'에 대해서 그 전제가 무너졌다며 재검토를 주장하는 아베
신조는 그 리더격이라고도 할 수 있는 존재였다. 2006년 9월 전
후 최연소이며 전후 태생으로는 처음인 아베 총리의 탄생은 젊은
우파 그룹에 힘을 더했고 정권은 '전후 레짐으로부터의 탈각'을
내걸었다. 고이즈미 정권기에 차가워진 중일, 한일관계의 복구를

도모하기 위해 정부 입장에서 '고노 담화'를 답습할 것을 표명했던 아베 총리는 한편으로 "'광의의 강제성'은 있었지만 '협의의 강제성'은 없었다"고 말하는 등 물의를 빚었다. 또한 미하원에 위안부문제에 관한 대일사과요구결의안이 제출된 것에 대해서도 "결의안은 객관적 사실에 근거하지 않고, 일본정부의 지금까지 대응도 감안하지 않고 있다"고 반발했다. 그리고 정부가 발견한 자료 중에는 군이나 관헌에 의한 강제 연행을 직접 나타내는 기술은 없었다고 하는 답변서를 각의 결정했다.

　이러한 일련의 움직임은 일본정부가 '고노 담화'를 부정하려고 한다고 받아들여져서 반발과 비판을 불렀고, 또한 미정부 내에서도 아베의 역사 수정주의적 언동이 문제시되어 갔다. 2007년 7월, 미하원 본회의에서 대일사과요구결의가 가결된 이후 미국의 주요 언론들이 잇따라 아베 비판을 전개하는 등, 일본의 역사 수정주의를 연상시키는 움직임에 대해 미국 내에서는 기회 있을 때마다 우려가 거듭 표명되었다. 특히 인권문제로서 위안부문제에 대해 높은 관심이 있었고, 이것은 후에 한국계 주민의 움직임에 따라 미국 내에 위안부 기념비와 소녀상 설치로 퍼져 나갔다.

2) 동아시아 국제질서의 변용과 제2차 아베 정권

　일본에서는 정권 교체 후에도 단기간에 몇 명의 총리가 교체되는 등 안정된 정치 운영을 확보하지 못했고, 미증유의 대지진 피해에 휩쓸리면서 리더십이 부재한 채 세월을 보내는 등 정치 추태에는 못 본 척하는 경향이 있었다. 또한 버블 붕괴 후 20년이 경과해도 여전히 기세를 되찾지 못하고 있는 일본 경제의 처지는 국민에게 좌절감을 심어주고 자신감을 잃게 만들었다. 일본은 국제적 지위도 저하되고 내향적으로 되어 가는 흐름을 멈추지 못하고 앞이 보이지 않는 상황이 계속된 것이다.

일본이 계속해서 침체하고 길고 어두운 터널에서 벗어나지 못하고 있는 동안 한국은 약진해서 자신감을 얻어 G20 정상회의와 핵안보 정상회의를 주최하는 등 아시아 민주주의 국가로서 국제적 지위를 확고히 해 나갔다. 한편 각성한 중국은 급속히 존재감을 늘리고 영향력을 확대시켜 갔다. 일본은 세계에서 두 번째 경제 대국의 자리를 중국에 양보하고, 한국으로부터도 강렬한 압박을 받으면서 자존심이 크게 손상되었다. 아시아에서 일본만이 혼자 앞서가는 시대가 종언을 맞이하게 된 것은 냉철한 현실이었다.

민주당 정권에 대한 국민의 신망이 땅에 떨어지는 가운데 자민당 총재에 선출된 것은 한때 총리 임기중에 야스쿠니 신사에 참배하지 못한 것은 통한의 극치라고 한 아베 신조였다. 아베 총재는 곧이은 총선에서도 "이른바 위안부문제의 언설 등에서 역사적 사실에 반하는 부당한 주장이 공공연하게 이루어져 일본의 명예가 심각하게 손상되고 있다"며 이것들에 대해 "정확한 반론·반증을 하겠다"는 공약을 내거는 등 단독으로 절대안정 다수를 확보하는 역사적 압승을 거뒀다.

아베는 정권 복귀 후에도 '고노 담화'는 각의 결정된 것이 아니라며 재검토를 시사하고 '무라야마 담화'를 둘러싸고도 "아베 내각으로서 그대로 계승하고 있는 것은 아니다"라고 답변하였으며, 또한 '침략'은 어느 쪽에서 보는지에 따라 국가마다 다를 수 있다고 하며 역사 인식을 둘러싼 논의에 단번에 박차를 가했다. 이러한 일련의 언동은 재차 아베 정권이 식민지 지배와 침략의 역사를 부정하는 것으로 받아들여져 한중뿐만 아니라 미국의 우려까지도 불러일으켰다.

한편 아베 총리의 비원은 자주헌법 제정이며 무엇보다도 우선 순위가 높은 것은 '헌법 개정'이다. 물론 그러기 위해서는 각 당에 흩어진 개헌보수세력과의 연계가 필수적이며 그들을 묶는 '이데올로기'가 필요하다. '고노 담화' 검증은 일본유신회에 의해 국회에 참고인으로 초청된 이시하라 노부오(石原信雄) 전 관방부장 관의 증언을 받아들인 것이었다. 스가 관방장관은 '고노 담화' 작 성 과정의 실태파악을 위해 검증할 의사를 표명했는데 이는 "검 증하지만 수정은 하지 않는다"는 입장을 관철함으로써 한일관계 의 악화를 우려하는 미국과 연립을 구성하는 공명당의 의향에 배 려하는 동시에 개헌을 염두에 두면서 국내 보수세력도 납득시키 려 하는 고육지책이었다.

역시 아베 총리는 야스쿠니 참배를 강행한 후 박근혜 대통령 이 제시한 관계 복원을 위한 조건을 염두에 두고 "전후 50년의 '무라야마 담화', 60년의 '고이즈미 담화'를 포함하여 아베 내각은 역사 인식에 관한 역대 내각의 입장을 전체로서 계승하고 있다", '고노 담화'에 대해서는 "아베 내각에서 그것을 수정하는 것은 생 각하고 있지 않다"고 말했다.

'고노 담화'를 검증한다고 말하면서 수정할 생각은 없다고 하고 '무라야마 담화'를 "그대로 계승하는 것은 아니다"라고 말하 면서, "전체적으로 계승한다"고 하는 등 서로 모순되는 것처럼 비 치는 논법이 국제적인 이해를 얻을 수 있는지는 매우 의문이라고 말하지 않을 수 없다. 그러나 역사 인식에 대한 아베 정권의 오락 가락하는 언행은 미국의 의향과 국내 개헌보수세력에 대한 배려 가 동시에 요구되는 아베 총리의 입장을 상징하는 것이라고 말할 수 있다.

3) '아베 담화'와 역사인식문제

"전체적으로 계승한다"고 말한 대로 아베 총리는 지금까지 행한 연설에서 역대 정권이 각종 '담화'에서 사용해 온 특정 단어에 연연하지 않으면서 전체적으로는 일관된 메시지를 계속 발신하는 자세를 보이고 있다. 호주 국회 양원 총회에서 행한 연설과 아시아아프리카 회의 60주년 기념 정상회의 연설 등에서 강조된 것은 전후 일본이 지난 세계대전에 대한 '통절한 반성'에서 출발하여 아시아태평양과 세계 평화, 번영에 공헌할 수 있는 국가가 되고자 노력해 왔다는 점이었다. 그리고 이를 바탕으로 일본 총리로서 처음으로 선 미국 상하원 합동회의 연설에서 "자신의 행위가 아시아 국민에게 고통을 준 사실로부터 눈을 돌려서는 안 된다"고 말하고 이러한 생각은 역대 총리와 전혀 다르지 않다고 말했다.

아베 총리의 거듭된 역사 수정주의적인 언동이 미국에서도 '민족주의자 아베 신조'의 이미지를 증폭시켜 일부에 적잖은 반발과 우려를 불러일으키고 있는 것은 사실이다. 이러한 아베 정권의 역사 인식이 중국의 부상을 염두에 두고 '아시아 재균형'을 추진하는 오바마 행정부에 있어 그 기축인 한미일 연대를 심화시켜 나가는 데 장애가 되었던 것은 부정할 수 없다. 장기 집권이 시야에 들어온 아베 정권이 미국에서 과거 반성과 아시아 국가들에 일정한 배려를 강조하면서 아시아태평양 지역의 평화와 안전을 위해 '재균형 전략'을 "철두철미하게 지지한다"는 것을 천명하여 그러한 우려를 불식하는 데 성공했다면 방미는 적지 않은 성과를 거두었다고 말할 수 있을 것이다. 그리고 이것은 아베 총리에게 해결의 방향성조차 보이지 않는 한국, 중국과의 역사 마찰을 거들떠 보지도 않은 채 미일간의 '역사인식문제'를 결착시키는 데 성공했다는 것을 의미하는 것일지도 모른다.

전후 70년 총리 담화가 이러한 선에 따른 내용이 될 것은 틀림없다고 생각된다. 이것은 한국과 중국에서 보면 과거 2번의 전후 담화에서 사용된 '식민지 지배와 침략', '진심어린 사과' 등의 단어가 빠진, '반성'은 있지만 '사죄'가 없다는 등 내용이 후퇴했다고 비판을 받는 것은 피할 수 없을 것이다. 지금까지 발표된 '담화'의 핵심으로 간주되던 부분에 변경이 더해지는 이상, 적절한 성명이 동반되지 않으면 관련 국가들로부터 의심의 눈초리를 받게 되는 것은 어쩔 수 없다. 보수개헌세력에서는 두 '담화'를 유명무실화하여 사실상 철회해야 한다는 목소리가 강한 가운데, '아베 담화'를 작성함에 있어 이전 담화와의 연속성에 유의하면서 어떤 형태로 '과거'와 마주할 것인지, 미래지향의 내용을 담고 갈 것인지, 아베 총리는 어려운 키잡이를 강요당하게 될 것이다.

Ⅳ. 결 론

'역사인식문제'의 재부상은 냉전 종식과 민주화, 그리고 동아시아 국제질서가 크게 변화하는 가운데 나타난 구조적인 현상이다. 중국과 한국에게 있어 일본과의 사이에 존재하는 '과거'의 굴욕은 국가 성립에 관한 불변의 역사이다. 반성과 사죄에 지친 일본이 이를 인정하고 받아들이는 것을 주저하면 존재감이 커져가는 한중 양국이 일치해서 반발을 강화하는 사태는 앞으로도 피할 수 없을 것이다. 분명 결착이 되었던 과거 청산문제가 재부상하고 지도자끼리 반목하는 대립 구도가 각국 지도자 개성만으로 초래된 것이 아닌 이상, '역사인식문제'가 쉽게 소멸하리라는 것을 도저히 생각할 수 없는 것이 현 실정이다.

2.2
고노 담화와 무라야마 담화는 한국사회에 수용된 것일까?

최희식(崔喜植. 國民大學)

I. 들어가며

오쿠조노 교수는 고노 담화와 무라야마 담화의 성립과정을 치밀하게 분석했다. 그 결과 다음과 같은 사실이 확인되었다. 우선 양 담화의 성립에는 미야자와 기이치(宮澤喜一)와 고노 요헤이(河野洋平) 그리고 무라야마 토미이치(村山富市)와 이가라시 코조(五十嵐広三)의 정치적 리더십이 결정적 영향을 미쳤다는 점이다. 두 번째는 양 담화 모두 1990년대의 국제정치적 및 국내정치적 구조변화에 따라 한일관계의 중요성이 재평가되었기에 가능했다는 점이다. 세 번째는 일본 국내 보수세력은 이에 반발하며 이를 무효화하거나 수정하려 하면서 역사 화해의 효과를 반감시켰다는 점이다. 실제 이러한 반발을 자양분으로 정치적 성공을 이룬 아베 신조(安倍晋三) 내각의 수립과 더불어 위 담화들의 수정작업은 본격화되었다. 그럼에도 가장 중요한 네 번째 사실은 고노 담화와 무라야마 담화의 계승을 밝힌 아베 수상의 발언에서 알 수 있듯이, 국내적 '도전'에도 불구하고 고노 담화와 무라야마 담화는 일본정부의 공식 견해로서 계승되어 왔다는 점이다. 어찌보면 고노 담화와 무라야마 담화는 일본 국내적 정치상황을 반영한 '최대공약수'

적 역사인식이라는 사실을 오쿠조노 교수의 글을 통해 확인되고
있다.

그렇다면 한국은 이러한 고노 담화와 무라야마 담화를 어떻
게 인식하고 평가했을까? 오쿠조노 교수 논문의 서문에도 나와
있듯이, 가장 원론적인 태도를 보인 박근혜 대통령조차 다음과 같
이 고노 담화와 무라야마 담화의 중요성을 언급하고 있다.[1]

> 그 동안의 한·일 관계를 돌아보면 한·일 관계가 무라야마 담화,
> 고노 담화, 그것을 기초로 해서 그것을 바탕으로 깔고 쭉 한·일
> 관계가 이어져 온 것 아니겠습니까? 그런데 최근에 와서 그것은
> 일본정부의 공식입장이었습니다. 우리도 그것은 일본이 갖고 있
> 는 확고한 공식입장이다 해서 이런저런 일들이 그 동안 있었어도
> 공식입장을 믿고 한·일 관계가 이어져 온 건데 최근 들어서 한국
> 은 그렇게 계속 가려고 하는데 자꾸 그것을 부정하는 언행이 나
> 오니까 이것이 양국 관계의 협력의 환경을 자꾸 깨는 상황을 만
> 들어가고 있습니다.

이렇듯 "일본정부는 고노 담화와 무라야마 담화를 계승해야
한다"는 목소리는 한국사회에서 자주 들린다. 한국사회에서도 고
노 담화와 무라야마 담화는 한일 협력관계를 구축하기 위한 전제
조건으로 인식되고 있으며, 그런 의미에서 고노 담화와 무라야마
담화는 한국에 수용되었다고 볼 수 있다. 하지만, 한국사회에서는
이른바 '식민지배의 불법성'에 기초하여 역사문제에 접근하는 방
식이 여전히 대세로 자리잡고 있다. 이 상황에서 한국사회에서는
일본과는 달리, 고노 담화와 무라야마 담화는 '최소공배수'적 역
사인식인 것이다. 이하에서는 한국에서 고노 담화와 무라야마 담

---

1) 박근혜 대통령 신년 구상 발표 및 기자회견 질의응답(2014년 1월 7일).

화가 어떻게 인식되었는지, 이와 연관된 역사문제를 둘러싼 정치
지형은 어떠한지 살펴보고자 한다.

Ⅱ. 1990년대 한일 역사문제 관리 시스템의 구축 노력과 한계

이미 이 책의 앞에서 분석되었듯이, 1965년 한일기본조약 제
2조 "1910년 8월 22일 및 그 이전에 대한제국과 대일본제국 간
에 체결된 모든 조약 및 협정이 이미 무효(already null and void)임
을 확인한다"는 조항, 청구권협정 제2조 제1항 "양 체약국은 양 체
약국 및 그 국민(법인을 포함함)의 재산, 권리 및 이익과 양 체약국
및 그 국민간의 청구권에 관한 문제가 1951년 9월 8일에 샌프란시
스코 시에서 서명된 일본국과의 평화조약 제4조(a)에 규정된 것을
포함하여, 완전히 그리고 최종적으로 해결된 것이 된다는 것을 확
인한다"는 조항은 한국과 일본 사이에 다르게 해석되어 왔다.

1965년 시점에서, 한국정부는 한일 합방조약의 체결 자체가 불
법이어서 애초부터 이미 무효였다는 입장을 취한 반면, 일본정부는
현재의 시점에서 이미 무효라는 객관적인 사실을 서술한 것뿐이며
식민지배는 합법적이었다고 주장했다. 반면, 청구권협정에 대해서는
한국정부는 "영토의 분리 분할에서 오는 재정상 및 민사상의 청구
권"이 해결되었을 뿐 "일제의 36년간 식민지적 통치의 대가"는 대
상이 아니었다고 해석했던 반면, 일본정부는 식민지배의 합법성에
근거해서 조선의 분리독립에 따른 양국 및 양국민의 재산, 권리 및
이익과 청구권 등 모든 법적 청산이 이루어진 것으로 해석했다.[2]

---

2) 김창록, "한일 과거청산의 법적구조", 『법사학연구』, 47호, 2013.

물론 식민지배의 법적 성격을 둘러싼 한일 양국의 인식 차이
는 "이미 무효(already null and void)"라는 양면 해석이 가능한 문
구로 양립할 수 있었다. 전략적 모호성, 혹은 비합의의 합의(agree
to disagree)를 통해 양자의 갈등을 봉합했다고 볼 수 있다. 식민지
배의 청산문제 또한 청구권협정에 대한 해석을 달리하지만 이를
문제삼지 않고 외교문제화하지 않는다는 양국의 암묵적 합의에
의해 그 갈등이 봉합되었다.

이러한 '봉합된 역사문제'는 1965년 2월 시이나 에츠사부로
(椎名悦三郎) 외상 성명에서도 극렬하게 나타났다. 처음 시이나 외
상이 준비했던 도착성명 원안은 "36년간의 식민통치에 대한 반성
의 표현이 조금도 들어 있지 않았다." 이동원 외무장관이 한국 국
민 감정에 맞는 역사에 대한 언급이 필요하다며 강력히 요구했고,
한국에 파견되었던 마에다 도시카즈(前田利一) 조사관의 진언에 따
라 "양국의 오랜 역사 가운데 불행한 기간이 있었던 것은 매우 유
감으로 깊이 반성한다"는 구절로 바뀌게 되었다고 한다. 그러나
위 성명에는 불행한 기간이 무엇을 의미하는지 불명확하고, 반성
하는 주체도 구체적으로 언급되어 있지 않는 등 사죄발언으로 보
기에는 무리가 있었다. 실제 1966년 시이나 외상은 이때를 회상
하며 "큰 마음 먹고 잘못했다고 사과했으면 좋지 않았을까 하는
자도 있다. 이 또한 경솔하고 비굴하게 들린다. 어떻게 하면 좋을
것인가 여러가지로 궁리해 봤다"고 회상했다.[3]

이렇듯, 시이나 성명은 식민통치에 대한 언급 없이는 한국
국민 감정을 완화시킬 수 없다는 정치적 고려에 의해 급조된 발

3) 高崎宗司(최혜주 옮김), 『일본 망언의 계보(妄言の原形)』, 한울출판사,
2010, pp. 238-241.

언에 불과했다. 오히려 1953년의 구보타(久保田貫一郎) 망언에서
처럼, 국내적으로는 식민통치가 한국에도 좋은 일이었다는 인식
이 강하게 자리잡고 있었다. 실제, 다나카 가쿠에(田中角榮) 수상
은 1974년 1월 24일의 중의원 본회의 답변에서 "긴 합방의 세월
동안 지금도 그 민족의 마음에 남아 있는 것은 일본이 김 양식법
을 가르쳐 줬고, 나아가 일본의 교육제도, 특히 의무교육제도는
지금까지도 이어지고 있는 훌륭한 것이라고 했다"고 언급하는 등
시이나 외상 성명을 무색케 하는 발언이 별다른 문제없이 이루어
졌다.

이렇듯 일본정부는 한일합방조약의 합법성에 기초하여 교섭
을 진행했으며, 최소한도의 사죄만 표명했을 뿐 식민통치에 대한
반성과 거기에 기반한 미래지향적 한일관계를 구축하기 위한 의
지를 보여주지 않았다. 한국정부 또한 식민지배의 청산보다는 청
구권 자금의 수용을 우선하였을 뿐이었다. 한국 국민은 권위주의
체제하에 침묵을 강요당했을 뿐, 과거사 청산에 침묵하는 한일 양
국 정부에 비판적이었다. 한국 국민 누구도 1965년 국교정상화가
과거사를 청산하고 미래지향적 한일관계의 토대를 구축했다고 믿
지 않았고, 오히려 '사죄하지 않는 일본'이라는 이미지를 각인시
키는 계기가 되어 버렸다. 결국 역사문제의 미해결로 양국 사이의
역사적 앙금은 해소되지 못했고, 이러한 불신은 한국의 민주화 과
정에서 폭발적으로 드러나게 되었다.

그런 의미에서 고노 담화와 무라야마 담화는 탈냉전과 한국
의 민주화 및 일본의 정치변동이라는 구조변혁에 수반하여 미래
지향적 한일관계를 구축하기 위한 일본정부의 노력으로 평가할
수 있다. 먼저 고노 담화는 청구권협정으로 식민지 청산 관련 모

든 법적 문제가 해결되었다는 기존 입장을 고수하면서도, "역사 연구, 역사교육을 통해 이런 문제를 오랫동안 기억에 남기며 같은 과오를 결코 반복하지 않겠다는 굳은 결의"를 표명했다. 무라야마 담화 또한 '식민지배의 합법성'을 견지하면서도, "우리나라는 멀지 않은 과거의 한 시기, 국가정책을 그르치고 전쟁에의 길로 나아가 국민을 존망의 위기에 빠뜨렸으며 식민지 지배와 침략으로 많은 나라들 특히 아시아 제국의 여러분들에게 다대한 손해와 고통을" 주었다는 사실을 인정하고 이에 대해 반성과 사죄를 표명하였다.

기실 이러한 '식민지 지배 반성사죄'에 입각한 과거사 정책의 변화는 1990년대부터 나타나기 시작했다. 1990년 5월 한일정상회담에서 가이후 도시키(海部俊樹) 수상은 "과거 일시기, 한반도가 우리 국가의 행위에 의해 견디기 힘든 어려움과 슬픔을 체험한 것에 대해, 겸허하게 반성하고 솔직히 사죄의 심정을 말씀드립니다"며 식민지 지배에 대해 사죄하였다. 동시에 사할린 한일문제의 해결에 적극 나설 것을 확약했으며, 한인 원폭피해자에 대한 의료지원을 위해 40억 엔을 지원할 것을 표명했다. 1988년 한국 원폭피해자협회가 요구한 23억 달러의 보상과 사죄 요구에 대해 1965년 한일협정으로 끝난 문제라고 일축했던 입장에서 선회한 것이다.

1993년 역사적 정권교체를 이루어낸 호소카와 모리히로(細川護熙) 수상 또한 8월 23일 시정방침 연설에서 "과거 우리나라의 침략행위와 식민지 지배 등이 많은 사람들에게 참을 수 없는 고통과 슬픔을 안겨준 점"에 대해 반성과 사죄의 뜻을 표명했다. 동시에 8월 25일, 호소카와 수상은 "전쟁책임과 전쟁보상을 분리해

서 생각할 방침"이라고 말하며 식민지 관련 보상문제는 해결이
끝났다는 입장을 고수하면서도, 인도적 차원에서 사할린 잔류 한
국인의 영주귀국문제에 대해 적극적으로 대처하여 이후 일시귀국
과 영구귀국을 지원하는 사업이 구체화되었다.[4]

　이렇듯 1990년 이후 '식민지 지배 반성사죄'는 아직까지 명
시적이지 않았지만 '도의적 책임'에 바탕을 두고 현안의 역사문제
(한인 원폭피해자문제, 사할린 잔류 한국인문제 등)에 성의를 가지고 적
극적으로 대처하는 형태로 나타났다. 이러한 일본정부의 과거사
관련 정책의 변화는 고노 담화와 무라야마 담화로 그 정점을 찍
은 것이다. 이러한 배경 속에서 한국정부를 비롯한 일부 매스미디
어는 두 담화를 긍정적으로 평가했다. 물론 거기서 끝나지 않았
다. 어디까지나 고노 담화와 무라야마 담화가 끝이 아니라 시작이
라는 점을 강조하였다. 예를 들어 1993년 8월 5일자와 1995년 8
월 17일자 경향신문은 사설에서 다음과 같이 고노 담화와 무라야
마 담화에 대해 언급했다.

> 어떤 의미에선 일본정부가 위안부 만행의 강제성을 공적으로 인
> 정한 지금부터가 한일관계의 새로운 출발점일 수 있다. 특히 정
> 신대원의 동원규모나 생활상 등 이번 조사결과에서 밝히지 않은
> 부분은 앞으로 두 나라의 합동조사를 통해 명백하게 규명돼야 할
> 것이다. (중략) 일본은 좀더 성의를 갖고 후속조치를 실행에 옮기
> 는 적극적 자세를 갖기 바란다. 일본 교과서에 역사의 교훈으로
> 반영하겠다는 문제나 구체적 사죄방법에 있어 더 이상 기교와 모
> 호한 태도를 보여서는 안 된다. 일본의 새 정권은 양국의 돈독한
> 우호를 위해 청산할 것은 깨끗이 청산해야 한다.(1993년)
> 이제 "독선적 국수주의를 배격하고 평화이념을 추구하며 과거의

---

4) 정재정, 『한일의 역사갈등과 역사대화』, 대한민국역사박물관, 2014, pp. 86-99

잘못을 반복하지 않도록 전쟁의 비참함을 젊은 세대에게 전달한
다"는 무라야마 총리의 말을 일본정부는 물론 모든 일본인이 행
동규범으로 삼아 실천해야 할 때이다. 진심이 확인될 때 비로소
일본인들은 이웃을 친구로 얻을 수 있을 것이다.(1995년)

하지만 이러한 '조건부 긍정론'은 한국사회에서 주류가 아니
었다. 당시 한국 시민사회는 이러한 일본정부의 미세한 변화를 이
해하거나 수용할 '심적 여유'가 없었다. 아마 오랜 권위주의 시기
억압되었던 피해자 의식이 일본의 전향적 변화를 평가하고 이해
할 마음의 여유를 빼앗았는지도 모른다. 고노 담화 발표에 대해
한국정신대문제대책협의회(정대협)은 "일본정부가 강제 종군위안
부문제의 본질을 회피한 채 얼버무리기식 진상조사로 문제를 마
무리하려는 저의에 분노한다"며 고노 담화를 비난하였다.[5] 정대
협은 무라야마 담화조차 "일본정부가 패전 50주년을 맞아 발표한
담화문에는 당연히 사과가 아닌 사죄가 들어가야 하며 그에 합당
한 법적 책임을 이행하겠다는 내용이 포함됐어야 했다"며 비난했
다.[6] "식민지배의 불법성과 이에 기초한 사죄 및 배상 요구"라는
원론적 입장에서 두 담화를 바라보았던 것이다. 이러한 비판은 대
부분 언론에서도 반복되었다. 가령 1993년 8월 6일과 1995년 8
월 17일자 한겨레신문은 다음과 같이 고노 담화와 무라야마 담화
를 비판했다.

누가, 언제, 어디서, 무엇을, 왜, 어떻게 하였는가를 자료와 문서
에 근거해 구체적 사실과 숫자를 들어 적시해야 하는 것이 실태

---

5) 동아일보, 1993년 8월 5일.
6) 세계일보, 1995년 8월 17일.

조사의 기본요건이다. 위안소가 어디에 몇 개 있었는지, 어떤 경로를 통해 몇 명을 어떤 방법으로 강제동원했는지 구체적 사실을 밝히지 않았다. 진상규명 없는 사과는 사실을 호도하기 위한 것일 뿐 아니라 한국인과 세계 여론을 기만하는 행위나 다를 바 없다. (중략) 일본정부의 책임있는 후속조처와 구체적인 피해에 대한 배상을 촉구하며 이를 위해 우리 정부와 국민이 이 문제에 관한 올바른 인식과 사실규명을 위한 의지를 더욱 분명히 해야 한다.(1993년)

무라야마 총리는 사과담화를 발표해 놓고도 손해배상과 국가보상, 그리고 재산권 청구문제에 대해서는 부정적 태도를 보였다. 이러한 태도는 침략행위를 인정한 담화의 내용과 정면으로 모순을 빚는 것이다. 또 무라야마 총리는 전쟁을 일으킨 국책의 잘못을 일본왕의 책임과 분리함으로써 전쟁 책임으로부터 일본왕을 보호했다. 이 부분도 설득력이 없다. 왜냐하면 일본은 태평양전쟁을 일본왕인 히로히토의 이름으로 추진한 데다 일본의 국가원수는 예나 이제나 일본왕이기 때문이다.(1995년)

이러한 1990년대 한국 시민사회의 원론적 입장은 일본 보수세력의 망언, 1965년 한일조약과의 법적 일관성에 과도하게 얽매였던 일본정부의 경직성으로 더욱 강화되었던 것도 사실이다. 우선 1990년대 망언의 시작은 1994년 5월 나가노 시게토(永野茂門) 법무상의 발언에서 시작되었다. 그는 아시아태평양전쟁은 침략전쟁이 아니라며, 식민지를 해방시키고 대동아공영권을 확립한다는 것을 진지하게 생각했다고 발언하며 한국을 자극하였다. 오쿠노조 교수가 밝혔듯이 1994년과 1995년은 무라야마 내각의 부전결의 및 종전 50주년 담화를 둘러싸고 일본 내 분열이 심화되었다. 따라서 이하의 <표 1>에서 확인되듯이 1994년과 1995년은 침략과 식민지 지배를 둘러싼 적절하지 못한 발언이 연달아 나왔고 이것이 한국사회를 경직화시켰다.

<표 1> 1990년대 초중반 일본 정치인의 망언[7]

발언 일자	발언자	발언 요지
1994년 5월	나가노 시게토 법무상	아시아태평양전쟁은 침략전쟁이 아니다. 식민지를 해방시키고 대동아공영권을 확립한다는 것을 진지하게 생각했음
1994년 8월	사쿠라이 신 경청장관	아시아는 그 덕분에 유럽의 식민지로부터 대부분의 국가가 독립했음
1994년 10월	하시모토 류타로 통산상	본인은 일본이 전쟁지역 주민들에 큰 고통을 초래한 데 대해 유감을 느껴야 한다고 생각하지만 일본이 이들 지역을 상대로 침략전쟁을 일으켰느냐는 질문은 미묘한 정의상의 문제라고 생각한다
1995년 3월	오쿠노 세이스케 전 법무상	2차대전은 자위전쟁, 안중근은 살인자에 불과하다
1995년 8월	시마무라 요시노부 문부상	전쟁은 상대방을 쳐들어가 승부를 가리는 것으로 침략인지 아닌지는 생각하기 나름이다
1995년 11월	에토 다카미 총무청 장관	식민지 시대 일본이 한국에 좋은 일도 했음, 창씨개명을 모든 국민에게 강제했다고는 생각하지 않음
1996년 6월	오쿠노 세이스케 전 법무상	군대위안부는 상행위였다
1997년 1월	가지야마 세이로쿠 관방장관	위안부문제와 당시 공창제도를 같이 가르쳐야 한다

1995년 8월 17일 경향신문 사설에서 "일본의 일부 지도층과

---

7) 남상구, "아베정권의 역사인식과 한일관계," 『한일관계사연구』, 46집, 2013, pp. 244-245; 조윤수, "일본군 위안부문제와 한일관계", 『한국정치외교사논총』, 36-1호, 2014, p. 87.

많은 국민들은 그들의 야만적인 일제통치를 미화하고 그리워할 뿐 아니라 과거의 피지배 민족을 멸시하는 민족적 우월주의 성향을 버리지 못하고 있다. 총리가 사과하는 그 순간에도 일본정부의 각료 10여 명은 침략과 식민지배에 앞장섰던 그들의 선배들을 추모했다. 그것이 두 번째 그들의 사과와 반성을 일본의 진심으로 받아들이지 못하는 이유이다"고 언급한 것은 당시 한국사회의 일반적 감정이었다.[8]

   망언과 더불어 한국 시민사회의 원론적 입장을 강화했던 것은 일본정부의 경직성이었다. 1995년 무라야마 담화 발표 이후 한일관계는 순항할 것으로 예상되었다. 하지만 여기에 결정적으로 찬물을 끼얹는 사건이 벌어졌다. 1995년 10월 5일 참의원 본회의에서 무라야마 수상은 "일한 병합조약은 당시 국제관계 등 역사적 사정에서 법적으로 유효하게 체결되어 실시된 것"이라고 발언하였다. 이는 일본 보수세력을 달래기 위한 정치적 전략이었을 것이다. 하지만 식민지 지배의 법적 성격을 둘러싸고 한국과 일본이 근본적으로 다른 해석을 하고 있는 상황에서, 일본의 원론적 입장의 표명은 한국정부 및 시민사회가 원론적 입장으로 이에 대처하게끔 하는 "경직성과 경직성의 대결 구도"를 만들어 내었다.

   또다른 일본정부의 경직성은 아시아여성기금에서 나타났다. 무라야마 내각은 고노 담화 정신에 입각해 후속조치로서 아시아여성기금 사업을 추진하였다. 이 과정에서 식민지 지배 관련 법적 청산이 끝났다는 기존 입장과의 일관성을 확보하기 위해 위안부 피해자에 대한 기금을 어떤 명목과 형식으로 할 것인지가

---

8) 경향신문 1995년 8월 17일

논의의 핵심이 되었다. 그런데, 갑자기 1994년 8월 19일, 아사히
신문은 "위안부에 위로금, 민간기금 구상, 정부는 사무비 거출만
(元慰安婦に見舞金,民間募金で基金構想,政府は事務費のみ)"이라는 제목으
로 아직 정해지지 않은 아시아여성기금 구상을 보도했다. 한국에
서는 '민간기금', '위로금'이 크게 보도되었다. 이 보도는 민간기금
형태로 일본정부가 책임을 회피하고, 위로금이라는 피해자의 자
존심에 상처를 주는 단어를 사용한다며 아시아여성기금에 대한
격렬한 반대 여론을 형성하는 중요한 계기가 되어 버렸다. 위 기
금에 깊게 관여한 오오누마 야스아키(大沼保昭)는 보상금(償い金)을
위로금으로 잘못 보도한 언론의 책임을 거론했다.[9] 반면 와다 하
루키(和田春樹)는 기존 일본정부의 입장을 지키려고 했던 그룹이
자신들의 구상을 언론사에 흘린 것으로 추측하고 있다.[10]

　　물론 위 보도는 실제 아시아여성기금의 실상과는 거리가 있
는 보도였다. 일본정부는 1995년 6월 사무비뿐만 아니라 피해자
의 의료복지지원을 위해 정부자금을 거출하기로 결정하면서 실질
적인 보상의 측면을 가미시켰다. 또한 실제 지원금은 보상금(일본
어로 償い金, 영어로는 atonement)의 이름으로 지급되었으며, 일본정
부는 위 기금의 수용이 국가보상을 요구하는 소송을 방해하지 않
는다는 것도 인정했다.

　　하지만 일본정부는 1965년 청구권협정에 의해 법적 청산이
끝났다는 입장을 견지하기 위해 '도의적 책임'이라는 개념을 명확

---

9) 아사히신문 2014년 12월 28일. 90년대 초중반 위안부문제에 대한 한일
양국 매스미디어 및 NGO의 공과를 비판한 것은 다음을 참조. 大沼保昭, 『慰安婦
問題とは何だったのか』, 中公新書, 2007.

10) 와다 하루키 홈페이지(www.wadaharuki.com), 「慰安婦問題: 現在の争
点と打開の道」.

히 했으며, 이와 연관성 속에 아시아여성기금이 민간기금이라는 명목논리를 전면화했고, 그 명목논리에 집착했다. 물론 앞에서 살펴보았듯이, 한인 원폭피해자문제, 사할린 잔류 한국인문제에 있어서도 일본정부는 법적 청산이 끝났다는 명목 위에 인도적 차원에서 이들 문제에 적극적으로 대처한다는 형식 논리를 취했다.

그러나 '도의적 책임론'을 명시화하고 일본정부가 그 명목에 집착하는 순간, 상황은 달라졌다. 식민지 지배가 불법이라고 주장하는 한국 시민사회는 이러한 '도의적 책임론'을 수용하기 힘든 것이었다. 오히려 식민지 지배를 반성하고 사죄한 것과 '도의적 책임론'은 모순된 것으로 비쳐졌으며, 일부 언론은 '도의적 책임론'은 일본정부가 '말로만' 반성과 사죄를 하고 있는 사실을 보여준다며 강하게 비판하기도 했다. <표 1>에서 알 수 있듯이, 1996년과 1997년에 주로 나온 일본군 위안부 관련 망언은 상황을 더욱 어렵게 만들었다.

이에 한국 시민사회는 일본정부의 '도의적 책임론'에 대응하기 위해 '법적 책임론'을 주장하게 되었다.[11] 이는 1996년 쿠라스와미 보고서 및 1999년 맥두걸 보고서에서 일본정부의 법적 책임이 명기되면서 더욱 힘을 얻게 되었다.[12] 이로써 역사 화해의 증표가 될 것으로 기대되었던 아시아여성기금은 오히려 '도의적 책임'과 '법적 책임'의 화해하기 힘든 대결만 남긴 채 기억 속에서 사라졌다.

11) 조윤수, 앞의 논문, p. 86. 이하의 아시아여성기금 관련 기술은 조윤수 논문을 참조.

12) Byung Chul Koh, *Between Discord and Cooperation*, Seoul: Yonsei Univ. Press, 2007, pp. 358-359. 고병철은 쿠라스와미 보고서가 정부 보상을 요구하지 않던 한국정부의 정책을 변화시킨 중요한 요인이라고 분석하고 있다.

이런 어려운 상황에서 한국정부는 그 리더십을 유지하지 못하고 갈팡질팡한 것 또한 사실이다. 가령 1993년 김영삼 대통령은 철저한 진상규명은 요구하되 일본에 대한 도덕적 우위성을 가지기 위해 물질적인 보상을 요구하지 않겠다는 입장을 표명한 바 있다. 이는 청구권협정으로 일본군 위안부문제 또한 해결되었다는 입장을 표명한 것은 아니지만, 청구권협정과 일본군 위안부문제의 연관성을 의식하며 나온 발언으로 이해할 수 있다. 이러한 입장에 따라 한국정부는 1993년 일본군 위안부에 대한 생활안정법을 제정하고 피해자에게 500만원의 일시금과 매달 15만원의 생활안정지원금을 지불했다.

이런 방침 속에, 한국정부는 고노 담화의 후속조치로서 대두되었던 아시아여성기금에 대해서 일본정부가 1995년 6월 의료복지 사업에 정부 자금을 출자하는 것으로 가닥을 잡자 이를 평가하고 협력하겠다는 의사를 표명했던 것이 사실이다. 그러나 정대협과 일본군 위안부 피해자의 상당수가 아시아여성기금을 강력하게 반대하자, "피해자가 납득할 수 있는 방식"을 요구해 왔던 한국정부는 아시아여성기금에 대한 기존 정책을 수정할 수밖에 없었다. 그런 와중에 1996년 12월 아시아여성기금이 위 기금의 보상금을 받겠다는 의사를 표현한 위안부 피해자에게 개별적으로 접근하여 보상금을 일방적으로 지급하자, 한국정부는 강력하게 반발하며 화해의 상징이 되었을 아시아여성기금은 한일 마찰의 현안이 되어버렸다.[13] 급기야, 1998년 1월 26일, 당시 유종하 외무장관은 국회에서 "1965년 한일청구권협정 체결 당시에는 군대위안부문제의 불법성이 논의되지 않은 상태였다"며 일본이 이제

---

13) Byung Chul Koh, 앞의 책, pp. 360-361.

와서 위안부문제에 대한 배상책임이 없다고 주장하는 것은 법리
상 맞지 않다고 발언하였다.[14)]

사태가 수습된 것은 김대중정부가 수립되고 나서였다. 1998
년 4월 외교통상부는 성명을 통해 "일본군 위안부 개개인에 대한
일본정부의 배상을 정부 차원에서 요구하지 않기로 했으며, 일본
에 과거사에 대한 사과를 촉구하기로 했다"고 밝혔으며, 이후 위
안부 피해자에게 3천 8백만 원의 지원금을 지급했다.[15)] 이러한
김대중정부의 대응은 식민지 지배의 불법성과 청구권협정에 대한
한국정부의 해석에 기반했을 때 일본군 위안부문제에 대해 배상
을 요구할 수 있는 권리가 있지만 이를 요구하지 않겠다는 논리
로, 식민지배의 법적 성격과 그 청산을 둘러싼 한일간 이견이 존
재하지만 이를 외교문제화하지는 않겠다는 '65년 체제' 정신을
반영한 것으로 이해될 수 있다. 이러한 입장은 노무현정부에도 계
승되었다고 볼 수 있다. 실제 노무현정부는 일본군 위안부문제는
반인도적 불법행위로써 일본정부의 법적 책임이 남아 있다는
2005년 민관공동위원회의 입장 표명에도 불구하고 일본군 위안
부문제를 외교쟁점화하지는 않았다.

이렇듯 고노 담화와 무라야마 담화는 식민지지배의 합법성
과 청구권협정에 의한 법적청산 완료라는 일본정부의 기존 입장
을 견지하면서도, '식민지 지배 반성사죄'를 바탕으로 과거사문제
를 해결하기 위한 일본정부의 노력으로 평가될 수 있다. 이러한
한일 역사인식의 접근은 1998년 한일파트너십 선언을 통해 구조

---

14) 세계일보, 1998년 1월 27일.
15) 조윤수, 앞의 논문, p. 88. 정재정, 앞의 책, p. 106.

화되어, 한일관계를 발전시키는 원동력이 되었다. 1965년 한일 국교정상화 시기, 역사문제가 한일 정부 사이에 봉합되어 억압되었던 것과는 달리 상당한 진전임에 틀림없다. 이른바 '98년 체제'를 구축하였던 것이다.

그러나 1995년 무라야마 수상의 '식민지 합법성' 발언, 아시아여성기금의 '도의적 책임론'은 식민지배의 법적 성격과 그 청산을 둘러싼 한일간 이견이 여전히 해결되지 않았다는 것을 보여준 것으로 '98년 체제' 또한 '65년 체제'의 연장선상에 위치하고 있음을 보여주고 있다. 그럼에도 한국정부가 1998년 이후 일본군 위안부문제를 외교현안으로 거론하지 않았다는 사실을 통해서도 알 수 있듯이, 상호 다른 해석을 하고 있음을 인정하고 이를 외교 문제화하지 않는 '65년 체제'의 전략적 모호성 혹은 비합의의 합의(agree to disagree) 정신이 '98년 체제'에도 작동하였다.

그러나 이러한 진전에도 불구하고 고노 담화와 무라야마 담화를 무효화하고자 했던 일본 보수세력의 반발, 민주화 이후 태생기를 맞이했던 한국 시민사회의 경직성이 상호 악순환을 일으키며 오히려 한일관계를 악화시키는 상황까지 초래했다. 이러한 악순환은 기존 입장과 새로운 해결방안을 논리적으로 일치시키고자 했던 일본정부의 경직성, 민주화 이후 국민여론에 지나치게 얽매여 정치적 리더십을 발휘하지 못한 한국정부의 취약성으로 더욱 강화되었던 것이 사실이다.

결국 1990년대, '식민지 지배 반성사죄'로 식민지 지배와 청구권협정을 둘러싼 한일 정부간의 인식 격차는 상당히 좁혀졌지만, 일본의 보수와 한국의 시민사회는 오히려 인식의 차이를 크게 노정하면서 '이중구조'가 형성되었다. 이로써 '98년 체제'는 내적으로는 식민지배의 법적 성격과 그 청산을 둘러싼 한일간 이견이 정치적으로 관리되며 '잠복'되었지만, 외적으로는 역사수정주의와 원칙론의 '현시적 도전'에 직면하게 되었던 것이다.

2010년대 이후, 주변에 머물렀던 일본 보수의 역사수정주의와 한국 시민사회의 원칙론이 주류가 되어 가면서 역사문제는 다시금 확장일로를 취했다. 오쿠조노 교수가 일본에서 역사수정주의가 주류화되는 과정에 대해 언급했기 때문에, 이하에서는 2000년대 한국사회의 원칙론이 주류화되는 과정을 간략하게 살펴보고자 한다.

Ⅲ. 2000년대 한국의 문제제기

한국 시민사회의 목소리가 정부차원으로 흡수되는 과정을 잘 보여주는 것은 2005년 <한일회담 문서공개 후속대책 관련 민관공동위원회>의 발표이다. 동 위원회는 "한일 청구권협정은 기본적으로 일본의 식민지배 배상을 청구하기 위한 것이 아니었고, 샌프란시스코 조약 제4조에 근거하여 한일 양국간 재정적, 민사적 채권채무관계를 해결하기 위한 것이었다"며 청구권협정의 의미를 명확히 하고 있다. 그러면서 강제징용문제의 경우 다음과 같은 이유로 청구권협정에 의해 해결된 것으로 보아야 함을 천명하고 있다.

한일협상 당시 한국정부는 일본정부가 강제동원의 법적배상 보상을 인정하지 않음에 따라 "고통받은 역사적 피해사실"에 근거하여 정치적 차원에서 보상을 요구하였으며, 이러한 요구가 양국간 무상자금 산정에 반영되었다고 보아야 함. 청구권협정을 통하여 일본으로부터 받은 무상 3억불은 개인재산권(보험, 예금 등), 조선총독부의 대일채권 등 한국정부가 국가로서 갖는 청구권, 강제동원 피해보상문제 해결 성격의 자금 등이 포괄적으로 감안되어 있다고 보아야 할 것임.

반면, 일본군 위안부문제는 "일본정부, 군 등 국가권력이 관여한 반인도적 불법행위"로 "이에 대해서는 청구권협정에 의하여 해결된 것으로 볼 수 없고, 일본정부의 법적 책임이 남아 있다"고 공식적으로 표명했다.

그러나 앞에서도 언급했듯이, 노무현정부는 민간공동위원회의 입장표명에도 불구하고 일본군 위안부문제를 외교문제화하지 않았다. 2011년 이러한 한국정부의 '무작위'에 대해 사법부로부터 중요한 문제제기가 이루어졌다. 동년 8월 헌법재판소의 무작위 위헌 판결이 그것이다. 헌법재판소는 다음과 같이 '무작위 위헌' 판결을 하였다.

(전략) 피청구인(한국정부)이 위 (청구권협정) 제3조에 따라 분쟁해결의 절차로 나아갈 의무는 일본국에 의해 자행된 조직적이고 지속적인 불법행위에 의하여 인간의 존엄과 가치를 심각하게 훼손당한 자국민들이 배상청구권을 실현하도록 협력하고 보호하여야 할 헌법적 요청에 의한 것으로서…(후략)

헌법재판소는 2005년 민관위원회에서 발표되었듯이, 일본군 위안부문제가 청구권협정에 의해 해결되지 않는 사안이라며 청구권협정에 대해 일본정부와 다른 인식을 표명했음에도 불구하고 이러한 법적 해석의 차이를 청구권협정에 규정된 절차에 따라 해결하려고 노력하지 않는 것(무작위)은 헌법위반임을 판결하였다.

물론 헌법재판소가 직접적으로 정부에 요구했던 것은 청구권협정을 둘러싼 한일 양국의 법적 해석 차이를 해결하려 노력해야 한다는 것이었다. 하지만 위의 인용문에서처럼, 헌법재판소가 궁극적으로 한국정부에 요구한 것은 "조직적이고 지속적인 불법행위"에 의한 "배상청구권을 실현하도록 협력하고 보호"해야 한다는 것이었다. 90년대 한국 시민사회의 요구가 전면적으로 수용된 것으로 이해되어야 할 것이다.

이러한 원칙론의 주류화는 2012년 5월 대법원 판결에서도 나타났다. 대법원 판결의 핵심은 먼저 식민지 지배를 이하와 같이 불법적인 지배로 규정하며, 일본 판결의 효력을 인정하고 있지 않다는 점이다.

> 이러한 대한민국 헌법의 규정에 비추어 볼 때, 일제강점기 일본의 한반도 지배는 규범적인 관점에서 불법적인 강점(强占)에 지나지 않고, 일본의 불법적인 지배로 인한 법률관계 중 대한민국의 헌법정신과 양립할 수 없는 것은 그 효력이 배제된다고 보아야 한다. 그렇다면 일본판결 이유는 일제강점기의 강제동원 자체를 불법이라고 보고 있는 대한민국 헌법의 핵심적 가치와 정면으로 충돌하는 것이므로, 이러한 판결 이유가 담긴 일본판결을 그대로 승인하는 결과는 그 자체로 대한민국의 선량한 풍속이나 그 밖의 사회질서에 위반되는 것임이 분명하다. 따라서 우리나라에서 일본판결을 승인하여 그 효력을 인정할 수는 없다.

대법원 판결의 두 번째 특징은 식민지 지배의 불법성을 강제징용 배상으로 논리적으로 연결시키고 있다는 점이다. 대법원 판결은 다음과 같이 강제징용을 반인도적 불법행위 및 식민지 지배와 직결되는 불법행위로 보고 배상권을 인정하고 있다.

청구권협정은 일본의 식민지배 배상을 청구하기 위한 협상이 아
니라 샌프란시스코조약 제4조에 근거하여 한일 양국간의 재정
적·민사적 채권·채무관계를 정치적 합의에 의하여 해결하기 위한
것으로서, 청구권협정 제1조에 의해 일본정부가 대한민국 정부에
지급한 경제협력자금은 제2조에 의한 권리문제의 해결과 법적 대
가관계가 있다고 보이지 않는 점, 청구권협정의 협상과정에서 일
본정부는 식민지배의 불법성을 인정하지 않은 채, 강제동원피해
의 법적 배상을 원천적으로 부인하였고, 이에 따라 한일 양국의
정부는 일제의 한반도 지배의 성격에 관하여 합의에 이르지 못하
였는데, 이러한 상황에서 일본의 국가권력이 관여한 반인도적 불
법행위나 식민지배와 직결된 불법행위로 인한 손해배상청구권이
청구권협정의 적용대상에 포함되었다고 보기는 어려운 점등에 비
추어 보면 원고 등의 손해배상청구권에 대하여는 청구권협정으로
개인청구권이 소멸하지 아니하였음은 물론이고, 대한민국의 외교
적 보호권도 포기되지 아니하였다고 봄이 상당하다.

위 판결은 비논리적인 한국정부의 입장을 대법원이 완결적
논리로 바꾼 것으로도 이해할 수 있다. 한국정부는 식민지배의 불
법성을 얘기해 왔으나, 2005년 민관공동위원회 표명과 같이 강제
징용문제는 청구권협정으로 해결되었다는 입장을 취하고 있었다.
그러나 한국 사법부는 "식민지 지배의 불법성과 그에 따른 배상
논리"에 입각해 강제징용과 일본군 위안부문제에 대한 기존 한국
정부의 논리적 모순성을 제거하고 완결시킨 것이다.
또한 이러한 논리적 완결성은 1990년대 한국 시민사회가 지
속적으로 요구했던 것이었다. 가령, 1997년 윤정옥 정대협 대표
는 다음과 같은 칼럼을 쓴 바 있다.[16]

---

16) 동아일보, 1997년 9월 9일.

이 나라 남성들이 사람이 아니라 문자 그대로 군수품 소비품이
되어 끌려나갔을 때 14세부터의 어린 소녀들이 「위생적인 공동변
소」가 되어 끌려간 것이다. 이들의 한은 우리 국민의 한인 것이
다. (중략) 그리고 일본에 대해서는 피해자와 우리 국민의 명예와
존엄성을 회복할 수 있게끔 국가적 사죄와 배상을 요구하자는 것
이다

위에서 윤정옥 정대협 대표는 남성들은 강제징용으로 여성
들은 일본군 위안부로 끌려가 명예와 존엄성을 훼손받았고, 이를
회복하기 위해 일본정부의 사죄와 배상을 요구해야 한다고 역설
하였다. 2011년 헌법재판소 판결과 2012년 대법원 판결은 윤정
옥 당시 정대협 대표의 칼럼에 나타난 논리가 그대로 수용된 것
으로 이해될 수 있는 것이다.

이렇듯 2000년대 들어, 한국 시민사회의 원칙론이 사법부의
판결로 수용되면서 정부를 압박하기 시작했다. 그런데 흥미롭게
도 2010년대 한국의 시민사회와 여론은 예전과 달리 상당히 유화
적인 입장으로 돌아서고 있다는 점이다. 가령 일본군 위안부문제
의 경우, 중앙일보 김영희 대기자는 "위안부문제, 사사에 모델이
답이다"는 칼럼에서 '반인도적 범죄 및 배상'의 관점이 아닌 정치
적 타결을 해결책으로 제시하였다.[17]

위안부문제 해결의 하나의 모델은 나와 있다. 이명박정부 시절인
2012년 3월 민주당 노다정부의 외무차관 사사에 겐이치로가 3개
항의 방안을 들고 왔다. 위안부문제에 대해 (1) 일본 총리가 공식
사죄를 하고 (2) 위안부 피해자들에게 인도주의 명목의 배상을 하
고 (3) 주한 일본 대사가 위안부 피해자들을 방문해 총리의 사죄

17) 중앙일보, 2014년 8월 1일.

문을 읽고 배상금을 전달한다는 내용이었다. (중략) 사사에 모델
은 주어진 상황에서는 가장 현실적인 해결책이었다는 평가를 받
았다.

또한 강제징용문제의 경우, 2011년 최고재판소 판결과 2012
년 대법원 판결을 이끌어 내었던 최봉태 변호사는 독일의 '기억책
임미래' 재단을 모델로 한일 정부와 기업으로 이루어진 2+2 재단
설립을 제안했다.[18] 이러한 제안에 대해 동아일보 심규선 대기자
는 강제징용 배상 판결 이후 한국정부가 기존 입장을 번복해야
하는 '자기부정'의 위기에 처해 있음을 명확히 하면서 최봉태 변
호사 및 대한 변호사협회와 일본 변호사협회의 2010년 12월 공
동선언의 제안을 수용할 것을 호소했다.[19]

Ⅳ. 나아가며

돌아보면 1990년대는 매우 아쉬운 시기였다. 일본정부는 나
름대로의 성의와 진실성을 가지고 역사문제를 해결하려고 노력했
다. 그러나 피해국 여론을 살피는 데에는 서툴렀다. 그들은 법적
일관성이라는 형식 논리에 얽매여 '감정의 정치'를 제대로 이해하
지 못했다. '도의적 책임', 1995년 무라야마 수상의 '식민지 합법
성' 발언은 대표적인 예일 것이다.
한국정부 또한 철저한 진상규명은 요구하되 물질적인 보상
을 요구하지 않겠다는 1993년 김영삼 대통령의 발언에서 확인할

---

18) 경향신문, 2012년 6월 1일; 동아일보, 2013년 9월 30일.
19) 동아일보, 2013년 11월 11일.

수 있듯이 나름대로 새로운 방안을 모색하며 역사문제의 정치적 해결을 꾀하였다. 그러나 시민사회의 반발에 직면해 그 리더십을 끝까지 발휘하지 못했다.

결국 1990년대 한일 양국 정부는 고노 담화와 무라야마 담화라는 위대한 성과를 남겼음에도 불구하고 그 여파가 이어졌다. 2000년대 이후, 일본에서는 역사수정주의가, 한국에서는 역사원리주의가 주류화되면서 한일간 역사인식은 그 거리가 멀어지고 있는 듯하다.

그럼에도 희망은 존재한다. 오쿠조노 교수가 밝혔듯이 일본 내에서는 그 반발에도 불구하고 고노 담화와 무라야마 담화는 일본정부의 공식 견해로 굳건히 자리잡고 있다. 한국에서도 고노 담화와 무라야마 담화는 한일협력관계의 전제조건으로 확고하게 인식되고 있다.

또한 일본정부는 2012년 10월, 일본 수상이 '도의적 책임'이 아닌 '책임'을 언급한 사죄문을 발표하고, 일본대사가 피해자를 방문하여 사죄금과 수상의 사죄문을 전달하며, 제3차 한일 역사공동위원회를 조직하여 한일 공동연구를 실시한다는 안을 제시한 바 있다.[20] 한국정부가 위의 제안을 수용하려 했던 것에서 알 수 있듯이, 한국정부는 '법적 책임'을 얘기하지만 그 구체적 내용에 대해서는 언급을 삼가하면서 정치적 타결을 추구하고 있다. 앞에서 언급했듯이, 한국 시민사회 일각에서는 사사에안을 평가하는 흐름이 나타나고 있다. 강제징용문제 또한 한국정부는 최대한 정치적 타결을 추구하는 입장이며, 한국 시민사회 일각에서 그런 흐

---

20) 와다 하루키 홈페이지(www.wadaharuki.com), 「慰安婦問題 : 現在の争点と打開の道」.

름들이 감지되고 있다.

'65년 체제'는 식민지 지배와 청구권협정을 둘러싼 한일 정부간의 인식 차이를 '불가피한 현실'로 수용하고 그 위에서 정치적 타결을 추구하려 했다. 물론 이미 살펴보았듯이, '65년 체제' 하 역사 갈등은 봉합되었을 뿐 해결된 것은 아니었으며, 1990년대 초중반의 역사갈등은 이를 잘 보여주었다. 어찌보면, 1965년 역사 화해에 실패했기에, 한일간 역사 화해는 기나긴 시간을 요하게 되었다. 그런 의미에서 한일 양국은 '65년 체제'의 부의 유산을 껴안고 살 수밖에 없을지도 모른다. 그렇다고 '65년 체제'를 근본적으로 부정하면 한일관계의 존재 근거마저 붕괴될지 모른다. 따라서 대안은 조금씩 화해를 향해 나아가는 방법밖에 없다.

실제 '식민지 지배 반성사죄'에 바탕을 두고 현안의 역사문제를 성실하게 해결하려 노력했던 일본정부의 노력은 '98년 체제'로 귀결되었다. 현재의 한일관계는 '98년 체제'가 해결하지 못하고 남겨둔 부의 유산, 즉 '도의적 책임'과 '법적 책임'의 충돌을 해결해야 하는 과제를 껴안고 있다. 하지만 이 또한 고노 담화와 무라야마 담화의 기본정신에 입각해 현안의 역사문제에 성의있는 자세로 대응하면 문제는 해결에 가까워질 것이다.

"역사상 최악"이라고 말하는 현재의 한일관계에 대한 인식은 기실 잘못된 인식이다. 전후 한일관계를 돌아보면, 기복은 있었지만 그리고 속도도 느렸지만 반박의 여지 없이 '화해'의 방향으로 걸어왔다. 그런 거시적인 흐름 속에 보면, 지금은 '65년 체제', '98년 체제'를 계승하면서도 한 단계 더 발전시키는 '한일관계 3.0'을 구축하기 위한 시행착오의 시기에 불과하다. 지금 우리에겐 고노 담화와 무라야마 담화 그리고 간담화라는 훌륭한 자산이 존재하며, 그 자산 위에 한일은 역사 화해로 나아갈 것이기 때문이다.

3.
한일공동선언

3.1
한일관계 50년의 성찰
―1998년 한일파트너십 공동선언의 합의와 경과

양기호(梁起豪. 聖公會大學)

Ⅰ. 한일 파트너십-미래지향의 원형모델

2017년 2월, 위안부 소녀상 이전문제로 한일갈등이 깊어지면서 양국내 우려와 피로감이 확산되고 있다. 1965년 한일 국교정상화 이래 최악상태라는 한일관계는 별로 개선되지 않고 있다. 박근혜정부의 한일관계는 두 가지 면에서 극히 이례적이었다. 임기 초반 한미, 한중, 한러 정상회담을 수차례씩 가졌는데도 불구하고, 한일정상회담만 못한 것이다. 또한, 김영삼, 노무현, 이명박 정부에서도 임기 초반 한일관계는 과거사문제를 쟁점화하지 않고

비교적 양호했다는 것이다. 박근혜정부는 2015년 12월 한일간 위
안부합의에 이르기까지 정상회담조차 못한, 매우 경색된 한일관
계에서 벗어나지 못하였다.

　　아산정책연구원의 조사결과에 따르면, 한국인의 대일인식은
크게 악화되었다. 2013년 9월 조사결과, 국가별 호감도 11점 척
도에서 미국 5.86점, 중국 4.66점, 일본 2.66점, 북한 2.43점으로
나타났다. 앞으로 안보협력을 해 나갈 주요 국가로서, 미국
51.6%, 중국 31.5%로 나타난 반면, 일본은 주요대상에 포함되지
못했다. 국가간 협력과 경쟁관계를 볼 때, 한미협력 82.7% vs 한
미경쟁 10.3%, 한중협력 55.4% vs 한중경쟁 36.3%에 이어, 한
일협력 23.1% vs 한일경쟁은 무려 69.2%로 나타났다. 일본은 중
국보다 일반호감도, 안보협력, 양국간 협력관계에서 중국보다 현
저히 낮거나 부정적인 대상으로 비춰지고 있었다. 한일관계 평가
도 긍정 12.2%, 부정 80.3%로 나타났으며, 심지어 군사적 위협
도는 북한과 거의 비슷한 수준에 달했다. 일본의 군사위협도 평가
가 62.0%로 그렇지 않다는 31.6%보다 무려 2배나 높았다. 이것
은 북한의 군사적 위협 70.7%, 그렇지 않다 26.1%와 크게 다를
바 없을 정도이다. 한일정상회담이 필요하다는 58.1%로, 필요없
다 34.5%보다 상당히 높은 것으로 나타나, 양국관계 정상화가 필
요함을 느끼고 있는 것으로 나타났다.[1]

　　한일관계가 악화되면서 양국관계의 바람직한 원형모델을 찾
으려는 논의가 활발해지고 있다. 한일간 밀월상태를 구가했던
1998년 10월 김대중 대통령과 오부치 게이조(小淵惠三) 일본수상

---

[1] [아산정책연구원](홈페이지:www.asaninst.org), 2013년 9월 조사결과
를 참고할 것.

간 한일파트너십 공동선언을 상기하자는 주장이 바로 그것이다.[2]
1965년 한일조약은 타협의 산물이지만, 그 보완재로서 1998년
한일파트너십 선언은 매우 중요하다는 것이다. 1965년 한일협정
전문에는 일본의 반성이나 사죄가 없었지만, 고노 담화와 무라야
마 담화, 김대중-오부치 공동선언, 간 나오토 담화 등으로 일본의
사죄가 명확해졌다는 것이다.[3] 한일파트너십 선언의 전문을 살펴
보면 다음과 같다.

> "오부치 게이조 수상은 금세기의 한일 양국 관계를 돌이켜 보고,
> 일본이 과거 한때 식민지배로 인하여 한국 국민에게 다대한 손해
> 와 고통을 안겨주었다는 역사적 사실을 겸허히 받아들이면서, 통
> 절한 반성과 마음으로부터의 사죄를 하였다. 김 대통령은 오부치
> 총리의 역사인식 표명을 진지하게 받아들이고 이를 평가하는 동
> 시에, 양국이 과거의 불행한 역사를 극복하고 화해와 선린우호
> 협력에 입각한 미래지향적인 관계를 발전시키기 위하여 서로 노
> 력하는 것이 시대의 요청이라는 뜻을 표명하였다."

한일파트너십 선언을 아예 '1998년 체제'라고 표현하는 경우
도 있다. 김대중 대통령과 오부치 수상이 '21세기의 새로운 한일
파트너십 공동선언'을 내놓으며 전환점을 마련했다는 것이다. 일
본정부가 반성과 사죄라는 표현을 처음으로 공식 문서에 넣은 것
이다. 오코노기 마사오(小此木政夫) 교수는 '1965년 체제'를 대신할
'1998년 체제'로 규정하며 한일이 진정한 화해의 길로 들어섰다

2) 한일포럼 의장성명, "한일파트너십 공동성명 의의를 재확인해야", 한국일
보, 2013년 8월25일자.
3) 와카미야 요시부미 日국제교류센터 시니어펠로 인터뷰. 서울신문, 2015
년 1월 1일자.

고 높게 평가했다. 한일 국교정상화를 '1965년 체제'라고 한다면 1998년의 한일파트너십 공동선언은 양국관계에서 새로운 기점으로서 상징성이 있다고 강조한다.[4]

2015년 한일수교 50주년을 맞이하여 한일파트너십 선언의 진가가 더욱 새롭게 부각되었다. 한일 양국의 정상이 공동선언을 통하여 과거사 갈등을 극복해야 하며, 그 모델은 1998년 한일 파트너십 선언이다. 일본정부와 국회는 공식적으로 고노·무라야마 담화를 수용하고 화해와 보상절차를 수립해야 하며, 한국도 외교정책의 우선순위를 설정하고 논쟁해결의 의지가 필요하다는 지적이 나오고 있다.[5] 더 나아가 2015년에 제2의 한일파트너십 공동선언을 만들어 바람직한 양국관계를 형성하고 미래 세대의 부담을 줄여야 한다고 주장하였다. 1965년 한일협정의 한계를 뛰어넘은 1998년 한일파트너십 공동선언을 다시 부각시키고, 제2의 한일파트너십을 선언함으로써 새로운 한일협정 효과까지 기대할 수 있다는 것이다.[6]

김대중정부의 대일외교는 어업분쟁과 교과서 왜곡, 야스쿠니 참배로 인한 긴장, 1998년 한일파트너십 선언, 2002년 한일 공동월드컵 등, 끊임없는 갈등과 협력의 연속 가운데 대일 원칙론과 실용론이 조화를 이룬 시기이었다. 이런 가운데 과거사문제에 집착하지 않고 한일 양국이 미래지향적인 관계를 만들겠다고 약속한 1998년 10월 김대중-오부치 한일파트너십 공동선언의 가치는

---

4) "김대중 대통령'선택과 집중'으로 외환위기 극복과 남북관계 개선" [월간중앙] 2015년1월호
http://jmagazine.joins.com/monthly/view/304320
5) 2014년8월19일 미국 브루킹스연구소 세미나. 서울신문 2014년8월20일자.
6) 유명환 전 외교부 장관과의 인터뷰. [한국일보] 2014년12월29일자.

아무리 높이 평가해도 지나치지 않다. 파트너십 선언에 나온 '미래지향적인 한일관계' 용어는 그 후 한일정상회담에서 자주 인용되었다. 2010년 10월 이명박·간 나오토(菅直人) 한일 정상은 벨기에 브뤼셀에서 열린 ASEM회의에서 양자회담을 갖고 동북아정세 안정과 북핵문제 해결을 위해 긴밀히 협조하기로 합의하였다. 간 나오토 총리는 미래지향적인 한일관계 강화를 위해 노력하자고 주문하였고, 이명박 대통령도 밝고 미래지향적인 100년을 다짐하는 계기로 삼자고 화답하였다.

특히 과거사문제를 더 이상 거론하지 않고 한일 양국이 미래지향적인 관계를 만들어 가겠다는 선언을 처음으로 이끌어낸 성과가 1998년 10월 김대중-오부치간 한일파트너십 선언이었다. 한일파트너십 선언은 일본이 무라야마(村山富一) 담화에 근거하여 식민통치에 대한 사죄와 반성을, 한국은 화해와 미래를 제안한 것이었다. 김대중정부의 미래지향적인 한일관계의 구축은 지금까지 기존방식을 뛰어넘는 새로운 전환점이자, 날로 악화되는 한일관계가 복원시켜야 할 '원형 모델(Original Model)'을 설정한 업적이었다.

Ⅱ. 공동선언의 정치적 배경

냉전 이후 시작된 한일관계의 구조적 역학변화, 김영삼정부기 양국간 갈등, 외환위기라는 역사적인 전환점에서 김대중정부의 대일외교는 출발하고 있었다. 1990년대 후반은 냉전 이후 정치, 경제, 군사적인 측면에서 한일 양국관계를 점착시키는 연대

요인이 이완되면서 새로운 쟁점과 갈등요인이 분출하던 시기이었
다. 1990년 6월 한소 국교정상화, 1992년 8월 한중 국교정상화
등, 북방외교는 동북아 국제정치와 한일관계를 변동시키는 주요
요인으로 작동하였다. 북방외교는 한국외교가 대미, 대일의존에
서 탈피하여 중국과 러시아 등에서 새로운 시장을 선점하고 남북
관계에서 주도권을 모색하려는 시도였다. 이에 대하여 일본정부
는 대북접근을 시도하였다. 1990년 9월 가네마루 신(金丸信) 등,
일본 자민당과 사회당의 대표단이 북한을 방문하였다.

　　냉전적 대결구도가 해소됨에 따라, 양국관계를 결합시켰던
반공이데올로기의 촉매 기능과 미국의 중개 능력도 크게 약화되
었다. 반면, 한일 양국에서 내셔널리즘이 고양되면서 역사인식,
영토분쟁, 교과서 왜곡 분야에서 갈등 가능성이 높아졌다. 위안부
문제가 쟁점화되면서 일본 내 역사논쟁과 우파정치가들의 이익단
체가 속속 생겨났다. 고이즈미 수상은 야스쿠니 참배를 거듭하면
서 한일갈등을 고조시켰다. 동시에 1993년 8월 고노 담화, 1995
년 8월 무라야마 담화 등 전전 식민지배와 침략에 대한 반성이
축적되면서, 일본 내에서 미래지향적인 한일파트너십 선언을 추
진할 분위기가 형성되고 있었다. 아시아여성기금을 통하여 위안
부 피해자에게 보상해야 한다는 주장이 일본여론의 지지를 얻기
도 하였다.

　　한국 내 대일 강경론은 여전하였다. 김영삼정부는 역사 바로
세우기로 1995년 8월 조선총독부 구건물을 해체하였고, 그해 11
월 김영삼 대통령은 일본 정치가의 망언에 격노한 나머지 버르장
머리를 고치겠다고 비난하였다.[7] 일본각료들의 역사 왜곡 발언은

---

7) 동아일보, 1995년 11월 18일자.

2배 이상 증가하였다. 일본군 위안부문제가 표면화되었고, 대일무역역조가 심화되면서 국내 반일감정은 여전히 높은 편이었다. 1995년 8월 아시아침략과 식민지배를 반성한 무라야마 담화에도 불구하고, 두 달 뒤인 10월, 일본의 총무청장관인 에토 다카미(江藤隆美)는 식민지기 한국에 좋은 일도 했다는 망언을 서슴지 않았다. 1996년 일본 하시모토 류타로(橋本龍太郎) 수상은 독도를 일본영토라고 발언하는 등, 일본 정치가의 망언과 영유권분쟁 발언이 일상화되기 시작하였다.[8]

매스컴과 시민단체의 영향력도 증가하였다. 일본군 위안부문제에 있어서 정신대 대책협의회 활동이나 매스컴의 반응이 외교정책에 적지 않은 영향을 미치게 되었다. 일본에서도 우익여론이나 단체활동이 두드러지면서 한일간 갈등과 알력이 빈번히 야기되었다. 동시에, 한국은 경제위기를 맞이하여 일본과의 경제협력이 절실한 상태이었고, 납치문제와 대포동 미사일 발사로 일본 내 대북한 감정이 크게 악화되었다. 김대중정부는 부정적인 외교유산을 물려받고 있었다. 당시 대통령 인수위원회의 지적에 따르면, 김영삼정부는 무려 8차례의 한미정상 회담에도 불구하고 미국과의 신뢰관계 형성에 실패하였다. 대북정책의 일관성이 결여되면서 북한 핵개발, 잠수함사건, 대북식량 지원 등에서 국내외 갈등이 두드러졌다. 대일외교는 강경모드로 일관하여 불필요한 갈등이 야기되었다. 김영삼 대통령의 '버르장머리' 발언은 한일관계를 냉각시켰고, 지일파 정치인을 숙정하면서 한일간 인맥도 약화되었다.[9]

---

8) 이상봉, "냉전후 한일관계의 특징과 과제-구조적 요인의 변화를 중심으로", 「한국민족문화」, 제17호, 부산대학교, 2001, pp.77-85.

9) 한국일보, 1998년 2월 18일자.

김대중 대통령의 국제정치에 대한 철학과 신념은 오랜 정치
가로서 경험과 경륜에서 우러난 것이었다. 김대중 대통령은 항상
한일관계의 역사를 중시하면서도 과거에 매달리지 않고 양국의
미래를 생각하였다. 그는 일본인들에게 오랫동안 관심사이자 현
안이었던 일본문화 개방을 결정하였다. 위안부 피해자에게 제2차
보상금을 지급함으로써 개인보상은 한국이 하되, 일본정부에는
공식적인 사과와 사죄를 요구하였다. 그의 혜안과 결단은 일본측
에 대담한 양보를 얻어냈고, 동시에 많은 일본인들의 감동을 불러
일으켰다.

김대중 대통령의 국제관은 생존과 평화를 위한 현실주의와
민족주의로 구성되어 있었다. 그는 세력균형과 힘의 논리 속에서
일본을 바라보았다. 일본은 미국과 함께 한국의 안보와 생존에 있
어서 중요한 국가이며, 한일협력이 필수적이라고 보았다.[10] 일찍
이 김대중 대통령의 실용성은 1965년 한일협정에 대한 입장에서
도 엿볼 수 있다. 그는 적극적으로 한일 국교정상화를 지지하면
서, 양국민이 과거를 청산하고 호혜평등 아래 새로운 역사를 개척
해 나가야 한다고 강조하였다. 그는 1965년 한일국교정상화를 앞
두고 당시 많은 비판에도 불구하고 야당 정치인으로서 찬성입장
을 견지하였다.[11] 1998년 1월 김대중 대통령은 미국 국회의원들
을 만난 자리에서 일본을 준동맹국으로 평가하기도 하였다.

김대중 대통령은 취임후 바로 1998년 4월초 중국, 영국, 일
본수상과 열린 자세로 정상간 회담에 임하였다. 한국이 당면한 경

---

10) 류상영. "김대중의 일본에 대한 인식과 전략: 주요 저작과 어록을 통해
본 인식의 진화와 정치적 선택", 「김대중과 한일관계」, 연세대학교 대학출판문화
원, 2012, p.52.

11) 류상영. 위의 글, p.56.

제적 위기를 토로하면서 우방의 협조를 요청하는 데 주저하지 않았다. 이는 상대방에도 마음열기를 주문하는 것이었다. 김대중 대통령은 또 "상호협력은 서로에게 이익이 되며 어려울 때 돕는 것이 진정한 친구"라는 논리로 철저히 실리외교를 추구하였다. 한일간 정상회담에서도 철저히 상대방을 배려하여 한국측 주장을 강요하지 않았다.[12] 1997년 경제위기 후 일본의 투자가 절실한 상황에서 경제협력과 문화교류를 우선시하였다. 김대중 대통령은 1998년 6월 미국을 국빈방문하여 클린턴 대통령과 한미간 현안과 대북정책에 대한 폭넓은 의견을 교환하였다. 1998년 7월 일본에서 자민당 오부치 게이조(小淵惠三) 정권이 출범하였다. 한국정치인들과 교분이 두텁고, 두 번이나 서울에서 김대중 대통령과 만난 적이 있는 오부치 수상은 자민당 내 친한파이었다.

　　주목할 만한 점은 비슷한 시기에 일본외교도 주요국과 양국관계 강화에 많은 관심을 기울여 왔다는 것이다. 사실상, 한일파트너십 선언은 1993년 미일 파트너십 선언 이후 일본-영국, 일본-프랑스, 일본-독일, 일본-러시아간 파트너십 구축의 연속선상에 있었다. 1993년 7월 미일간 파트너십은 '지구적 전망에 입각한 협력을 위한 공통과제'를 중시하고, 보건과 인간개발의 촉진, 인류사회 안정, 지구 환경 보호, 과학기술 진보, 상호이해를 위한 교류 증진에 합의하였다. 1996년 일본-프랑스, 일본-독일간 파트너십 선언도 마찬가지 흐름이었다(<표 1>을 참고할 것). 1998년 1월 영일 파트너십 선언은 '영일간 21세기를 향한 공동비젼'을 제시하였다. 신 행동계획에는 미래를 향한 개혁과 투자, 양국의 개혁지지, 민간·지식인·청소년 교류촉진, EU와 ASEM의 중요성 강조,

---

12) [동아일보] 1998년4월3일자.

보다 나은 지구사회 실현을 위한 협력, 유엔개혁과 WTO자유화, 군축 등이 포함되었다. 한일파트너십 바로 뒤인 1998년 11월 13일, 일본 오부치수상과 러시아 옐친 대통령은 '창조적 파트너십 선언에 관한 모스크바 선언'을 발표하였다.[13)]

<표 1> 일본과 주요국간 파트너십 구축[14)]

구분	일본-미국	일본-영국	일본-프랑스	일본-독일
명칭	지구적 전망에 입각한 협력을 위한 공통과제	[21세기를 향한 영일 공동비젼] [신 행동계획]	21세기를 향한 일본-프랑스 협력20조치	일본-독일 파트너십을 위한 행동계획
발표 일시	1993.07.10. 미일간 포괄경제협의	1998.01.12. 공동비젼 1996.09.02. 행동계획	1996.11.18	1996.05.20.
서명 주체	양국 정상	공동비전은 양국정상, 행동계획은 양국 외무장관	양국 정상	양국 외무장관
특징	보건, 과학기술, 환경, 마약 등 기술적 내용	추진체제 이원화: 공동 비전과 계획	프로그램제시	포괄적 협력 프로그램제시

김대중 대통령의 초기 대일인식은 원칙론과 실용론을 병행시키고 있었다. 김대중 대통령은 1965년 한일수교 이후 재일교포 법적지위나 원폭피해자, 사할린 동포문제가 그대로 남아 있는 것은 잘못이며, 인간의 양심과 국제적 기준에 맞도록 해결되어야 한

---

13) [日本国とロシア連邦の間の創造的パートナーシップ構築に関するモスクワ宣言](1998.11.13.)
14) 외교통상부 공문 문서번호 통아태 27200-352 "한일간 21세기를 위한 파트너십 발표"(시행일자. 1998.07.22.)

다고 주장하였다.[15] 김대중정부 임기 후반에 접어든 2001년 7월
은 한일관계가 매우 악화된 시점이었다. 한국정부는 새역모 교과
서가 문부성 검정을 통과하자, 일본문화 개방연기, 한일교류사업
축소, 고위당국자 교류중단, 정부 공식문서에서 천황 표기를 일왕
(日王)으로 전환, 일본의 유엔안보리 상임이사국 진출 반대, 주일
대사 소환 등을 검토하거나 실시하였다. 교과서문제에 대한 양국
간의 대립을 비롯하여, 남쿠릴 열도에서의 꽁치조업, 야스쿠니 신
사 참배 등으로 마찰이 심화되기도 하였다. 일본교과서 왜곡으로
한일관계는 크게 경색되면서, 결국 최상룡 주일대사가 물러나고,
조세형 민주당고문이 신임대사로 교체되었다. 김대중 대통령은
한일 갈등에도 불구하고, 2002년 3.1절 기념사에서 직접적인
대일비난을 자제하였다. 고이즈미 수상과 3월 중순 예정된 한일
정상회담을 고려한 조치이었다. 아울러 일본의 과거사문제를 거
론하지 않고 미래지향적인 한일관계를 발전시키려는 뜻도 내비
쳤다.[16]

　　일본 총리부가 2000년 1월 22일 발표한 '외교에 관한 여론
조사' 결과에 따르면, 한일관계에 대한 친근감이 처음으로 그렇지
않다는 응답을 상회하였다. 한국에 대해 친근감을 느낀다는 응답
이 48.3%로 1년 전보다 2.1% 포인트 늘었다. 그렇지 않다는 응
답은 46.9%로 전년대비 2.8% 포인트 줄었다. 처음으로 한국에
대한 호감도가 반감보다 높아진 전환기이었다.[17] 김대중 정권기
에 있어서 한일간 현안이었던 역사인식과 교과서왜곡, 독도 영유
권 분쟁은 총체적으로 한일협력의 큰 전제하에 종속변수로 자리

---

15) 류상영, 위의 글, p.62.
16) 세계일보, 2002년 3월 2일자.
17) 동아일보, 2000년 1월 24일자.

잡았다. 김대중정부는 야스쿠니를 참배한 고이즈미수상과도 대북정책 전반에 걸친 대화를 지속하였다. 2002년 8월 이후 제4차 일본문화개방은 소극적인 관료조직에 비하여 오히려 김대중 대통령이 적극적으로 나서서 추진하였다.

Ⅲ. 한일간 합의와 일탈

1998년 10월 8일, 김대중 대통령은 일본 도쿄에서 오부치수상과 '21세기 한일파트너십 공동선언'을 발표하였다. 미래지향적인 한일관계 구축을 목표로 한 공동선언은 1965년 이후 한일관계를 최상의 상태로 끌어올렸다. 공동선언은 양국관계 증진을 위한 5개 분야 43개 항 행동계획을 채택하였다. 각 분야별로 1) 양국간 대화 채널의 확충, 2) 국제사회의 평화와 안전을 위한 협력, 3) 경제분야에서 협력강화, 4) 범세계적 문제에 관한 협력 강화, 5) 국민교류와 문화교류의 증진으로 구성되어 있었다.[18] 오부치수상은 한국민이 비약적인 경제발전과 민주화를 달성하여, 번영되고 성숙한 민주주의 국가로 성장한 데 경의를 표하였다. 김대중대통령은 전후 일본이 평화헌법하에서 전수방위와 비핵 3원칙을 비롯한 안보정책, 세계경제와 개발도상국에 대한 경제지원 등을 통해 국제사회의 평화와 번영을 위하여 수행해 온 역할을 높이 평가하였다. 양국 정상은 자유민주주의 시장경제라는 보편적 이념에 입각하여, 양국 국민간의 광범위한 교류와 상호 이해로 더욱

---

18) 외교통상부 공문 문서번호 아일 22000-721, "한일파트너십 후속조치 추진계획", 시행일자 1998.10.28.

발전시켜 나간다는 결의를 표명하였다.

　양국 정상은 대북정책에 있어서 상호연대해 나가기로 재확인하였다. 2002년 월드컵의 성공을 위한 양국국민의 협력을 지원하고, 문화스포츠 교류를 더욱 활발히 추진해 나가기로 하였다. 교육자와 언론인, 시민단체 등 다양한 계층의 국민과 지방간 교류를 촉진하기로 하였다. 방위협력을 환영하고 이를 더욱 강화해 나가기로 하였다. 아태지역 내 다자간 대화노력을 더욱 추진하기로 합의하였다. 중국의 베이징방송은 '한일파트너십 공동선언'과 관련, 일본이 통절한 반성과 마음으로부터의 사죄를 명기한 점은 한국외교의 커다란 승리라고 논평하였다. "공동선언이 비정상적인 한일관계에 종지부를 찍었다"면서 "이번 방일로 한일관계가 보다 밀접해질 것"이라고 전망하였다.[19]

　그렇다면 한일파트너십 공동선언은 한일간 합의에 근거하여 충분히 그 취지를 이행하였는가, 아니면 수식어에 불과한 선언문이 되었는가를 확인할 필요가 있다. 21세기 한일파트너십 공동선언의 내용을 합의와 일탈이라는 시각에서 주요 항목별로 나누어 살펴보기로 한다. 순서별로, 1) 양국간 대화 채널의 확충, 2) 국제사회의 평화와 안전을 위한 협력, 3) 경제분야에서 협력강화, 4) 범세계적 문제에 관한 협력 강화, 5) 국민교류와 문화교류의 증진이다.

(1) 양국간 대화채널의 확충

　가장 중요한 대화채널의 구축은 매년 정상회담을 정례화시킨 것이다. 한일정상회담은 1999년 이후 아세안+한중일 3국 회

---

19) 서울신문, 1998년 10월 12일자.

담을 거치면서 한중일 정상회담으로 발전하였다. 김대중정부기 한일정상회담은 6회에 달했으며, 김대중 대통령과 자민당 오부치 게이조(小淵惠三), 모리 요시로(森喜朗), 고이즈미 준이치로(小泉純一郎) 수상과 회담이 이어졌다. 셔틀회담이 가져온 가시적인 효과로 양국 정상간 회합이 보다 빈번해졌다는 것이다. 김대중정부기 한일갈등에도 불구하고, 정치경제, 사회문화, 대북정책 등에서 상호공조가 이루어졌다. 투자확대와 기술협력, 일본문화 개방과 역사 공동연구위원회, 한일문화교류회의 설치, 월드컵 성공을 위한 우호관계 수립, G8와 ASEM 등 국제무대에서 한일 양국간 협력도 추진되었다. 미사일과 납치문제 등, 대북정책에서도 한일 양국은 상호지지를 확인하였다.

2003년 2월 노무현정부기 한일정상회담은 5회에 걸쳐서 이루어졌다. 과거사를 묻지 않겠다는 노무현 대통령의 발언에 따라 초기 한일관계는 순탄한 듯 보였으나, 고이즈미 수상의 야스쿠니 참배와 독도 도발로 한일관계는 악화되었다. 2005년 2월 일본 시마네현의 독도의 날 제정 이래, 다시 역사, 영토가 쟁점화되면서 각박한 외교전쟁도 불사한다는 노무현 대통령의 신 대일독트린이 발표되기에 이르렀다. 임기 후반들어 아베 수상, 후쿠다 수상과의 정상회담은 비교적 큰 갈등없이 진행되었다. 이명박정부의 대일정책은 실용외교에 따라 한일관계를 복원시킨다는 의식이 강했다. 대일외교의 중심은 경제외교에 있었다. 이명박 대통령은 당선자 시절부터 '경제협력을 중시하는 실용주의 대일외교'를 주창해왔으며, 2차례의 한일정상회담에서도 경제협력 분야를 집중적으로 논의하였다.

이명박 대통령은 2008년 4월 한일정상회담에서, 2007년 10

월 합의된 6자회담의 2단계 조치에 의한 '완전하고 정확한 신고'
를 북한에 요구하는 한편 북핵문제 해결을 위한 한미일 공조를
강조하였다. 이명박정부는 한미, 미일동맹 체제를 보완할 수 있는
다자적 안보시스템을 구축하고자 하였다. 현재 2국간 동맹 중심
의 안보협력을 보완하는 것으로, 한일 양국은 한미일간 새로운 대
화체제를 중층적으로 구축하자는 의견에 일치를 보았다. 이명박
정부는 2008년 발생한 경제위기를 극복하고자 한일간 경제협력
을 중시하였다. 북핵문제 해결과 천안함사태에 대한 한일 정책공
조, 대북제안인 그랜드바겐에 대한 하토야마 수상의 지지, 한미일
안보협력과 실패로 끝난 한일정보보호협정도 추진되었다. 셔틀외
교가 본격적으로 재개되면서 한일 워킹홀리데이 확대, 이공계 학
부 유학생 파견 10년 연장 결정, 한일 신시대 공동연구 프로젝트
등이 추진되었다.

　　2008년 한중일 정상회담 정례화, 한중일 통화스와프 체결, 비
젼2020과 한중일 협력사무국 설치, 한중일 FTA 공동연구, 3.11 동
일본대지진과 한국·중국의 지원 등, 동북아지역 내 상호협력이 두
드러졌다. 그러나 한국사법부의 위헌 판결 등 위안부문제가 쟁점으
로 떠오르면서 2011년 12월 18일 이명박-노다 수상간 정상회담은
실패로 끝났다. 이명박 대통령이 위안부문제를 이례적으로 강도 높
게 거론한 데 대해 노다 총리가 원론적 입장 표명에 그치면서, 양
국 관계가 경색 국면을 피할 수 없게 되었다. 이날 교도통신은 "양
국 정상이 목표로 하는 미래지향적 관계 구축에 영향을 미칠 것으
로 보인다"고 전했다. NHK는 "양국 정상이 모두 국내 정권기반이
흔들리기 시작하면서 위안부문제가 한일관계에 그림자를 드리웠
다"고 전했다. 한편 노다 총리는 "일본에는 전범(戰犯)이 없다"는

보수적인 역사관을 견지하고 있는데다, 출범 100일 만에 지지율이 30%대로 떨어진 상황에서 위안부문제에 대해 입장을 바꾸지 못했다. 2012년 8월 이명박 대통령의 독도방문과 일왕 방한시 사과 필요, 일본 국력의 상대적 저하 발언으로 한일관계는 최악의 상태로 빠져들기 시작하였다. 2014년 9월 아베 수상이 내각을 개조하고 아사히신문 오보사태가 겹치면서, 위안부 강제연행을 부정하는 그룹들이 일본 주류 세력과 담론으로 등장하였다. 위안부문제 국제 쟁점화, 중한 밀월관계로 일본 내 혐한론, 반한론이 확산되었다. 고노담화 재검증과 사문화, 진정성없는 일본정부에 한국은 대일원칙 외교를 유지해 왔다. 위안부문제는 한일관계에 최대 쟁점으로 등장하였고, 미국 등 각국의 비난 결의안, 유엔 인권위원회에서 대일권고 등으로 국제화되었다. 2015년 12월 박근혜정부는 한일간 위안부 합의에 도달하였으나, 피해 당사자와 시민단체의 반발, 소녀상 이전문제가 겹치면서 국내외 비판에 직면하였다.

(2) 국제평화 안전을 위한 협력

한일파트너십 공동선언은 한일 양국이 냉전 후 세계에서 보다 평화롭고 안전한 국제사회 질서에 적극적으로 참가한다고 적고 있다. 북한의 개혁개방을 지향하고, 대화를 통한 해결이 중요하다는 인식을 공유하였다. 김대중정부는 한일갈등에 보다 신중하게 대응하였다. 그는 기본적으로 일본과의 선린우호를 증대시켜야 한다는 입장이었다. 새 정부의 동북아전략은 미국, 일본을 축으로 중국, 러시아와 유대를 강화하여 국제적 안정을 이끌겠다는 것이었다.[20] 김대중정부는 전후 처음으로 한일 군사협력을 추

---

20) 한국일보, 1998년 1월 24일자.

진하였다. 1999년 1월 한일 국방장관 회담 이래 해군합동 해상재
난 구조훈련, 한국 합동참모본부와 일본 통합막료회의간 군사회
담 등이 이어졌다. 북한의 장거리로켓 발사나 반잠수정 침투사건
과 같은 긴급 사안에 대비한 군사적 핫라인 설치에도 합의하였다.
오부치 수상이 다시 한국을 답방하면서 1999년 3월 한일정상회
담이 열렸다.[21] 한미일 3국간 긴밀한 협력을 재확인하고 대북 공
조체제 강화에 합의하였다.

　　김대중정부는 한중관계도 협력적 동반자 관계로 발전시켰다.
1998년 11월 김대중-장쩌민 정상회담에서 1992년 이후 경제분
야에 집중되었던 한중관계를 12개 항목, 34개 사업을 통하여 정
치, 안보, 사회, 문화 등 다방면으로 확대하는 데 합의하였다. 동
북아 국제정치의 냉혹한 현실을 인지하고 있는 김대중 대통령은
한미동맹, 한일협력을 안정시켜 두고, 한중협력과 남북한 관계개
선을 이끌어낸 것이다. 김대중 정권기 남북정상회담, 북일수교 교
섭이 진전되면서 대북정책에서 한일 양국은 갈등을 최소화시켰
다. 그러나 노무현정부의 동북아균형자론과 한일갈등으로 한일
안보협력은 별로 진전되지 못했다. 제2차 남북정상회담에도 불구
하고 북한 핵실험, 미사일발사, 납치자문제가 불거지면서 대북정
책을 둘러싼 한국과 미일간 갈등은 더욱 커졌다.

　　이명박정부 들어 한미일 안보협력이 복원되면서, 2009년 4
월 한일정상은 대북제재 추진과 한일간 국방교류를 확대하기로
하였다. 2009년 5월 제2차 북한핵실험, 2010년 3월 천안함 침몰,
같은 해 11월 연평도 포격사건으로 남북관계는 크게 악화되고 한
미일 안보협력이 강화되었다. 이명박정부의 5.24 대북제재 조치

---

21) 한국일보, 1999년 1월 8일자.

는 아직까지 남북관계 개선의 장애물이 되고 있다. 2012년 6월 한일 양국간 정보보호협정을 추진하였지만, 밀실체결 논란이 일면서 중단되었다. 2014년 12월 한미일 국방부는 북한핵과 미사일 위협에 대한 3자간 정보공유 약정을 체결하였다. 최근들어 박근혜정부의 한반도 신뢰외교 프로세스와 동북아평화구상에도 불구하고, 한미동맹의 가치 저하, 미일동맹의 우위, 남북간 대화부재 속에서 외교적 가치와 리얼리즘을 상실해 가는 것이 아닌가하는 우려가 높아지고 있다. 2015년 4월 오바마-아베 미일정상회담은 일본발 한국외교의 위기를 가속화시켰다는 지적도 나왔다.[22]

김대중 외교의 성과는 동북아전략 부재, 일본과 북한과의 대립, 미일동맹의 변화를 감지하지 못한 박근혜 외교의 실패에 매우 커다란 시사점을 던지고 있다. 한국의 대일외교 3원칙은 국제적인 설득력을 얻지 못했다. 일본정부는 나름대로 독도 영유권이나 야스쿠니 문제에 대하여 한국을 배려해 왔다고 보고 있다. 경기침체에 빠진 미국과 유럽으로부터 아베노믹스 지지를, 중국을 견제하려는 미국, 유럽, 아세안 각국으로부터 집단적 자위권에 대한 지지를 얻어냈다는 자신감을 느끼고 있다. 일본은 한국정부가 처음부터 한일관계보다 중한관계를 중시하고 있었다고 보고 있다. 일본보다 중국을 먼저 방문한 것은 박근혜정부가 처음이다. 한중간 정상회담을 앞둔 6월 5일, 한중간 전략적인 군사협력에 합의한 것은 일본언론에서 크게 보도되었다.

9.11 이후 미국의 외교정책은 바뀌었다. 해외주둔 미군을 재배치하여 지역분쟁에 신속대응할 기동타격대로 역할을 변화시켰다. 미국은 글로벌 테러리즘 위협에 한국과 일본이 동참할 것을

---

22) 양기호. "위기의 한국외교: 해법은", 한겨레신문, 2015년 5월 8일자.

지속적으로 요구해 왔다. 이에 대하여 일본은 비교적 충실하게, 한국은 아젠다 중심으로 동참하였다. 한국은 한미동맹 체결후 적극적 순응형에서 국가지위 상승과 민주화에 따라 동맹 정체성의 자율성을 추구하였다. 노무현정부의 동북아 균형자론은 전형적인 사례이었다. 일본은 미일동맹의 일체화 내지 글로벌 협력을 모색해 왔다. 한국은 한미동맹의 역할을 대북 억지력 중심으로 인식해 온 반면, 일본은 미일공동으로 대중국 견제망 구축이나 미군의 글로벌 재배치전략에 적극 호응해 왔다.[23]

　박근혜정부에서 과거사문제가 중시되면서 한일외교가 국제무대에서 갈등을 벌이고 있다. 대북정책을 둘러싼 한일협력은 그나마 미국이 개입한 정보공유 약정을 제외하면 별 진전이 없는 상태이다. 한일갈등이 장기화되면서 미국의 우려도 커지고 있다. 대북정책과 중국견제를 위한 한미, 미일동맹의 접합점이 필요한 미국은 한미일 안보협력, 동맹관계의 구축을 가장 중요한 과제로 설정하고 있다. 2015년 4월 오바마-아베 미일 정상회담은 일본의 집단적 자위권지지, 대중국 견제용 미일 군사동맹, 환태평양경제동반자 협정(TPP)을 통한 미일 경제협력 등을 천명함으로서 미일동맹 수준을 최상의 관계로 격상시켰다. 한미일 관계에서 소외된 한국외교의 위기를 지적하는 목소리도 나왔다.[24]

(3) 경제 분야에서 협력 강화

　1997년 말 외환위기의 시련에 부닥쳤던 김대중정부에 한일 경제협력은 필수적인 과제이었다. 무역·투자확대, 산업기술 협력,

---

23) 김순태외(2009), pp.63-66.
24) "위기의 한국외교", 동아일보, 2015년 4월 10일자.

기업인교류 촉진, 이공계유학생 일본연수 등이 주요 관심사이었다. 김대중-오부치 회담에서 양국정상은 자유무역협정(FTA)을 위한 산·관·학 공동연구회 설립에 합의하였다. 투자협정 서명과 자유무역협정 논의 본격화는 김대중 대통령이 가장 역점을 기울인 분야이었다. 양국 정상은 전세계 200여 개 자유무역협정이 발효되어 있으며, 세계경제가 블록화되는 가운데, 상대적으로 뒤처진 한일간 경제파트너십 형성이 긴요하다는 점에 공감하였다. 한일 FTA 비즈니스 포럼 설립, 한일 IT 이니셔티브에 따른 전자상거래 협력에도 합의하였다.

　　노무현정부 들어 한일 FTA가 본격적으로 논의되었다. 2003년 10월 한일정상회담에서 FTA 타결을 목표로 정부간 교섭을 시작하였다. 그러나 2004년 11월 6차 협상 이후 농업부문에서 타협을 보지 못해 결렬되었다. 이명박정부는 경제협력 중심의 실용외교를 전개하였다. 한일 셔틀외교와 경제각료회의를 복원하기로 하고, 기업인교류도 추진하기로 합의하였다. 부품소재 산업 분야의 교류 증대 방안 검토, 중소기업 담당 정부기관간 정책대화 신설, 호혜적 FTA 체결 협상 재개를 논의하기 위한 실무협의 개최, 양국 정치인들의 상호 교류와 네트워크 구축 지원, 교류 확대의 일환으로 워킹홀리데이 프로그램 확대, 대학생 교류 사업 실시 등에 합의하였다.

　　2008년 12월 한중일 통화스와프 규모를 300억 달러 늘리기로 합의하고, 2011년 10월 700억 달러로 확대하였으나, 2015년2월 한일 스와프협정은 중단되었다. 2009년 1월 이명박-아소 타로 정상회담에서 워킹홀리데이 7,200명 확대, 이공계 학부 유학생파견 10년 연장이 결정되었다. 2014년 12월 한일재계회의가 재개되어, 환경에너지, 안전방재 협력을 논의하였다. 2015년 1월 한일고위경제협의회가 개최되어, 무역·투자·민간 등 경제 분야, 다자간 지역 차원에서의 협력방안이 광범위하게 논의되었다. 한일 양국은 한중일 FTA, 역내 포괄적 경제동반자협정(RCEP), 환태평양 경제동반자협정(TPP) 등에서 상호협력을 확대해 가기로 하였다.

한일간 경제협력의 최대 관심사는 한일FTA, 산업기술 협력, 무역적자 해소, 이공계 대학생 교류 등을 들 수 있다. 3.11 동일본 대지진 이후 환경과 에너지, 안전과 방재 분야에서 협력도 추진되었다. 양국 재계인들이 관계개선을 촉구한 것은 매우 고무적인 현상이라 할 수 있다. 그러나 강제징용 배상 판결, 일본산 수산물 수입규제, 일본정부의 유네스코 근대화유산 등재과정에서 한일갈등이 불거지고 있다. 한일간 무역량은 2002년 414억 달러에서 2012년 1,232억 달러로 증가하였고, 일본의 대한국 투자는 2001년 5.24억 달러에서 2011년 22.13억 달러로 늘어났다. 그러나, 한국경제에서 중국 비중이 높아지는 반면, 일본 비중이 점차 떨어지고 있다. 한국의 대일무역 비중은 2002년 15%에서 10년 후인 2012년에 10%로 하락한 반면, 중국은 같은 기간중 13%에서 20%로 증가하였다.

(4) 범세계적 문제에 관한 협력 강화

김영삼정부의 세계화선언, WTO가입으로 한국외교의 지평은 확대되기 시작하였다. 김대중정부의 동아시아 구상은 동북아를 안보협력의 중심축으로, 경제협력과 통합대상으로 동남아시아를 포괄하였다. 동북아+동남아 경제협력의 필요성은 외환위기로 더욱 가속화되면서 아세안+3라는 지역협력 구상으로 구체화되었

다. 외환위기 이후 동북아시아와 동남아시아의 인식적 경계를 허
물면서 동아시아 지역공동의 과제가 관심사로 떠올랐다. 1998년
10월 한일파트너십 선언에서 양국 정상은 국제사회의 안전과 복
지 등, 글로벌 과제 해결에 긴밀히 협력해 나간다는 데 의견의 일
치를 보았다. 한일 양국은 ARF, ASEAN+3, EAS, APEC 등에서
지구적 차원의 협력을 추진해 왔다. 또한, 대량살상무기 폐기, 테
러 대책, 해적 퇴치, 질병 보건, 자연재해, 개발협력과 원조 등에
서 상호협력을 모색해 왔다. 2000년 7월 오키나와 G8 정상회담,
같은 해 10월 서울에서 열린 ASEM회의에서 상호협력은 대표적
인 사례이다.

　　정부개발원조는 대표적인 글로벌 공헌이라 할 수 있으나, 한
국ODA 비중이 지나치게 낮았다. 한국은 2010년 들어 처음으로
DAC(OECD의 개발원조위원회)에 가입할 정도로 늦었다. 2014년 일
본ODA는 약 5.5조 원인 반면, 한국은 약 1.4조 원에 불과하였다.
이명박정부가 글로벌외교를 표방하면서 한일협력 가능성이 높았
지만 ODA 격차가 심하고 개도국을 둘러싼 자원경쟁 가능성마저
있었다. 특히 일본정부가 ODA 군사지원을 가능케 하면서 협력
가능성은 쉽지 않을 전망이다. 아베 내각은 2013년부터 '적극적
평화주의'에 따라 "ODA를 전략적으로 활용할 것"이라고 밝혔다.
아베 내각은 ODA 대강에 "타국 군대 지원은 재해와 민생　분야
를 중심으로 항목별로 검토하여 지원한다"는 결정을 내렸다. 이
에 따라 지원물자나 기술제공이 군사적 용도로 이용될 가능성이
높아졌다. 빈곤국 개발에 쓰여야 할 ODA 예산이 본래 목적에서
벗어나 군사지원으로 전용될 우려가 나오고 있다.[25]

---

25) 문화일보, 2015년 1월 19일자.

2010년 5월 제주에서 열린 한중일 정상회담은 '비젼 2020'을 채택하여 글로벌 거버넌스의 가능성을 모색한 바 있다. 3국 정상은 기술장벽 해소와 표준협력, 과학기술 협력을 위한 공동성명을 채택하였다. 3국간 자유무역협정(FTA) 산관학 공동연구를 시작으로 지역경제 통합 촉진을 모색하기로 하였다. 노동·고용 분야 협의체 구축과 치안협의체 구축, 캠퍼스 아시아 시범사업 등 7개 신규 협력 사업에도 합의하였다. '비젼2020'은 동북아 FTA 체결과 경제통합 추구, 기후변화와 환경보호 협력 확대, 인적교류 증진, 마약퇴치 협력 등의 내용을 담고 있었다. 1999년부터 시작된 한중일 환경장관회의는 지속 가능한 환경관리, 기후변화와 에너지 대책, 농업분야 협력 등을 약속하였다. 2012년 11월 제4회 한일 그린파트너십 라운드테이블은 한일 전력시장의 미래와 전력망 연결을 검토하였다.

2013년 제2기 '한일 신시대 공동연구 프로젝트 보고서'는 21세기 신시대, 복합공생 네트워크를 구축하고 신시대 한일협력을 위한 핵심과제로 7개 분야를 선정한 바 있다. 지식·문화·미디어 분야의 교류 촉진, 인적 네트워크의 형성, 동아시아 복합 안보질서 건축, 원자력 안전과 에너지협력, 환경협력, 동아시아 공생경제 질서 건축, 복합 공생 기술협력을 들고 있다. 3.11 동일본대지진은 방사능 피해에 대한 동북아 각국의 경각심을 높이는 계기가 되었다. 일본의 방사능오염수 무단방출로 한중양국의 불신이 높아졌다. 박근혜정부는 2014년 8월 8.15경축사에서 동북아 원자력 협력 구상을 제시하였다. 원자력발전소가 밀집한 동북아지역에서 한중일간 원자력안전협의체를 제안하였으나 중국, 일본의 반응은 소극적이었다.

(5) 국민교류와 문화교류 증진

1998년 한일파트너십 공동선언의 핵심사항은 바로 국민교류와 문화개방이며, 가장 뛰어난 가시적 효과를 거두기도 하였다. 김대중 대통령은 1998년 4월 일본 대중문화의 단계적 개방 방침을 밝혔다. 한일문화교류 정책자문위원회의 논의결과를 토대로 4차에 걸친 문화개방을 단행하였다. 일본 내 한류붐이 일면서 한일 양국간 시민교류, 문화교류가 활발해졌다. 1998년 4월 문화관광부는 일본 대중문화를 가요, 영화, 방송순으로 개방하겠다고 밝혔다. 이에 대한 언론보도는 한국정부의 개방정책을 지지하는 경향이 강했다. 언론의 반응은 대체로 긍정적이었으며, 일본문화를 충분히 수용할 수 있다는 점을 부각시켰다.[26] 일본문화 개방은 정부 주도로 시작되어 국내 주요언론과 상호 보완적인 공생관계로 변화하였다.

지명관 교수는 '1965년 체제'가 정치경제 중심이었다고 본다면 김대중 정권기 한일 월드컵 공동개최를 통하여 형성된 한일간 '2002년 체제'는 문화 기반의 새로운 아시아협력을 모색하는 시민적 체제라고 평가한다. 월드컵 공동개최 이후 한일 양국간 시민 교류가 촉진되었다. 한일 역사공동위원회, 한일문화교류회의 등을 설치함으로써 정치경제뿐만 아니라, 양국간 역사, 문화 교류까지 확대하였다. 지자체와 시민단체, 지식인과 청소년들이 주역인 시민간 생활교류는 그야말로 기층적 네트워크를 형성하여, 한일간 문화교류 활성화는 물론이고, 한일관계 안정에 크게 기여하였다.[27]

---

26) 김기정 외, "김대중 정부의 외교정책과 언론: 관계유형의 모색과 사례분석을 중심으로", 「국제정치논총」, 2000, p.384.

27) 김성국,(2008). "한일문화교류와 동아시아 문화네트워크 구축", 「동아시아와 한일교류」. 2008, pp.103-104.

　　적어도 한일 국민교류에 있어서 김대중정부의 성과는 김영
삼정부기 다양한 한일대화 채널의 구축성과에 힘입은 것이었다.
김영삼정부는 민주화, 탈냉전, 북핵 등 혼란기에서 새로운 한일관
계 모색을 시도하면서 포괄적 협력의제를 창출하고자 하였다.
1991년에 나온 한일우호 협력 3원칙인 양자간 협력, 아태지역 협
력, 글로벌 협력도 뛰어난 성과물이었다. 김영삼정부는 비정부 민
간교류를 통하여 미래지향적 한일관계 구축을 시도하였다. 1990
년대 이후 일본은 친미주의와 경제성장의 요시다노선에서 탈피,
아시아와 글로벌 사회에서 적극적 역할에 관심을 두고 있었다. 김
영삼정부는 세계화, 미래지향, 지역협력을 강조하였고, 1993년 한
일포럼 설립은 대표적인 사례이었다.[28] 한일문화교류회의, 한일
역사 공동연구, 한일신시대 공동연구, 한일축제한마당 등의 시민
교류를 잉태한 시점이기도 하였다.

　　2002년 6월 한일월드컵 개최는 양국 국민간 호감도를 크게
높였다는 점에서 성공적이었다. 이후 한일공동 음악제나 연극제
등, 문화행사가 크게 늘어난 것도 또 하나의 성과이었다. 일본국
민들은 8강을 넘어 4강전에 진출한 한국을 전폭적으로 응원하였
고, 이것은 한국민들에게 적지않은 격려가 되었다. 한일지자체 자
매결연과 우호교류는 1990년대 후반 360개에서 2014년 들어
1,351개에 달해 무려 3.8배나 증가하였다. 독일과 프랑스간 역사
화해와 시민교류는 유럽연합의 성립을 위한 기반이라고 해도 과
언이 아니다. 독불 청소년협회, 독불 대학생 교류, 독불 방송채널
인 아르테는 물론이고, 300개에 이르는 독불협회, 2,200여 개의

---

　　28) 최희식, "김영삼정부 시기 한일비정부교류 연구: 신시대 한일비젼", 「일
본연구논총 39호」, 2014, pp.5-31.

양국 도시간 자매결연, 4,300개 대학간 파트너관계라는 단단한 양국 연대가 시민사회 네트워크를 구축하고 있다. 2010년 독일을 방문한 프랑스인은 약 197만 명에 달하며, 상호학위 인정제 등 학술교류는 말할 것도 없고, 영화협회와 박물관협회에 이르기까지 빈번한 교류가 이어지고 있다.[29] 김대중-오부치간 한일파트너십 선언은 한일 시민교류의 시작을 앞당기는 계기가 되었다고 할 수 있다.

김대중정부의 구체적인 성과는 일본의 전략적 가치와 평화국가의 국제적 기여를 인정하고, 양국간 갈등요인을 완화시키면서, 다양한 분야에서 대화채널을 구축한 것을 들 수 있다. 특히 중앙정부가 아닌 시민단체와 지자체 교류를 촉진하는 계기를 마련한 것은 높이 평가할 만하다. 양국 정부는 2002년을 '한일 국민교류의 해'로 정하여 다양한 문화행사를 추진하였다. 2002년 4월은 일본 외무성 산하 국제교류기금의 19번째 해외사무소인 서울문화센터가 개소하면서 민간교류를 촉진하는 공공인프라가 설치되었다. 2005년에는 광복 60주년이자 한·일국교정상화 40주년을 '한일우정의 해'로 정하고, 문화, 예술, 학술, 스포츠 등의 다양한 분야에서 공동 행사를 개최하였다. 2005년부터 한일축제 한마당이 열리면서 서울과 도쿄에서 한일문화를 즐길 수 있게 되었다. 일본에서 방영된 '겨울연가'가 히트를 치면서 시작된 한류붐은 배용준을 톱스타 반열에 올려놓았다. 한국여행과 한국어 학습 등, 일본인들의 한국문화에 대한 관심이 높아지는 데 크게 기여하였다.

---

29) 김규륜·이진원 외, 「공공외교의 이론적조명과 주변4국의 한반도통일 공공외교 분석틀」, 2012, pp.89-90.

그러나 이에 대한 반작용으로 일본 내 혐한류, 반한론이 확산되면서 한일간 인적교류는 감소세를 보이고 있다. 한일 관광객 상호방문을 보면, 2008년에 한국>일본 238만 명, 일본>한국 237만 명, 2012년에 한국>일본 204만 명, 일본>한국 351만 명, 2014년에 한국>일본 275만 명, 일본>한국 230만 명으로 처음으로 역전되었다. 세월호 참사, 엔저효과, 혐한론 등이 영향을 미친 것으로 보인다. 한편, 한일간 유학생 숫자를 살펴보면, 2012년 한국 내 일본인 유학생 2,334명, 일본 내 한국인 유학생은 16,651명이었다. 2015년 한일수교 50주년을 맞이하여, 한일·일한 경제인 협회, 한일 양국의 정치학회와 동아일보-아사히신문, 한일 양국의 국제정치학회 등이 수교 50주년 심포지움과 교류행사를 개최하였다.

Ⅳ. 새로운 한일협력 체제의 모색

1998년 한일파트너십 공동선언이 미래지향적 한일관계의 원형모델을 제시하였다는 것은 아무리 강조해도 지나치지 않다. 과거사문제와 교과서왜곡, 독도영유권 분쟁은 한일협력의 큰 전제 하에 종속변수로 자리잡았다. 김대중정부는 야스쿠니를 참배한 고이즈미 수상과도 정상회담을 이어갔다. 2001년 10월 김대중-고이즈미 정상회담에서 일본의 역사인식 실천과 한일파트너십 공유를 확인하였다. 고이즈미 수상은 일본은 다시 전쟁을 일으키지 않는다는 반성 위에서 공동선언의 정신을 공유하고 있으며, 앞으로 역사를 직시해 나가겠다고 강조하였다. 한일월드컵 개최, 한일

국민교류, 대북정책, 테러대책에 걸친 대화를 지속하였다. 원칙을
강조하면서도 실용성과 유연성을 발휘함으로써 한일관계의 보다
더 나은 미래를 지향하였다. 김대중 대통령은 한일관계와 남북화
해, 동아시아의 미래를 향한 새로운 공동과제를 설정함으로써, 과
감히 진전하는 담대함을 보여주었다. 김대중정부기에 한중일간
상호협력이 빈번히 시도되고 점차 체계화되어 갔으며, 아세안+3,
동아시아정상회담(EAS)이 시작되었다.

그러나, 김대중정부의 수많은 외교업적에도 불구하고 그 한
계가 적지 않았다.[30] 1998년 10월 한일 파트너십 공동선언의 합
의사항은 대부분 탈역사, 탈과거, 탈쟁점에 치우친 것이었다. 한
일관계 현안과 쟁점을 유보하고 해결안을 제시하지 못한 것은 나
중에 심각하고도 부정적인 유산을 남겼다. 아시아여성기금, 역사
교과서, 야스쿠니와 독도문제를 제대로 다루지 못했고, 갈등의 불
씨를 키운 결과가 되었다. 김대중 정권기에 일본정부의 사죄문서
는 무라야마 담화를 답습하는 수준에 머물렀다. 역사교과서 공동
연구에서도 한일 양국은 합의점에 도달하지 못했다. 한국측은 일
본의 역사교과서문제를 주요 연구과제로 삼자고 요구하였다. 이에
대하여 일본측은 기구 명칭에 '교과서' 대신 '역사 공동연구'라는
막연한 표현을 주장하여 결국 일본측 제안대로 채택되었다.[31]

김대중정부는 남북 정상회담, 한일 파트너십 선언, 한중 협력
관계처럼 전통적인 양자간 외교에 치중한 나머지, 양자관계를 다
자주의 기구나 제도로 발전시키지 못했다. 한반도문제에 있어서
한미일 안보협력보다도 남북관계를 우선시하였고, 제도화보다 개

---

30) 양성철·이상근 엮음, 「김대중외교」, 연세대학교 대학출판문화원, 2015,
pp. 357-377.
31) 동아일보, 2002년 6월 8일자.

인리더십에 과도하게 의존하였다. 과거사논쟁, 영토분쟁, 군비경쟁에 이르는 동북아의 위기를 예방하는 데 실패했음을 의미한다. 1997년 외환위기로 일본의 투자협력이 절실한 상황에서 김대중정부는 역사문제보다 경제협력과 문화교류를 우선시하였다. 일본 내 한류, 한 국내 일류 붐이 일어났고 한·일 양국 사이에선 수년간 매년 약 500만 명에 달하는 활발한 국민교류가 이뤄졌다. 그러나 국민교류와 문화교류 결과, 일본 내에서 반한론, 혐한론이 확산되고 헤이트스피치가 등장한 것은 아이러니컬한 현상이 아닐 수 없다.

김대중정부 이후 노무현, 이명박정부기에 실용외교와 대일원칙론 사이에서 중심을 잡지 못하고 이리저리 흔들린 원칙 없는 대일외교가 이어졌다. 노무현정부와 이명박정부 모두 임기 초반에는 일본과 지속적인 우호관계를 유지하고, 미래지향적인 한일관계를 강조했지만 위안부 해법을 둘러싼 과거사문제, 일본 극우세력의 망언, 일본의 영토도발로 외교원칙은 자주 흔들렸다. '동북아균형자'론은 의미있는 외교담론이었지만, 가시적인 성과를 보여주지 못하고 일본과 미국의 불신을 키우는 결과로 이어졌다. 이명박정부는 임기 후반 위안부와 독도문제를 한일외교 현안으로 설정함으로써 양국관계를 크게 악화시켰다.

냉전 이후 한국외교는 한미동맹, 한일협력, 남북한 관계를 둘러싸고 일관되고 냉철한 외교정책을 전개하지 못했다. 특히 한일관계에서 역사인식 차이, 일본 정치가 망언, 독도와 위안부문제에 감정적으로 대응함으로써 외교적인 실용성과 유연성을 크게 저하시킨 측면이 있다. 1965년 정치경제 협력, 1998년의 문화협력 체제를 만들어냈지만 안정적이고 지속가능한 한일관계의 토대를 구축하지 못했다. 한일간 역사, 영토인식 격차는 피해갈 수 없는 중요과제인 것도 명백해졌다. 2015년 12월 28일, 한일 양국 정부는 위안부합의를 발표하였지만, 국내외 여론의 비난에 직면하면서 미완성의 상태로 남게 되었다. 2017년 미국 트럼프 정권의 출범 이후, 격동하는 동북아 정세에서 새로운 한일협력의 대안을 어떻게 찾아가야 할까. 1998년 한일 파트너십 선언이 던지는 함의가 더욱 큰 울림으로 느껴지는 까닭이다.

〈참고문헌〉

김규륜·이진원 외. (2012).「공공외교의 이론적조명과 주변4국의 한반도통일 공공외교 분석틀」.

김기정 외. (2000). "김대중 정부의 외교정책과 언론: 관계유형의 모색과 사례분석을 중심으로".「국제정치논총」, 40(4).

김상준. (2013). "지역과 헤게모니- 미국 헤게모니의 쇠락과 일본의 지역주의 전략 변화를 중심으로".「국제정치논총」, 53(1).

김성국. (2008). "한일문화교류와 동아시아 문화네트워크 구축".「동아시아와 한일교류」.

김순태 외. (2009). "한국과 일본의 대미 동맹정책 비교연구".「국제정치논총」, 49(4).

김준섭. (2008). "일본에 있어서 집단적 자위권 문제에 관한 연구- 일본정부의 논리를 중심으로".「일본학보」, 76(0).

김찬규. (2009). "무력공격의 개념 변화와 자위권에 대한 재해석".「인도법논총」, 29호.

동북아역사재단. (2013.11.3).「대일전략 전문가세미나」.

류상영외 편저. (2012).「김대중과 한일관계」.연세대학교 대학출판문화원.

류상영. (2012). "김대중의 일본에 대한 인식과 전략: 주요 저작과 어록을 통해 본 인식의 진화와 정치적 선택". 류상영 외 편저,「김대중과 한일관계」.

문정인·서승원. (2013). 「일본은 지금 무엇을 생각하는가」. 삼성경제
　　연구소.

문정인·양기호. (2016). 「한일 국교정상화 50주년과 한일관계」. 연세
　　대학교 대학출판문화원.

박명림. (2006). "노무현의 동북아구상 연구-인식, 비전, 전략". 「역사
　　비평」, 가을호.

박명림 외. (2009). "탈냉전기 한국의 동아시아 인식과 구상—김대중
　　사례연구". 「한국정치학회보」, 43(4).

박영준. (2013). "박근혜정부의 외교안보정책 구상과 한일관계". 「국제
　　관계연구」, 18(2).

손열 편. (2006). 「동아시아의 지역주의: 지역의 인식, 구상, 전략」. 지
　　식마당.

양기호. (2015.05.08.). "위기의 한국외교: 해법은". 한겨레신문.

양기호. (2013). "21세기형 한일 시민교류: 함의와 전망". 서울대일본
　　연구소·한일친선협회 공동주최, 「한일간 풀뿌리교류와 국가친선」.
　　서울대학교 일본연구소.

양기호 역, 마고사키 우케루 저. (2012). 「일본의 영토분쟁」. 메디치미
　　디어.

양기호·한일미래포럼 공편. (2011). 「2010년 한일 지성의 대화」. 한걸
　　음더.

양성철·이상근 엮음. (2015). 「김대중외교」. 연세대학교 대학출판문화원.

외교통상부 공문 문서번호 통아태 27200-352. "한일간 21세기를 위한
　　파트너십 발표". 시행일자 1998.7.22.

외교통상부 공문 문서번호 아일 22000-721. "한일파트너십 후속조치
　　추진계획". 시행일자 1998.10.28.

유형석. (2006). "집단적 자위권의 성립배경에 관한 소고". 「법학연구」,
　　제22집.

윤덕민 외. (2007). 「한미동맹과 미일동맹 조정 과정 비교연구」. 한국
　　전략문제연구소.

이면우. (2005.7). "셔틀 외교의 의의: 2005년 제1차 한일정상회담 재
　　고". 「정세와정책」, 109, pp.14-17.

이명찬. (2013.11.2). "집단적 자위권의 행사". 「동북아역사재단주최 한일갈등과 대일전략의 모색 전문가회의」.

이상봉. (2001), "냉전후 한일관계의 특징과 과제-구조적 요인의 변화를 중심으로"「한국민족문화」, 제17호. 부산대학교.

이원덕. (1996). 「한일 과거사 처리의 원점」. 서울대학교출판부.

제럴드 커티스 외. (2013). 「아베의 일본은 어디로 가고 있는가」. 제이엔씨.

최희식. (2013). "동북아 국제질서의 변동과 한일관계의 새로운 전개". 「일본연구논총」, 37호.

평화문제연구소 연구실. (1998.1). "약속을 지키는 대통령이 되기를 희망하며: 김대중당선자의 통일, 외교, 국방, 안보 분야 대선공약". 「통일한국」.

하영선·오코노기 마사오 편. (2012). 『한일 신시대와 공생복합 네트워크』. 한울.

加加美光行ほか. (2013.11). "愛国のタブーを超えて日中は関係の正常化を". 「世界」.

兼原信克. (2011). 「戦略外交原論」. 日本經濟新聞出版社.

鈴木美勝. (2013.8). "日米同盟派と対米独立派に深まる亀裂". 「中央公論」.

北岡伸一. (2012.10). "現代における平和と集団的自衛権". 「中央公論」.

山口昇ほか.(2013.9). "爆発か成熟か軍拡中国の行く末". 「中央公論」.

信田智人. (2004). 「官邸外交」. 朝日新聞社.

岩見隆夫. (2013). 「安倍内閣の研究」. 朝日新聞社.

塩沢英一. (2013.9). "中韓急接近：日本外しの裏側". 「中央公論」.

櫻井よしこほか. (2013.11). "反中反韓 vs 反日". 「文芸春秋」.

中西寛. (2013.8). "ド・ゴール・モデルは危険な誘惑". 「中央公論」.

青井未帆. (2013.11). "静かに進められる実質的改憲". 「世界」.

김대중정부 주요 단어의 기사검색: 한국언론진흥재단 기사검색, 전국 모든 신문, 모든 전체 지면, 1998.2.25.~2003.2.24.

기타 주요 한국언론 기사를 검색.

〈김대중정부 한일관계 주요일지〉

1998.01   - 일본정부가 한일 어업협정 일방적 파기 결정
1998.02   - 김대중 납치사건에 대해 한국정부 진상규명 촉구
          - 일본수상이 한일관계에 대한 긍정적 전망 언급
1998.03   - 오부치 일본외상 방한
          - 한일 외무장관 회담, 어업협상 문제에 대한 타개책 모색
1998.04   - ASEM회의에서 김대중 대통령, 중국, 일본, 영국 정상과
            연쇄회담
          - 김대중 대통령, 일본군 위안부 피해자에 대한 개별 배상
            금 요구하지 않을 것. 일본정부의 사과와 반성 요구
1998.05   - 박정수 외교통상부장관 천황호칭 논란
1998.06   - 박정수 외교통상부장관이 새 정부 출범이후 첫 일본 방문
          - 정주영 회장 방북 승인
          - '新한일관계 구축' 외교력 집중
1998.07   - 제2차 한일어업실무자회의가 진전 없이 종결
          - 일본 총리, 지한파 오부치수상이 선출됨
1998.08   - 유엔 인권소위에 제출된 「맥두걸 보고서」가 일본의 법적
            책임과 유엔에 국제기구 차원의 대응 권고.
1998.09   - 일본 대학교수 61명, 올바른 역사연구를 위해 사료 전면
            공개와 이를 복사해 남북한에 동시 제공하도록 일본정부
            에 공개 촉구
          - "21세기 한일 협력방안 연구' 국제학술 심포지엄
          - 한일 어업협정체결
          - 일본 식민지배 사죄 첫 문서화, 한일 공동선언 합의와 내
            용공개
1998.10   - 아사히신문 '한일간 진정한 신시대' 사설 게재
          - 한일정상회담이 정례화
          - 김대중 대통령 방일, 한일파트너십 공동선언 발표. 식민
            지배에 대한 일본사죄가 처음으로 문서화. 과거사 종결,
            미래지향적 협력체제 구축
          - 일본수출입은행이 12월부터 한국에 총 30억달러 차관 제공
1998.11   - 중국은 '중국침략에 대한 명백한 반성과 사죄'를 공동선

	언에 명기하도록 일본에 요구
1999.01	-한일 군사당국간 핫라인 개설
1999.03	-어업 실무협상 재개하기로 합의
	-오부치 게이조(小淵惠三)일본수상이 고려대에서 특별강연
	-한일정상회담
1999.06	-나카소네 일본 전총리 초청 仁村기념강좌 개최
1999.07	-한일문화교류회의 첫 회의
1999.09	-뉴욕타임스에서 '한일관계 신시대 진입'이라는 도쿄발 기사작성
1999.10	-제2차 한일 각료간담회 개최
2000.03	-나카소네 히로후미(中曾根弘文) 일본 문부상이 한국 방문
2000.05	-김대중 대통령과 모리 요시로(森喜朗) 일본수상간 정상회담
2000.06	-일본 대중문화 6월말 전면 개방
2000.07	-자민련 김종필 명예총재가 다케시타 노보루 전수상 장례식 참석
2000.08	-김대중 대통령 도쿄 납치사건 27주년, 일본내 회고모임 개최
2000.09	-한일정상회담
	-모리 요시로 일본총리, '독도는 일본땅'이라고 발언
2001.01	-산케이신문이 일왕의 방한 불가능설을 보도
	-도쿄 전철역 취객을 구하려다 숨진 이수현씨 추도 물결
2001.04	-일본 문부과학성의 검정 통과 역사교과서 8종으로 한일간 갈등
	-김대중 대통령과 고이즈미수상 역사교과서 문제에 대한 원만한 해결책 모색
2001.07	-일본의 교과서왜곡 수정거부와 남쿠릴열도 주변수역 꽁치잡이 조업 갈등으로 한일관계 악화
	-김대중 대통령과 자민련 김종필 명예총재 일본 교과서왜곡 대처방안 논의
	-한국정부, 일본이 교과서 재수정을 거부할 경우, 단계적 대응책 검토
2001.08	-동북아의 평화와 협력에 대한 한중일 국제학술회의
2001.10	-한일정상회담

	-제9차 아시아-태평양 경제협력체(APEC) 정상회의
2001.11	-한일협력위원회 제38차 합동총회
2001.12	-아키히토 일왕이 혈통문제 언급하여 한일관계 개선우호 메시지 전달
2002.01	-고이즈미 일본수상, 역사공동연구 결과를 교과서에 반영하기 어렵다고 진술
2002.03	-한일정상회담
2002.04	-일본 교과서에서 독도는 일본 땅이라고 주장 -고이즈미 총리가 야스쿠니 신사 참배
2002.06	-김대중 대통령, 고이즈미 총리와 월드컵 결승전 관람후 한일정상회담 -세계언론이 월드컵을 계기로 한일간 화해 분위기 조성에 주목 -한일 월드컵이후 일본내 '한국 붐'
2002.07	-김대중 대통령과 고이즈미수상간 한일정상회담
2002.09	-북한 김정일 국방위원장과 고이즈미 일본수상간 정상회담, 북한이 일본인 납치에 대해 공식 사과
2002.10	-김대중 대통령 APEC 정상회의서 부시 미국 대통령과 한미 정상회담. 고이즈미 수상과 한일정상회담

3.2
한일공동선언의 역사적 의의

니시노 준야(西野純也. 慶應義塾大学)

I. 들어가며

　　1998년 10월 8일 동경에서 김대중 대통령과 오부치 게이조 총리대신이 서명한 한일공동선언은 '21세기 새로운 한·일 파트너십'이라는 제목처럼 향후 한일관계의 발전 가능성과 방향성을 대국적 관점에서 제시한 훌륭한 외교문서라고 평가할 수 있다. 당시 시대상황에 대해서는 양기호(논문 저자)의 분석을 바탕으로 요약을 하고 가겠다.

　　냉전이 종결된 1990년대 한일관계는 반공 이데올로기가 소멸되고 미국의 중재 능력이 약화되면서, 양국관계가 갈등 국면에 빠지기 쉬운 상황이 되었다. 한국에서는 민주화에 의해 언론과 시민단체가 존재감을 과시하게 되었고, 그것이 국내정치뿐만 아니라 한일관계에도 영향을 미치게 되었다. 특히 1990년대 이후부터 지금에 이르기까지 한일관계의 최대 현안으로 자리잡고 있는 위안부문제에서 한국의 지원단체와 언론의 역할도 무시할 수 없을 것이다. 탈냉전기 그리고 민주화 시대의 한일관계에 본격적으로 임한 것은 1993년에 발족한 김영삼 정권이었으나, 아쉽게도 정권 말기의 1997년에 독도/다케시마 및 어업협정개정문제 등으로 한일관계는 극히 악화되었다.

　　다행히도 그 뒤를 이어 성립된 김대중 정권과 오부치 정권은 이전 정권하에서 악화되었던 한일관계를 정권 초기에 재정리하는 데 성공하였다. 한일공동선언 이후 한일관계는 정부 차원의 협력 발전은 물론이고 국민 차원에서 교류확대를 가져왔다. 한일공동 선언의 부속서인 '행동계획'이 지향하는 '국민교류와 문화교류의 증진'은 지금까지 정부가 견인해 왔던 한일관계를 시민사회가 뒷받침하고 지탱하는 한일관계로 변화시켰다고 할 수 있다.

그뿐만이 아니라 한일공동선언은 "양국의 파트너십을 단순히 양자차원에서 그치지 않고 아시아·태평양 지역, 나아가 국제사회 전체의 평화와 번영을 위하여, (중략) 진전시켜 나가는 것이 매우 중요하다는 데 의견의 일치를 보았다"고 하여 한일 협력을 지역 및 글로벌 차원에서 정의했다. 당시 시대상황에서 볼 때 한일 양국이 협력해야 할 과제는 동아시아 경제위기와 북한 핵문제에 대한 대응이었다. 실제 한일 양국 정부는 공동선언과 시기를 같이하여 이러한 과제에 공조, 협력을 강화해 갔다.

여기서 본고는 주로 세 가지 관점에서 한일공동선언의 의의에 대해서 평가하고자 한다. 첫째, 양기호 논문에 입각하여 한일공동선언 이후의 양국관계 발전에 대해서 검토한다. 둘째, 북한 핵문제에 대한 대응에서 한일협력뿐만 아니라 한미일 삼국공조 발전이라는 관점에서 평가할 것이다. 세 번째로 동아시아 경제위기하에서의 한일협력을 이후의 동아시아 지역 협력 맥락에서 평가하겠다.

Ⅱ. 33년만의 '역사 화해'

한일공동선언 작성에 참여했던 당사자들과 많은 전문가들이 지적했듯이 공동선언의 가장 중요한 의미는 오부치 총리가 식민지 지배에 대해서 "통절한 반성과 마음으로부터의 사죄"를 표하고, 김대중 대통령이 이를 평가한 것이 한일 정상이 서명한 외교문서에 명문화된 것이다. 공동선언의 모두에서 "양국 정상은 1965년 국교정상화 이래 구축되어 온 양국간의 긴밀한 우호협력 관계를 보다 높은 차원으로 발전시켜, 21세기의 새로운 한일 파트너십을 구축한다는 공통의 결의를 선언"하였고 이어진 제2항에서 "오부치 총리대신은 금세기의 한일 양국관계를 돌이켜 보고, 일본이 과거 한때 식민지 지배로 인하여 한국 국민에게 다대한 손해와 고통을 안겨주었다는 역사적 사실을 겸허히 받아들이면서, 이에 대하여 통절한 반성과 마음으로부터의 사죄"를 한 것에 대하여 "김대중 대통령은 이러한 오부치 총리대신의 역사인식 표명을 진지하게 받아들이고, 이를 평가"함과 동시에 제3항에서 "국제사회 평화와 번영에 대해 일본이 수행해 온 역할을 높이 평가"한 것이다.

　　1965년 6월에 체결된 한일기본조약에는 과거 역사에 관한 인식 표명이 담겨져 있지 않다. 그래도 과거에 대한 인식표명이 전혀 없었던 것은 아니었다. 국교정상화를 눈앞에 둔 65년 2월 시이나 에쓰사부로 외상은 김포공항 도착성명에서 "양국간의 오랜 역사 속에 불행한 기간이 있었던 것에 굉장히 유감스러우며 깊이 반성한다"고 말하고, 이동원 외무장관과의 회담 후 한일 외무장관 공동성명에는 "시이나 외무대신은 이 외무부장관의 발언에 유의하며, 이러한 과거의 관계에 유감이며 깊이 반성한다고 말했다"고 되어 있다. 그러나 한일회담의 교섭경위와 '구보타 발언' 등이 한국국민들에게 안겨 준 불신, 즉 식민지 지배라는 양국간의 불행한 과거에 일본이 진지하게 마주하지 않고 있다는 한국의 불신감은 해소되지 않은 상태였다.

1990년대에 들어 탈냉전과 한국의 민주화가 한일간의 과거사문제가 다시 부상하는 환경적 요인으로서 작용했다. 김영삼 정권이 한일관계를 발전시키기 위한 노력을 게을리한 것은 아니었다. 양기호 논문이 분석했듯이 김영삼 대통령은 정권 초기에는 새로운 시대에 걸맞은 새로운 한일관계를 구축하기 위해 노력했다고 할 수 있다. 1993년에 시작하여 지금까지 이어지는 한일포럼은 정부 주도 시대와는 다른 새로운 시대의 한일 네트워크를 구축하는 시도였다.

위안부 문제에서는 한국정부가 피해자에 대한 지원조치를 강구하고 일본에 금전적 보상을 요구하지 않는 대신에, 일본에는 위안부 문제의 진상을 규명하고 이를 후세에 알릴 것을 요구했다. 일본정부도 미야자와 키이치 내각이 1993년 8월 고노 담화를 발표하고 동년 10월 호소카와 모리히로 수상이 경주를 방문하여 식민지 지배에 대한 반성과 사죄를 표명하였고, 1995년 8월 무라야마 도미이치가 전후 50년 총리담화발표를 하는 등, 역사문제에 본격적으로 임하기 시작했다. 그러한 구체적인 조치 중의 하나가 95년 7월에 발족한 아시아여성기금이었다.

위에 언급한 한일 양국정부의 과거사문제 대응은 문제를 해결하는 데까지는 이루지 못했지만 1998년의 한일공동선언을 준비하는 과정으로서 의미를 부여할 수 있다. 실제로 한일 양국정부는 양국 정상이 서명한 공동선언에 역사인식을 명시하는 것이 과거사문제의 종지부를 찍는 결정타가 될 것이라고 생각하고 있었다. 오부치 수상이 식민지 지배가 한국국민에게 안겨 준 고통에 대해 통절한 반성과 마음으로부터의 사죄를 표명하고, 김대중 대통령이 이를 진지하게 받아들이며 더 나아가 전후 일본이 국제평화와 번영에 기여한 역할을 높이 평가하는 모습은 분명 한일간의 '역사 화해'를 상징하기에 어울리는 것이었다. 또한 김대중 대통령의 일본 국회 연설은 민주주의를 위해 투쟁해왔던 자신의 경험을 바탕으로 한 내용으로 일본의 정치가와 국민들에게 깊은 감명을 주었다.

정상회담 이후 공동기자회견에서 역사인식의 표명에 관한 질문이 이어졌는데, 양국 정상은 공동선언의 형식으로 역사인식을 표명한 것에 대한 의의와 중요성을 반복해서 강조했다. 김대중 대통령은 "이번에야말로 모든 여건 및 환경이 과거와 다르며, 과거와 달라야만 한다고 생각합니다. (중략) 형식에 관해서든 그 비중에 대해서는 이전과는 다르다고 생각하고 있습니다"라고 말했고, 오부치 총리도 "굉장히 중요한 문서를 작성했고 서명했습니다. 이 책임은 김 대통령은 물론이고 제 자신도 책임을 지는 입장입니다"라고 답했다.

따라서 김대중 대통령의 일본 국빈 방문과 한일공동선언 발표에 의한 '역사 화해' 연출은 '21세기 새로운 한일 파트너십' 구축의 기초가 되었음에 틀림없다. 게다가 공동선언의 부속서 '행동계획'에서 제시된 국민교류 및 문화교류 증진을 위한 여러가지 조치는 본격적인 한일국민교류 시대를 가져오는 추진력이 되었다.

양기호 논문이 지적했듯이 내각부가 매년 실시하는 '외교에 관한 여론조사'에서 한국에 대한 인식조사는 국민 레벨에서 한일관계의 발전상을 분명하게 보여준다. 1978년에 조사가 시작되고부터 1998년 조사까지 한국에 대해서 '친밀감을 느낀다'는 대답이 '친밀감을 느끼지 않는다'보다 더 높게 나온 것은 서울 올림픽이 열렸던 1988년뿐이었다(친밀감을 느낀다 50.9%, 친밀감을 느끼지 않는다 42.9%). 그것이 한일공동선언의 다음 해인 1999년부터 '친밀감을 느낀다'가 '친밀감을 느끼지 않는다'보다 계속해서 더 높게 나오고 2004년까지 수치면에서 상승 경향을 보였다. 2005년에 한일관계가 악화되면서 일시적으로 하락하지만, 2009년에는 63.1%로 역대 최대치를 기록했다. 1998년 한일공동선언과 행동계획, 이에 더해 한일 월드컵 공동개최와 일본 내 한류붐이 복합적으로 작용하여 한일관계의 주역은 정부에서 시민사회로 교체되는 커다란 변화가 일어났다.

그러나 동시대에 진행되고 있던 또 하나의 흐름을 간과해서는 안 될 것이다. 2001년부터 2006년까지 고이즈미 준이치로 수상이 매년 야스쿠니 신사를 참배한 것에 한국정부는 민감하게 반응할 수밖에 없었으며, '새로운 역사 교과서를 만드는 모임'의 교과서가 검정을 통과한 것에 한국 언론은 일본사회의 '우경화'로서 부정적으로 보도했던 것이다. 이윽고 이러한 한국의 대일인식은 편향된 것이라며 일본 국내에서도 한국에 대한 불만의 목소리가 커져 가게 되었다. 그 결과 한일공동선언이 이뤄냈던 '역사 화해'는 형식적인 형태에 머무르게 되었고, 역사문제에 대한 한일 양국 국민의 상호불신감이 불식되지 않았다.

Ⅲ. 북한문제를 중심으로 하는 안보협력의 진전

한일공동선언을 계기로 한일관계가 발전하게 되는 두 번째 중요한 측면으로서 한일 안보협력, 특히 북한문제에서 한(미)일 협력이 진전된 것을 들 수 있다. 1990년대에 들어와서 한반도뿐만 아니라 동아시아 지역 차원의 안보현안이 된 북한문제―핵개발 의혹 및 체제유지문제―에 어떻게 대처하고 보다 효과적인 국제협조체제를 구축할 것인지 한일 양국을 비롯한 지역각국에게 중요한 과제가 되었기 때문이다. 한일공동선언에서는 제7항에서 한일 양국정상은 "대화를 통한 보다 건설적인 자세를 취하는 것이 매우 중요하다는 인식을 공유"한다는 것을 확인하고, 다음과 같은 문구를가 담았겨졌다.

> 오부치 총리대신은 확고한 안보체제를 유지하면서 화해와 협력을 적극적으로 추진한다는 김대중 대통령의 대북한정책에 대한 지지를 표명하였다. (중략) 또한 양국 정상은 1994년 10월 미국과 북한간에 서명된 '제네바 합의'및 한반도에너지 개발기구(KEDO)를 북한의 핵 계획 추진을 저지하기 위한 가장 현실적이고 효과적인 메커니즘으로서 유지해 가는 것이 중요하다는 것을 확인하였다. (중략) 양국 정상은 양국이 북한에 관한 정책을 추진함에 있어서 상호 긴밀히 연대해 나가는 것이 중요함을 재확인하고, 각급 차원에서의 정책협의를 강화하는 데 의견을 같이하였다.

즉 일본정부가 김대중 정권의 '햇볕정책'을 지지함과 동시에 한일 양국이 북미 제네바합의를 이행할 것을 명기한 것이다. 되돌아보면 냉전 종결 후 본격적으로 부각된 북한의 핵개발 의혹에 의해 한반도에서는 한때 미국의 군사행동이 검토될 정도로 위기가 고조되었다. 다행히도 카터 전 대통령이 북한을 방문하고 북미간의 직접대화를 통해 1994년 10월 제네바 합의가 이루어지면서 최악의 사태는 피할 수 있었다. 이 합의를 통해 KEDO가 조성되어 북한에 대한 경수로 제공 프로세스가 진행되면서 핵의혹은 점차 해소되고, 남북대화를 비롯한 각국과의 관계개선이 실현될 것이었다.

그러나 실제로 합의 이행은 정체되었고 김일성 주석 사망 이후 김영삼 정권은 북한에 대해서 '붕괴론'을 전제로 한 강경노선을 취하여 90년대 후반의 남북관계는 다시 한번 악화되었다. 남북기본합의서와 비핵화 공동선언체결 등, 1990년대 초반에 나타났던 남북관계 개선 움직임은 수년 후에 너무도 빨리 후퇴하기 시작한 것이다. 그뿐만 아니라 대북강경노선의 한국정부와 대화노선을 유지하려는 미일 양국간에 정책상의 엇박자가 일어났다.

위와 같은 상황 속에서 1998년에 한국에서 정권교체가 일어났다. 그리고 김대중 대통령의 '햇볕정책'이 남북관계 및 한반도를 둘러싼 국제관계를 움직이는 원동력이 되었던 것이다. 김대중 정권은 냉전기 이후의 한미동맹에 기반한 대북억지 상태를 유지하면서도 냉전기와는 크게 다른 남북화해·협력정책을 일관되게 추진하였고 그것이 북한과 각국간의 관계개선을 촉진하게 되었다.

물론 햇볕정책만이 북한정세의 변동을 가져온 것이 아니었다. 한국이 미국, 일본을 중심으로 국제 협조를 이끌어내기 위해 노력하고 이를 실현한 것이 중요한 요인이었다고 할 수 있다. 한일공동선언은 이러한 노력의 일환이었다. 김대중 대통령의 방일 약 한달 전, 1998년 8월말에 북한은 대포동 미사일을 발사하였고 일본은 대북정책의 재검토가 요구되는 상황이었다. 일본 상공을 넘어서 태평양에 떨어진 대포동 미사일은 일본 국민의 안전보장 인식에 커다란 충격을 가져왔고, 제네바 합의이행에 대한 반대여론을 불러일으켰다. 북한에 대한 혹독한 인식이 일본 국내에서 널리 퍼져가는 가운데 김대중 대통령은 대북관여 정책의 필요성을 오부치 총리에게 강조하고, 햇볕정책에 대한 지지를 확보하는데 성공한 것이다.

이에 더해 공동선언의 부속서에는 한일안전보장대화, 한일방위협력, 대북정책에 관한 한일정책협의 강화, 북한 핵개발에 대한 협력이라는 항목이 포함되었다. 한일공동선언은 한일 양국이 대북관여뿐만 아니라 억지를 포함한 다양한 안전보장 분야에서 협력을 강화해 나갈 것을 공식화한 것이다. 오늘에 이르기까지 양국 간의 역사적 경험에서 한일이 안전보장협력을 적극적으로 추진하는 것이 쉽지 않았는데 한일공동선언은 냉전 후의 국제정세와 동북 아시아 속에서 한일이 안전보장면에서 협력해 나갈 필요성을 주장한 것이다.

1990년대 후반 이후 대북정책에 대한 한일협력을 말하는 데 빼놓을 수가 없는 것이 양국의 동맹국인 미국을 포함한 한미일 삼국협력이 진전된 점이다. 특히 한미일 3자 대북정책조정그룹회의(TCOG: Trilateral Coordination and Oversight Group)의 역할이다. 1990년대 말부터 2003년 8월에 6자회담으로 대체되기 전까지 한미일의 북한 정책 담당 부처의 국장급회의가 활발하게 개최되어 정책 조율을 해 왔다.

이러한 3국 협력은 페리 전국방장관이 지휘한 미국의 '대북정책 재검토팀'에 의한 정책 재검토 프로세스—페리 프로세스—의 일환이었는데, 이에 대한 김대중 대통령의 적극적인 이니시어티브는 이미 잘 알려져 있다. 1998년 6월 미국 국빈 방문 때부터 클린턴 정권에 대해서 대북관여정책의 중요성을 강조했는데, 페리 프로세스의 정책 방향성을 잡고 구체화하는 데 김대중 정권은 적극적인 역할을 했다. 1999년 10월의 '페리 보고서'는 그 성과이며 오늘날까지 이어지는 냉전 후 한미일 3국 협력의 기원이라고 할 수 있다.

2000년 6월 남북정상회담에서 구현된 김대중 정권의 적극적인 대북정책은 같은 해 10월 조명록 차수의 워싱턴 방문과 북미공동선언, 더 나아가 2002년 9월의 고이즈미 방북과 평양공동선언으로 이어졌다. 남북관계가 활성화되고 이에 이어서 북미, 북일관계도 정상화의 길로 나아갈 것이라고 예상되었다. 그러나 미국 정권이 교체되고 9.11테러로 국제정세가 변화하는 가운데 제2차 북핵 위기에 의해 북미, 북일관계 개선 움직임은 제동이 걸렸다. 2003년에는 북미 제네바합의가 붕괴되어 한일공동선언이 지향한 형태로 북한문제를 해결할 수 없었다.

Ⅳ. 한일이 주도하는 동아시아 지역협력

한일 양국의 파트너십을 양국 레벨에 그치지 않고 아시아태평양지역 더 나아가 국제사회 전체의 평화와 번영을 위해 전진시켜 나간다는 한일공동선언의 취지에 비추어 보았을 때, 세 번째로 거론해야 할 것은 한일 양국이 주도하는 동아시아 지역협력이다. 동아시아 경제위기 직후 한일 양국의 국내경제와 지역경제를 재건한다는 관점에서 한일협력이 시작되었는데, 이윽고 포괄적이면서 광범위한 동아시아 지역협력을 지향하는 이니시어티브로서 진화해 갔다.

김대중 대통령이 김영삼 정권 때 악화된 한일관계의 개선에 나선 주된 이유 중의 하나는 말할 것도 없이 IMF위기에 빠진 한국에 대한 일본의 지원이 필요했기 때문이었다. 당시에는 한일관계 악화에 더해 일본 자신도 경제 침체를 겪고 있었기 때문에 일본이 다른 나라를 지원하기에는 어려운 상황이었다. 그래도 한국 경제에 있어 일본의 존재와 역할을 감안하면 위기 탈출을 위해서 일본의 협조가 불가결하다고 김대중 대통령은 숙지하고 있었던 것이다. 한일정상회담의 기자회견에서 "한국은 외환위기시에 일본이 세계 어떤 나라보다 적극적으로 위기 극복을 위해 협력했던 것에 대해서 공식으로 감사드립니다", "일본의 자국 상황도 굉장히 어려운데 한국 경제를 지원했다는 것에 진심으로 감사의 뜻을 전하고 싶다"고 말했다.

한편 오부치 총리는 동아시아 경제위기 속에서 지금까지 지역경제를 견인해 왔던 일본이 리더십을 발휘해야 한다고 생각하고 있었다. 경제위기가 동아시아를 덮친 1997년 후반에 일본은 아시아 통화기금구상을 제안했는데, 미국 등의 소극적인 자세 때문에 실현되지 못했던 경위가 있었다. 당시 외상이었던 오부치는 스스로 총리가 되자 동아시아를 위기에서 재생하기 위한 정책을 실시하고 있었다. 그 대표적인 정책이 한일공동선언이 있기 며칠 전에 발표된 '신 미야자와 구상'—한국, 인도네시아, 태국, 말레이시아, 필리핀의 5개 국에 300억달러 자금지원—이다. 경제협력의 관점에서 보자면 한일공동선언은 신 미야자와 구상이라는 제도를 한일 양국간의 차원에서 보강하고 발전시키기 위한 조치였다. 공동선언의 제8항에는 '구조적 문제에 직면한 아시아 경제의 회복을 실현해 나감에 있어서 한·일 양국이 각각 안고 있는 경제적 과제를 극복하면서, 경제분야의 균형된 상호 협력관계를 보다 강화해 나가는 것이 중요하다는 데 합의하였다'고 명시되었다.

　동아시아 지역을 덮친 경제위기에 대한 대처에서 시작된 지역 각국간의 협력은 점차 경제분야뿐만 아니라 인적교류, 사회, 문화 그리고 정치분야를 포함한 포괄적 협력으로 발전되어 갔다. 뒤돌아보면 현재 동아시아 지역협력은 1990년대 말의 경제위기에 대한 대처에서 그 기원을 찾을 수 있으며, 이 시기에 협력발전을 위해 이니시어티브를 발휘한 것이 오부치 정권과 김대중 정권이었다. 경제위기에 대한 대처 필요성이라는 모멘텀에 더해 아시아 근린외교를 중시한 양 지도자의 정치적 신념이 동아시아 지역협력의 중요한 동력으로서 작용한 것이다.

　한일 양국의 적극적인 자세는 1997년에 시작된 ASEAN+3 정상회담에서 나타났다. 동년 12월 콸라룸푸르에서 열린 ASEAN 정상회담에서 첫 발을 뗀 ASEAN+3 정상회담은 때마침 7월 태국에서 시작된 동아시아 경제위기가 한창 진행중이었을 때 개최되어 경제협력을 협의하는 의미 있는 회의가 되었다. ASEAN+3 이라는 틀은 당초 정례화하기로 약속한 것은 아니었지만, 이듬해 1998년 12월 하노이에서 제2차 ASEAN+3 정상회담이 개최되어 정례화의 길이 열리게 되었다.

　제2차 ASEAN+3 정상회담에서 동아시아 지역협력의 필요성을 강력하게 주창한 사람이 바로 김대중 대통령이다. 김 대통령은 동아시아 미래비전을 제시하기 위한 전문가 모임 '동아시아 비전그룹(EAVG)'의 창설을 주창하였다. 이렇게 창설된 EAVG는 2001년 11월 제5차 ASEAN+3 정상회담에 보고서를 제출하였고, 동아시아 자유무역권을 형성할 것과 동아시아 정상회의 개최를 제안했다. 김대중 대통령은 EAVG에 대응하는 정부 실무 차원의

회의로서 동아시아 연구그룹(EASG) 설치를 제안하여, EASG는 2002년에 최종 보고서를 제출했다. 이러한 흐름이 2005년 이후 동아시아 정상회의(EAS)로 이어지게 된 것이다.

한편 한국과 보조를 맞추는 형태로 일본도 동아시아 지역협력에 더욱더 전향적인 자세를 보였다. 이미 '신 미야자와 구상' 등 경제분야 협력을 주도하고 있었던 오부치 정권은 1999년 11월 마닐라에서 열린 제3차 ASEAN+3 정상회의에서 '동아시아 인재육성과 교류강화를 위한 플랜'―전문가 인재의 육성, 시민차원의 인적교류, 유학생 교류가 세 개의 축이 되는 통칭 '오부치 플랜'―을 발표하여, 광범위한 협력에 적극적으로 나섰다. 이러한 3차 정상회담에서는 ASEAN+3 정상회담에서 처음으로 '동아시아 협력에 관한 공동성명'이 채택되어 동아시아 각국이 정치, 안전보장, 경제, 문화 등 다방면의 분야에서 지역협력을 강화해 나갈 것이 주창되었다. 특별히 언급해야 할 것은 오부치 총리의 제안에 의해 처음으로 한중일 3국 정상회담이 조찬 형식으로 실현된 것이었다. 오부치 총리가 한중일 정상회담의 정례화를 주창한 것에 대해 김대중 대통령은 찬성하는 뜻을 밝혔다. 중국의 주룽지 총리는 의지표명을 하지 않았으나 이듬해 2000년에 한중일 정상회담이 개최됨에 따라 정례화의 발판이 마련되었다. 2008년부터는 ASEAN 관련회의와는 별도로 한중일 정상회담이 개최되게 되었다.

오부치 총리가 발족시킨 '21세기 일본의 구상' 자문회의는 2000년에 제출한 보고서에서 아시아 근린국가와의 외교<'린교(隣交)'>를 촉진할 것을 제안했다. 오부치 총리가 병으로 쓰러지고 모리 요시로 정권을 지나 2002년 4월에는 고이즈미 준이치로 정권이 발족되었다. 고이즈미 정권에서도 동아시아 지역협력이 추

진되었지만 9.11테러의 여파로 미국과의 동맹관계에 더 집중하게
되었고, 역사인식문제로 한중 양국과의 마찰이 상시적으로 일어
났다. 그리고 '중국의 부상'에 의해 동아시아에서 중국과 일본이
주도권 경쟁을 하게 됨에 따라 동아시아 협력은 일진일퇴를 거듭
하게 되었다.

　　한국에서는 김대중 정권의 뒤를 이어 노무현 정권이 대통령
자문 동북아시대위원회를 설치하여 '동아시아' 지역협력보다 북
한 핵문제를 중심으로 하는 '동북 아시아' 지역협력을 보다 중시
하게 되었다. 따라서 지금에 와서 되돌아 보면 오부치, 김대중 정
권기야말로 동아시아 지역협력에 한일 양국이 손을 잡고 공동의
이니시어티브를 발휘한 때였으며 한일협력의 모델로 삼아야 할
시기였다고 높이 평가할 수 있다.

4.
남겨진 역사문제: 위안부·강제징용

4.1
남겨진 한일 역사문제: 위안부·강제징용

이원덕(李元德. 國民大學)

Ⅰ. 머리말

한일국교 정상화 50주년을 넘어선 오늘에도 일본군 위안부 문제와 강제징용자 보상문제는 일제 식민통치 청산의 남겨진 미해결 이슈로서 한일관계를 감정적 충돌로 이끄는 핵심적 대립 쟁점이 되고 있다. 이 두 가지 과거사 쟁점은 2010년대에 들어서 한일관계의 현안으로 재부상 되었다고 할 수 있다. 즉, 위안부문제와 강제징용 보상문제는 각각 2011년 8월 헌법재판소의 부작위 위헌 판결과 2012년 대법원의 징용자 보상판결에 의해서 다시금 한일 외교관계의 뜨거운 현안으로 점화되었다.

　　한국정부는 헌재판결을 계기로 일본정부에 위안부문제에 대한 시급한 해결을 촉구하는 외교적 압박을 일층 강화했고 이에 대해 일본정부는 위안부문제는 1965년 한일기본조약에 의해 법적으로 해결이 종료되었으며 1993년 고노 담화와 아시아여성기금으로 추가적인 조치를 취함으로써 문제가 일단락되었다는 입장을 고집스럽게 견지했다. 한편 강제징용 보상문제에 관해서는 아직 대법원의 최종적 판결이 나오지 않았기 때문에 현재 한국정부가 정식으로 외교 쟁점으로 제기하고 있지는 않고 있으나 일본정부 및 사회에서는 머지않아 강제징용문제가 또 하나의 한일과거사 쟁점으로 부상할 것을 심각하게 우려하고 있는 상황이다.

　　본고에서는 1965년 한일기본조약 체결과 1998년 한일 파트너십 선언 등 한일간과거사문제를 청산, 해결하기 위한 거듭된 노력에도 불구하고 여전히 미해결의 외교 현안으로 남아 한일관계의 다층적이고 미래지향적인 발전의 걸림돌이 되고 있는 위안부와 강제징용문제라는 핵심적인 한일 과거사 쟁점이 오늘날에 이르게 된 경위를 검토하고 이에 대한 바람직한 해결 방안을 검토해 보고자 한다.

Ⅱ. 위안부문제를 둘러싼 한일 갈등의 심화

　　기본적으로 일본군 위안부문제 해법을 놓고 한일 양국간에는 근본적인 대립이 존재해 왔다. 한국정부나 피해 당사자 및 정신대 대책 협의회 측은 이른바 법적 책임론을 주장하면서 입법조치와 같은 일정한 법적 절차를 통해서 공식 사죄와 배상이 이루

어져야 하며, 그런 해결방식이 배제된 채 인도주의적 접근을 통해
이 문제를 다룬다는 것은 궁극적으로 진정한 문제 해결이 될 수
없다는 입장을 견지하고 있다. 더 구체적으로 보면, 한국 내에서
도 정대협의 입장이 좀더 원칙론에 입각해 있고 정부는 원칙론을
견지하면서도 일본에 대한 외교적 추궁은 현실적 여건을 고려하
면서 그 강약을 조절해 왔다고 할 수 있다.

한국정부의 위안부문제에 대한 공식적 입장은 2005년에 정
리 되어 공표된 바 있다. 즉, 1965년 체결된 '청구권 및 경제협력
에 관한 협정'에도 불구하고 위안부문제, 조선인 원폭피해자문제,
사할린 동포문제는 이 협정에 의해 해결되었다고 볼 수 없으며
이 3대 주제에 대해서는 일본정부가 일정한 법적 책임을 지니고
있다는 것이 한국정부의 공식 입장이다.[1]

그러나 일본의 입장은 1965년 청구권협정에 의해서 위안부
문제는 법적으로 이미 해결이 완료된 것으로 간주한다. 일본의 사
법부, 행정부가 이 같은 입장을 취하고 있으며, 다만 일본정부는
1965년 청구권협정에 의해 이 문제가 법적으로 해결되었지만 여
전히 미진한 부분이 남아 있다고 하는 사실 자체는 인정하고 있
다. 즉, 일본정부는 1993년 고노 담화 등을 통해서 일정한 책임을
인정하고 그에 따른 사죄 표명을 했으며 반민반관 형식으로 '아시
아여성기금'을 설립하여 나름대로 이 문제에 적극적으로 대처해
왔다고 주장한다. 최근 위안부문제가 재부상 된 이후에도 일본은
이러한 기본 입장을 견지하였다.

---

1) 2005년 한일회담 외교문서의 공개 이후 정부의 차관급 인사와 전문가 그
룹으로 구성된 '민관공동위원회'는 1965년 재산청구권협정에도 불구하고 '일본
군 위안부'문제, 사할린 조선인 문제 그리고 조선인 원폭피해자문제에 관해서는
일본에 법적 책임이 남아 있다는 입장을 정리한 바 있다.

　　위안부문제는 한일 양국만의 문제가 아니고 보편적인 차원의 인권, 여성문제와 결부되어 있기에 이와 관련한 국제사회의 움직임 또한 이 문제해결에 중요한 변수가 되고 있다. 먼저 주목해야 하는 것은 UN인권위원회의 움직임이다. 예컨대 1996년에 나왔던 쿠마라스와미 보고서, 1998년에 나왔던 맥두걸 보고서, 그리고 2000년에 개최된 '일본군 성 노예제에 관한 국제여성전범법정' 등은 매우 중요한 움직임으로 봐야 할 것이다. 위 보고서 및 법정에서는 위안부문제를 전시 성노예문제로 규정하고 일본정부에 그에 합당한 책임 있는 법적 조치를 취할 것을 권고하고 있다. 물론 이들이 국제사회의 인식을 모두 대변하는 것이라고는 할 수 없으나 국제사회에서 인권을 중시하는 흐름과 함께 여성문제로서 위안부문제를 바라보는 일련의 흐름이 강력하게 형성되었다고 하는 점은 주목해야 할 중요한 움직임이다.

　　이와 더불어 주목해야 할 움직임 중 하나는 미국 하원에서 혼다 의원의 제출한 위안부 결의안이 통과되었다는 사실과 이후 네덜란드, 캐나다 EU에서도 위안부문제 해결을 촉구하는 결의안이 통과되었다는 사실이다. 그러나 이러한 국제사회의 긍정적인 움직임에도 불구하고 여전히 국제사회의 법적 현실은 실정법적 구속에서 완전히 벗어나고 있다고는 단정할 수 없다는 현실 또한 염두에 두어야 할 것이다. 즉, 이 문제가 만약 국제 법정에 소송의 형태로 제기되거나 국제사법 절차에 들어갈 경우 정대협이나 한국정부의 공식입장이 관철되는 결과로 귀결될 지는 속단하기 어렵다. 위안부문제에 관한 일련의 보고서나 구미 각국 의회의 결의에도 불구하고 여전히 국제사회의 법적 현실은 매우 실정법적 측면을 무엇보다 중시하는 측면이 존재하기 때문이다.

일본군 위안부문제가 비로소 사회적 쟁점으로 부상한 것은 1990년대에 들어선 이후의 일이라도 할 수 있다. 역으로 말하면 1990년대 이전까지 위안부문제는 사회적 쟁점으로 부상되지 못한 채 역사 속에서 망각되어 왔고 어떤 의미에서는 폭발성을 안은 채 잠복되어 있었다고 말할 수 있다. 1990년 1월 윤정옥 교수가 한겨레신문에 4회에 걸친 위안부문제 특별취재 기고로 충격을 불러일으켰고 이어서 1991년 8월 김학순 할머니가 커밍아웃하여 기자회견을 통해 위안부 피해사실을 고백한 후 12월 도쿄 지방재판소에 소송을 제기함으로써 위안부문제는 한일 양국에 커다란 반향을 일으켰다.[2]

한국정부는 1991년 12월 주한 일본대사를 초치하여 위안부문제에 관한 역사적 사실을 규명할 것으로 요청하였다. 이로써 위안부문제는 한일 양국의 외교적 쟁점으로 부상되게 되었다. 일본 사회에서도 위안부문제가 엄청난 충격을 불러일으켰음은 말할 나위도 없다. 국회에서 야당의원들의 이 문제에 대한 추궁과 질의가 이어졌고 마침내 1992년 1월 11일 아사히신문이 요시미 요시아키(吉見義明) 교수가 방위청 도서관에서 발견한 위안부 관련 자료를 대대적으로 보도하면서 정부도 위안부 모집과 위안소 설치에 일본군이 관여했다는 사실을 인정하기에 이르렀다.

위안부문제가 한일간의 첨예한 쟁점으로 부각되는 가운데 미야자와 기이치(宮澤喜一) 총리는 1992년 1월 한국을 방문하여 일본 총리로서는 최초로 위안부문제에 대한 사죄의 뜻을 표명하였다. 이어서 1992년 7월 가토 고이치(加藤紘一) 관방장관은 담화를 발표하여 일본군이 위안부 모집, 위안소 설치, 경영감독과 위

---

2) 木村幹,『日韓歷史問題認識とはなにか』ミネルバ書房, 2014.

생관리에 관여한 사실을 인정하고 피해자에 대해 사죄와 반성의 뜻을 표명했다. 마침내 일본정부는 방위청에서 발견된 127건의 자료와 1993년 234건의 보고서, 피해자와 관계자의 인터뷰 등의 자료에 입각한 광범위한 조사활동에 근거하여 1993년 8월 고노 담화를 발표하기에 이르렀다. 고노 담화에는 무엇보다도 위안부의 모집과정이 본인의 의지에 반하여 이뤄졌으며 군과 관헌이 직접, 간접적으로 관여했다는 사실을 인정하였고 위안부문제에 대한 사죄와 반성이 표명되었다.[3]

이처럼 일본군 위안부문제[4]는 1990년대 초반에 한일외교 관계의 심각한 마찰 요인으로 등장하였으나 1993년 고노 담화 발표에 의해 일본정부에 의한 위안부 모집의 강제성 인정과 사죄가 표명되고 '아시아여성기금'에 의한 조치가 진행되었기 때문에 한일간의 외교쟁점으로서는 크게 부각되지는 않았다. 이에 앞서 1993년 문민정부의 수립 직후 김영삼 대통령은 위안부문제와 관련하여 일본에게 철저한 진상규명과 사죄반성 그리고 재발방지를 위한 교육을 일본에게 요구하는 한편, 피해자들에 대한 구제 및 금전적 보상은 한국정부의 예산조치로 실시하겠고 선언함으로써 위안부문제를 외교적 쟁점으로 삼지는 않겠다는 방침을 정립하였다.[5] 따라서 90년대 초 한때 한일관계의 최대 악재로 등장했던 위안부문제는 그 이후 2011년 헌재 판결이 나올 때까지 일본 사회에서는 일본군 위안부문제를 사실상 처리가 종료된 한일 외교

---

3) 같은 책.

4) 2011년 이후 위안부문제의 동향에 관해서는 이원덕, "일본의 전후처리와 일본군 위안부문제", 김영호, 이태진, 와다 하루키, 우쓰미 아이코 공편, 『한일 역사문제의 핵심을 어떻게 풀 것인가』 참조.

5) 이원덕, "김영삼 시대의 대일 과거사 외교", 『일본연구논총』, 2015 겨울.

문제로 보는 인식이 강했다고 할 수 있다.[6]

　그러나 2011년 8월 한국 헌법재판소 판결에 의해서 다시금 이 문제가 한일간 분쟁 사안으로 다시 점화되었고, 2011년 12월 교토에서 열렸던 정상회담에서 이명박 대통령이 위안부문제에 대한 일본 측의 결단을 촉구함으로써 한일간의 뜨거운 외교적 쟁점으로 재부상하였다. 즉, '일본군 위안부' 문제의 해결을 생각할 경우, 2011년 여름 헌재의 판결 이후 위안부문제해결의 '기회의 창'이 다시금 열렸다고 해도 과언은 아니다. 2011년 8월 31일 한국 헌법재판소의 부작위 위헌 판결이 내려진 이후 위안부문제는 오랜 잠복기를 거쳐 또다시 한일 외교의 뜨거운 쟁점으로 재등장하였다고 할 수 있는데, 다른 관점에서 보면 이는 문제 해결을 위한 절호의 기회이기도 했다.[7]

　2012년 8월 15일 광복절 기념사를 통해 이명박 대통령은 재차 위안부문제 해결을 위한 일본의 노력을 요구한 바 있으나 광복절 직전 이뤄진 이 대통령의 전격적인 독도방문, 천황에 대한 사죄요구 발언을 계기로 일본 측의 한국에 대한 극단적인 반감 표출이 이어지면서 독도, 과거사문제를 둘러싼 한일간 갈등은 걷잡을 수 없는 수준으로 고조되었다. 이에 대해 당시 일본의 정치권은 민주당 대표선거, 자민당 총재선거, 조기총선 등의 선거를 앞두고 독도문제의 ICJ 제소, 고노 담화 철회 움직임 등 초강수 카드를 던지면서 위안부문제의 해결은커녕 한일간 갈등이 점차

---

6) 1990년대 이후 일본사회의 위안부문제를 둘러싼 논란과 대처과정 및 역사적 경위를 정리한 것으로서는 아래의 두 문헌을 참조. 和田春樹, 『慰安婦問題の解決のために』, 平凡社新書, 2015; 村山富市, 和田春樹, 『デジタル記念館: 慰安婦問題とアジア女性基金』, 青燈社, 2014.

7) 기획좌담 "위안부문제의 현주소", 국민대학교 일본학연구소, 『일본공간』, 제11호(2012년5월), pp.16-56 참조.

격화되는 추세가 나타났다.

일본에서 2012년 말 아베 총리가 등장하고 이어서 한국에서 2013년 박근혜 대통령이 집권한 이후에는 일본군 위안부문제는 한일관계의 뜨거운 쟁점으로 다시금 급부상하면서 사실상 한일간 역사전쟁을 방불케 하는 마찰이 대립이 한층 확산, 심화의 길을 걷게 되었다. 2012년 이래 한일간 정상회담은 3년 반 동안 중단되었고 양 국민의 상대방에 대한 호감도는 거의 반 토막이 날 정도로 악화일로를 걸었다.[8]

박근혜 대통령은 3,1절 기념사 및 8,15 광복절 경축사를 통해 그리고 유엔, 주요국 정상과의 회담시에도 여러 차례에 걸쳐 기회가 있을 때마다 위안부 피해자에 대한 일본정부의 책임을 거론하며 이에 대한 진정성 있는 조치를 촉구하는 요구를 반복해서 제기하였다. 박 대통령은 대일관계 개선이 추구되기 위해서는 무엇보다 위안부문제 해결이 선행되어야 한다는 입장을 일관되게 피력해 왔다. 즉, 박 대통령은 취임 초부터 3년간 대일관계의 개선의 전제조건으로 위안부문제의 해결을 촉구하는 대일외교 방침을 일관되게 추구했다고 할 수 있다.

이러한 박 대통령의 요구에 대해 아베정부는 위안부문제는 1965년 한일청구권협정에 의해 법적으로는 이미 처리가 종료되었고 일본으로서는 고노 담화, 아시아여성기금 등을 통해 나름 추가적인 조치를 인도주의적 차원에서 실시해 왔다고 반박하면서

---

8) 일본의 총리부에서 실시하는 일본 국민의 세계 각국에 대한 호감도 조사 결과를 보면 2000년대 이래 줄곧 일본인의 한국에 대한 호감도는 50%-60%대를 유지하였으나 2012년 이후 급 하락의 길을 걷기 시작하여 최근에는 겨우 30%대 초반을 보이고 있다. 한국인의 일본에 대한 호감도도 아베 정권 등장 이후 급격하게 떨어졌음은 말할 나위도 없다.

한국정부의 위안부문제해결 요구를 부당한 것으로 주장해 왔다. 이처럼 한일 양국 정부는 위안부문제에 관한 입장에서 한 치의 양보도 없이 평행선을 달리며 양국의 국민감정은 극단적인 악화 과정을 겪었다.

　　일본 국내에서 2014년 벌어진 두 가지 사건은 위안부문제를 둘러싼 한일간 갈등의 골을 더욱 깊게 만들었다. 아베정부는 2014년 6월에 고노 담화에 대한 검증 작업을 시도하여 그 결과를 보고서로 발표하였다.[9] 이 보고서는 고노 담화의 핵심이라고 할 수 있는 위안부 모집의 강제성 부분을 부정하지는 않았지만 결과적으로 고노 담화를 상당부분 흠집 내고 훼손하는 결과를 초래한 것으로 평가된다. 더욱이 이 보고서는 고노 담화의 작성 과정에서 마치 한일 양국 정부가 외교 채널을 통해 문건에 대한 사전조율을 진행한 것처럼 묘사하고 있어 한국정부의 큰 반발을 샀고 한국정부는 이 같은 사실을 전면적으로 부정하는 입장을 밝힌 바 있다.[10]

　　두 번째는 아사히신문 오보 파동이다. 2014년 아사히신문은 위안부문제에 관한 요시다 세이지 관련 과거의 보도 내용이 오보라고 인정하고 그 기사를 취소하는 결정을 내림으로써 일본 국내에서는 때 아닌 위안부 소동이 벌어지게 되었다. 아사히신문의 취소 보도 이후 일본 내에서는 위안부 모집의 강제성 자체를 부정하거나 의심하는 담론이 우익계 미디어를 통해 급속하게 확산되었고 위안부문제에 대한 해결을 요구하는 것 자체가 금기시되는

---

　　9) 河野談話作成過程等に関する検討チーム, "慰安婦問題を巡る日韓間のやりとりの経緯: 河野談話作成からアジア女性基金まで"참조.
　　10) 한국 외교부, "고노 담화 검증 결과 발표에 대한 우리의 입장", 한국외교부 홈페이지 참조.

사회적 분위기가 형성되었다.[11]

2014년 헤이그에서 열린 핵 안보 정상회담을 계기로 오마바 대통령은 한미일 3국 정상간의 만남을 주선하여 박 대통령과 아베 총리가 오바마 대통령을 사이에 낀 어색한 정상간 대면을 연출한 바 있는데 이 대면을 계기로 양국의 외무당국간에 위안부문제를 다루기 위한 국장급 협의채널의 설립이 합의되었다. 그 이후 국장급 협의는 2015년 11월에 이르기까지 도합 13차례에 걸쳐 진행되었으나 양국간의 입장 차이만 확인했을 뿐 별다른 진전을 보이지 못했다.

위안부문제를 해결하기 위한 현실적인 해법의 하나는 중재재판소 구성에 의한 사법적인 해결 방식을 생각할 수 있다. 청구권협정 제3조를 보면, 양국간에 청구권협정 해석상의 이견으로 분쟁이 발생했을 경우에는 절차를 거쳐 중재재판에 의한 해결을 꾀하도록 규정하고 있다. 즉, 제3조에 따르면 청구권협정의 해석상의 이견 차이가 발생했을 때는 양자간에 외교 채널에 의한 협상으로 해결을 시도하고 그럼에도 해결이 안 될 경우에는 중재재판소를 구성하여 사법적인 해결을 하도록 규정하고 있다. 따라서 이 조항을 들어서 한국 헌법재판소는 외교부가 청구권협정 제3조의 존재에도 불구하고 그 동안 위안부문제 해결을 위한 외교적인 노력을 적극적으로 하지 않았다고 해서 부작위 위헌 판시를 내린 것이다. 위헌판결이 나온 이후 외교부는 청구권협정 제3조에 입각한 조치를 일본에 요구하고 있다고 볼 수 있다.

이러한 입장에 서서 한국은 두 차례에 걸쳐 양자 협상을 요

---

11) 和田春樹, "慰安婦問題と＜吉田證言＞: フィクションの影響力",국민대학교 일본학연구소 콜로키움(2014.11) 발표논문;『朝日新聞の慰安婦問題報道を檢證する第三者委員會報告書』, 2014年 12月 22日.

구하는 공한을 일본 측에 보냈으며 만약 일본이 양자 협상에 응하지 않을 경우 중재재판소를 구성하기 위한 조치를 취하겠다고 압박했다. 그러나 주지하다시피 일본은 양자협상 요구에 묵묵부답의 태도를 취하며 중재재판소에 의한 해결 방식을 사실상 거부하였다. 왜냐하면 일본정부의 인식에 따르면 이러한 방식은 실효성도 없으며 한일 우호협력 관계를 현저하게 저해할 것이므로 좋은 방안이 아니라는 것이다. 일본 측은 나름의 해법을 마련해서 한국 측이 수용하도록 하는 것이 중재에 의한 방법보다는 합리적인 해결책이 될 수 있다고 간주한다.

한때 한국 외교부는 일단 중재위원회를 구성하여 재판으로 결론을 짓는 해결방식을 추구한 듯하다. 헌재가 부작위 위헌 판시를 했으므로 법적인 절차에 따라 최선의 노력을 하는 것이야말로 정부가 위헌 상태에서 벗어날 수 있는 상책이라고 보았기 때문이다. 만약 중재위 구성이 한국정부의 노력에도 불구하고 일본의 무대응으로 성사되지 못한다면 그것은 한국이 아닌 일본정부의 책임이라고 말할 수 있을 것으로 보았다. 정대협을 중심으로 하는 일제 피해자 관련 단체들 또한 이러한 요구를 강력하게 하고 있는 상황이기 때문에 정부로서도 대내적으로 명분을 살리면서 취할 수 있는 최선의 선택은 일본에 중재위원회 구성을 요구하는 것이라고 판단하였다. 이렇게 될 경우 한국정부로서는 최선을 다했으나 안 되면 그것은 일본정부가 응하지 않아서라고 말할 수 있는 것이다. 그러나 결국 일본은 중재위 구성방식을 거부하였다.

확률적으로는 가능성이 매우 낮은 가정이지만 만약 일본정부가 한국의 중재위 구성 제안을 받아들여 중재위 구성에 들어가는 경우에도 난점은 여전히 존재한다. 청구권협정 제3조 제2항에 따르면 중재위 구성은 30일 기간 내에 양국이 선정하는 2인의 중재위원과 이 둘이 합의로 정한 제3국 정부가 지명하는 제3의 중재위원으로 구성된다. 과연 양국이 합의에 의해 제3국 정부를 결정할 수 있을지 매우 의문스럽다. 또한 제3조 제3항은 기간 내에 양국의 합의로 중재위 구성이 이뤄지지 않을 경우, 양국 정부가 각각 선정한 국가의 정부가 지명하는 중재위원 각 1인과 이들 정부가 협의에 의해 결정하는 제3국의 정부가 지명하는 중재위원으로 중재위를 구성하도록 규정하고 있다. 즉, 한일 양국이 합의에 의해 중재위를 구성하지 못하는 경우에는 한일이 아닌 3개 국이 지명한 중재위원 3인으로 중재위를 구성하도록 규정하고 있다.

청구권협정에 따르면 중재위는 기본적으로 본 협정의 해석 및 실시에 관한 체약국간의 이견이나 분쟁을 다루게 되어 있다. 따라서 중재위가 다뤄야 할 핵심 사항은 한일간 청구권협정의 해석을 둘러싸고 핵심적으로 이견이 발생하고 있는 부분, 즉 1965년 청구권협정에 의해 위안부문제가 해결되었는가의 여부가 된다. 다시 말해 위안부문제가 청구권협정의 대상 범위에 속하는지 속하지 않는지를 중재위가 결정하게 되는 것이다. 만약 한국 측의 주장대로 위안부문제가 청구권협정의 대상 범위 밖의 문제라고 중재위가 판정한다면 위안부문제는 다시금 원점에 서서 해결을 위한 과정과 절차를 밟아야 할 것이고 반대로 청구권협정의 대상 범위에 속하는 것으로 판정한다면 위안부문제는 청구권협정으로 해결이 종료된 사안이 되는 것이다.

실현 가능성이 희박하다고는 생각되지만 중재위가 청구권협정의 제3조 절차에 의해 가까스로 구성되어 사법적 판단이 내려지는 경우에도 과연 한일 양국의 국민들이 이 결정을 마음으로부터 받아들이고 그 결과에 승복할 수 있을지는 매우 의심스럽다. 바꿔 말하면 한국도 일본도 중재위 재판에서 어떤 결론이 도출된다고 해도 쉽사리 승복하기 어려울 것이고 이 판결이 법적 구속력이나 강제력을 갖는지에 대한 논란이 일어나는 것을 피할 수 없었을 것이다. 더욱이 중재위가 어떤 판단을 내리더라도 위안부 문제가 전시 여성의 인권문제임과 동시에 인류 보편적인 규범에 반하는 반인륜적인 범죄 행위로서, 일본정부가 이에 대해 일정한 책임을 져야 할 사안으로서의 기본 성격은 달라지지 않을 것이다. 즉, 만약 중재위를 통해서 사법적 해결을 꾀하는 경우에도 위안부 문제는 국제사회의 여성인권문제로 여전히 뜨거운 미해결 쟁점으로 남게 될 것이다. 일본정부가 중재위에 의한 해결 방식을 거부한 것도 바로 이 점 때문이 아닐까 추측된다.

중재위 구성이 아닌 위안부 해법으로 생각해 볼 수 있는 또 하나의 해법은 양국이 외교 협상을 통해 문제를 해결하는 방식이다. 상대적으로는 이 방식이 나름 현실적으로는 적실성이 있어 보인다. 그러나 이 방식은 외교적 타결을 위해 양국의 지도자나 정책당국이 국민여론이나 관련 단체의 반발이나 비판을 감수할 수 있어야만 선택이 가능하다는 측면 때문에 이 역시 간단치는 않다. 더욱이 2012년 이래 최고조로 격화된 한일간의 일련의 감정 충돌과 외교적 대립상황, 박근혜 정부와 아베정부간의 3년간에 걸친 상호비난 및 상호불신 분위기를 고려할 때 이러한 외교 협상에 의한 위안부문제 타결도 용이한 선택은 아니다.

외교협상 방식에 의한 해법은 2012년 봄에 한 차례 시도된 바 있다. 2012년 봄 노다정부와 이명박정부 사이에서 위안부문제 해결을 위한 비밀 외교협상이 진행된 것으로 알려져 있다. 그 협상 시도의 단초는 노다정부 내부에서 마련되었다. 노다 총리가 이명박 대통령에게 2011년 12월 쿄토 정상회담에서 비록 법적 책임론을 수용한 것은 아니지만 인도주의적인 차원에서 어떻게든 궁리를 하겠다고 약속을 했기 때문에 최소한의 성의를 보이려는 움직임이 진행된 것이다. 또 하나의 배경은 중국의 급부상과 북핵문제 등의 급부상 등 동아시아 국제정세를 고려할 때 한일관계가 지나치게 과거사문제로 마찰과 분쟁에 휩싸이는 경우 일본에게도 이익은커녕 커다란 국익의 손실이 되고 오히려 전략적으로 마이너스라는 발상이 일본 보수 세력 내부에서도 존재했다고 생각된다.

2012년 봄 노다정부 내에서 한때 신중하게 검토된 것으로 알려진 위안부문제 협상 시안의 내용은 이른바 사사에 안으로 알려진 것으로 ① 총리에 의한 사죄 표명, ② 정부 예산조치에 의한 금전 지급, ③ 주한 일본대사의 위안부 할머니 직접 방문 위로의 세 기둥으로 구성된 것이었다. 그러나 일본 측의 이러한 내용을 중심으로 한 비공식 제안에 대해 한국의 당국자들은 난색을 표명하고 정대협 등 당사자가 만족할 수 있는 방안을 요구한 것으로 알려지고 있다. 즉, 일본 측이 국가책임, 법적인 책임을 지는 방식이 아니면 위안부문제의 해결이 곤란하다는 입장을 견지함으로써 거부되었다.[12] 이러한 협상 실패의 배경에는 위안부문제 해법을 둘러싼 양국의 근본적인 입장 차이와 더불어 정대협 등의 피해자 단체들과의 접근방법의 조율 실패 등의 요소가 작용한 것으로 추정된다.

이후 노다정부하에서 또 한 차례의 협상 시도가 이루어졌다. 노다정부에서는 사이토 관방부장관이 이명박정부에서는 이동관

---

12) 北海道新聞, 2012년 5월 12일.

대사가 중심이 되어 타결안의 초안이 만들어진 것으로 그 내용은
다음과 같다. 1) 한일정상회담에서 합의를 이뤄 합의내용을 정상
회담의 공동성명으로 발표한다. 2) 수상의 새로운 사죄문에는 '도
의적'이라는 용어를 사용하지 않고 책임을 인정한다고 표현한다.
3) 주한 일본대사가 수상의 사죄문과 국가예산에서 나온 사죄금
을 피해자에게 전달한다. 4) 제3차 한일역사 공동위원회를 가동
하고 그 안에 위안부문제 소위원회를 구성하여 한일공동으로 위
안부문제의 진상을 규명한다. 그러나 이 타결안에 대해서 이명박
대통령은 승인했으나 노다 총리는 거부함으로써 백지화되고 말았
다. 이로써 이명박정부와 노다정부 사이에서의 외교협상을 통한
해결 노력은 수포로 돌아가고 말았다.

Ⅲ. 위안부문제의 극적인 타결과 향후 과제

　　한일간 최대 갈등사안이었던 위안부문제는 결국 2015년 12
월 28일 윤병세 외교장관과 기시다 외상의 회담에서 합의를 이룩
함으로써 전격적으로 타결을 보게 되었다. 예상을 뛰어넘는 전광
석화와도 같은 전격적인 합의라고 할 수 있다. 이 합의는 한국 측
의 이병기 대통령 비서실장과 일본 측의 야치 쇼타로 국가안전보
장회의사무국장 사이의 수차례에 걸친 비밀 교섭의 결과 만들어
진 것으로 알려지고 있다. 이 합의에 앞서 박근혜 대통령과 아베
총리는 서울에서 2015년 11월 초 한중일 정상회담을 계기로 개최
된 정상회담에서 한일국교 정상화 50주년인 2015년 연내에 위안
부문제를 타결 짓기로 약속하였다. 두 외상간의 합의 내용은 구도

발표로 이루어진 것으로 그 내용은 아래와 같다.

기시외상 발언 부분

① 위안부문제는 당시 군의 관여하에 다수의 여성의 명예와 존엄에 깊은 상처를 입힌 문제로서, 이러한 관점에서 일본정부는 책임을 통감한다. 아베 내각총리대신은 일본국 내각 총리대신으로서 다시한번 위안부로서 많은 고통을 겪고 심신에 걸쳐 치유하기 어려운 상처를 입은 모든 분들에 대해 마음으로부터 사죄와 반성의 마음을 표명한다.

② 일본정부는 지금까지도 본 문제에 진지하게 임해 왔으며, 그러한 경험에 기초하여 이번에 일본정부의 예산에 의해 모든 前 위안부 분들의 마음의 상처를 치유하는 조치를 강구합니다. 구체적으로는, 한국정부가 前 위안부 분들의 지원을 목적으로 하는 재단을 설립하고, 이에 일본정부 예산으로 자금을 일괄 거출하고, 일한 양국 정부가 협력하여 모든 前 위안부 분들의 명예와 존엄의 회복 및 마음의 상처 치유를 위한 사업을 행하기로 한다.

③ 일본정부는 이상을 표명함과 함께, 이상 말씀드린 조치를 착실히 실시한다는 것을 전제로, 이번 발표를 통해 동 문제가 최종적 및 불가역적으로 해결될 것임을 확인합니다. 또한, 일본정부는 한국정부와 함께 향후 유엔 등 국제사회에서 동 문제에 대해 상호 비난·비판하는 것을 자제한다. 예산 조치에 대해서는 대략 10억 엔 정도를 상정하고 있다. 이상은 일·한 양 정상의 지시에 따라 협의를 진행해 온 결과이며, 이로 인해 일한 관계가 신시대에 돌입하게 될 것을 확신한다.

윤병세 장관 발언

한·일간 일본군 위안부 피해자문제에 대해서는 지금까지 양국 국장급협의 등을 통해 집중적으로 협의를 해 왔다. 그 결과에 기초하여 한국정부로서 아래를 표명한다.

① 한국정부는 일본정부의 표명과 이번 발표에 이르기까지의 조치를 평가하고, 일본정부가 앞서 표명한 조치를 착실히 실시한다는 것을 전제로, 이번 발표를 통해 일본정부와 함께 이 문제가 최종적 및 불가역적으로 해결될 것임을 확인한다. 한국정부는 일본정부가 실시하는 조치에 협력한다.

② 한국정부는 일본정부가 주한일본대사관 앞의 소녀상에 대해 공관의 안녕·위엄의 유지라는 관점에서 우려하고 있는 점을 인지하고, 한국정부로서도 가능한 대응방향에 대해 관련 단체와의 협의 등을 통해 적절히 해결되도록 노력한다.

③ 한국정부는 이번에 일본정부가 표명한 조치가 착실히 실시된다는 것을 전제로, 일본정부와 함께 향후 유엔 등 국제사회에서 이 문제에 대해 상호 비난·비판을 자제한다.

　이로써 위안부문제로 대치해 오던 양국관계는 새로운 국면을 맞이하게 되었다. 돌이켜보면 위안부문제는 1991년 이래 24년간 한일 정부는 물론이고 국제사회, 시민사회가 문제해결을 위한 각고의 노력을 경주해 왔으나 매듭을 짓지 못한 난제 중의 난제였다. 이 합의의 본질은 일본정부가 군의 관여라는 역사적 사실과 책임을 공식 인정하고 총리 명의로 피해자들에 대한 사죄반성을 표명함과 더불어 정부예산으로 사실상의 배상조치를 실시하겠다고 약속한 것이다. 피해자의 존엄과 명예를 회복하는 것이야말로 위안부문제의 핵심이라는 점을 고려할 때 이 본질 부분에 대한 성실한 이행과 실천이 무엇보다 긴요함은 두말할 나위가 없다.

　소녀상의 철거문제나 불가역성의 범위를 둘러싼 논란은 위안부문제의 본질적 사항이라기보다는 지엽적이고 부수적인 사항에 불과한 문제일 뿐이다. 더욱이 10억 엔 거출이 소녀상 철거의 대가라든지 이번 합의로 일본은 면죄부를 받았고 한국에 재갈을 물린 것이라는 일부의 주장은 일본 우익세력의 악의적 선전에 휘말린 허무맹랑한 논란이고 터무니없는 낭설에 불과하다.

합의에도 불구하고 이에 대한 비판과 논란은 여전히 이어지고 있다. 아베 정권은 역사 수정주의적 입장에서 위안부문제에 대해서는 알레르기 반응을 보여 왔고 위안부 모집의 강제성을 부정하는 한편, 고노 담화의 훼손을 꾀하고자 검증보고서를 내는 등 초강경 자세를 유지해 왔다. 이처럼 낙제점 수준의 위안부 인식을 지닌 아베 총리로부터 정부의 책임 인정과 사죄, 반성 표명을 끌어낸 것은 나름의 외교적 성과라고 아니할 수 없다. 피해자들의 연령이 90세라는 점을 고려하면 위안부문제는 촌각을 다투는 시간과의 싸움일 수밖에 없다. 이번 타결 기회를 놓쳤을 경우, 위안부문제는 영구 미해결의 문제로 표류하고 한일관계는 극단적인 악화, 대립으로 치닫게 되었을 것이다.

물론 이번 합의에 한계도 없지 않다. 무엇보다 피해자 및 지원 단체들과의 긴밀한 사전 교감, 소통 과정이 부족했다는 지적에 대해서는 정부가 이를 겸허하게 수용하고 허심탄회하고 진지한 대화를 적극 추진해야 할 것이다. 정부는 위안부 해결을 꾀함에 있어서 피해자들이 수용할 수 있는 해결을 강조해 온만큼 피해자 및 지원 단체들과의 진솔한 의사소통은 필수 불가결한 요소이다.

타결안에서 최종적 해결, 불가역성을 언급한 것은 그간 양국 정부의 상호신뢰 부족의 소산으로 봐야 할 것이다. 고노 담화에도 불구하고 일본의 우익 정치인들은 망언으로 이를 뒤집고 번복하고 수정하려는 시도를 빈번히 자행해 왔다. 일본의 책임 있는 지도자가 망언을 행할시 합의는 백지로 돌아간다는 경고의 의미를 담은 것이다. 일본은 일본대로 이른바 한국의 '골대 변경론'에 대한 불신 여론을 의식하여 불가역성, 최종적 해결을 못 박자고 집요하게 요구했을 것이다.

최종적 해결의 의미는 이번 합의가 잘 이행된다는 전제하에 한일 양 정부가 외교교섭 의제나 쟁점으로는 더 이상 위안부문제를 다루지 않겠다고 한 것이다. 따라서 이 합의에 의해 피해자의 소송행위, 지원 단체나 시민사회에서의 진상규명 활동이나 연구, 기념사업, 운동은 하등의 제약을 받지 않는다. 양 정부가 유엔 등 국제사회에서 이 문제에 대해 상호 비난, 비판을 자제한다는 합의 또한 위안부문제에 대해 재갈을 물렸다는 식의 지나친 확대해석은 적절치 않다. 소녀상 철거에 대한 이면합의 존재 등의 일본 미디어 보도는 전혀 사실무근한 유언비어라고 이미 한일 양 정부가 확인한 바 있다.

합의 이행과정에서 남겨진 과제는 여전히 존재한다. 향후 위안부 합의의 이행과정에서는 세 가지 사항에 특히 유의해야 할 것으로 생각된다.

첫째, 일본정부가 공언한 책임과 사죄반성, 사실상의 배상조치가 구현되고 실천될 수 있는 여건과 환경을 조성해야 할 것이다. 이를 위해서는 정부의 고위 책임자들이 나서 피해자들과의 진지한 소통과 대화를 통해 합의의 본질에 대해 이해를 구하는 노력을 더욱 경주해야 할 것이다. 피해자들이 충분히 납득하지 못한다면 아무리 훌륭한 해결책이 나와도 그 의미는 희석될 수밖에 없기 때문이다. 합의 이후 일본사회 일각에서 나오는 위안부 '망언'에 대해서는 합의정신을 훼손하는 것임을 엄중 항의하고 경고해야 할 것이다.

둘째, 위안부 합의에 의해 '동작 그만'을 강요받게 되었다는 항간의 오해나 확대해석은 사실무근임을 올바로 인식할 필요가 있다. 합의의 성실한 이행을 전제로 양자외교 채널에서의 쟁점화 나 국제사회에서의 비난을 자제하기로 한 약속은 어디까지나 정부 차원에 국한된 얘기일 뿐이다. 피해자의 소송이나 연구자의 연구조사활동, 여성인권을 증진하기 위한 NGO의 운동은 합의에 의해 전혀 제약되거나 위축될 이유가 없다. 또한 위안부 관련의 공적 기록이나 증언, 범세계적 차원의 위안부 인권운동의 역사를 유네스코 기록 유산에 등재하기 위한 민간의 활동 또한 합의에 의해 하등의 영향을 받지 않는다는 것은 당연하다.

셋째, 사실상의 배상금으로 주어지는 일본정부의 예산 10억 엔의 용처는 철저하게 피해자의 존엄과 명예 회복과 상처 치유에 100% 사용될 수 있는 방안이 강구되어야 한다. 국내 위안부 피해자는 합의 일을 기준으로 보면 생존자 46명과 여성가족부에 피해자로 등록된 238명이 존재하고 그 밖의 수많은 익명의 피해자가 존재하는만큼, 이 세 그룹에 대한 균형을 염두에 둔 공평한 배분 방식이 고려되어야 할 것이다. 생존자와 등록 피해자의 유족에게는 금전지급과 더불어 아베 총리 명의의 사죄 서한이 동시에 전달되는 것이 바람직하다. 더불어 금전지급이 불가능한 익명의 다수 피해자들을 위해서는 위령과 추모의 뜻을 담은 기념관을 건립하는 방안을 검토했으면 한다.

화해치유재단이 설립되어 합의이행을 위한 구체적인 작업이 개시되려는 2016년 10월의 시점에서 볼 때 위안부 합의에 대한 세간의 억측과 오해는 합의 이행에 큰 장애 요인이 되고 있다.

첫째, 이번 합의가 10억 엔에 소녀상을 판 것인가? 이야말로 합의를 심각하게 곡해하고 폄훼하는 일본 우익의 악의적인 선전이다. 합의의 본질은 ① 일본정부의 가해사실 및 책임 인정, ② 아베 신조 총리의 사죄반성 표명, ③ 이의 징표로 일본정부의 예산으로 10억 엔을 거출하기로 한 것에 있다. 한마디로 이번 합의는 위안부 진실을 외면하려는 역사 수정주의자 아베 총리를 꿇어앉힌 것으로 이해하는 것이 합당하다. 소녀상의 철거나 이전은 합의문 그 어디에도 없다. 결단코 소녀상에 대한 이면합의는 존재하지 않을 뿐 아니라 정부가 이래라 저래라 할 수 있는 사안도 아니다.

둘째, 이번 합의가 일본에 면죄부를 준 것이고 위안부문제를 봉인한 것인가? 결코 그렇지 않다. 합의에서 언급된 최종성, 불가역성은 양자외교 차원에서 정부가 위안부문제를 다시 쟁점화하지 않겠다는 것으로 한·일 외교에서의 일사부재리로 봐야 한다. 위안부문제의 해결은 ① 역사적 진실을 규명하고, ② 일본정부가 책임을 인정하고 사죄반성 및 배상조치를 행함으로써, ③ 피해자의 존엄과 명예를 회복하고 마음의 상처를 치유하고, ④ 역사적 교훈으로 기억되는 일련의 과정으로 이뤄져야 한다. 이번 합의와 무관하게 위안부문제에 관한 연구·조사 활동, NGO의 여성 인권 활동 및 운동, 재발 방지를 위한 추모와 교육은 앞으로도 활발하게 지속되는 것이 마땅하다.

셋째, 10억 엔은 치유금인가? 일리는 있지만 핵심을 잘못 짚은 것이다. 10억 엔은 일본이 국가 차원에서 가해 책임을 인정하고 사죄 반성하는 의미에서 정부 예산 조치로 내놓기로 했으므로 누가 봐도 사죄 반성금이요 사실상의 배상금이다. 이런 이유로 일본이 내놓은 돈이므로 이 돈이 피해자의 존엄과 명예를 회복하고 마음의 상처 치유로 쓰이게 된다는 의미에서 치유금으로서의 성격도 갖게 되는 것이다. 10억 엔은 온전하게 피해자의 명예와 존엄을 회복하고 마음의 상처를 달래는 데 전액 사용되어야 함은 두말할 나위도 없다.

합의 시점 생존자 46명을 포함한 238명의 등록 피해자와 대일항쟁위원회에서 추가로 판명한 피해자 7인 도합 245명에게는 일정액의 금전이 지급되고 익명의 다수 피해자를 위해서는 추도를 위한 상징 시설로서 위령비가 건립되는 것이 바람직하다. 합의를 이행하기 위해 출범한 화해·치유재단은 이러한 사업을 추진하기 위해 발족된 것으로 사업 추진에 소요되는 행정비용은 한국정부가 부담하는 것이 마땅하다.

이 재단은 신속히 사업을 완수한 뒤 해산하고 장기적으로 위안부문제의 진실을 밝히는 조사·연구, 추모와 기억을 위한 활동을 이어나가기 위해서는 별도의 재원으로 위안부 역사기념관을 건립하는 것이 바람직하다고 생각된다. 위안부문제는 한·일 외교사안 이전에 인류가 기억해야 할 역사적 진실이자 전시 여성의 보편적 인권문제이기 때문이다.

IV. 강제징용 보상문제와 해결 방향

2012년 5월 24일 한국 대법원은 미츠비시 중공업과 신일본제철의 한국인 피징용자 그룹이 제기한 소송의 최종판결에서 1965년 청구권협정에도 불구하고 피고 기업은 이들의 미지불 임금을 지불할 의무가 있고 불법적으로 이루어진 강제 징용에 대한 손해배상 청구권이 소멸되지 않았다고 판시함에 따라 이른바 일제강점기 피징용 노동자의 대일보상문제는 새로운 사태 전개를 맞이하게 되었다. 대법원의 이러한 판결에 따른 파기 환송심 결과 2013년 7월 서울고법 및 부산고법에서 1인당 1억원(신일철주금) 및 8,000만 원(미츠비시 중공업)의 배상 판결이 내려졌다. 그러나 이에 대해 일본기업이 재상고함으로써 다시 사건이 법원으로 이관되어 현재 대법원에서 심리가 진행중이나 2015년 10월 현재까지 최종적인 결론이 나오지 않고 있는 상태이다. 이러한 상황에서 2015년 4월 21일 강제징용 피해자 1004명이 일본기업을 상대로 손해배상 청구소송을 제기하여 상기 2건을 포함하여 총 9건이 계류중이다.

　이 문제는 아직 한일 양국 사이에 외교적인 이슈로 다뤄지고 있지는 않지만 향후 대법원 판결이 확정된다면 엄청난 폭발성을 내재한 쟁점이 될 것으로 예상된다. 일본정부는 강제동원 피해자 문제는 1965년 한일 청구권협정으로 모두 해결되었다는 입장을 견지하면서 고법의 파기환송심 판결 이후 한국에 지속적으로 이 문제를 제기하면서 우려를 전달하고 있는 상황이다. 한국정부는 소송이 진행되고 있는 사건에 대해 정부 입장 표명은 적절하지 않다는 논평만 내고 있을 뿐 침묵을 지키고 있다. 그러나 이 문제는 아래의 측면에서 큰 우려를 자아내고 있다.

　첫째, 만약 대법원에서 강제징용자들에 대한 배상을 확정하는 판결이 최종적으로 나올 경우 일본정부는 비엔나 조약법 협약이나 한일투자협정 위반을 들어 국제법상의 국가책임을 추궁하거나 국제사법재판소에 제소할 것을 요구할 가능성을 배제하기 어려울 것이다. 기본적으로 국제법정에서 이 문제가 다뤄질 경우 한국에 불리한 결과가 초래할 것으로 예상된다는 것이 국제법 학계의 일반적인 견해이다.[13]

---

13) 박배근, "일제 강제징용 피해자의 법적 구제에 관한 국제접적 쟁점과 향후

둘째, 판결의 결과 일기업의 한국 내 재산에 대해 강제집행까지 이뤄지게 된다면 국제사회에서 한국의 위상 추락은 물론 한국이 컨트리 리스크가 큰 나라로 인식되어 경제적으로 부정적 영향이 있을 수 있다는 점이다. 그렇게 된다면 해외자본의 투자 유치에도 일정부분 악 영향을 끼칠 것으로 우려된다. 또한 대법원의 판결은 조약의 안정성을 해치고 국제협약에 대한 약속 이행에 대한 불신을 초래하여 한국정부의 일관성 있는 공식적 입장에 대한 혼란이 가중될 수 있는 우려가 있다.

셋째, 부산고법, 서울고법의 환송심 결과대로 보상액이 1억 원에서 8,000만 원 정도 규모의 금액으로 확정될 될 경우 이와 유사한 손해배상 청구소송이 다수 제기될 것으로 예상된다. 일제시대 조선인들의 강제노역과 관련 있는 일 기업(1493개) 중 현존하는 기업은 299개 기업으로 이 중 한국에 진출한 기업을 상대로 한 소송은 물론 향후 한국 진출을 희망하는 기업은 손해배상 소송을 의식하게 될 것으로 예상된다. 이론적으로만 따져 보면 해외 강제징용/징병자의 유족 모두에게 손해 배상액이 지급되어야 한다면 총액은 약 18조에서 20조 원(18만-20만명×1억원) 사이에 이를 것으로 보인다. 대법원 판결에 따른 대일 외교를 추구한다면 한국정부는 일본에 대해 이 손해 배상을 요구하는 것이 마땅할 뿐 아니라 더 나아가 일제강점 시기의 총독부의 모든 정책 및 행위가 불법이므로 이 모든 불법행위에 대한 배상을 청구해야 한다는 논리로 발전될 수 있음에 유의할 필요가 있다.

강제징용에 대한 배상의무를 규정한 대법원 판결은 이미 일

전망: 2012년의 대법원 판결을 중심으로", 『법학논총』, 제30집 제3호; 이근관, "한일청구권협정상 강제징용 배상청구권 처리에 대한 국제법적 검토", 서울대학교 법학연구소 주최 '일제강제징용 사건 대법원 판결에 대한 종합적 연구' 발표 논문.

본 내에서의 반한, 혐한 정서를 불러일으키는 요소가 되고 있다. 징용자문제와 위안부문제는 본질적으로 그 성격이 다름에도 불구하고 일본에서는 이른바 사죄피로 현상과 결부시켜 징용자문제와 위안부문제를 하나의 패키지로 인식하는 경향이 나타나고 있다. 주기적으로 반복되는 한국의 과거사 대일 사죄 보상요구에 대한 일종의 혐오 내지 염증 현상이 일본 사회에 공공연하게 유포되고 있는 것이다. 더욱이 일본 국내에서는 한국 사법부가 반일정서를 가진 대중이나 시민단체와 영합하여 끊임없이 대일 과거사 이슈를 확대 재생산하고 있다는 부정적 시각도 존재한다. 특히 근래 들어 야스쿠니 방화범 류창 재판, 대마도 불상 도굴범에 대한 판결, 헌법재판소 위안부문제에 대한 위헌 판결 등을 거론하며 한국 사법부의 반일적 판결을 불신하는 분위기가 형성되고 있다.

더욱이 우려되는 사항은 과거사문제에서 한국이 유지했던 도덕적 우위에 선 대일 외교 스탠스가 징용자 배상문제로 인해 흔들릴 수 있다는 점이다. 경제적 요구가 아닌 정신적 차원의 역사청산을 요구해 온 기존의 대일외교 방침과도 모순되는 것으로 받아들여질 수 있다는 점이 우려된다. 김영삼 정권, 김대중 정권 당시 위안부 피해자들에 대해서 피해자 구제조치 차원에서 한국 정부 스스로가 일시금 및 생활지원금을 지급한 것이나 2005년 노무현정부 당시의 민관공동위원회에서 내린 결론[14]과 그에 따른 강제동원 피해자에 대한 구제를 위한 후속 입법 및 지원금 지급

---

14) 2005년 '한일회담 문서공개 후속 대책 민관공동위원회'의 결정에 따라 정부는 위안부 피해자/사할린피해자/원폭 피해자문제에 관해서는 일본에 법적인 책임을 추궁하고 징용자 보상 미불임금 등의 문제는 국내조치에 의해 해결을 추구한다는 방침을 천명한 바 있다.

조치는 기본적으로는 도덕적 우위에 선 대일 외교를 추구하고 일본에 더 이상의 물질적 요구는 자제한다는 자세에서 나온 결정이라고 할 수 있다.[15]

한국정부의 기존의 과거사 대일 정책의 틀과 모순을 일으켜 일관성 부재, 대일 외교에서의 신뢰 상실 등의 문제를 일으킬 우려가 있음에 유의해야 할 것이다. 또한 강제 징용자에 대한 배상문제는 한국현대사에서 발생한 다른 유형의 피해자 그룹에 대한 국가의 구제조치와의 형평성문제를 불러일으킬 수 있다는 점도 유의해야 한다. 예를 들면 강제징용의 경우는 일제 식민치하라는 특수한 상황이므로 경우는 다르지만 국가와 희생자 그룹과의 관계성이라는 관점에서 보면 한국전쟁, 베트남 전쟁의 참전 유공자 그룹이나 제주도 4,3 사건 피해자 그룹, 4,19 학생 혁명 희생자 그룹, 70년대 반 유신 민주화 투쟁 희생자 그룹, 5,18 광주 민주항쟁 희생자 그룹 등과의 비교 관점에서 바라볼 수 있다.[16]

다음으로 한국정부가 취해 왔던 기존의 대일 과거사 정책과

---

15) 강제징용 피해자에 대한 한국정부의 구제조치는 두 차례에 걸쳐 이뤄졌다. 첫째 1974년 '대일 민간청구권 보상에 관한 법률'을 제정하여 청구권자금의 일부(무상 자금 2억불의 10% 내외 추정)를 사망자에 한해 지급한 바 있다. 이 당시 군인, 군속, 노무자로서 사망한 8,552명에 대해 1인당 30만 원씩 총액 25억 6,560만원을 지급하였다. 둘째, 2005년의 민관공동위원회 결정에 따라 정부는 2007년 '태평양전쟁 전후 국외강제희생자 지원법'을 제정하여 징용자 등에게 지원금을 지급해 왔다. 2013년까지 약 5,700억 원의 정부 예산이 이에 충당된 것으로 알려졌다.

16) 2007년 태평양전쟁 강제동원 희생자 지원 법안이 국회에 상정되었을 때 노무현정부는 너무 큰 재정 부담과 다른 과거사 관련 피해자와의 형평성을 이유로 거부권행사 여부를 심각하게 검토했었다. 당시 정부는 이 법률에 의해 2,000억여 원의 재정 부담을 예상했었고(실제로는 2013년 현재까지 5,700억 원 소요) 한 달에 7만 원을 받는 6/25 참전 유공자와의 형평성문제가 생길 수 있음을 우려했었다.

대법원 판결과의 관계를 생각해 보자. 1965년 박정희정부가 취했던 1965년 청구권협정에 대한 기존의 해석 및 2005년 노무현정부하에서 이뤄진 만관공동위원회의 입장 정리는 부분적인 상이점에도 불구하고 큰 틀에서 보면 상충되는 바가 별로 없다고 할 수 있다. 민관공동위원회의 최종 결론을 이끌어내기 위해 노무현정부는 당시 이해찬 총리와 이용훈 대법원장(나중에 임명)을 공동위원장으로 하고 각 부처의 장관 및 전문가 20인으로 이뤄지는 위원회를 구성하여 치밀한 검토와 토론을 거쳐 결론을 도출하였고 당시 거의 모든 언론은 이러한 결론에 대해 긍정적인 평가를 내린 바 있다.

2011년 헌법재판소의 위안부문제에 대한 부작위 위헌판결은 기본적으로 2005년 민관공동위원회의 기본입장 위에 서 있는 것으로 볼 수 있다. 즉, 민관공동위원회는 일본군 위안부문제, 한인 원폭피해자문제 및 사할린 한인 동포문제는 일본에 법적인 책임이 있고 기타 나머지 사안은 한일협정에 의해 해결된 것으로 간주하고 미흡한 부분은 국내조치를 통해 보완하겠다는 결론을 내린 것으로 이해된다. 그러나 징용자문제에 대한 대법원의 판결은 획기적인 내용으로 기존의 대일 과거사 정책의 큰 틀을 정면으로 부정하고 새로운 프레임을 제시한 것으로 볼 수 있다. 대법원 판결의 기본 취지는 첫째, 일본의 35년간의 조선 식민통치 자체가 불법이었으므로 식민통치시기 조선총독부하에서 이뤄진 반인도적 행위, 불법적인 시책에 의한 피해는 응당 배상을 받아야 하고 둘째, 청구권협정에 의해서 해결된 것은 샌프란시스코 강화조약의 규정에 따른 재산과 권리의 문제로서 국가 및 개인의 대일 배상 보상 청구권은 여전히 소멸되지 않았다는 것이다.

그러나 한편 돌이켜보면 이러한 대법원의 식민통치 불법론은 1965년 박정희 정권 이래 한국정부의 기본 입장과 합치되는 것이기도 하다. 한일기본조약에서 한국병합조약 등 한국의 식민통치를 초래한 일련의 구 조약이 '이미 무효'(already null and void)라고 합의했지만 이 문구에 대해 한일 양국은 완전히 상이한 해석을 하고 있다. 일본정부는 식민통치는 합법으로 이뤄졌으나 일제의 패망으로 한국이 독립하였고 그 후 구 조약이 비로소 무효가 되었다는 입장을 취하지만 한국정부의 기본 입장은 구 조약이 원천적으로 무력과 강박에 의해 불법적으로 체결된 것이므로 구 조약에 의해 이뤄진 35년간의 식민지배는 기본적으로 불법적이라는 것이다.

식민통치 불법론은 기본적으로 해방 후 헌법정신 및 탈 식민국가의 국가 아이덴티티의 확립과정을 고려할 때 식민지로부터 해방된 신생 독립국가가 당연히 취할 수밖에 없는 절대 명제로 이해될 수 있다. 그러나 실질적으로 오늘날 국제사회에서 이러한 원칙을 외교적 차원에서 100% 관철시키기는 매우 곤란하다는 것 또한 현실이라는 점을 인식해야 할 것이다. 따라서 우리는 대법원의 판결의 정신을 존중하면서도(법치주의) 기존 정부의 대일 과거사 외교의 큰 틀을 견지(현실주의)하는 선에서 지혜를 모아 해법을 추구하는 것이 바람직하다고 할 수 있다. 대법원의 최종판결이 나오기 전에 정부가 징용자문제 처리에 대한 원칙을 밝히는 것도 하나의 대안이 될 수 있을 것이다. 왜냐하면 대법원의 재항고심 판결이 최종적으로 나오게 되면 원고단의 요구에 따라 피고 일본기업의 한국 내 재산에 대한 강제집행까지 진행될 가능성이 있고 이렇게 되면 일본의 법적 대응이 뒤따르고 한일관계는 걷잡을 수 없는 악화로 빠져들 가능성도 배제하기 어렵기 때문이다.

V. 맺음말

한일 양국이 맞이하고 있는 21세기는 냉전시기의 양극화나 탈냉전 시기의 다극화 시대가 아닌 글로벌 복합화의 시대라고 할 수 있다. 한일 양국이 동아시아 평화와 번영을 추구하기 위해서 공동으로 복합 네트워크를 구축하는 것은 공생을 위한 전략적인 선택이다. 한일 협력 체제를 구축하는 데 최대의 저해 요인은 점차 격화되고 있는 한일간 역사 마찰의 빈발과 심화 현상으로 볼 수 있고 이로 인해 악화일로를 걷고 있는 국민감정 또한 매우 심각한 장애물이 되고 있다. 따라서 한일 역사마찰을 극복하고 이를 넘어서는 것이야말로 향후 한중일 협력 체제를 구축해 나가는데도 토대가 될 것이다.

오늘의 한일관계는 미중 양강 구도로 점차 재편되고 있는 동북아시아 국제체제 속에서 기본적 가치와 규범의 공유를 기반으로 한 전 분야에 걸친 협력의 추구를 요구하고 있다. 새로운 한중일 협력시대를 열어나가기 위해서 한일 양국은 과거의 역사를 직시하는 한편 향후 새로운 비전과 가치를 추구해 나가는 것이 바람직하다. 신시대의 한일협력을 이루기 위해서는 양국은 미래지향적 자세로 임해야 하지만 또 한편으로 양국의 역사에 대한 공동의 인식기반의 확립을 위해 세심한 배려가 필요하다. 즉, 한일관계에서 과거와 미래는 불가분의 관계에 있다고 할 수 있다. 과거를 완전히 망각한 미래 설계도 있을 수 없고 과거에만 집착하는 미래 설계도 안 된다. 따라서 한일 신시대는 역사에 대한 직시와 깊은 성찰에서 출발하여 미래를 설계하는 것이 바람직하다.

우리는 동아시아 국가간의 관계를 국익 경쟁이나 세력균형의 전통적인 구도를 넘어서 보다 네트워크적인 세계정치의 시각에서 볼 필요가 있다. 그런 관점에서 볼 때 한일 양국의 긴밀한 협력관계 구축은 한미일 관계를 강화함은 물론 한중일의 우호협력 관계와도 배치되거나 모순되지 않는다고 생각된다. 한국의 입장에서 보면 한일 협력의 심화야말로 점차 도래하고 있는 미중 양강 시대의 생존 전략일 수밖에 없다. 즉, 한일관계의 심화, 발전은 대미, 대중관계의 강화와 선순환 관계에 있고 배타적인 것이 아니다. 오늘의 시대는 한일협력의 방향을 기존의 양자 관계를 중심으로 한 사고에서 탈피하여 양자는 물론이고 한반도, 동아시아 지역, 글로벌 영역에 걸친 시야로 확장할 것을 요구하고 있다. 즉, 한일관계는 공간적으로 한반도, 동아시아, 글로벌 질서를 총체적으로 조망하는 관점에서 바라보아야 하며 미래의 한일관계는 과거에 비해 훨씬 확장된 공간에서 협력하지 않으면 안 된다.

〈참고문헌〉

김호섭. (2009 여름). 「한일관계 형성에 있어서 정치 리더십의 역할」. 『일본연구논총』, Vol.29.
박배근. "일제 강제징용 피해자의 법적 구제에 관한 국제접적 쟁점과 향후 전망: 2012년의 대법원 판결을 중심으로". 『법학논총』, 제30집 제3호.
오코노기 마사오. (2005). 「한일관계의 새로운 지평: 체제마찰에서 의식공유로」. 오코노기 마사오·장달중, 『전후한일관계의 전개』. 고려대학교 아세아문제연구소.

이근관. (2013). "한일청구권협정상 강제징용 배상청구권 처리에 대한 국제법적 검토". 서울대학교 법학연구소 주최 '일제강제징용 사건 대법원 판결에 대한 종합적 연구' 발표 논문.

이원덕. (2013). "일본의 전후처리와 일본군 위안부문제". 김영호, 이태진, 와다하루키, 우쓰미 아이코 공편, 『한일 역사문제의 핵심을 어떻게 풀 것인가』. 지식산업사.

―――. (2015). "한일관계 1965년 체제 50년의 궤적". 이원덕, 기미야 다다시 편, 『한일관계사 1965년-2015 정치』. 역사공간.

―――. (2010). 「한일관계 새로운 100년을 향해」. 이원덕, 정재정,남기정,하영선 4인 대담, 『일본공간』, 제8호. 국민대학교 일본학연구소.

―――. (2012). 「신시대 한일관계의 구축을 향하여」. 『한일신시대 공동연구 논문집: 한일신시대와 공생복합 네트워크』. 한울.

한국외교부. (2015), 『한중일 협력개황』.

한국 외교부. "고노 담화 검증 결과 발표에 대한 우리의 입장". 한국외교부 홈페이지.

한일 신시대 공동연구 프로젝트. (2010.10). 『'한일신시대'를 위한 제언: 공생을 위한 복합네트워크의 구축』.

다나카 아키히코(田中明彦) 지음. 이원덕 역. (2010), 『포스트 크라이스의 세계』. 일조각.

『朝日新聞の慰安婦問題報道を檢證する第三者委員會報告書』. 2014年 12月 22日

木宮正史. 「日韓関係の力学と展望: 冷戦期のダイナミズムと脱冷戦期における構造変容」.

木宮正史. (2010). 『東アジア共同体と日韓関係』. 東京大學校現代韓国研究センタ主催 '国際会議 : 東アジア共同体と日韓の知的交流'.

河野談話作成過程等に関する検討チーム. "慰安婦問題を巡る日韓間のやりとりの経緯: 河野談話作成からアジア女性基金まで".

村山富市, 和田春樹. (2014). 『デジタル記念館 : 慰安婦問題とアジア女性基金』. 青燈社.

和田春樹. (2015). 『慰安婦問題の解決のために』. 平凡社新書.

Cha, Victor, D. (1999). *Alignment Despite Antagonism: the United States-Korea-Japan Security Triangles.* Stanford University Press.

Koh, Byung Chul. (2007). *Between Discord And Cooperation:Japan and The Two Koreas.* Yonsei University Press.

4.2
일본에서 본 '위안부문제'와 한일협력의 가능성
소에야 요시히데(添谷芳秀. 慶應義塾大学)

Ⅰ. 1990년대의 양식과 양심

1990년대 일본외교의 중요한 특징은 냉전 이후 국제질서의 변동에 국제주의를 기반으로 해서 대처해 왔다는 것이다. 우선 1991년 걸프전에서 효과적인 공헌을 하지 못했던 것을 교훈삼아 1993년 캄보디아로 UN평화유지활동에 전후 처음으로 자위대를 파견했다. 더 나아가 1994년에 정점에 다다랐던 북한 핵위기를 계기로 '미일방위협력을 위한 지침(가이드라인)'을 개정하여 한반도 유사시에 대미후방지원을 위한 법적 준비를 갖추었다. 그리고 1990년대에 일본정부가 역사문제 해결에 나섰던 것도 냉전후의 일련의 외교정책이 국제주의에 기반했다는 것과 깊게 연관되어 있다.

그 중에서 특히 중요했던 것이 이른바 위안부문제에 대한 대응이었다. 1991년 8월 한국에서 자신이 위안부였다는 사실을 밝히며 동년 12월 동경지방법원에 제소한 것을 계기로 위안부문제가 외교문제로 표면화되었다. 당시 미야자와 기이치 내각은 동년 12월부터 조사를 시작하였고, 1992년 1월의 한국방문에서 미야자와 총리는 노태우 대통령에게 사죄하며 위안부에 대해 "진심어린 사죄와 반성의 마음"을 말하고, "성심성의를 다하여 사실규명에 나서겠다"는 의향을 밝혔다. 그렇게 해서 1993년 8월 4일 이른바 '고노 담화'(http://www.mofa.go.jp/mofaj/area/taisen/kono.html)가 탄생하였고 1996년 6월에는 '여성을 위한 아시아평화우호기금(아시아여성기금)'(http://www.awf.or.jp)이 설립되었다.

고노 담화가 발표된 직후 1993년 8월에 총리가 된 호소카와 모리히로는 동년 11월에 한국을 방문하여 11월 7일 경주에서 전국으로 생방송되는 김영삼 대통령과의 공동기자회견에서 모두발언으로 "나는 여기서 먼저 과거 일본의 식민지 지배에 의해 한반도 사람들이 학교에서 모국어 교육의 기회를 박탈당하고 자신의 성명을 일본식으로 개명당하는 등 여러가지 면에서 참기 어려운 고통과 슬픔을 안겼다는 것에 진심어린 반성과 사죄의 마음을 전하고 싶다"고 말했다.

아시아여성기금에 관해서는 많은 일본국민으로부터 모금활동이 전개되어 한국, 필리핀, 대만에 1인당 위로금 200만 엔, 의료·복지사업 120~300만 엔 상당의 사업(네덜란드 및 인도네시아에 대해서는 별도사업)을 진행했다. 그때 역대 총리대신(하시모토 류타로, 오부치 게이조, 모리 요시로, 고이즈미 준이치로)이 "이른바 종군위안부 문제는 당시 군의 관여 아래 다수 여성의 명예와 존엄을 깊게 손상시킨 문제였습니다. 나는 일본의 총리로 이른바 종군위안부로서 수많은 고통을 경험하고 심신에 걸쳐 치유하기 어려운 상처를 받은 모든 분들에게 다시 한번 진심으로 사죄와 반성의 마음을 표합니다"라는 내용의 편지가 첨부되었다.

한국에 관해서는 1997년 1월에 기금의 대표자가 방한하여 7명의 전 위안부에게 총리대신의 사과편지를 전달했다. 그러나 한국의 피해자 지원 민간단체는 일본정부의 행위를 전면적으로 거절하였고, 위로금을 받은 전 위안부는 운동에서 배제되어 '매국노' 취급을 당했다. 그 후 아시아여성기금의 위로금을 받은(일본에서 송금) 한국의 전 위안부는 61명에 달했다는 것이 밝혀졌다.

그 외에 1990년대 역사문제에 대한 일본정부의 대처 중에 중요한 것은 종전 50년을 맞이하며 1995년 8월 15일에 발표된 '전후 50주년의 종전기념일을 맞아' 이른바 '무라야마 담화'(http://-www.mofa.go.jp/mofaj/press/danwa/07/dmu_0815.html) 및 한일의 역사적 화해를 상징하는 오부치 게이조 총리-김대중 대통령에 의한 '한일공동선언-21세기를 향한 새로운 한일 파트너쉽(1998년 10월 8일)'(http://www.mofa.go.jp/mofaj/kaidan/yojin/arc_98/k_sengen.html) 이었다.

1990년대 일본외교의 전체적인 관점에서 보자면 이것은 당시 일본의 양식과 양심, 그리고 리버럴 국제주의를 반영하는 것이라고 볼 수 있겠다.

Ⅱ. 전환점으로서 고이즈미 외교

2001년 4월에 고이즈미 준이치로 정권이 탄생했을 때 한일관계는 역대 최상이라고 불릴 정도로 좋았다. 오부치 게이조 총리와 김대중 대통령이 주도한 한일 화해에 의해 일본에서는 한류붐이 일었고 김대중 대통령은 한국사회에 일본문화개방을 추진하였다. 2002년에 공동개최된 한일 월드컵에서는 양국의 젊은이들이 양국팀을 서로 응원하는 풍경이 펼쳐질 정도였다.

일반적인 이미지와는 다르게 당시 고이즈미 총리의 야스쿠니 참배는 한일관계에 악영향을 미칠 정도의 큰일이 아니었다. 고이즈미 수상은 자민당 총재선거에서 공약했던 8월 15일보다 2일 양보한 8월 13일에 야스쿠니 신사에 참배했다. 그리고 10월 8일에 중국을 방문하고 15일에 서울을 향했다. 자신의 야스쿠니 참배는 중국과 한국과의 역사문제와 전혀 상관없다고 주장하던 고이즈미는 식민지 시대의 서대문 형무소에서 "진심으로 사죄의 마음"을 표했고 김대중 대통령과의 회담도 우호적인 분위기에서 진행되었다.

　2003년에 노무현 대통령이 부임하고 고이즈미는 2002년 4월과 2003년 1월에도 야스쿠니 신사를 참배했으나 고이즈미는 동년 2월에 한국을 방문했고, 6월 노무현 대통령의 일본국빈 방문이 문제없이 실현되었다. 2004년 1월에는 고이즈미가 4번째로 야스쿠니 신사를 참배했으나 7월 제주도에서 한일정상회담은 우호적으로 진행되었다. 21일에는 노무현 대통령 방일시 공동성명에서 주창한 '평화와 번영의 동북 아시아시대'에 관해서 의견을 교환하였고, 호텔정원에서의 기자회견은 1시간 이상 진행되었다. 다음 날 22일에는 노무현 대통령이 다시 한번 호텔에서 고이즈미 총리와 정원을 산책하는 장면까지 선보였다. 이어서 12월 17일 가고시마현 이부스키시에서 개최된 정상회담에서는 매년 상대국을 방문하는 '셔틀정상회담'을 정례화하기로 합의하였다.

　고이즈미 개인에 관해서 그의 외교적 신조는 국가주의적도 아니고 역사 수정주의도 아니었으며 반중, 반한도 아니었다. 이처럼 2004년까지 고이즈미가 야스쿠니 신사를 4번이나 참배했으나 한일관계가 악화되지 않았다. 한국정부도 고이즈미의 생각을 어느 정도 이해했을지 모른다.

　지금까지 야스쿠니 문제와 어떤 연관성도 없었던 고이즈미가 매년 참배를 공약으로 내건 이유는 총재선거에서 유력한 대항마였던 하시모토 류타로가 유족회의 전회장을 맡고 있었기 때문이라는 설이 비교적 널리 퍼져 있다. 그러나 유족회의 관련표가 그만큼 중요했을지에 대해서는 확실치 않으며 선거전술이라고 하기에는 매년 참배를 고집할 이유도 불분명하다.

역시 고이즈미의 야스쿠니 신사 참배는 그가 일관되게 주장했던 것처럼 개인(다만 그는 일본의 수상이었다)으로서 "마음(心)"의 문제였다고 보는 게 타당할 것이다. 그 원점은 자민당 총재선거를 앞에 둔 2001년 2월에 가고시마의 '치란(知覧)특공평화회관'을 방문했을 때였다고 추측된다. 젊은 목숨을 잃은 특공대원들의 유서를 정리한 유리전시관을 바라보며 고이즈미가 오열을 하는 뉴스 영상이 남아 있다. 예전 지방출신 국회의원이었던 고이즈미의 아버지 고이즈미 준야가 특공대원이 오키나와전에 출동하는 비행장 유치에 관여하고 있었던 것도 연관이 있었을지도 모른다.

Ⅲ. 한일관계의 암운

그러나 2005년 3월에 시마네현 의회가 2월 22일을 '다케시마의 날'로 하는 '다케시마의 날 조례'를 제정하자 한일관계의 분위기가 완전히 뒤바뀌었다. 지금까지 김대중 정권의 방침을 계승하여 '임기중에는 역사문제를 제기하지 않는다'고 반복해서 말해 왔던 노무현 대통령의 태도가 싹 변한 것이다. 노무현 대통령은 이미 '3.1운동'기념연설에서 "한국정부는 국민의 분노와 증오를 부채질하지 않도록 자제해 왔지만 우리들의 일방적인 노력만으로는 (역사문제) 해결되지 않는다. 양국관계 발전은 일본정부와 국민의 진정한 노력이 필요하다"고 말하고 있었는데 이에는 복선이 있었다.

그리고 3월 16일에 시마네현 의회가 '다케시마의 날 조례'를 가결하자 다음 날 17일 한국정부는 "단순한 영유권문제가 아니라 해방의 역사를 부정하고 과거의 침탈을 정당화하는 행동"이라는 성명을 발표하고, "독도의 영유권을 확고히하고 올바른 역사의 공통인식을 형성하고 1965년 한일조약의 범위 외에 있는 문제들을 일본정부가 해결하도록 촉구할 것"을 담은 새로운 대일외교원칙을 발표했다.

또한 노무현 정권은 같은 2005년에 위안부, 사할린 잔류 한국인, 한국인 피폭자문제는 1965년의 한일조약의 범위 외의 문제라는 입장을 내세웠다. 위의 세 가지 문제를 내세운 이유에 대해 일본측은 곤혹스러워했는데, 한국측은 한일교섭의 외교문서를 낱낱이 검토한 결과 위의 세 가지 사례는 양국간에 한번도 논의되지 않았다고 주장했다. 국교정상화 당초부터 문제가 되었던 식민지 시대의 징용공에 관해서는 "한일청구권 및 경제협력협정"에서 "완전히 최종적으로 해결된" 문제에 포함된다고 하며 한국정부가 보상의 책임을 진다는 방침을 표명했다.

이렇게 2005년 6월 고이즈미의 여섯 번째 한국방문은 지금까지와는 다르게 역사문제가 전면에 거론되는 혹독한 분위기에서 진행되었다. 정상회담은 엄중한 자세를 보여야 한다는 한국측의 희망하에 지금까지와는 다르게 넥타이를 착용하였다. 정상회담에서 노무현 대통령은 야스쿠니 참배문제는 한일간 '역사문제의 핵심'이라고 발언하였고, 기자회견에서는 회담에서 한 번도 거론되지 않았던 '새로운 추도시설' 검토도 갑작스럽게 언급하였다.

　'다케시마의 날 조례' 이후 한국측의 변화에 대해서 고이즈미 총리는 "한국의 국내사정이 있을 것"이라고 말했다. 고이즈미가 한국과의 대립을 부채질하고 도발할 의도로 그런 발언을 한 것은 아니었지만 진지하지 못한 자세가 한국의 감정을 다시 한번 자극했다. 이를 일본 정치가와 여론은 한국의 국내문제로 보기 십상인데, 고이즈미 총리의 야스쿠니 참배와 다른 역사문제에 대해서 김대중 대통령 이후 한국측이 상당히 자제하면서 한일관계를 진전시키려 했던 것도 사실이었다. 자제력을 잃은 한국의 대응에 대해서 일본은 '내정간섭'이라고 크게 반발하였다.

Ⅳ. 깊어지는 악순환

　이렇게 2005년 이후 한일관계는 하향 곡선을 타고 굴러 떨어졌다. 그 속도는 2006년 9월에 수립된 제1차 아베 정권에서 가속되었다. 지금까지 아베의 역사인식을 걱정해 왔던 마이크 혼다(Michael M. Honda) 미 국회의원은 2007년 1월에 위안부문제에 관한 일본정부의 사죄를 요구하는 결의안을 제출했다. 이에 대해 아베 수상이 국회에서 자신의 오랜 주장을 반복하면서 반발한 것이 역효과를 가져왔고, 6월말에 미국하원외교위원회에서 39대 2라는 압도적 다수로 결의안이 체결, 7월 말에는 하원본의회에서도 가결되었다. 그리고 같은 내용의 일본 비판결의는 유럽의회 본의회, 필리핀 하원외교위원회, 한국 국회, 대만 입법원에도 영향이 미쳤다.

이러한 국제적 분위기 속에서 한국의 시민단체 활동이 더욱 활발해졌고, 2010년 10월에 한국계 주민이 많은 미국 뉴저지주의 팰리세이즈 파크에 처음으로 위안부 기림비가 세워졌다. 그리고 2011년 12월에는 서울의 일본대사관 앞에 위안부상이 설치되었다.

아베가 2012년 12월에 다시 한번 수상자리를 차지하고 2013년 2월에 박근혜 한국 대통령이 취임하자 악순환이 가속되었다. 2월 25일 대통령 취임식에 출석한 아소다로 부총리는 박근혜 대통령과의 회담에서 미국의 남북전쟁 이야기를 꺼내며 같은 나라(미국의 북부와 남부)에서도 아직까지 해석이 갈리는 게 역사문제이기 때문에 한일의 역사인식이 다른 것이 당연하다는 취지의 지론을 펼쳤다. 박근혜 대통령은 3.1절기념식 연설에서 가해자와 피해자의 입장은 "천년이 지나도 변할 수 없다"고 하며 반격에 나섰다. 그러자 아소 부총리는 4월 21일에 야스쿠니 신사에 참배하였다. 다음 22일에 예정되어 있던 윤병세 외교부장관의 방일을 연기하자 24일에는 아베 수상이 국회에서 "우리 각료들은 어떤 압박에도 굴하지 않는다"고 하며 한국(및 중국)의 항의에 반박했다.

이렇게 한일 양국 정권간의 관계는 발족하자마자 급작스럽게 곤두박질쳤다.

V. 한일 위안부합의가 전환점이 될 것인가

위와 같이 정부차원의 관계악화로 인해 한일관계는 국교정상화 이후 최악의 사태에 빠졌다. 그러나 경제계와 시민사회는 꼭 그렇지만은 않았다. 일본인이 한국을 방문해도 '반일감정'의 선례를 받는 일은 없었으며 오히려 환영받을 때가 많다. 많은 한국인들은 역사문제와 영토문제에 대해서는 진심으로 반발하지만, '헤이트 스피치'같이 증오감을 표출하는 반일데모는 거의 없었다. 또한 한국에서 일본을 여행하는 관광객 수에도 큰 변화는 없었으며 오부치 게이조 총리와 김대중 대통령간 1998년의 역사적 화해 이후 1999년부터 2015년까지 중국인 관광객에게 역전될 때까지 최대 방문자 수를 기록했다.

학계와 정부 관계자 사이에도 관계개선의 움직임이 끊이지 않았다. 2008년 4월에는 방일한 이명박 대통령과 후쿠다 야스오 수상이 '한일 신시대 공동연구프로젝트'를 개시하는 데 합의하고 2009년 2월 23일 동경에서 발족총회가 개최되었다. 동연구 프로젝트는 '국제정치', '국제경제', '한일관계'의 3개 분과위원회로 나뉘어저 약 1년 반 동안 공동연구를 진행하여 2010년 10월 22일에 양국 정부에 보고서 '한일 신시대를 위한 제언-공생을 위한 복합네트워크 구축'을 제출하였다(http://www.jkcf.or.jp/wp-content/-uploads/2011/11/jknewera_report_20101022.pdf).

여기에 2011년 10월 노다 요시히코 수상과 이명박 대통령과의 정상회담에서 '제2기 한일 신시대 공동연구프로젝트'를 개시할 것이 합의되었다. 제2기 공동프로젝트는 동년 12월에 발족하여 2013년 12월 24일에 양국정부에 보고서 '신시대의 한일협력-7대 핵심과제'를 제출했다(http://www.jkcf.or.jp/wp-content/uploads/2011/-11/00110af8b4393ef3f72c50be5b332bec.pdf).

위와 같은 분위기 속에서 2012년에 들어서자 한일 정부간에 자연재해 등에 대한 자위대와 한국군의 협력을 위한 법적근거인

'물품역무상호제공협정(이하 ACSA)'과 북한정세에 관한 기밀정보를 상호 제공하는 '한일군사정보포괄보호협정(이하 GSOMIA)' 교섭이 수면하에서 진행되었고 체결 직전까지 갔었다. 그러나 4월에 GSOMIA 교섭이 타결되어 조인 예정이 발표되자 한국정치와 여론은 반발하였고, 조인식 참가를 위해 5월에 예정되어 있던 김관진 국방부장관의 일본방문이 취소되는 사태로까지 번졌다. 그러나 한일협력의 깨지기 쉬운 성격에도 불구하고 GSOMIA가 성립하고 ACSA 교섭이 진행되었던 것은 양국협력의 잠재력을 보여주고 있다.

이렇게 생각해 보면 밑바닥까지 떨어진 현재의 한일관계가 얼마나 '아까운지' 이해될 것이다. 그리고 한일 역사인식문제에 대한 대응이 현실을 움직이는 데 있어 아주 중요해진다. 이러한 관점에서 2015년 12월 28일 한일위안부합의는 아주 중요한 성과이며 소중하게 다루어야 할 것이다. 그것은 이원덕 교수가 논문에서 제기한 '외교교섭에 의한 타결'이며 '재단 (기금) 설립에 의한 해결'의 길이 열렸다고 평할 수 있다. 독일과 프랑스 관계가 한일관계와 자주 비교되는데 독일과 프랑스는 '석탄철광 공동체'를 시작으로 실질적인 협력관계를 쌓아가는 과정에서 '역사 화해'가 이루어졌던 것이지 그 반대가 아니었다는 것을 상기하는 것이 중요하다.

"한일외교부장관 공동기자발표"의 내용은 이하와 같다 ("일본경제신문" 2015년12월29일) .

키시다 후미오 일본외무상
① 위안부문제는 당시 군의 관여하에 다수의 여성의 명예와 존엄에 깊은 상처를 입힌 문제로서, 이러한 관점에서 일본정부는 책임을 통감한다. 아베 내각 총리대신은 일본국 내각 총리대신으로서 다시 한번 위안부로서 많은 고통을 갖고 상처입은 분

들에게 마음으로부터 깊은 사죄를 표명한다.

② 일본정부는 지금까지도 본 문제에 진지하게 임해 왔으며, 이에 기초해 이번에 일본정부의 예산에 의해 모든 前 위안부 분들의 명예와 존엄의 회복 및 마음의 상처 치유를 위한 사업을 진행하기로 한다.

③ 일본정부는 이상 말씀 드린 조치를 한국정부와 함께 착실히 실시한다는 것을 전제로, 이번 발표를 통해 이번 문제가 최종적이고 불가역적으로 해결됐음을 확인한다. 일본정부는 향후 유엔 등 국제사회에서 본 문제에 대해 상호 비판하는 것을 자제한다. 앞서 말씀드린 예산 조치에 대해서 규모로서는 10억 엔 정도 산정하고 있다.

이상 말씀드린 것은 양 정상 지시에 따라 협의한 결과이고 일한 관계가 새로운 시대로 들어갈 것을 확신하고 있다.

윤병세 외교부장관

① 한국정부는 일본정부의 표명과 이번 발표에 이르는 조치를 평가하고 일본정부가 앞서 표명한 조치를 전제로 이번 발표를 통해 일본정부와 함께 최종적 및 불가역적으로 해결됐음을 확인한다.

② 일본정부가 한국 소녀상에 대해 공관의 안녕을 우려하는 점을 인지하고 관련단체와의 협의하에 적절히 해결되도록 노력한다.

③ 한국정부는 이번에 일본정부가 표명한 조치가 착실히 실시된다는 것을 전제로 유엔 등 국제사회에서 이번 문제에 대해 상호 비판을 자제한다.

한일국교 정상화 50주년인 올해를 넘기기 전에 기시다 외무대신과 함께 그간의 지난했던 협상에 마침표를 찍고, 협상 타결 선언을 하게 된 것을 대단히 기쁘게 생각한다. 합의의 후속 조치들이 착실하게 이행되어, 모진 인고의 세월을 견뎌오신 일본군 위안부 피해자 분들의 명예와 존엄이 회복되고 마음의 상처가 치유될 수 있기를 진심으로 기원한다.

한일 양국간 가장 어렵고 힘든 과거사 현안이었던 위안부문제 협상이 마무리되는 것을 계기로, 새해에는 양국이 새로운 마음으로 새로운 한일 관계를 열어 나갈 수 있게 되기를 충심으로 기원한다.

Part 2.
대내외적 환경의 변화와 과제

5.
동북아시아의 정세변화

5.1

동북아시아의 정세변화와 한일관계의 다층화 및 국제정치적 인식의 괴리

배종윤(裵鍾尹. 延世大學)

Ⅰ. 태평양전쟁 이후 현대 한일관계 발전의 궤적

태평양전쟁 이후 한일 양국의 공식적인 외교적 관계가 부재했던 시기를 포함하여, 냉전기간과 탈냉전의 시기까지 지속되어 온 일본의 대한반도 인식은 '일본의 안보에 위협을 주지 않는 한반도'라고 할 수 있다. 이는 한반도에서의 평화적 상태를 유지시키는 것, 즉 '안정적인 한반도'를 의미한다. 비록 한국전쟁을 계기로 미국의 대일 인식이 변화하였고, 일본이 외교적, 경제적으로 국제사회에서 성장할 수 있는 계기가 된 것은 사실이지만, 한반도에서의 또 다른 안보적 위기가 발생하는 것은 경제성장에 집중해야 하는 일본으로서는 바람직한 현상이 될 수 없었기 때문이다. 이러한 측면에서 일본은 1965년 한일 국교정상화는 물론이고, 1972년 중국과의 국교정상화, 그리고 북한에 대한 접근을 통해 한반도를 포함한 동북아시아 국가들과 과거를 청산하고, 한반도와 동북아시아 지역의 안정을 모색하여 왔다. 이러한 '안정적인 한반도'는 탈냉전 이후 미일간의 '신가이드라인' 공동선언 등을 통해서도 계속 공유되고 있는 부분이기도 하다.

한편, 한국의 입장에서 가장 우선적인 가치가 남북한 관계와 한반도 통일문제에 집중되어 왔다는 점을 고려하면, 한국에 있어 일본은 남북한 사이에 치열하게 전개되고 있는 이념 경쟁, 체제 경쟁, 정통성 경쟁 등과 관련하여 필요한 존재였고, 국내외적인 정치적, 경제적 자산들을 확보하기 위해서는 적절한 관계를 유지해야만 했던 대상이었다. 더욱이 1970년대 닉슨 행정부의 주한미군철수나 카터 행정부의 주한미군 감축, 1980년대 미국의 한국에 대한 경제적 압박 등은 한국이 남북한 관계에서 주도권을 확보하는 데 결정적으로 중요한 요인으로 이해하고 있던 지속적인 경제성장과 안보의 확보를 불안하게 만들었고, 이러한 측면에서 한국에 일본은 결코 포기할 수 없는 대상이었다 할 수 있다.

비록 한일관계가 상대방에 대한 인식의 내용이 동일한 것은 아니었지만, 서로를 필요로 하고, 협력의 강점이 있다는 사실을 인지하고 있다는 점이 그 동안 지속되어 온 한일관계의 특징이라 할 수 있다. 그럼에도 불구하고, 냉전이 종식되고 21세기에 접어들면서, 한일관계는 그 성격이 과거와 다소 상이해지는 모습으로 전개되는 듯하다. 본 연구는 한일관계의 시대적인 변화 양상과 함께, 21세기 현재의 양국관계에 있어 인식의 괴리가 큰 동북아시아 지역 수준에서의 간접적 현안들에 대한 검토를 진행하고자 한다.

(1) 1965년 국교정상화와 현대 한일관계의 새로운 모색

1965년 국교정상화로 한일간의 공식적인 관계가 시작되었지만, 1945년 이후 1960-70년대의 한일관계에는 불신과 반목이 상당히 강력하게 잔존하고 있었다. 한국의 반일 감정은 대부분의 동아시아 국가들이 20세기 초의 시기에 제국주의 일본의 식민지를 경험하면서 형성하게 된 것과 유사한 배경을 갖고 있었고, 이는 1940-50년대 이승만 정권 시기에 적극 부각되는 측면도 있었다. 비록 일본이 태평양전쟁 이후 일본의 국제적 위상 재고와 이미지 개선을 위해 전후 청산의 차원에서 동아시아 국가들에 적극적으로 접근하고 있었으나, 한국의 경우에는 반공과 반일을 통해 정치적 위상을 강화하고자 했던 이승만 정권에 의해 반일의 논리가 국내외적으로 재생산되고 강화되는 양상을 보이고 있었기 때문이다.

비록 미국을 중심으로 미·일 동맹과 한·미 동맹이 체결되어 군사적인 신뢰가 축적되어 있었고, 미국과 한국간, 미국과 일본간의 외교적 관계는 지속적인 성숙과정을 거치고 있었지만, 한국과 일본간의 외교적 관계는 철저히 경제적 측면에 국한되어 있는 양상이었고, 안보나 정치적 영역으로는 확산되지 못하였다. 오히려 일본의 대북 접근과 친북세력들의 일본 내 조직화 움직임에 대해, 한국정부가 반발하는 모습들이 부각되었다.

1960년대 남북한간의 체제경쟁에 있어 열위적 위상에 놓여 있던 한국은 열위적 위상을 극복하고 체제생존을 보장할 수 있는 다양한 방안들을 모색해야만 했다. 이승만정부가 미국의 대한 경

제원조와 군사원조에 의존하는 양상이었다면, 박정희정부는 일본
에 대한 전후 청구권 행사를 통해 확보한 자본을 기반으로 경제
성장을 추구해야만 했고, 이 과정에서 과거청산의 문제는 한일 국
교정상화 논의과정에서 제외되고 말았다.

　　반면, 1950년대 이후 일본의 기본적인 외교정책은 태평양전
쟁 이후 제기된 평화헌법과 미일안보조약에 근거한 요시다(吉田)
독트린으로 대표될 수 있다. 일본은 요시다 독트린에 근거하여 미
국에 안보를 의존한 상태에서 경제적인 성장에 집중하고 있었고,
한국에 대한 관심이나 접근 역시 경제적 측면에 집중되어 있었다.
즉 일본의 경제성장과 안보를 위협할 수 있는 적대적인 세력이
한반도에 등장하는 것을 예방하기 위한 방안에 주목하였고, 한국
정부와의 국교정상화 및 차관 제공을 통해 한국정부의 대일 정책
이 반일화되는 것을 차단하는 전후청산 작업에 주력하고 있었다.
일본 스스로도 경제적인 성장이 요구되었을 뿐만 아니라, 서구를
따라잡기 위한 경제성장이 절실했다는 점에서, 일본은 경제성장
에 집중하는 것을 방해할 수 있는 한반도의 돌발상황을 경계하고
있었다.

(2) 1970년대 데탕트와 한일관계의 다면화

　　미국의 중국접근으로 시작된 1970년대의 데탕트 시기는 한
국과 일본에 새로운 외교적 기회를 제공한 시기였다. 일본의 행보
는 성장한 일본의 경제력을 바탕으로 미국과의 군사안보체제를
강화하는 한편, 1972년 중국과의 국교수립을 신속하게 진행함으
로써 새로운 동아시아의 데탕트 체제에 적응하는 모습으로 구체
화되었다. 동시에 한반도의 안정을 유지하기 위한 방안의 하나로

서 다나카 가쿠에이(田中角栄) 정권 등은 북한에 대한 접근과 교
류의 활성화를 적극 추진하였고, 이를 통해 한반도에 대한 일본의
전략적 가치를 증가시키고, 외교적 견인력을 강화시키려는 모습
을 보였다. 그러나 요시다 독트린의 정책적 관성이 지속되는 가운
데, 일본의 안보적 역할 확대와 한반도에 대한 일본의 관심은 여
전히 제한적인 모습으로 나타났다. 1971년 닉슨 대통령은 미국의
무역과 금융에 있어 자국 경제의 한계를 인정하고, 부분적인 보호
주의 정책을 도입하면서 미국 경제의 하락을 인정하기 시작하였
고, 동시에 미국은 주한미군의 철수까지 단행하였다. 이러한 측면
에서 미국은 축소되는 미국의 존재를 대신하여, 한반도를 포함한
동북아시아의 안보문제에 대한 일본의 역할 확대를 요구하는 모
습을 보였다. 1969년 사토·닉슨 정상회담의 결과로서 발표된 합
의문에 '한국의 안전'이 언급되었고, 이를 위한 일본의 역할이 거
론되기 시작하였기 때문이다. 비록 일본에게는 한반도문제에 대
한 적극적 개입이 자연스럽지 못했지만, 대소 견제를 위한 미일
동맹의 강화와 한미일 3국의 협력적 관계 강화라는 측면에서는
신속한 후속조치를 진행하고 있었다. 일본은 대소 견제 차원에서
중국에 대한 신속한 접근을 진행한 것은 물론이고, 한일간의 협력
적 관계 강화와 함께 북한에 대한 접근도 진행함으로써 한반도에
대한 일본의 전략적 위상을 강화시키는 모습을 보였기 때문이다.

한반도의 안보가 일본에 중요하다는 점에서 일본의 개입 필
요성이 거론되고는 있었지만, 한국의 대일 인식과 일본의 정책적
관성, 일본의 국내여론 등으로 인해 한반도문제에 대한 일본의 적
극적 개입이나 구체적인 역할 확대는 여전히 소극적인 모습으로
나타났다. 특히 한일관계에 있어 일본의 입장은 경제적인 측면을

통한 관계 심화에 집중하는 양상을 보일 뿐, 안보 영역을 포함하는 영역의 확산 및 역할 확대로까지 진행되지는 않았다. 오히려 한반도의 평화 유지 차원에서 일본은 북한에 접근하는 방안을 통해, 한반도에 일정한 영향력을 행사하려는 모습을 보였다. 즉, 1960년대에는 한국과의 관계 정상화를 통해 일본에 위협적 요인들의 해소를 시도했다면, 1970년대에는 북한과 중국에 대한 접근을 통해 일본에 대한 위협적 요소들을 축소시키려 했다고 할 수 있다. 1969년의 사토·닉슨 성명이나 1972년 기무라 외상이 북한의 안보적 위협을 부인한 발언, 1978년의 미일 가이드 라인 책정에서도 한반도문제가 일본의 안보위협과 연계하는 것에 소극적인 모습을 보인 것 등이 대표될 수 있다.

한국은 베트남전쟁 참전 등을 통하여 절대적 우방국이었던 미국과의 안보적 협력관계를 유지함으로써, 한반도의 안보적, 외교적 안정감을 유지하려는 시도를 진행하였다. 그러나 한국의 의도와 달리, 닉슨 독트린과 주한미군 철수 정책, 그리고 카터 행정부의 한국 인권문제 부각과 주한미군 감축 시도 등은 한국의 안보에 상당한 위기감을 제공해 주었고, 한국은 새로운 대안들을 모색해야만 했다. 그럼에도 불구하고, 한국에 있어 일본은 여전히 의미있는 대안이 되지 못하였다. 한일관계가 다소 개선되는 조짐을 보이기는 하였지만, 일본에 대한 한국의 불안함과 의구심은 쉽게 해결되지 못하였기 때문이다. 경제적으로는 한일 양국 무역에 있어, 한국의 적자 폭이 더욱 확대되는 양상을 보이고 있었다. 비록 1972년 7.4남북공동선언이 남북한간에 체결되고, 1973년에는 사회주의권에 대한 한국의 접근을 위한 6.23선언이 제안되기도 하였지만, 한국에 있어 남북한 관계는 여전히 경쟁적이고 적대적 관계가 지속되고 있었고, 북한의 대남 도발은 멈추지 않고 있었다. 한국의 입장에서는 북한을 계속 경계해야만 했고, 1974년의 육영수 여사 피살 사건 등과 같이 북한의 테러와 민간인 납치 사건들이 계속되고 있었기 때문에 북한에 대한 접근을 시도하려는 일본의 행보에 대해 긍정적인 지지를 보내기가 힘들었다. 한국의 대북 접근이 제한되어 있고, 남북한간의 불신이 높은 수준을 유지하고 있었다는 점을 고려하면, 일본을 통한 간접적인 대북접근, 또는 남북한 사이의 중재자적 역할을 수행할 수 있는 일본의 위상이 가능할 수도 있다는 점에서는 일본과 직접적인 긴장관계를 유지하지는 않았다. 예를 들어, 1973년의 김대중 납치사건과 1974년의 육영수 여사 살해사건 등으로 인해 한일 양국의 외교적 긴장감이 매우 높아지기는 하였으나, 원칙적으로 서로가 상대방을 필요로 했다는 점에서는 극단적인 선택이나 결정을 행동으로 옮기지는 않았다.

(3) 신냉전의 형성과 진영간 대립 하의 한일관계

1979년 소련의 아프카니스탄 침공과 1981년 미국 레이건 행정부의 출범으로 심화된 신냉전적 국제질서는 동북아시아에서의 한미일 3국간의 군사적 협력과 양자간 동맹의 강화를 초래하였고, 이러한 안보적 가치의 공유는 한일관계에 있어 과거에 비해 상대적으로 긴밀한 협력을 가능하게 했다. 일본의 입장에서는 소련을 제1의 위협으로 설정하고 있던 미일 동맹과 자신의 안보적 위협이 다소 혼란스러웠던 1970년대를 지나 1980년대의 신냉전적 분위기를 통해 안보적 현안들이 다시 정리되고 안정되는 상황이었다. 결국 일본은 미국과의 협력강화와 함께 소련을 상대로 하는 한미일 3각 협력체제의 강화에 집중할 수 있었다. 더욱이 1982년 방위백서에 소련의 안보적 위협을 강조하고, 북한에 대한 경계심을 피력하면서, 일본은 한국과의 안보적 공감대를 형성할 수 있었고, 한일의 공동대응에도 주목할 수 있었다. 더욱이 국제사회에서 강대국으로 부상한 일본의 경제적 위상을 고려할 때, 일본은 21세기를 주도해나갈 경제 대국으로서, 태평양을 건너오는 미국의 패권적 위상을 이어받을 준비를 진행해야 하며, 새로운 동아시아 지역 전략을 수립해야 하는 세계적 국가로서 일본이 거론되는 것을 자랑스럽게 수용하는 모습을 보이고 있었다.

　이러한 측면에서, 비록 한국의 대일 무역 역조현상은 지속되고 있었으나, 한국의 경제성장과 전체적인 무역수지 개선 등으로 한일 양국의 갈등 정도는 상대적으로 완화되고 있었다. 특히 1970년대까지 심각하게 비대칭적이었고 수직적인 성격이 강했던 한일간의 경제 관계가 다소 수평적인 성격을 회복하게 되었다는 점도 양국 관계의 개선에 도움이 되었다. 덧붙여 한국은 남북한 관계에 있어 자신감을 가지게 되면서, 1989년에는 세련된 통일정책을 제시하는가 하면 남북한 관계의 개선과 긴장완화에 주목하고 있었다. 그리고 과거와 달리 한국은 대북 자신감을 토대로 신냉전 시기에 있어 한미일의 안보적 협력을 진행하고 있었다. 이러한 환경은 1983년 1월 일본 나카소네 야스히로 총리가 일본 총리로는 처음으로 한국을 공식 방문하는 기록을 남겼고, 한국의 전두환 대통령도 1984년 9월에 처음으로 공식 방일하는 모습을 보임으로써 한일관계의 진일보한 모습을 과시하기도 하였다.

　결국 한일은 각자가 명시한 적대적 위협국가가 북한과 소련으로 상이했지만, '북방3각' 대 '남방3각'이라는 진영논리에서는 동일한 진영을 적대적으로 인식하고 있다는 공감대를 형성할 수 있었고, 이러한 점에서 양국간에는 갈등적 논쟁이 크게 발생하지는 않았다. 오히려 진영 내의 협력 차원에서는 한일간의 긍정적인 관계가 형성되기도 하였다. 이처럼 동북아시아 지역 수준에서의 간접적인 현안들과 달리, 1980년대에는 그 동안 잠복되어 있던 양국간의 직접적인 갈등 요소들이 한일관계에서 서서히 부상하고 있었고, 이는 2000년대 이후 한일관계를 악화시키는 요인으로 자리잡게 된다. 1982년 '근린제국의 비판에 귀 기울이겠다'는 입장을 밝힌 '미야자와 담화'의 원인이 되었던 일본교과서를 둘러싼 역사인식문제, 원자폭탄 피해자문제, 일본군 '위안부' 피해자문제, 사할린 강제 이주자문제 등이 양국 사이의 현안으로 거론되기 시작하는 시기가 1980년 초반이었기 때문이다.

(4) 냉전의 종식과 신 한일관계의 모색

1990년대는 한일 양국의 관계를 새롭게 평가하고, 긍정적으로 발전시킬 수 있는 의미있는 시기로 평가될 수 있다. 국제사회와 한일 양국의 국내정치적 환경의 변화는 한일관계 발전에 상당히 긍정적인 요인으로 작용하였다. 우선, 국제사회에서 냉전이 종식되면서 그 동안 지속되었던 '반공'을 위한 진영내의 연대가 약화되는 양상을 보였다. 반면, 그 동안 잠재되어 있던 한일 양국간의 직접적인 이슈들이 부상하기 시작하였지만, 이러한 이슈들을 해결하기 위한 양국의 노력들이 일정한 성과를 거두게 되면서, 과거를 청산하고 미래로 나아가야 한다는 합의도 가능해지는 모습들을 보였다.

국제적 환경의 변화뿐만 아니라, 한일 양국의 국내적인 정치적 세력의 변화 또한 한일관계 발전의 계기로 작용하였다. 한국에서는 민주화의 진행과 공고화 과정, 그리고 문민정부의 출범으로 국내정치적 측면보다는 외교적 관계에 관심이 쏠리기 시작하는 시기였고, 오랫동안 부정적으로만 인식되어 왔던 한일관계의 전환 필요성이 제기되었기 때문이다. 일본 역시 장기간 지속되었던 자민당 1당 지배체제가 약화되면서, 새로운 정치세력들이 집권하게 되었고, 그 결과 '위안부문제에 대한 사과와 반성의 마음'을 표방한 1993년의 고노 담화에 이어, 자민당의 오랜 집권에서 이탈한 일본신당의 등장과 같이 일본 정치권의 변화도 한일관계에 영향을 미쳤다. 호소카와 총리가 '식민지배가 강제병합이었다는 점을 인정한' 1993년의 호소카와 담화, 그리고 사회당 정부의 출범으로 기존 외교정책과 차별적인 정책 제시 및 한일관계 발전의 필요성이 강조되었고, 이를 계기로 '과거 식민지 통치와 침략에 대한 사과'를 표명한 1995년의 무라야마 담화는 한일 양국 관계가 긍정적으로 발전하는 데 크게 공헌하였다.

　　1990년대 중반 이후 한국은 일본의 대중문화에 대한 문호를 단계적으로 개방하였고, 이를 통해 한일 양국간의 사회·문화적 교류가 확대되고 빈번해졌으며, 상호간의 이해도가 크게 신장되는 결과를 초래하였다. 1996년 5월 2002 월드컵의 한일 공동개최 결정은 하나의 시발점이 되었고, 1998년 2월에 출범한 김대중 정부가 일본문화에 대한 개방에 적극적인 자세를 취하면서 1998년 10월의 1차 개방, 1999년 9월의 2차 개방, 2000년 6월의 3차 개방으로 일본대중문화의 단계별 개방을 통해 한일 양국간의 문화교류를 더욱 가속화시켰다. 한편, 1998년 김대중-오부치간의 '21세기 새로운 한일 파트너십 공동선언'은 이러한 사회·문화적

교류와 협력의 확대를 지지하면서, 미래지향적 한일관계의 발전
을 기대하게 만들었다. 2002년 한일 월드컵의 성공적 개최와 함
께, 2000년대 초반 일본에서 활성화된 한류의 열풍으로 인해 한
국에 대한 일본의 인식, 그리고 일본에 대한 한국의 인식이 크게
호전되는 상황이 전개되었고, 양국 국민들의 상호 방문도 급격히
증가하였다. 그리고 이러한 배경은 한일 FTA의 추진을 가능하게
만드는 양국의 분위기를 조성하기도 하였다.

안보적 측면에서는 북한 핵문제에 대한 공동대응의 필요성
에 공감대가 형성되었고, 한일간의 안보적 협력이 진행되는 의미
있는 시기이기도 하다. 1999년 1월 서울에서 개최된 한일 국방장
관 회담에서 '북한의 위협에 공동대응한다'는 입장을 재확인하였
을 뿐만 아니라, 1999년 3월에는 한미일 '3국조정협력그룹(TCOG,
Trilateral Coordination and Oversight Group)'이 형성되어 북한 핵문
제에 대한 공동대응 방안을 한미일이 서로 논의하는 매우 이례적
인 상황이 발생하였기 때문이다. 이후에도 이러한 안보적 공감대
는 유지되었고, 2003년 6월 호놀룰루에서 열린 TCOG 회의에서
도 북핵문제에 대한 공동대응의 중요성이 지적되기도 하였다

1990년대에는 이상의 긍정적 측면들과 함께, 부정적 측면들
이 한일관계에 동시에 노정되는 시기이기도 하였다. 냉전이 종전
된 직후였던 1990년대가 한일관계가 긍정적으로 발전하는 의미
있는 시기였던 것은 사실이지만, 일본 경제는 거품경제의 붕괴로
인해 '잃어버린 20년'이 시작되는 괴로운 시점이었다. 반면, 한국
은 지속적인 경제성장으로 1998년 IMF 외환 유동성 위기에 직면
하기 전까지 상당한 자신감을 갖고 있던 시기였다는 점에서 경제
적으로는 서로 희비가 엇갈리는 시기였다고 할 수 있다. 결국 경

제적으로 일본을 추월하려는 의욕을 드러내었던 한국, 그리고 한국의 경제적 추월을 허용하지 않고 경제대국으로서의 자존심을 지키려는 일본의 모습들은 이후 '혐한'과 '반일'의 감정으로 대립하는 단초들 중의 하나로 작용하게 되었다고 할 수 있다.

그리고 한일 양국간의 인식의 괴리가 발생하는 것은 경제적 측면뿐만 아니라, 안보적 측면에서도 차별적인 궤적을 그리며 진행되고 있었다. 냉전이 종식된 1990년의 일본은 세계적인 존재감을 과시할 만큼 막강한 경제력을 과시하고 있었으나, 경제력에 버금가는 군사적 위상을 유지하지 못했던 이유로 인해 1990년 걸프전에서의 차별적 대우를 교훈삼아 군사적 영역에서의 역할을 확대하고 존재감을 과시하려는 모습을 보였다. 그러나 일본은 안보적 측면과 관련하여, 그 동안 제1의 위협이었던 소련이 해체된 만큼, 일본에는 분명한 위협요인이 부재한 상황이 지속되었고, 1998년 북한의 대포동 미사일이 일본 열도를 통과하고 새로운 위협요인 설정에 대한 합의가 진행되기까지 안보적 위협에 대한 규정과 관련하여 다소 혼란스러운 모습을 보이고 있었다. 이는 1991년 자위대의 해외파병 필요성이 제기되는 배경이 되었고, 실제로 1992년에는 'UN 중시론'과 함께 자위대가 유엔평화유지군(PKO)의 일원으로서 파키스탄에 파병되면서, 그 이후 자위대의 해외파병은 계속되고 있다. 이러한 모습은 1993년 오자와 이치로가 강조한 '일본개조계획'의 내용과도 관련되어 있었다. 그리고 일본은 자신과 국교를 수립하지 않은 북한이 일본에 '안보적 위협요인'으로 등장할 가능성을 경계하여 수교 교섭을 진행하기도 하였다. 1990년 9월 가네마루 신의 방북을 계기로 북일 국교정상화 교섭이 본격화되었고, 1992년 11월까지 8차례에 걸쳐 교섭을 진행하였다. 그러나 1994년의 북한 핵위기와 1998년의 북한 대포동 미사일 발사, 1999년 북한 선박의 일본 영해 출현 등은 일본으로 하여금 북한을 새로운 안보적 위협요인으로 설정하도록 만들었다.

반면, 한국에게 있어 북한은 1980년대 후반부터 남북한의 체제경쟁에서 한국이 우월함을 확인할 수 있을 만큼, 체제적 자신감을 가질 수 있는 대상으로 변화하였다. 특히 1990년대 중반의 김일성 사망, 북한의 경제위기와 식량위기, 북한 고위층을 포함한 대규모의 탈북자 발생 등으로 인해 한국은 북한에 대한 인식이 변화하기 시작하였고, 단순한 적의 개념에서 중복적이고 다면적인 성격으로 변화하기 시작하였다. 물론 북한의 대남 무력도발과 군사적 공격은 한국으로 하여금 북한을 분명한 적으로 인식하게 만들기에 충분하다. 그러나 한국에게 있어 북한, 특히 1990년대의 북한은 체제경쟁의 패자이지만, 한국이 도와줘야 하는 동포이고, 한반도 통일을 향해 손을 잡아야 하는 '통일 파트너'라고 인식되기 시작했다는 점에서 일본이 북한을 '안보적 위협요인'으로 인식하는 것 이상의 복잡한 관계를 갖게 되었다. 김영삼정부 시기부터 더욱 심화되기 시작한 이러한 복잡하고도 다면적인 한국의 상호모순적 대북 인식은 한국 스스로도 효과적으로 대응하는 데 어려움을 겪게 만들었지만, 일본을 포함한 주변국가들에는 쉽게 이해되지 못하는 측면으로 나타나게 되었다.

(5) 21세기 동북아시아 국제환경의 급변과 한일관계의 다중화

2000년대 초반까지 전개되었던 한일관계의 긍정적 발전과 인식의 전환 모습들은 오래가지를 못했다. 1980년대부터 서서히 부각되기 시작했던 양국간의 직간접적인 갈등의 단초들이 2000

년 초반부터 한일관계 발전을 제약하는 요인으로써 본격적으로 등장하였기 때문이다. 한국의 입장에서는 '새로운 역사교과서를 만드는 모임'이 주도하는 후쇼사 역사교과서의 문부성 검정 통과, 일본의 우경화와 군사대국화 시도, 독도를 둘러싼 도발적인 모습들, 과거 식민지 역사에 대한 해석의 차별성, 군위안부문제에 대한 사과, 고이즈미 총리를 포함하여 일본 정치인들의 야스쿠니 신사 참배, 일부 일본인들의 혐한 발언, 아베 내각의 강경 발언 등은 일본에 대한 긍정적 인식의 확산을 차단하게 만들었고, 일본에 대한 부정적 인식을 심화시키는 결과를 초래하였다.

반면, 일본의 입장에서는 위안부문제를 포함하여 과거사에 대한 한국의 지속적인 사과 요구와 반복적인 요구의 변화, '다케시마'문제에 대한 한국의 '불법적 점유'와 일방적인 시설 설치, 천황에 대한 모독적 발언, 중국의 안보적 위협에 대한 한국의 차별적 시각과 한국의 대중 접근, 북한 핵문제와 일본인 납치문제에 대한 한국의 차별적인 시각과 일본의 입장에 대한 소극적 지원, 국제사회에서의 일본의 적극적 외교에 대한 한국의 '방해'와 '훼방' 등은 쉽게 이해하기 힘들었고, 일본을 불편하게 만들었다. 결국 이러한 요인들은 일본으로 하여금 한국에 대한 부정적 인식을 확산시켰고, 한국외교를 견제하게 만드는 결과를 초래하였다.

한일간에 새롭게 형성되기 시작한 '반일감정'과 '혐한감정'으로 인해 양국간의 정치적, 외교적인 갈등뿐만 아니라, 안보적으로 한미일 3국의 군사적 협력관계를 강화하고자 하는 미국의 시도를 어렵게 만들고 있고, 한일 양국간의 군사적 정보 교류나 협력에서도 GSOMIA 합의와 번복, 재합의를 반복하게 만들었고, 경제적으로는 한일 FTA협상 추진을 중단시키게 만들었다. 한일 양국은 국교 40주년을 기념하여, 2005년을 '한일 우정의 해'로 선포하며, 새로운 관계발전의 전기로 삼고자 했으나, 2005년 2월 22일을 '다케시마의 날'로 제정한 일본 시마네 현의 행보, 2005년 일본 방위백서에 '독도는 일본땅'이라는 명시 등은 이러한 노력들을 무산시키고 말았다. 노무현정부는 '한일관계 신독트린'을 발표하며, 일본의 행보를 수용할 수 없다는 단호한 입장을 표명하였고, 이후 한일관계는 쉽게 합의점을 찾지 못한 채, 서로 멀어져 가는 차별적인 행보를 선택하는 양상을 보였다. 당시 한국의 '서울신문' 2005년 4월 16일자 보도에 의하면, 일본이 독도에 대한 영유권을 주장한 2005년 2월 이후 4월까지 한일간 교류를 진행하고 있던 한국의 지방자치 단체 80곳 중에서 40여 곳이 교류 차질에 직면하고 있었으며, 한국의 자치단체 15곳이 일본 지방정부 또는 자치단체와의 결연을 파기하거나 교류를 중단하였다. 이후 일본 교과서에 언급되는 독도문제와 관련하여, 2008년 중학교 교과서에서 영유권문제에 대한 논란이 지적된 이후, 2014년 중고교 해설서에서는 '일본의 고유영토'라는 규정이 사용되었고, 2015년 이후 해당 내용을 언급한 교과서에 대한 문부과학성의 승인 범위가 크게 확대되는 양상을 보였고, 이로 인해 양국관계는 쉽게 개선되기 어려운 상황에 빠져들게 되었다.

　　한일관계가 일방적으로 악화되는 것만은 아니었다. 2000년대 후반 일본의 민주당 정권하의 하토야마 유키오와 간 나오토 총리들이 무라야마 담화를 계승하겠다는 의지를 피력하는가 하면, 2011년 3월의 일본 동북지역 대지진에 대한 한국의 지원 등으로 한일 양국의 관계가 다시 개선되는 듯한 조짐을 보이기도 하였다. 그럼에도 불구하고, 일본의 극우 정치인들의 울릉도 방문

시도와 일본내 혐한 시위 격화, 그리고 아베 총리의 재집권과 2013년 야스쿠니 신사 참배 등과 같이 우경화가 심화되는 양상을 보였다. 즉, '고노 담화와 무라야마 담화를 수정한 새로운 역사인식을 담은 아베 담화를 내겠다'는 아베 총리의 선언은 일본에 대한 한국인들의 부정적 감정을 확산시키기에 충분하였다. 그 이후 아베 총리가 2013년 4월에 언급한 '침략의 정의는 정해진 것이 없다'는 발언과 함께, '식민지 지배는 일본만 한 것이 아니다', '일본군의 위안부는 강제 동원하지 않았다'는 일련의 내용들은 한국 국민들에게는 쉽게 수용하기 힘든 내용으로 인식되고 있고, 한일관계를 어색하게 만들고 있다. 한편, 2012년 8월 이명박 대통령의 독도 방문과 일본 천황에 대한 비난, 일본과의 GSOMIA 협정 취소, 일본외교를 방해하는 것으로 비춰지는 한국의 외교, 일본에 대한 지지보다 중국에 가깝게 서 있는 한국외교의 모습들은 일본으로 하여금 한국과 거리를 두게 만드는 배경이 되기도 한다. 결과적으로 2011년 12월 18일 한국의 이명박 대통령과 일본의 노도 총리가 교토에서 정상회담을 가진 이후, 한일수교 50주년이 되는 2015년 6월까지도 박근혜 대통령과 아베 총리 사이의 한일 양국 정상회담이 지연되고 있을 만큼, 한일 양국간 관계는 경색된 상황이 지속되고 있다. 비록 2015년 12월 18일 박근혜정부와 아베정부 사이에 위안부문제 해결을 위한 합의가 진행되었고, 2016년 11월 23일 한일 양국간 GSOMIA(한일군사정보보호협정) 협정이 체결되기도 하였으나, 경색된 한일 양국관계의 개선에는 큰 도움이 되지를 못하였다. 오히려 두 합의에 대한 국내적 반발과 위안부 소녀상문제 등으로 양국간 갈등의 폭과 강도는 더욱 악화되는 듯한 양상을 보이고 있다.

안보문제와 관련하여, 일본은 1998년부터 직접적인 군사적 위협으로 등장한 북한에 대한 효과적인 대응, 2004년 이후 '잠재적인 군사적 위협'으로 설정된 중국에 대한 적절한 대응, 그리고 동아시아에서 빠져 나가고 있는 미국의 군사적 영향력을 대체하기 위한 일본의 역할 확대는 일본의 안보적 위협들을 사전에 제거하고, 냉전시기 미국이 압도적으로 보장해 주던 일본의 안보를 지속적으로 보장하는 데 필요한 측면이라는 점에서 주목하고 있다. 2007년 1월 '방위청'이 '방위성'으로 승격된 이후, 2008년에는 '신테러대책특별법'을 제정하고, 해상자위대의 해외활동을 가능하도록 하였다. 특히 2010년과 2012년에 댜오위댜오 또는 센카쿠 열도를 둘러싸고 발생하였던 일·중간의 긴장으로 인해 일본의 적극적인 '동적 방위력'이 강조되었다. 그리고 2013년 국무회의에서 채택된 '국가안전보장전략'에서 지적된 '국제협조주의에 입각한 적극적 평화주의'는 대량살상무기의 확산과 국제적 테러, 해양안전, 사이버공간의 위협, 빈곤, 기후변화, 재해, 에너지 자원문제 등을 포함하여, 일본이 우려할 수 있는 다양한 안보적 위협에 대한 일본의 적극적 대응, 그리고 이를 위한 일본의 능력과 역할 강화의 필요성을 강조하고 있다. 또한 신방위계획대강과 중기방위력 정비계획 등에서 언급되고 2014년 7월에 각의에서 결정된 '집단적 자위권' 개념은 일본으로 하여금 수세적인 전수방위의 원칙에서 벗어나 적극적인 대응의 필요성을 뒷받침하고 있다. 특히 아베 총리는 2017년도 시정연설에서 2017년이 평화헌법 제정 70주년이 되는 해라는 점에서 헌법 제9조의 개정을 포함하여 집단적 자위권의 행사가 가능하고 적극적인 안보적 대응이 가능한 '보통국가'의 필요성을 재차 강조하였다. 이는 태평양전쟁 종료

때와 크게 달라진 일본의 위상을 고려할 때, '보통국가'로서 일본이 새로운 미래 70년을 준비할 수 있는 새로운 헌법의 필요성을 강조한 것이고, 적극적인 안보적 대응과 준비의 당위성을 함께 역설한 것이다.

그러나 한국의 입장에서는 일본의 안보적 대응이 고전적인 '전수방위'의 개념을 포기하고 있으며, 안보적 대응의 범위와 대상이 아시아 태평양 지역으로 크게 확대되고 있을 뿐만 아니라, 동아시아에서의 미국의 역할 축소로 인해 생기는 안보영역의 공간들을 일본이 채워가고 있다는 점에서 상당한 불안감을 갖게 된다. 더욱이 2015년 합의된 신 미일방위협력지침에 근거하여 일본은 '사태대처법'을 통해 한반도에 대해서도 일본이 군사력을 투사할 가능성이 발생하게 되자, 한국의 경계심이 다시 한번 강도높게 작동되기도 하였다. 그리고 한국은 일본이 중국을 안보적 위협으로 규정하고, 중일간의 군사적 긴장감이 높아져가는 것은 한국의 안보와 한반도의 평화, 나아가 동아시아의 평화에도 전혀 도움이 될 수 없다는 점에서 한일 양국간의 다양한 직접적 현안들과 함께 한국은 일본의 대외적 행보에 대한 불안감을 계속 유지하고 있다.

Ⅱ. 탈냉전과 한일관계의 다층화 및 전략적 인식의 차별성

탈냉전 시기의 한일관계는 냉전시기에 비해 경제적 측면에 있어 수직적인 모습들이 상당히 수평적인 내용으로 변화하고 있는 한편, 정치적 측면에서는 차별적인 체제 내용들이 동질화되는 양상을 보이고 있으며, 다소 단순했던 양국의 전반적 관계들이 복잡해지고 다층화되는 양상을 보이고 있다. 이러한 현상들로 인하여 한일 양국이 상대방을 인식하고 평가하는 내용들 또한 복잡해지고 있으며, 전략적인 대응방안들 또한 차별적인 모습을 보이고 있다.

첫째, 안보적 위협에 대한 인지의 내용과 이에 대한 대응 방안이 차별적이다. 한국과 일본 모두 안보적 위협에 대한 적극적 대응을 진행하려 하고, 주변국가들로부터 전달되는 안보적 위협에 노출되지 않도록 노력한다는 점에서는 공통적일 수 있다. 그러나 한국은 안보적 위협의 내용을 가능한 구체적으로 제한하고, 그 대상을 명시적인 적대적 행위자로 최대한 축소하여 집중하려는 태도를 보이고 있는 반면, 일본은 자신에게 위협을 줄 수 있는 예상 가능한 안보적 상황이나 내용들을 나열하고 있으며, 적대적 행위자의 대상과 범위를 적용 가능한 범위 내에서 모든 경우의 수에 포함시키려 하고 있고, 이들에 대한 적극적 대응을 강조하고 있다.

한국의 안보적 위협은 경계를 맞대고 있는 북한이라는 명시적 적으로부터 수십년 동안 초래되고 있다. 더욱이 남북한은 1950년부터 65년 이상을 전쟁상태로 대치하고 있는 실정이다. 남북한간에는 언제나 무력충돌이 발생할 수도 있고, 또 최근의 천안함 사태나 연평도 포격과 같이 군사적 충돌이 실제로 발생하는 것이 이상하지 않는 '전쟁상태'이다. 결국 한국의 안보적 위협은 한국은 물론이고 국제사회도 부인하기 힘든 명시적인 적에게 집중되어 있다. 이에 대한 한국의 대응은 북한이라는 명시적인 적에 집중하면서, 북한 이외의 안보적 위협 요소나 행위자들을 가능한 추가하지 않으려 하는 모습을 보인다. 북한이라는 위협에 대응하는 것만으로도 힘든 상황인만큼, 그리고 분명한 적이 존재하고 있는만큼, 북한 이외의 안보적 위협 요인이나 공간을 추가하고 확대하는 것은 한국의 외교적 역량과 자원을 소진하게 함으로써, 효율적인 대응을 힘들게 할 뿐만 아니라, 한국의 군사안보적 역량을 분산시킴으로써 명시적인 적인 북한에 대한 적절한 대응마저도 실패할 가능성을 우려하기 때문이다.

반면, 일본에는 무엇보다도 경계를 맞대고 있으며, 언제든지 일본을 무력으로 공격할 수 있는 적이 냉전종식 이후에는 존재하지 않는다는 점이 차별적이다. 비록 1980년대까지 일본은 소련의 위협을 명시적인 안보적 위협으로 규정하고 있었고 이에 대한 적절한 대응을 준비해 왔지만, 탈냉전과 함께 일본은 안보적 위협을 상실하게 되었다. 1998년 북한의 대포동 미사일 발사를 계기로 일본은 북한을 위협으로 설정하게 되었지만, 그때까지 일본은 새로운 안보적 위협에 대한 논의를 진행해야만 했다. 그리고 비록 중국이 동아시아의 평화를 지지한다며 기존 국제질서를 훼손시킬 적대적 의사가 없다는 점을 반복해서 피력하였지만, 일본은 2004년에 중국을 잠재적인 위협국가로 표현하였고, 그 이후 위협에 대한 인지의 강도를 높여가고 있다. 또한, 일본은 상시적인 안보적 위협을 잃어버리게 되면서, '안보 회색지대(gray zone)'의 경우처럼 안보적 위협의 대상에 '가능성이 있는 모든 위협'까지 포함시키려는 양상을 보이고 있다. 그리고 일본은 안보적 위협을 고려할 수 있는 지리적인 공간들도 예상 가능한 수준으로 확대해서 설정하고 있고, 이에 대한 적극적 대응의 필요성을 반복해서 강조하고 있다. 그리고 2012년 방위대강 이후, 일본의 안보적 대응 방식은 예상 가능한 안보적 위협에 대한 능동적인 방위와 집단적 자위권 행사와 같은 동적방위(動的防衛)의 적극적 대응 필요성을 강조하고 있다. 그리고 센카쿠 열도를 둘러싼 일-중간의 갈등은 이러한 일본의 군사적 준비와 대응이 적절하다는 점을 뒷받침해 주는 요인으로 지적되고 있다.

둘째, 양국 외교정책이 추구하는 핵심적 이익(core interests)의 성격이 다소 차별적이다. 일본에게는 탈냉전의 시점이 전략적 가치를 실현하는 데 필요한 매우 의미있고 유용한 시기가 되고 있다. 일본은 세계적인 경제력에 어울리는 군사력을 보유하는 보통국가가 되기를 희망하고 있으며, 이를 통해 동아시아에서의 주도적인 지도 국가가 되기를 희망하고 있다. 그리고 이와 관련하여 필요한 국내외적 상황을 적극 활용하고 있고, 이미 상당한 준비를 진행해오고 있다. 예를 들어 1995년 방위계획대강의 개정에 이어 1996년 4월 '미일 신안보공동선언' 발표, 1997년 9월 '미일 신 가이드라인' 작성 등과 같이, 미국의 세계전략에 적극 호응하면서, 2004년 신방위계획대강 이후부터는 안보위협 요인으로서 소련 대신 북한과 중국을 설정하는가 한편, 미국이 떠나가는 동북아시아에서의 힘의 공백을 중국이 차지하지 않도록 하기 위하여 일본이 스스로 그 위상을 확보하기 위해 노력하고 있는 양상이다.

반면, 한국에게 있어 탈냉전은 기존에 존재하는 안보적 위협을 해소할 수 있는 기회이면서도 위협 해소가 더욱 어려워지게 된 힘든 상황에 직면하게 되었다. 한국에게 있어 가장 핵심적인 이익이라 할 수 있는 한반도의 평화 및 통일문제와 관련하여, 한국의 안보를 위협하는 주적인 북한의 존재가 지속되고 있는 가운데, 북한 핵문제와 미사일문제 등으로 인해 한반도의 안전 및 통일문제가 더욱 어려워지고 있고, 복잡해지고 있기 때문이다. 이러한 과정에서 한국의 안보를 보장해주던 미국의 동아시아 내 존재감과 역할이 더욱 제한되는 반면, 일본의 적극적인 안보적 대응은 동아시아 지역에서 중국과의 긴장을 심화시킴으로써 한국의 대응을 어렵게 만들고 있다. 한반도의 평화와 통일을 위해서는 한국에는 주변국가들과의 긴장적 관계보다는 협력적 관계가 필요하다. 그러나 일본과 중국의 행보는 한국의 희망과 달리 동아시아와 동북아시아에서의 긴장과 갈등을 새롭게 형성하고 있고, 악화시키고 있다. 비록 한국의 안보와 직결되어 있는 한반도의 통일문제와 직접 관련되어 있는 것은 아니지만, 동북아시아에서의 안보적 긴장과 갈등은 결코 한반도의 통일에 도움이 될 수 없을 것이기 때문이다. 즉, 한반도의 통일과 동북아시아에서의 주도적인 위상 확보라는 한일 양국간의 이익의 차이는 상호간의 차별적 인식과 차별적 대응을 초래하고 있다 하겠다.

셋째, 기본적인 안보정책 및 외교정책의 분석 수준에서의 차이가 있다. 즉, 안보정책이라는 측면에서는 양국이 인지하는 중요성의 수준이 유사하다 하더라도, 양국의 외교전략에 있어 범위와 수준의 차이가 불가피하게 발생하고 있다. 한반도적 수준과 동아시아적 수준의 지역 차이는 미국과의 동맹관계와 무기체계, 그리고 추구하는 가치의 차이를 유발시키게 되고, 이는 한일 양국이 상대방에 대한 기대치와 평가를 상이하게 만들고 있다. 일본의 안보적 수준은 분명 동아시아적 수준을 지향하고 있고, 2013년 '신방위대강' 이후에는 미국을 지원하는 수준이 더욱 넓어지고 있는 듯하다. 그러나 남북한 관계에 있어서의 군사적 충돌이 지속되고 있는 한국으로서는 한반도적 수준에 집중할 수밖에 없고, 동아시아 지역을 뛰어넘는 지리적 수준을 고려하고 있는 일본의 전략적 수준과는 차이가 날 수밖에 없다. 결국 일본은 미일 동맹의 성격이나 적용 범위가 점점 확대되고 있는 것에 적극적인 반면, 한국은 한미 동맹의 성격이나 적용 범위가 양안문제 등으로까지 확대되는 것을 희망하지 않는다. 특히 한반도 통일이나 북한 핵문제 등에 있어 핵심적 위상을 차지하고 있는 중국의 전략적 존재감을 의식해야만 하는 한국의 입장에서는 한미 동맹이 동아시아 지역으로 확대되는 것이 결코 한국의 전략적 이익에 도움이 될 수 없을 것이기 때문이다. 이러한 안보와 관련한 인식 수준의 차이는 무기 시스템에서도 차이가 날 수밖에 없고, 일본의 군사력이 수준 높은 상태로 첨단화되는 것에 대해 한국은 오히려 불안감을 가질 수밖에 없는 상황이라 하겠다. 또한 이러한 차이는 중국에 대응하는 한국의 태도에 대한 일본의 불만과 실망감, 동시에 북한 핵문제와 미사일문제에 대응하는 일본의 정책적 선택에 대한 한국의 불만과 실망감 등을 초래하게 만드는 요인이 되고 있다. 결국 한반도적 수준에 우선 집중하면서 한반도의 통일과 북핵문제 등을 해결하는 데 필요한 환경적 요소로서 동아시아의 전략적 상황을 판단하려는 한국의 선택 및 행보들과, 동아시아에 있어서의 힘의 분포에 기본적인 관심을 가진 상태에서 한반도 통일문제와 북한 핵문제 등을 병행하여 해결하려는 일본의 안보정책과 외교적 행보들은 쉽게 조화되기 힘든 상황이 빈번하게 발생하고 있는 것이다. 그리고 이러한 국제적 상황에 대한 부조화는 한일 양국간 이견으로 노출되고 있고, 양국간의 직접적 현안들에 대한 이견과 갈등을 심화시키고 있는 상황이다.

Ⅲ. 동북아시아 지역 현안들에 대한 한일간의 차별적인 전략적 대응

한일간에 존재하고 있는 상이한 안보적 인식과 안보위협 대상의 선정 및 수준 문제 등과 관련하여, 양국이 인식하고 있는 중국의 부상, 북한의 핵 및 미사일문제 등에 대한 양국의 전략적 판단과 대응의 양상 또한 다소 상이한 형태로 나타나고 있다. 그리고 위안부문제와 역사 교과서문제, 독도문제, 해양경계문제 등의 다양한 양국간 현안들도 존재하고 있다. 그러나 특히 동북아시아 지역내 현안들에 대한 한일 양국의 상이한 인식과 전략적 대응의 내용을 보다 자세하게 검토하면 다음과 같다.

(1) 부상하는 중국의 전략적 가치에 대한 인식의 격차

한국과 일본은 모두 경제적 측면에 있어 중국이 중요한 수출시장이고 주된 투자시장인 것은 공통적인 사실이다. 경제적 측면에 있어 중국이 차지하는 비율이나 상대적인 위상 등을 고려하면, 한일 양국은 중국과의 관계가 악화되거나 이로 인해 경제적 관계가 위축되는 것이 결코 바람직한 상황은 아니다. 그러나 안보적 측면이나 국제정치적 측면에 있어 한일 양국이 이해하는 중국의 존재감이나 전략적 필요성은 그 내용이 상당히 상이하다.

1960년대부터 1980년대까지 미국과 함께 세계 2위의 경제규모를 유지해 왔고, 경제적으로 쇠락해 가고 있는 미국을 대신하여 세계경제를 이끌어갈 미래의 주도적 국가로서 인식되어 왔던 일본이 1990년대부터 장기적인 경제침체에 빠져 저성장을 효과

적으로 극복하지 못하는 상황에 놓이게 되었고, '잃어버린 20년'
의 어려운 시기를 경험해야만 했다. 반면, 1970년대 후반부터 경
제개혁과 개방정책을 시작한 이래 급격한 경제성장을 지속해 온
중국은 2000년대부터 '화평굴기(和平堀起)' 또는 '화평발전(和平發
展)' 등의 용어를 통해 경제발전에 대한 강력한 의지를 피력하였
다. 그리고 2010년에는 GDP 규모에서 일본을 추월하여 세계 2위
의 경제대국으로 부상하면서, 일본을 앞지르기 시작하였다. 1990
년 일본 GDP의 1/8에 불과하던 중국 GDP는 2013년에 오히려
일본 GDP의 1.9배를 기록할 정도로 성장하였다. 동아시아의 경
제성장을 선도해 왔고, 미국에 이어 세계 2위의 경제규모를 자랑
해 온 일본에는 그동안 자신이 주도하던 소위 '나르는 기러기
(flying geese) 모델'의 뒤쪽에 위치하고 있던 중국에 경제적으로
추월 당한 것이 상당한 충격이었다. 결국 경제적 측면에서 중국의
일본 추월과 일본과의 격차 확대는 군사비 지출과 관련하여, 중국
의 지속적인 군사비 지출 증강을 초래하였다. 2005년에는 중국의
군사비 지출이 절대치에 있어 일본을 추월하는 결과를 초래하였
고, 그 이후 격차는 계속 벌어지게 되면서 2013년에는 3배 이상
의 군사비 지출 격차가 나타나게 되었다. 이러한 모습은 일본으로
하여금 안보적 불안감을 가중시키는 요인이 된다.

　　일본의 입장에서 중국은 2004년 방위계획대강에서부터 북한
과 함께 '견제'의 대상이 되었으며, 상황이 악화될 경우에는 일본
의 안보를 위협하는 '잠재적 위협'이라 할 수 있다. 비록 2010년
방위계획대강에서는 중국을 일본에 대한 안보적 위협요인이면서
도 협력 대상이라고 규정해 놓고 있지만, 중국의 경제적 성장이
군사 현대화로 나타나면서 중국의 군사대국화 가능성이 현실화될

가능성이 커졌다는 점을 고려하면, 동아시아 지역에서의 지역패권 국가로 중국이 부상하는 것에 대한 일본의 경계심과 불안감은 더욱 심화되고 있는 추세이다. 특히 해양세력인 일본의 입장에서는 미국과 함께 대륙세력인 중국의 해군력 확대나 대양해군화는 반드시 견제해야만 한다. 따라서, 센까꾸열도(댜오위댜오)의 영유권 갈등을 둘러싼 직접적인 일·중간 군사적 충돌은 물론이고, 동중국해와 남중국해에서 진행되고 있는 중국의 해양진출 시도는 일본의 안보와 안정적인 해로(sea lane) 확보를 위협하는 핵심적 요인들로 인식되게 되었다.

그러나 한국의 입장에 있어 중국은 한반도의 통일이 완성되기 전까지는 '전략적인 협력 동반자 관계'를 유지해야 하는 분명한 이유가 있다. 한국은 한반도의 안전을 확보하는 데 있어 그 동안 미국이라는 동맹국의 확보만으로도 충분할 것이라는 예상을 갖고 있었지만, 이는 북한 핵문제의 해결과정 등에서 결코 충분한 것이 아니라는 점을 확인하게 되었다. 오히려 한국은 북한 핵문제 해결을 위한 6자회담이나 북한의 대중국 의존도, 탈북 난민들의 중국 체류 등을 고려할 때, 북한에 압박을 가하고 북한의 태도변화를 유도할 수 있는 의미있는 행위자로서 중국의 존재감을 확인하였다. 나아가 한반도의 통일을 본격적으로 진행하기 위해서는 중국의 지지와 지원, 그리고 경우에 따라서는 중국의 적극적인 개입과 협력이 필요하다는 점을 확인하게 되었다. 일본과 달리 동북아시아에서의 지역패권문제 등은 한국에게 있어 급박한 정책적 대상이 아닌 다소 부차적인 문제라는 점과 함께, 가장 우선되는 전략적 가치가 한반도 통일이라는 점을 고려하면, 동아시아에서의 지역패권 경쟁과 긴장감의 확산은 한국에 결코 바람직한 현상이 될 수 없다. 한반도의 통일이 완성되는 데 긍정적인 동북아시아 주변 국가들의 이익 조화와 협조, 지원이 한국에는 절실한 상황이기 때문이다.

결국, 한국이 자유민주주의 국가인 일본 대신 공산주의 국가인 중국에 접근하고 있고, 일·중간의 정치적 긴장관계가 발생할 경우에 일본을 적극적이고 일방적으로 지지하지 않는 상황에 대해 일본이 상당한 불만을 피력할 수는 있지만, 한국에게 있어 일·중간의 긴장 관계는 한반도의 긴장완화와 평화통일에 전혀 도움이 되지 않는 상황이라는 점, 오히려 이로 인해 한반도의 긴장완화와 평화통일이 매우 어려워질 수도 있다는 점에 대한 우려가 더 크다는 점에 대한 이해가 필요하다. 오히려 일본의 우경화와 재무장, 보통국가화, 역사 해석문제, 성노예문제, 과거사 반성 부재 등은 한국의 집단적 기억의 발동과 안보적 불안감을 초래하여, 중국과 정서적인 동질감이나 감정적인 공감대를 형성하게 만들 가능성을 높인다는 점도 주목할 필요가 있다. 이는 한국과 중국 사이에 이념적, 정치적 이해관계와 무관하게 존재하는 군국주의 일본에 대한 공통의 집단적 기억이 여전히 작동하고 있고, 그 내용들이 양국의 공감대를 형성하고 있기 때문이다.

(2) 북한문제, 그리고 북핵 및 북한 미사일에 대한 인식의 차별성

북한의 존재에 대한 한일 양국이 견지해 온 인식의 변화 내용은 매우 차별적이고 상반된 궤적을 그려오고 있다. 우선 일본에게 있어 북한은 1970년대까지 일본의 안보를 위협하는 요인으로 발전하지 않도록 조심스럽게 접근하는 대상이었고, 전후청산을 통한 관계정상화와 이를 통해 일정한 관계를 유지함으로써 북일관계가 악화되지 않도록 노력하는 대상이었다. 따라서 한국정부의 불만에도 불구하고 일본은 북한에 접근하였고, 일본은 남북한 모두와 일정한 관계를 유지하기 위해 노력하였다. 비록 1980년대부터 북한에 대한 안보적 위협을 감지하기 시작하였으나, 일본은 탈냉전을 계기로 동아시아에서 유일하게 전후청산을 하지 못한 북한과의 국교정상화 시도를 본격화하였다. 1970년대의 국교수립 시도에 이어, 1990년 9월부터 예비회담을 거쳐 1992년 11월까지 8차례에 걸친 국교정상화 대화가 본격적으로 진행되었고, 2000년부터 다시 재개된 국교정상화 논의는 2002년 9월 17일 1차 북일 정상회담, 2004년 5월 22일 2차 북일 정상회담 등으로까지 발전하였다. 그러나 1993년부터 본격화된 북한 핵문제, 1998년의 북한 대포동 미사일 발사, 납치 일본인문제의 우선적 해결을 강조하는 일본 내 보수우익들의 강력한 요구, 납치 일본인문제와 관련한 일련의 사건들, 2006년 북한의 핵실험 감행 등의 현안이 거론되면서, 일본은 북한의 안보적 위협들을 지적하기 시작하였고, 1998년부터 일본은 북한을 안보적 위협요인으로 규정하였다. 그리고 일본은 북한 인권문제와 미사일 발사 등과 관련하여, UN 안보리의 대북결의안 채택에 주도적인 역할을 수행하는가 하면, 자체적으로도 일본 내 조총련계 자금의 대북 송금 금지, 북한 선박이나 항공기의 일본 정박 금지, 대북 경제재제의 강화 및 확대 등의 조치를 취하며, 북한에 대한 강경한 입장을 취하고 있는 실정이다. 그리고, 일본은 북한의 다양한 도발행위를 근거로 하는 '북한 위협론'을 통해 국제사회에서의 일본의 안보적 역할 강화 및 확대를 진행하였다. 특히 일본에 있어 북한은 2000년대 이후 일본의 안보를 위협하는 요인으로서, 미국이 주도하는 MD체제에 참여하거나, 동아시아에 있어 일본의 안보적 역할 확대, '집단적 자위권'의 채택 등과 관련한 객관적인 정당화 근거로써 활용되고 있다. 일본인 납치문제는 물론이고, 1999년 일본영해 침투에 이어, 2001년 12월 일본영해에서 침몰한 북한 간첩선의 일본 영해 침투, 1998년 일본 영공을 통과한 북한 미사일 '대포동 1호' 발사와 2013년 장거리 미사일 발사에 대한 일본의 심각한 대응 등은 이러한 상황을 잘 설명해 주고 있는 부분이다.

그러나 북한을 바라보는 한국의 입장은 여러 차례 변화되는 양상을 보여왔고, 이는 일본의 대북인식과 차별적인 변화의 궤적을 보여오고 있다. 분명 한국에 있어 북한은 적이고 안보적 위협 요인인 것만은 사실이며, 이는 2010년대에도 변하지 않고 계속되고 있다. 그러나 1970년대까지는 붕괴시켜야 할 적이라는 인식이 한국의 대북 인식 전체를 지배하는 양상이었으나, 1980년대부터 한국은 북한을 한반도 통일을 완성하는 데 필요한 '통일의 파트너'이고 '동반자'라는 입장을 가지기 시작하였으며, 1990년대에는 북한을 경제적으로 도와주어야 할 대상으로 인식해야만 했고, 급기야 한반도의 혼란을 초래할 수 있는 북한의 체제붕괴를 걱정해야만 하는 상황이 되었다. 결국 한국에게 있어 북한은 전쟁을 수행하고 있는 적인 동시에 통일의 당사자인 같은 민족이고, 경쟁해야 할 대상이면서도 도와주어야 할 대상이며, 압박을 가해야 하지만 붕괴할 경우에는 한국이 매우 곤란해질 수 있는 매우 상반된 성격들이 복잡하게 얽혀 있는, 그리고 다중적인 관계를 형성하고 있는, 매우 어려운 상대라는 점에 주목해야 한다. 이러한 다중적이고 복합적인 특성으로 인해 한국의 대북정책은 일관된 모습을 띠기가 힘들고, 일본을 포함한 국제사회는 한국의 비일관적인 대북 반응들을 이해하기가 힘든 것이 사실이다. 바로 이러한 점에서 한국의 대북정책은 일본이 진행하는 대북정책과 차별적일 수밖에 없고, 북한 핵문제와 미사일문제 등에 대한 대응에 있어 일본이 이해할 수 없는 한국의 대북정책이 돌출될 수 있으며, 이로 인해 한일 양국은 북한문제에 있어 상호간의 불만을 초래할 수밖에 없는 것이 현실이다.

　이러한 한국의 복잡한 대북인식으로 인하여, 북한의 핵실험이나 미사일 발사, 인권문제 등으로 북한에 대한 국제사회의 경제봉쇄나 압박이 진행되는 과정에서도, 한국정부는 혹시 모를 북한의 붕괴나 체제 위기를 걱정하는 모습을 보이게 되고, 오히려 북한에 대한 경제적 지원을 시도하거나 경제협력의 약화를 걱정하는 상황이 전개된다. 비록 일본은 한국의 이러한 대응을 이해하기 힘들 수도 있겠지만, 북한의 체제붕괴나 극심한 혼란은 한반도 전체에 심각한 안보적 위기를 초래할 수 있기 때문이다. 또 핵실험이나 미사일 발사와 같이 국제사회의 질서와 안전을 위협하는 북한의 행위에 대해 국제사회가 무력의 사용까지 적극적으로 고려할 수 있다는 점도 지적될 수 있지만, 한국정부는 이를 결코 적극적으로 지지할 수가 없다. 비록 2010년의 천안함 사건이나 연평도 포격사건 등이 있었고, 1945년 이후 6.25 전쟁은 물론이고 다양한 북한의 테러행위와 무력도발이 진행되어 온 것은 사실이지만, 한국은 북한에 대한 국제사회의 처벌로 인해 한반도에서의 전면전이 다시 재연되는 것은 결코 원하지 않기 때문이다. 지리적으로 떨어져 있는 일본을 포함한 국제사회의 입장과 달리, 북한과 경계선을 맞대고 있는 한국의 입장에서는 한반도에서 전면전이 재발한다는 것은 한국이 1953년 이후 이룩해 놓은 거의 모든 것들을 잃어버리게 되는 것을 의미한다. 결국 한국은 국제사회가 북한이 위기감을 느낄 정도의 강력한 경고를 북한에 보내기를 희망하지만 한반도에서의 심각한 무력 분쟁이 일어나는 것은 원치 않으며, 한반도의 통일을 진행해야 하지만 무력을 사용해서는 안 되고, 북한이 강력해져서 군사적 도발을 진행하는 것은 안 되지만 북한이 붕괴되어 혼란을 초래해서도 안 되며, 한반도 통일을 위해 국제사회의 협력은 필요하지만 국제사회의 지나친 간섭 없이 한국이 주도하는 통일을 진행하고자 하는 한국의 매우 복잡하고도 어려운 입장은 일본이 이해하는 북한, 일본이 추진하는 대북정책과는 결코 동일할 수가 없는 것이 현실이다.

(3) 미국의 세계전략 변화에 대한 상이한 적응

비록 냉전시기부터 반복되어 온 내용이기는 하지만, 미국은 1960년대 후반부터 하락하기 시작한 경제적 어려움과 국내정치적 이유 등으로 인해 냉전이 종전된 이후, 해외주둔 미군의 규모를 축소하고, 미국의 역할을 제한적으로 운용하는 문제에 대한 논란이 재연되었다. 비록 2001년 9/11테러로 국제사회에서의 미국의 절대적인 군사력 우위의 필요성이 다시 강조되기도 하였으나, 세계경찰로서의 미국의 역할에 대한 재평가와 함께 해외주둔 미국의 역할 재검토 및 규모 축소에 대한 논의가 적극적으로 검토되고 강조되기 시작하였다. 결국 미국은 자신의 경제력과 변화된 국제환경에 부합할 수 있는 세계전략에 대한 재검토를 진행하게 되었고, 2003년 11월 발표된 GPR(Global Posture Review)에서 해외주둔 미군의 감축과 '전략적 유연성'의 강화가 구체화되기 시작하였다. 비록 '중국 위협론'의 등장과 함께 해양군사력을 강화하고 현대화하려는 중국에 대응하여 미국 오바마 행정부의 'pivot to Asia' 전략의 천명이 있기는 하였지만, 세계전략에 대한 재검토 작업은 구체적인 형태로 추진되어 왔다.

　탈냉전과 소련 붕괴 이후, 냉전시대의 안보중심적 패러다임이 설득력을 얻지 못하게 되면서, 미일 동맹의 성격도 변화하는 국제적 환경에 적응하는 모습을 보이게 된다. 미일 양국은 소련의 위협과 일본에 대한 직접적인 침략에 국한되기보다는, 한반도와 대만, 핵의 비확산, 탄도미사일 위협, 대테러 행위, 안정적인 해로의 확보 등과 같이 일본의 포괄적 안보에 위협을 줄 수 있는 다양한 요인들에 대한 적극적 대응과 일본의 역할 확대 형태로 미일 동맹을 적응시켜 가게 된다. 미국은 대외전략으로서 2011년 클린턴 국무장관에 의해 강조된 'rebalancing' 전략과 관련, 아시아에서 안보적 재균형을 위한 핵심적 파트너로서 일본의 집단적 자위권 확보 및 군사력 증강을 지지하고 있다. 결국 냉전시기 동안 미일 동맹이 적용된 지역들은 1978년에 미일간에 합의된 '미일방위협력을 위한 지침'에는 일본 열도와 일본 이외의 극동지역에 국한되어 있었다면, 2010년대에는 미일동맹의 적용 범위가 태평양 지역으로 일본의 기능과 역할, 적용지역이 크게 확장되었다고 할 수 있다. 미국과 일본은 1996년 미일안보공동선언을 통해 미일 동맹의 성격을 아시아태평양지역을 대상으로 하는 지역동맹으로 발전시키는 데 합의하였고, 1997년에 제정된 신가이드라인을 통해 유사시 일본이 담당해야 하는 역할들을 구체적으로 명기하며, 그 활동 범위를 크게 확대시켰던 것이다. 미국의 재정위기, 가용한 정책적 자산의 한계 등으로 인해 미국의 독자적인 효과적 정책 추진에 무리가 있다는 점에서, 결국 일본에 대한 미국의 전략적 의

존도를 높이게 만들었고, 이는 일본의 적극적인 안보전략 수립을 지지하고 지원하는 결과를 초래하였다. 이러한 미국의 전략 변화는 일본의 적극적 지지를 받았지만, 한국 등에는 오히려 부정적인 위기감을 초래하고 있다.

　　이러한 미국의 세계전략 변화는 동북아시아의 한국과 일본에 상당한 영향을 미쳤다. 문제는 서로의 상황이 차별적이고, 미국에 대한 의존도의 성격이 차별적인만큼, 한국과 일본 양국의 인식과 적응 내용은 매우 상이한 형태로 나타나고 있다. 동아시아 지역에서 진행해 온 미국의 역할이 기존의 적극적이고 직접적인 개입의 형태에서 제한적이고 간접적인 개입의 형태로 변화하는 한편, 미국의 동맹국으로 하여금 미국의 일부 역할과 부담을 대신 담당하도록 하는 소위 'offshore balancing'의 전략과 관련하여, 일본의 입장에서는 그 동안 갈망해 온 동아시아 주도국가라는 위상의 강화라는 측면에서 매우 적극적으로 수용하고, 참여하려는 모습을 보이고 있다. 중국이라고 하는 잠재적인 지역 패권국의 등장을 미국과 함께 견제해야 하는 역할을 담당하게 된 일본으로는 상당한 군사적, 경제적 부담을 가지게 된 것이 사실이지만, 다른 한편으로는 보통국가화의 명분을 뒷받침하고 재무장의 필요성을 역설할 수 있는 매우 긍정적 환경을 확보하게 된 것이라 할 수 있다. 특히 1990년의 걸프전 참전 이후, 일본이 심각하게 판단하였던 국제사회에서의 제한적인 군사적 위상을 강화시킬 수 있는 계기로 활용한다는 점에서는 미국의 세계전략 변화에 적극 호응하고, 적극적인 참여를 진행하고 있는 실정이다. 미국이 주도하는 MD체제에 적극 참여하는 것은 물론이고, 부시 행정부 시절의 PSI 참여, 유사시 미군의 군사작전 지원에 대한 적극적인 참여와 참여 범위 및 수준의 적극적 확대를 검토하고 있는 것이 대표적인 예라 할 수 있다. 이는 1995년 11월 일본정부가 확정한 '신방위계획대강'을 시작으로, 1996년 4월의 '미·일 공동선언'의 내용 등에서 나타난 일본의 반응들이 이를 뒷받침해주고 있다. 미국과 단순한 '역할분담'이나 '책임분담'의 수준을 넘어서서 미·영 동맹의 수준에 어울릴 만큼, '지도력과 권한을 분담'(power-sharing)하는 수준의 전략적 상호의존 관계에 적극 참여하고 있고, 이는 일본의 방위계획대강의 내용이 변화해 온 내역에서도 확인되고 있다. 즉, 일본 본토의 소극적 방위에 한정했던 1976년의 방위대강에서, 일본열도 주변지역에 대한 방위를 강조한 1995년의 대강, 글로벌 차원의 역할 확대를 강조했던 2004년의 대강, 그 이후 일본 열도의 남서방 지역에 대한 방위력 강화를 구체적으로 강조한 2010년의 대강에 이어 일본 본토와 주변지역 이외의 국제무대로 일본방위의 대상을 확대시킨 2013년 12월의 대강으로까지 변화해 오고 있기 때문이다.

그리고 실제로 일본은 9.11테러 이후 '테러대책 특별조치법'을 제정하고, 이를 통해 미군이 주도하는 아프가니스탄 전쟁을 지원함으로써, 자위대의 역할을 세계적 차원으로 확대시키는 계기로 활용하였다. 그리고 전쟁 이후에는 '이라크 부흥지원 특별조치법'을 제정하여, 자위대를 이라크 지역에 파병하기도 하였다. 아베정부는 2013년 12월 4일 국가안전보장회의(NSC) 발족, 2013년 12월 17일에는 국가안보전략(NSS)의 핵심적 개념으로서 아베 총리가 2013년 9월 UN총회 연설에서 강조한 '집단적 자위권'과 '적극적 평화주의'를 재차 강조함으로써, '보통국가' 건설이라는 일본사회의 담론과 연계되는 재무장의 개연성을 강화시키고 있다. 즉,

'전수방위'에 집중하며 정규군대를 가지지 않는 평화국가에서 '적극적 평화주의'를 지향하며, 일정한 군사력을 보유하는 국가로 전환되는 방안을 진행하고 있는 것이다. 이러한 '적극적 평화주의'라는 개념은 일본의 군사력 확대에 대한 일본국민들과 한국 및 중국 등의 주변국가들의 우려를 해소하고 동시에 지지를 확보함으로써 일본이 집단적 자위권의 행사가 가능한 수준의 군사력을 확보하기 위한 전략적 개념이라 할 수 있다. 문제는 일본이 집단안전보장의 개념에 의거하거나, 집단적 자위권의 개념 또는 '적극적 평화주의'의 개념에 의존하건 간에 이를 '평화헌법 제9조'의 개정으로 연결하려 한다는 점이다. 특히 아베 총리가 2013년 3월 TV 프로그램에 출연하여 집단안전보장의 행사를 위해서는 헌법 제9조의 개정이 필요하다는 점을 강조했던 점, 그리고 평화헌법의 개정을 당헌에 명기하고 있는 자민당이 다시 장기집권할 양상을 보이고 있다는 점, 동시에 자민당 당규 개정과 아베 총리의 장기 연임 가능성, 더욱이 자민당의 장기집권을 견제할 만한 일본 국내 정치적 대응세력이 부재하다는 점에서 '보통국가화'와 헌법개정의 연계성으로 인해 초래되는 현상에 대해 과거의 기억을 유지하고 있는 한국의 위기감과 불안감은 가중될 수밖에 없는 것이 현실이다.

반면, 한국의 입장에서는 미국의 세계전략 변화가 매우 불안한 상황으로 인식된다. 미국의 세계전략 변화 논의의 일환으로 '전략적 유연성' 개념이 강조되는 것과 관련하여, 우선 주한미군의 축소가 언급될 것이고, 한국의 전시 군사작전통제권의 이양문제가 논의될 수 있으며, 한국은 미국이 담당하던 역할을 한국이 대신하는 것에 대한 막대한 경제적 부담까지 고려하여야 한다. 특히 주한미군의 축소는 북한으로 하여금 오판을 초래할 수 있다는 불안감을 가중시킨다. 즉, 북한이 한국을 침략했던 1950년 초에 미국이 한반도와 대만을 방어선에서 제외했던 애치슨 라인을 선언했고, 그 여파로서 전쟁이라는 최악의 상황을 경험했던 것을 고려하면, 미군이 한반도에서 철수한다는 것은 한반도에서의 안보적 불안감을 가중시키는 것으로 이해되기 때문이다. 그리고 전시 군사작전통제권의 이양은 비록 한국정부가 적극적인 군통제권을 확보한다는 측면에서는 긍정적이지만, 휴전상태인 한반도의 현재 상황을 고려하면, 전시작전통제권이 한국에 이양된다는 것은 미국의 역할과 참여가 제한적일 수 있다는 것을 의미하고, 이는 곧 한반도 내 주한미군의 철수 상황과 동일한 현상으로 이해될 수 있다는 점에서 매우 불안한 안보적 상황이라 할 수 있다. 결과적으로 미국의 세계전략 변화는 한국에게 있어 안보적 불안감과 생존에 대한 심각한 위기감을 제공해 주는 결과를 초래하며, 이는 한반도의 안보적 방어에 심각한 위기를 초래하는 것으로 이해되고 있다.

　　미국의 변화하고 있는 세계전략과 관련하여, 한국과 일본이 안보적 불안감을 인식하게 된다는 점에서는 공통적이나, 양국의 반응과 대응의 형태에 있어서는 중요한 차이가 존재한다. 일본의 대응은 동아시아 지역에서 빠져나가는 미국의 빈자리를 일본이 채우기 위한 것으로 이해될 수 있으며, 이러한 일본의 행보는 현시적인 주적이 부재한 상황에서 자신의 역량을 확대하려는 적극적 행보의 계기로 이해된다. 반면 한국의 행보는 미국의 역할 제한과 축소로 인해 노출되는 안보적 취약함을 보완해야만 하고, 북한이라는 주적으로부터 생존해야 한다는 불안감의 확대 차원에서 미국의 세계전략 변화가 결코 반갑지 않은 현안이라 하겠다.

Ⅳ. 결 론

　21세기 현재, 한일 양국관계에 존재하는 직접적인 현안들도 많고, 이에 대한 양국의 차별적 인식과 대응은 양국관계의 발전과 개선을 방해하는 요인으로 작용하고 있으며, 결과적으로 국교정 상화 50주년에 대한 평가를 부정적으로 만들고 있다. 그러나 한 일 양국간의 직접적인 현안들은 본 책자의 다른 장들에서보다 자 세히 논의되고 있는만큼, 본 장에서는 한일관계에 영향을 미치고 있는 동아시아 지역의 환경적 요인들, 그리고 한일이 함께 바라보 는 제3의 현안들에 대한 차별적 인식과 이해관계의 내용들을 살 펴보았고, 이러한 내용들이 한일관계에 어떠한 영향을 미치고 있 는지를 검토해 보았다.

　1965년 국교정상화 이후 1980년대까지는 한일관계를 위협 하는 요인들은 동북아시아의 국제적인 현안들보다 경제적인 무역 역조문제, 과거사문제 등과 같이 대체로 양국간 관계와 관련된 내 용들이 대부분을 차지하였다. 그럼에도 불구하고, 양국간의 직접 적인 현안들은 대체로 냉전이라고 하는 국제적 환경에 의해 억눌 려 있었고, 이로 인해 한일관계 전반을 악화시킬 만큼 크게 부각 되지는 않았다. 그러나 한일관계를 강력하게 통제하고 있던 냉전 과 진영정치가 마무리되는 1990년대부터는 한일 양국간의 직접 적인 현안들이 크게 부각되고 이에 대한 이해관계와 입장들이 크 게 충돌하는 모습을 보이는 한편, 양국간 관계 이외의 현안들에 대한 차별적 인식과 상반된 이해들도 동시에 충돌하게 되면서, 양 국간의 현안이나 관계들을 더욱 악화시키는 양상이 나타나게 되 었다. 결과적으로는 양국 사이의 한일관계와 동북아시아 지역 내의 한일관계가 서로 악영향을 미치게 되고, 부정적인 인식과 관계를 더욱 복잡하게 만들고 있는 듯하다.

　한일 양국이 갖고 있는 차별적인 인식의 출발과 관련하여, 한국 외교의 기본적 인식은 한국의 안보적 위협을 본질적으로 해결할 수 있는 한반도 통일이나 남북한 문제와 연계되어 있으며, 이를 근거로 하는 전략적 판단을 진행하고 있다. 문제는 남북한 관계가 1980년대를 계기로 변화하게 되면서, 북한과 한반도 통일에 대한 한국의 인식이나 태도가 변화하게 되었고, 남북한 관계에 접근하는 한국의 전략적 태도나 인식 또한 변화할 수밖에 없었으며, 동북아시아 주변국가들에 대한 한국의 전략적 접근 및 판단 또한 차별적 모습을 띠게 되었다. 결국 한국에게 있어 북한이 엄연한 안보적 위협요인이라는 사실은 변함이 없지만, 북한을 어떻게 인식할 것인가의 문제는 복잡해졌고 다양해지게 되면서, 한국 외교는 복합적이고 서로 모순적인 이해관계를 동시에 실행해야 하는 딜레마에 직면하게 되었다. 따라서 한국은 가능한 국제사회의 안보적 위협요인들을 최소화하는 한편, 해결하기 힘든 북한문제와 한반도 통일문제 등에만 집중하려는 경향을 보이게 된다. 한국의 입장에서는, 이러한 한국외교의 딜레마와 복잡해진 상황을 이해하지 못한 채 한국외교를 더욱 난감한 상황으로 밀어 붙이고 있고, 한국의 전략적 선택을 어렵게 만들고 있는 일본외교의 행보가 불편할 수밖에 없는 것이다.

　반면, 일본외교에 있어 안보적 위협 요인이 1990년대를 계기로 소련에서 북한으로 변화하였고, 21세기에는 중국이 추가되는 양상을 보이게 되면서 일본외교의 전략적 인식이나 판단 또한 전환되어야 했다. 문제는 자국의 안보적 위협 요인에 대한 일본의 적극적 대응에 대해 협력하거나 지원하기보다는 부정적인 평가를 통해 방해하는 듯한 모습을 보이고 있는 한국의 행보가 일본에게는 외교적인 측면에서나 안보적인 측면에서 신뢰감을 주지 못하고 있다는 점이다. 북한 핵과 미사일, 중국의 부상에 대한 인식, 중국의 해양진출 등에 대한 한국의 대응은 일본의 인식이나 대응 방안들과 공존하기 힘들 뿐만 아니라, 경우에 따라서는 완전히 상반된 내용들이기 때문이다.

결국 핵개발 프로그램이나 미사일 개발, 인권 등을 포함하는 북한문제, 그리고 동북아시아의 강자로 부상하고 있는 중국문제, 동아시아에서 역할을 축소하려는 미국의 행보 등과 관련하여 전개되고 있는 동북아시아 지역 수준에서의 현안들에 대한 양국간의 차별적 인식과 대응들은 서로의 차별적인 존재적 위상과 안보적 위상 등으로 인해 쉽게 조율되지 못하고 있다. 그리고 동북아시아 지역 수준에서 나타나는 한일관계의 부조화와 괴리는 양국 관계에서 노출되고 있는 다양한 현안들에 대한 갈등과 의견 불일치들과 연계되면서, 양국간의 오해와 대립을 더욱 악화시키고 있고, 부정적인 대립적 모습들을 더욱 부각시키고 있는 듯하다. 따라서, 만약 한일 양국간의 현안들에 대한 해결책 모색이 쉽지 않다는 결론에 도달하게 된다면, 한일관계의 전반적인 상황 악화를 방지하는 측면에서 최소한 동북아시아 지역 수준에서 존재하고 있는 한일관계의 현안들을 우선적으로 해결하는 방안을 시도하는 것을 검토하고 실행에 옮길 필요가 있으며, 그 시작은 상대방의 차별적인 전략적 인식과 시각의 내용 및 배경들을 이해하는 것이라 할 수 있겠다.

5.2

동북아시아 정세의 변화와 한일관계
—경제적 시점을 중심으로

고마키 데루오(小牧輝夫. 大阪経済法科大学)

배종윤 논문은 동북아 정세의 변화과정에서 한일관계가 어떻게 전환되었는지에 대해 한국의 입장과 일본의 입장을 객관적으로 분석한 아주 훌륭한 논문이다. 특히 미소냉전이 종식되어 한일관계가 크게 변화하였고 그 배경에는 중국의 부상이라는 동북아시아 정세의 기본적 변화가 존재한다는 점, 한반도 통일이라는 민족적·역사적 과제가 한일간의 차이를 가지고 온다는 점을 명확하게 지적하고 있다. 그리고 일본의 입장을 객관적으로 제시하기 위해 각별한 노력을 기울이고 있다. 필자는 기본적으로 배종윤 논문의 논지에 동의하고 있으며 그의 논문을 높게 평가한다.

여기에서 본 논문은 동북아시아 정세의 변화와 한일관계를 경제적 시점을 중심으로 분석하고, 배종윤 논문에서 저자와 약간 견해를 달리하는 논점을 언급할 것이다.

Ⅰ. 동북아시아 정세의 변화와 한일관계의 추이

제2차세계대전에서 패전국이 된 일본은 평화국가로서 재건되는 것을 조건으로 미국과 국제기관의 경제적 지원을 받으면서 전후 부흥에 임했다. 한편 제2차세계대전 이후 많은 신흥독립국 가가 등장하여 경제발전을 위한 악전고투의 역사가 시작되었다. 동북 아시아도 예외가 아니었고 그 중에서 특히 현저한 전개를 보인 나라가 바로 한국이다.

일본의 식민지 지배에서 해방되자마자 미소냉전 속에서 남 북으로 분단되어 1948년 38도선 남쪽으로 대한민국 (이하 한국)이 북쪽으로는 조선민주주의 인민공화국(이하 북한)이 수립되었다. 독 립 당시 한국은 일본과의 경제적 단절에 이어 남북간의 경제적 보완관계도 상실하여 농업을 중심으로 하는 빈곤한 개발도상국에 지나지 않았다. 게다가 남북은 같은 민족간에 비극적인 한국전쟁 을 경험하였고 1950년대에서 60년대 중반까지 한국은 정치, 경제 적으로도 가혹한 상황에 놓여 있었다.

미국의 군사, 경제원조에 의존하고 있었던 한국은 50년대 중 반에는 일시적으로 원조물자에 의한 "3백 (밀가루, 면화, 시멘트) 경 기"가 나타났다. 이를 계기로 한국 재벌이 등장하였고 정경유착 이 시작되는 단초가 되었다. 이때 한국사회·경제의 원형이 형성 되었다고 볼 수 있다.

그러나 제2차세계대전 이후 압도적인 군사력과 경제력을 자 랑하며 군사, 경제 원조로 반공진영을 지탱해 왔던 미국이 달러 방어에 나서기 시작하자 한국은 굉장히 곤란한 처지에 놓였다. 1961년 쿠데타로 탄생한 박정희 정권은 정치적으로는 가혹한 억 압체제를 지속시키면서도 경제에서는 자립경제재건을 목표로 정 권의 정당성을 걸고 경제재건을 강력하게 추진하였다.

제2차세계대전 이후 일본은 식민지였던 한반도와의 관계가 단절되었다. 샌프란시스코 강화조약까지는 외교권을 상실했었고 한국과 북한과의 관계는 공백 상태였다. 샌프란시스코 강화조약이 체결되고 얼마 지나지 않아 한국과의 국교교섭이 시작되었지만, 이승만 대통령의 강경한 반일자세와 당시 일본 유력자들의 잘못된 역사인식 때문에 진전을 보지 못했다. 그러나 유럽을 중심으로 미소 냉전체제가 형성·강화되고, 동북아시아에서도 중국 내 공산당 정권이 성립되고 한국전쟁이 발발하는 가운데 미국은 동아시아 반공진영 구축에 노력하였다. 미국은 한일 국교정상화를 요구하였고 난항 끝에 한일 국교교섭은 1965년 12월에 타결되었다. 1960년대의 일본경제는 전후 부흥을 마치고 겨우 경제성장에 향하던 시기였기에 한국과의 국교정상화에 필요한 자금을 조달하는데 그리 여유가 있었던 것은 아니었다.

1965년의 한일국교정상화와1964년 시작된 베트남 파병이라는 두 가지의 커다란 계기를 잘 활용한 한국은 1960년대 후반 이후부터 수출과 외자에 의존하는 대외지향형의 고도 성장을 이루어냈고, NICs(신흥공업국)에 이름을 올릴 정도로 성장했다. 그 동안 1973년 제1차 오일쇼크는 중동산유국 진출로 극복하였고 중화학공업화에 매진하였다. 그러나 급속한 중화학 공업화의 결과 경제적·사회적 왜곡이 계속되었다. 이 때문에 1979년 제2차 오일쇼크 때는 박정희 대통령 암살사건도 더해져 경제는 마이너스 성장을 기록하는 등 커다란 차질을 빚게 되었다.

70년대에 남북은 격렬한 체제·외교경쟁을 전개하였다. 한국은 사회적·경제적문제를 겪으면서도 경제규모를 한 단계 성장시켰고, 70년대 초까지 북한 우위였던 남북간의 경제적 균형이 한국 우위로 전환되었다. 또한 이 당시의 한일관계는 양국이 미소냉전, 한국의 반정부운동 통제, 일본으로부터의 청구권 자금 활용 등의 요인이 작용하여 대일무역적자문제를 제외하고는 대체적으로 평온한 시기였다.

　한편 70년대의 일본경제는 고도성장이 지속되어 아시아를 비롯해서 세계 발전도상국의 성장모델을 자부하고 있었다. 외자 보유고에도 여유가 생겼다. 일본은 한국에 대해서 청구권 자금공여가 종료됨에 따라 한국측의 요청에 따라 후속조치로서 대량의 엔 차관을 공여하는 등 계속해서 양호한 관계가 유지되었다.

　1980년대 한국경제는 안정된 경제성장을 위한 구조조정을 시작했는데 1986년 "프라자합의" 로 엔고·달러 약세의 통화조정의 결과 실질적으로 달러에 연동되어있던 한국은 원화 약세의 혜택을 향유하게 되었다. 수출이 급격히 늘어났고 때마침 원유가격이 하락하고 국제금리도 저하되어 유례없는 "3저 호황"을 누렸다. 또한 1987년 민주화가 시작되고 1988년 서울 올림픽의 성공으로 한국은 대만과 함께 NICs의 대명사라는 지위를 확보하였다.

　1980년대의 일본경제는 79년 제2차 오일쇼크에서 경제수지 적자를 기록하면서 긴축금융책을 시작했는데 이와 동시에 재정적자 삭감이 주요 목표로 떠올랐다. 80년대에 들어서 경제성장이 감속되었기 때문에 그 이후에는 금융 완화, 재정 감축이 정책 기조가 되었다. 프라자 합의로 단숨에 엔고·달러약세가 진행된 결과 한국의 수출이 급증한 반면 일본의 수출기업은 경쟁력이 저하되어 이른바 엔고불황에 빠졌다. 이에 대처하려던 금융완화책이 결과적으로 과잉 유동성을 낳았고 버블을 만들었다. 한편 80년대 초에는 전두환 대통령 취임을 계기로 한국에서 안전보장협력을 명목으로 "대일60억 달러 차관"이 제기되어 논란이 되었는데

1983년 나카소네 야스히로 수상이 한국을 방문하여 40억 달러 차관협정이 체결되어 문제는 일단락되었다. 한국에 대한 ODA로서 엔 차관은 한국이 이미 원조대상단계를 벗어났기 때문에 이것이 마지막이 되었다.

1990년대에 들어가자 미소냉전이 종결되고 한국을 둘러싼 국제환경에 커다란 변동에 일어났다. 이미 80년 후반에 한국은 소련·동유럽 국가들과 경제 교류를 시작하고 있었으나 1990년에 소련과 국교를 수립하는 데 성공하고 1992년에는 중국과도 국교를 수립했다. 그 동안 1991년에는 유엔 남북동시가입도 실현되었다. 한편 남북관계도 변화하여 2000년에는 김대중 대통령이 방북하여 김정일 국방위원장과 함께 남북정상회담을 실시, "6.15 남북공동선언"에 조인하였다.

경제면에서는 90년대 전반에는 80년대 후반의 급성장의 여파가 지속되어 선진국 진입을 목표로 금융·환율 자유화를 추진하였다. 그리고 1996년에는 염원이었던 OECD에 가맹하였다. 빈곤한 발전도상의 농업국가에서 출발한 지 50년도 안 돼서 선진공업국의 대열에 가세하게 된 것이다.

그러나 축하 분위기의 뒷편에서 한국경제에 이상징조가 진행되고 있었다. 재벌급 기업의 연쇄도산이 시작되었다. 1997년 태국에서 시작된 아시아 금융통화위기가 한국에 파급되어 한국은 IMF에 금융지원을 요청하게 되는 사태에 빠졌다. IMF를 중심으로 총액 570억 달러 규모의 국제적 지원 패키지가 조성되어 일본은 100억 달러, 미국은 50억 달러 지원을 표명했다. 이러한 지원 약속은 한국이 필요로 한 경우에 발동되는 것으로 실재로는 발동되지 않았지만, 만일의 경우에 대비해서 한국의 자금융통을 보증하는 역할을 했다. IMF지원은 엄격한 금융·재정 긴축정책을 조건으로 하는 것이었다. 이를 견뎌낸 한국은 구조개혁을 진행하여 위기에서 탈출했다.

한편 일본경제는 버블이 붕괴한 1990년대 초반부터 경제 침체가 현저화되고 장기에 걸쳐서 제로성장 전후의 저성장에 빠졌다. 이른바 "잃어버린 10년" 혹은 "잃어버린 20년"이다. 특히 엔고 지속으로 수출 부진이 현저해지고 국내수요도 늘어나지 않는 디플레 현상이 계속되었다. 결과적으로 재정적자가 한층 더 누적되어 운신의 폭이 좁아지는 상황이 되었다.

이와 대조적으로 이 시기에 급속하게 부상한 것이 중국이다. 2000년대에 들어서면서 제로, 마이너스 성장에 고생하는 일본경제와 개혁개방으로 고도성장이 지속되는 중국경제와의 대비가 뚜렷해졌다. GDP에서 일본을 역전하여 세계 2위의 지위에 도달한 중국은 군사비를 확대해 나가면서 해양진출에 강력한 의욕을 보였다. 중국의 부상은 주변국가와의 경제관계에도 커다란 변화를 가져왔다. 오랫동안 한국의 수출대상국 1위는 미국이었고 2위는 일본이었다. 그런데 2001년에는 중국이 2위가 되었고 2002년에는 1위가 되었다. 이러한 상황변화가 한일관계에 영향을 미친 것은 당연하다.

이러한 와중에 미국의 중국 정책이 주목을 받고 있다. 미국경제는 일본과는 다르게 2008년 리먼쇼크로 하락세를 보였지만 경제는 나름대로 성장을 지속하고 있다. 그러나 장기적으로 보면 미국의 국력이 저하되고 있는 것은 명확하다. 러시아의 중부 유럽 진출을 견제하고 중국의 해양진출과 존재감 증대에 대항하면서 불안정한 중동정세에 대처해 나가기 위해서 미국은 전략을 재검토할 필요가 있었다. 군사·외교정책의 중점을 아시아·태평양 지역으로 옮기는 이른바 재균형(Rebalancing) 정책을 채택한 것이다. 북한이 핵무기와 탄도 미사일 개발로 미국에 도전적인 자세를 취하는 이유중의 하나는 그들이 미국의 국력이 저하되었다고 분석하고 있기 때문이다.

한일관계에 대한 일본국민들의 인식을 알아보는 데 내각부의 여론조사가 참고할 만하다. "한국에게 친근감을 느끼는가 느끼지 않는가"라는 설문 항목은 단순하지만 대상기간이 장기적이라는 데 유용한 자료가 된다. 이것을 보면 한국에 대한 친근감, 적대감은 의외로 고정적이지 않고 상당한 변동을 거친다는 것을 알 수 있다.

이 자료의 대상연도인 1978년부터 2015년까지를 개관하면 서울올림픽의 1988년을 제외하고 1998년까지 일관되게 "한국에 친근감을 느끼지 못한다"가 "친근감을 느낀다"보다 더 높은 수치를 나타내고 있다. 그러나 1999년부터 13년간은 "친근감을 느낀다"가 "느끼지 못한다"보다 더 많이 나왔다. 특히 2009년부터 11년까지 3년간은 "친근감을 느낀다"가 조사 대상자의 60퍼센트 이상에 달했다. 아쉽게도 이러한 한국에 대한 호감도는 이명박 대통령의 독도/다케시마 방문 등에 의해 2012년에는 40퍼센트 이하로 곤두박질쳤다.

호감도 변동의 원인으로서는 서울올림픽과 축구 월드컵 한일공동개최, 김대중 대통령에 의한 문화교류 추진, 마이너스 요인으로서 독도/다케시마 관련 등 비교적 알기 쉬운 것들인데 상관관계가 명확하게 보이는 것은 아니다. 별도로 과학적인 검증이 필요할 것이다. 물론 여론조사 결과가 현실의 한일관계를 정확하게 반영하고 있다고는 확신할 수 없으며, 이를 대체할 만한 것이 없기 때문에 어디까지나 참고로서 제시한다는 것을 지적해두겠다.

Ⅱ. 1960년대 후반: 한일경제관계 원형의 형성

1960년대 초반의 한국은 1인당 국민 총생산이 100달러 전후에 지나지 않았고, 경제활동인구의 60퍼센트가 농어업에 종사하는 발전도상의 빈곤한 농업국가였다. 게다가 농촌은 피폐했었다. 국내자본은 부실했고 미국의 원조삭감에 직면한 한국은 외국에서 새로운 자금을 도입하는 것이 긴급한 과제가 되었다.

박정희 정권은 자립경제달성을 위해서 개발전략으로서 대외지향형 개발전략을 선택하여 수출확대와 외자도입에 의한 공업화를 추진하였다. 정부는 당시 "수출·(식량) 증산·건설"을 자립경제 달성의 슬로건으로서 내걸었는데 수출진흥을 위해서 수출산업을 육성하는 것이 초미의 관심사였다. 그러나 이를 위해서는 자금을 확보할 필요가 있었다. 박정희 정권은 일본의 경제협력자금＝청구권 자금의 활용을 유일한 선택지로서 생각하고 1965년에 국내 반대론을 무릅쓰고 일본과의 국교정상화를 실현했다. 이리하여 무상 3억 달러, 유상 2억 달러가 일본에서 10년 분할로 공여되게 되었고 이 외에 상업차관으로 3억 달러 이상을 보장받았다.

일본이 한국과 국교정상화를 추진한 이유는 배종윤 논문에서 지적했듯이 일본 경제성장의 잠재적 저해요인을 제거한다는 것이 커다란 동기였다. 당시 일본정권 주변에서는 한국이 공산화

될 것을 염려해서 한국을 지원해야 할 필요가 있다는 인식이 강력하게 자리잡고 있었다. 한반도 불안정화를 방지하기 위해서 한국을 지원하는 것은 미국의 강력한 요청이기도 했다.

그러나 당시 일본은 한국과의 국교정상화만 진행한 것이 아니었다. 1951년 샌프란시스코 평화조약에서 한국은 연합국의 일원으로 인정받지 못한 채 한일국교정상회담이 개최되는 가운데, 미얀마를 비롯한 동남아시아 국가들과도 1954년부터 본격적인 배상교섭을 시작했다. 한일국교교섭은 이러한 전후 처리라는 일본에 있어 아주 중요한 외교과제였다는 것을 지적해 두고 싶다.

한일국교정상화에서 합의된 경제협력자금=청구권 자금은 한국경제발전의 초기단계에서 제1의 동력이 되었다. 그 점에 대해서는 당시 한일국교정상화에 대해서 비판적이던 다수의 전문가도 인정하고 있다. 다만 "재산 및 청구권문제의 해결과 경제협력에 관한 협정"에 의해 "양 체약국 및 그 국민간의 청구권에 관한 문제가 (중략) 완전히 그리고 최종적으로 해결된 것이 된다는 것을 확인한다"(제1조 제1항)고 했음에도 불구하고 그 후에 일부 역사문제의 불씨를 남긴 것도 사실이며, 이 문제에 대해서는 서로가 인내심을 가지고 대처해 나갈 수밖에 없다. 그리고 한일합의에 의해 한국경제가 급속하게 발전하여 수출가공형이라는 한국경제의 원형이 형성되었는데, 그것이 일본으로부터 기계·부품의 수입, 대일무역적자 구조를 형성했다는 비판도 있다는 것을 유의해 두고 싶다.

당시 한국경제발전의 또 다른 동력은 한국의 베트남 파병에 의한 베트남 특수였다. 베트남 파병에 관한 정치사회적 문제(대부분은 부정적인 문제)의 검증은 별도로 진행해야 하지만 지면상의 여유가 없기 때문에 경제적 측면만 논의하겠다. 베트남 파병은 한국에 대한 미국의 평가를 크게 변화시켰고, 바이 코리아 정책에 의해 "한국만 다른 국가와는 비교도 안 될 정도로 기적적인 성과를 거두었다"(박근호 "한국경제발전론"). 전쟁이 가져온 커다란 희생과 함께 일본이 한국전쟁 특수로 불황에서 단숨에 재건된 것을 상기시킨다.

Ⅲ. 1980년대 후반 이후: 중국의 부상

중국은 1990년대부터 2000년대 전반쯤까지 완만하지만 꾸준하게 경제를 발전시켰고 2008년 리먼쇼크에서 일본 등의 성장이 침체된 시기에도 대규모 재정자금 투입으로 오히려 성장세를 기록했다. 그 상징적 결과가 2009년의 일본과 중국의 명목 GDP 역전이며 세계경제 제2위의 지위는 일본에서 중국으로 이동했다. 그 이후에도 침체기에 빠져있던 일본을 제치고 중국의 명목 GDP는 계속해서 증가해갔고 최근에는 일본의 약3배까지 늘어났다.

그리고 세계경제에서 중국의 위상 확대를 반영하여 국제적 결제로 이용되는 통화로서 위안화는 미국 달러, 유로, 영국의 파운드에 이어 점유율 4위를 기록, 일본 엔을 역전하였다. 이러하여 2015년 12월 IMF의 SDR(특수 인출권)의 구성통화에 인민원도 사용되게 되었다. 중국 주도의 AIIB(아시아 인프라 투자은행)이 미국과 일본의 견제에도 불구하고 EU 국가들을 포함해서 세계 여러 국가들이 참가한 것은 위와 같은 배경이 있다.

이러한 중국의 눈부신 경제성장의 결과 한국은 무역, 투자면에서 중국과의 관계가 급속하게 증대했다. 앞서 말했듯이 한국의 수출 상대국은 전통적으로 1위가 미국이고 2위가 일본이었다. 그러나 이러한 패턴은 중국의 부상으로 인해 완전히 옛날 이야기가 되었다. 중국이 한국의 수출상대국 3위가 된 것은 한국이 OECD 가맹한 1996년이었는데, 이후 한국의 대중국 수출은 급속하게 확대되어 2001년에 대일 수출을 그리고 2003년에는 대미수출을 뛰어넘어 제1위가 되었다.

수입 상대국 상황에도 큰 변화가 일었다. 중국이 한국의 수입 상대국으로서도 일본을 넘어 2007년에 제1위가 된 것이다. 그것은 한국의 대일적자문제에도 영향을 주고 있다. 종래부터 한국의 수출이 늘어나도 일본으로부터의 기계설비와 부품 수입이 늘어나기 때문에 대일무역적자문제는 해결되지 않는다고 말해져 왔다. 그러나 한국의 대일무역적자는 2010년을 정점으로 감소 경향을 보이고 있다.

외화 수입에서 한국은 대일적자구조를 중국에 대한 큰 폭의 흑자구조로 균형잡고 있다. 중국의 대한국 적자는 순수하게 경제적 측면만 아니라 중국의 정책적 유도가 있는 것 같다. 역으로 일본은 중국에 대해서 적자구조이며 일본, 한국, 중국 3개 국의 무역구조는 서로 맞물리는 형태로 균형 잡혀 있다.

중국은 "일대일로" 정책으로 동북아시아뿐만 아니라 동남아시아, 중앙아시아, 아프리카 등 글로벌 차원에서 커다란 영향력을 갖게 되었다. 아시아 인프라 투자은행 설립에서는 영국과 독일, 프랑스 등 주요국이 참가하는 등 EU국가들에도 영향력을 발휘하고 있다.

그리고 중국은 중국본토뿐만 아니라 이른바 중화 경제권으로서 기능하고 있다. 대만의 국가주석 선거에서 야당 민진당이 승리하여 중국과 대만관계의 향방이 주목받고 있는데 현재 경제적 상호의존 관계에 커다란 변화는 있을 것 같지 않다. 그러한 가운데 일본의 샤프가 대만 홍하이 산하에 들어간 것은 상징적인 사건이라고 할 수 있다. 아직 한국기업과는 그러한 사례가 나오지 않고 있는데, 혹시 동일한 사건이 일어났을 경우 일본 국민이 어떤 반응을 보일지 흥미로운 부분이다. 일본은 대기업은 세계 각지에서 많은 외국기업을 산하에 두어 왔지만 반대 케이스에 대해서는 별로 익숙하지 않기 때문에 감정적으로 받아들이기 어려운 부분이 있다.

　　중국의 부상에 대해서는 19세기에 세계경제의 막강한 파워를 가지고 있던 국가가 세계경제에 있어야 할 지위로 복귀했다고 생각하면 이해하기 쉬운데 이와 함께 센카쿠 열도(댜오위다오 군도), 난사군도(Spratly 군도), 서사군도(西沙諸島 Paracel군도) 등의 도서지역을 둘러싸고 일본과 중국, 중국과 베트남 등 주변국과의 마찰도 증가하고 있다. 한국이 중국관계에서 경제적 관계를 심화시킬 뿐만 아니라 북한문제를 위해 중국과의 긴장관계를 회피하고 싶은 점은 필자도 이해를 표하지만 국제사회의 충분한 이해를 얻기에는 쉽지 않을 것이다.

Ⅳ. 냉전 종결 이후: 냉전종결과 북일관계 개선 시도

　　1989년 베를린 장벽 붕괴를 시작으로 미소 냉전체제가 붕괴되었다. 소련은 1990년에 한국과의 국교 수립에 나서는 등 냉전붕괴의 영향이 곧장 한반도에 파급되었다. 북한도 유엔에는 남북이 단일 국가로서 가맹해야 한다고 강력하게 주장해 왔으나 방침을 바꿀 수밖에 없었다. 이리하며 1991년 남북이 유엔에 동시에 가입하게 되었다. 이를 계기로 1992년 중국도 한국과 국교수립을 단행하였고 한반도를 둘러싼 기존의 냉전구조는 커다란 변용을 맞았다.

이렇게 냉전이 붕괴되는 과정에서 한국의 국제적 지위가 크게 강화된 반면 북한은 유엔에 가입했지만 한국에 있어 소련, 중국에 해당하는 미국, 일본과의 국교수립은 실현되지 않았다. 그러나 이것은 당시 국제환경에 기인한 것이 아니라 북한 외교전략의 실패이기도 했다.

애초부터 북한은 1975년에 키신저 국무장관이 유엔에서 제기한 교차승인안을 거부해 왔다. 교차승인안이란 미국, 일본이 북한을 승인하고 소련, 중국이 한국을 승인하는 것으로, 한반도문제를 해결하기 위한 방안으로서 국제정치학자인 카미야 후지가 1969년에 제안한 것이라고 알려져 있다. 그런데 북한은 미소냉전붕괴 후에 중국이 한국과의 국교정상화를 결의하자 이것을 북일, 북미 국교수립과 연계하도록 요구했지만 중국은 북한의 요청을 받아들이지 않았던 것 같다. 중국이 북한의 요청을 받아들여도 소련과 한국이 국교를 정상화한 상황에서는 이미 교차승인안은 한미일에게 교섭 재료가 되지 않을 것이라고 판단했을지도 모른다. 중국으로서는 남북 유엔 동시가입 때까지 한국과의 국교수립에는 신중히 대처했는데 북한에 대한 최대한의 배려였다고 보여진다. 70년대 중반에 북한이 교차승인안을 받아들였다면 그 이후 북미관계와 북일관계는 전혀 다른 양상 되었을 것이다. 혹은 북한이 지금처럼 핵무기와 미사일 개발에 집착할 필요가 없어졌을지도 모른다. 교차승인안에 대한 북한의 전략적 판단 미스는 아무리 생각해 봐도 아쉬운 부분이다. 1990년 9월 북한의 김일성 주석은 방북한 자민당의 가네마루 신(金丸信)과 사회당의 타나베 마코토(田辺誠)에게 돌연히 북일 국교정상화를 제안했다. 일본 방북단의 원래 목적은 북한에 억류되어 있던 어선 선원의 석방과 민간 연락사무소 설치 등 우호친선을 논의하는 것이었다. 그때까지 북한은 "두 개의 조선", "분단의 고정화"에 반대한다는 이유로 일본과의 국교정상화에 부정적이었던만큼 김일성 주석의 제안은 커다란 방침전환 이었다. 그러나 한국이 소련과 국교를 수립하였고 중국도 뒤를 따를 것이라고 생각해서 제안했을 것이라고 생각된다. 혹은 북한은 한국과 소련의 국교정상화 움직임을 보고 중국에 한국과의 국교수립을 하지 말라고 요청했지만 중국측의 동의를 얻지 못했을지도 모른다. 이렇게 생각하면 북한이 돌연히 국교수립을 제안한 이유가 이해된다.

김일성 주석의 제안을 받아 1991년부터 북일간 국교교섭이 시작되었다. 교섭은 우여곡절을 거쳤고 여러가지 요인에 의해 지금까지 타결될 전망은 없다. 2002년 고이즈미 수상이 김정일 국방위원장과 조인한 "북일평양선언"은 쌍방에 있어 교섭의 기초가 되지만 납치문제에 더해 핵, 미사일 개발문제가 심각해지는 가운데 점점 불확실한 상황이 되었다.

그런데 배종윤 논문에서는 일본이 북한과의 국교교섭에 나선 동기를 오로지 일본의 안전보장확보라는 시점에서 분석하고 있다. 즉, "일본은 자신과 국교를 수립하지 않은 북한이 일본에 '안보적 위협요인'으로 등장할 가능성을 경계하여 수교교섭을 진행하기도 하였다"(1. D. 냉전의 종식과 신 한일관계의 모색)고 하고 있다. 그러나 이것은 북일국교정상화를 둘러싼 역사를 비추어 봤을 때 조금은 단편적인 시각이라고 볼 수밖에 없다.

원래 북일관계 개선을 요구하는 움직임은 사회당을 비롯한 일본의 야당을 중심으로 추진되던 것으로 배종윤 논문이 지적하듯이 안전보장의 관점에서 나온 것이 아니었다. 일본정부는 한국의 반대에도 불구하고 한일국교정상화 시기에 북한과의 관계는 백지상태로 유보한다는 입장을 취했다. 그러나 한일 국교정상화 이후 남북관계는 자주 긴장관계에 빠졌다. 안전보장의 관점에서 가장 필요한 시기였으나 일본정부가 북한과의 국교교섭을 제시한 적은 없다. 당시 한국정부는 일본이 북한과의 관계 개선을 꾀하는 것에 굉장히 신경질적인 반응을 보였기 때문이다. 한국정부는 북일무역에 대해서도 감시의 눈초리를 보냈고 관련 회사에 관해서도 제재 조치를 취했기 때문에 일본의 대기업 상사는 북한 등 사회주의국과의 무역을 전문으로 하는 자회사를 만들어 소규모 거래만 할 수밖에 없었고, 이마저도 순수하게 경제적인 목적이었다. 일본에서 북일관계개선을 주장하는 세력은 이러한 민간기업의 이익을 대변하고 있었다.

일본정부가 북한과의 관계개선을 검토하기 시작한 것은 1988년 노태우 대통령이 이른바 "7·7선언"을 발표하고 북방외교(사회주의국가와 관계개선)를 추진하면서 서방진영국가와 북한과의 관계개선을 용인할 의사를 밝힌 이후의 일이다.

상술했듯이 북일정부간 국교교섭을 시작한 것은 미소 냉전이 붕괴하고 동북 아시아 정세가 급격하게 전환하는 충격 속에서 북한이 방침전환을 한 것에 기인한다. 개인적으로 아쉽지만 일본

정부가 적극적으로 북한을 설득해서 국교교섭이 시작된 것이 아
니었다. 자민당의 가네마루, 사회당의 타나베 방북단은 정부의 의
사를 바탕으로 국교교섭을 타진하기 위해서 방북한 것이 아니다.
따라서 일본이 확고한 안전보장상의 전략을 가지고 북일교섭을
추진한 것은 아닌 것이 분명하다.

그러나 일본의 대북외교를 장기적인 관점에서 검토해 보면
국교정상화를 목표로 하는 움직임이 일관되게 존재하고 있었던
것은 사실이다. 북한에 대한 호오(好惡)의 감정을 떠나서 제2차세
계대전 이후 아시아 국가들을 비롯한 각국과 외교관계를 정상화
해야 한다는 지속적인 외교 현안의 일환으로서 인식되어 왔기 때
문이다. 일본의 발전을 저해하는 "안보적 위협"을 예방한다는 소
극적 차원의 외교가 아니었다.

물론 아베 정권 등 개별 정권의 정책을 보면 위와 같은 역사
적 과제에 대해서 크게 진폭이 있다. 납치문제의 존재가 이러한
역사적 과제의 존재를 더욱 보기 힘들게 하고 있다. 그리고 북한
정권의 독재체제와 핵·미사일 개발에 대한 집착을 보면 역사적
과제에 대한 확신도 흔들리기 쉬운데 일개 정권의 구상만으로 북
일관계를 보는 것은 균형잡힌 시각이 아닐 것이다.

마지막으로 한국의 대북정책 사이클과 일본 대북정책 사이
클의 차이에 대해서 이야기 하겠다. 한국이 대북제재를 강화할 때
일본은 북일간의 협의를 진행한다든지 합의를 발표할 때가 있다.
전형적인 사례로 2015년의 북일 스톡홀름 합의를 들 수 있다. 일
본이 스톡홀름 합의로 제재 일부를 해제한 것에 대해서 당시 한
국에서 일본을 비판하는 목소리가 나왔다. 역으로 한국이 북한에
유화적인 정책을 취할 때에는 일본은 왜 북한을 지원하지 않냐고

비판을 받았다. 생각해 보면 한일간에 대북정책에 대한 사이클의 차이가 있으며, 한국쪽의 사이클에 비교해서 일본측의 사이클이 더 길기 때문에 차이가 발생하는 것 같다.

미국의 한반도 정책에 대해서는 차기 대통령 선거 결과에 달려 있으며 이에 의해 한일이 새로운 대응을 모색하게 될 가능성이 있다. 북한이 젊은 지도자하에서 어떻게 대응할지도 주목할 만하다. 어찌되었든 한일은 다음 50년의 필수과제로서 진정한 의미의 상호이해를 조성해야 할 것이다.

6.
정체성과 내셔널리즘

6.1
한국과 일본의 정체성과 민족주의
―'비교사'와 '관계사'를 중심으로

김상준(金相準. 延世大學)

I. 서 론

한일 양국은 오랜 기간 다양한 국면과 층위에서 복잡한 전개를 보였다. 한일수교 이후 양국은 정치, 경제, 사회, 문화의 방면에서 상호 협력의 관계를 유지하였지만 동시에 매우 복잡한 갈등의 관계 또한 전개되었다. 이러한 가운데 한국과 일본의 정체성은 양국의 관계를 이해하는 데 매우 중요한 요소이다. 본 연구는 한국과 일본의 정체성 차원에서 민족주의를 고찰하고자 한다. 연구는 단순히 갈등의 한 주요 원인으로서 민족주의를 분석하기보다는 한국과 일본은 각각 독자적으로 어떠한 민족주의를 형성하였으며, 그 민족주의는 어떻게 서로 영향을 주고받게 되는지를 살펴보고자 한다.

한국과 일본의 민족주의 연구는 상당히 축적되었다. 그럼에도 불구하고 연구들은 주로 각각의 민족주의의 발달과 의미에 치중하였으며, 한국과 일본이라는 두 사회를 동시에 병치시켜, 비교적 시각에서 양국 민족주의에 대한 분석은 상대적으로 소홀하였다. 다른 한편 양국의 관계를 중시하는 연구는 한일의 민족주의가 양국 관계에 중요하게 영향을 미쳤다는 전제하에, 양국 민족주의가 가지는 특성의 차이를 간과하였다. 연구는 또한 민족주의를 국가 간의 관계를 양상을 결정하는 하나의 주어진 조건, 즉 독립변수로 간주하는 경향이 있다. 하지만 많은 경우, 민족주의는 관계에 의해서 약화 또는 강화되는 종속 변수의 속성 또한 존재한다.

본 연구는 한국과 일본의 민족주의를 비교사적 관점과 관계사적 관점 모두에서 분석한다. 비교사적 관점에서는 한국과 일본의 민족주의 전개가 어떠한 공통점과 차이점을 가지고 있는지를 살펴본다. 후발 근대화, 후발 산업국, 아시아 국가 등 비슷한 상황에 처했던 한일의 비교는 두 나라의 민족주의를 상대적이고 입체적으로 드러낸다. 관계사적 관점에서는 한국과 일본의 상호관계가 어떻게 양국의 민족주의에 영향을 주는지를 분석한다. 오랜 기간 양국의 관계는 서로의 민족주의의 성격을 규정하는 데 중요한 역할을 하였다. 이 점은 한일의 민족주의가 유럽의 민족주의와 어떠한 다른 속성을 보이는지를 이해하는 단초를 제공한다. 무엇보다 이 두 관점을 연구가 동시에 포함한 이유는 실제 한국과 일본의 민족주의의 발전을 두 가지 측면이 동시에 존재하기 때문이다.

비교사적 또는 관계사적 관점 하나만으로는 한국과 일본의 민족
주의의 이해는 한계가 있다. '시대에 따라' 한국과 일본의 민족주
의는 국내적 맥락에서 독자적으로 전개되기도 하고, 갈등과 협력
의 관계에서 양국 민족주의는 영향을 주고받은 부분도 있다.

본 연구는 크게 세 가지의 질문으로 구성되어 있다.

첫째, 민족주의라 일반 논의에 비추어 보았을 때, 한국과 일
본은 어떠한 성격과 특성을 가진 민족주의를 발전시켰는가라는
문제이다. 다시 말해, 세계사적 차원에서 한국과 일본의 민족주의
를 자리매김하는 것이다. 두 나라 민족주의 등장과 발전은 유럽의
민족주의와는 공유하는 부분과 차이는 나는 부분 모두 존재한다.
한국과 일본의 민족주의는 전통사회가 붕괴하면서 근대사회가 등
장하는 과정에서 형성되었다고 하는 점에서는 유럽 민족주의와
공통점이 있다. 하지만 유럽 민족주의에서 자유주의 요소가 상당
부분 포함되어 있는 것에 비해 한국과 일본의 민족주의는 권위주
의적 요소가 보다 지배적이었다. 이러한 차이는 아시아와 유럽의
거시적 민족주의 비교라는 점에서 민족주의 이해에 중요한 설명
을 제공한다. 이는 결국 한국과 일본의 민족주의를 근대국가 형성
기의 국내 정치체제의 차원에서 이해하는 것이다.

둘째, 한국과 일본의 두 국가 상호 비교 차원에서 두 나라의
민족주의는 어떠한 공통점과 차이점이 존재하는가라는 질문이다.
두 나라는 동아시아 국가로서 역사적 경험과 지리적 유사성을 공
유하고 있다. 전통과 근대 사이에서 민족주의가 등장하였다는 점
에서는 두 나라의 민족주의는 공통적 성격이 존재한다. 하지만 근
대 국제질서에서 두 나라가 처한 국제적 위상과 대응이 매우 달

랐다는 점에서는 두 나라의 민족주의의 성격은 매우 다른 특징을
가지고 있다. 이로써 두 번째 질문은 국제질서의 맥락에서 한국과
일본의 민족주의의 설명하고자 하는 것이다.

셋째, 앞서 두 가지 질문이 주로 보다 근대국가형성기의 한
일 민족주의를 논하는 것이라고 한다면, 세 번째 질문은 현대 사
회에서 한국과 일본의 민족주주의 논하는 것이다. 이는 고전적 민
족주의에 대비되는 '新민족주의' 차원에서 두 나라를 비교하는 것
이다. 이는 식민지배/피지배라는 정치, 경제, 사회, 문화 모든 방면
으로 전개된 '엉킴(entanglement)', 즉 '깊은 국가간 관계(deep inter-
national relationship)' 이후의 양국의 민족주의를 비교하는 것이다.
초점은 현대 사회에서 한국과 일본은 서로의 민족주의 전개에 어
떠한 영향을 미쳤는가라는 질문이다.

본 연구는 민족주의를 이해하는 데 있어서 첫 번째 차원은
민족주의가 어떠한 형태로 나타나는가의 문제이다. 이 경우 민족주
의는 '인식의 문제(the matter of cognition),' '감정의 문제(the matter of
affection),' 그리고 평가의 문제(the matter of evaluation)' 등으로
나누어질 수 있다. 첫째, 민족이 혈연, 언어, 문화 등으로 구성된
다고 전제할 때, 이는 이들 요인들에 의해서 민족이 인식된다는 것
을 의미한다. 특히 민족을 "想像의 共同體(imagined community)"라
고 할 때(Anderson 1983), 이는 감정의 문제라기보다는 인식의 맥
락에서 민족주의를 이해한다고 할 수 있다. 인식의 공동체로서 민
족주의는 타자와의 관계가운데서도 발전 가능하다. 잠복되었던
자율적 집단 정체성이 타민족과의 경쟁과 투쟁 가운데서 새롭게
인식될 수가 있기 때문이다.

둘째, 동일한 민족주의라고 할지라도 시대나 상황에 따라서

보다 강하게 나타나거나 약하게 나타날 수 있는데, 이는 주로 민족주의가 감정의 맥락에서 이해되기 때문이라고 볼 수 있다. 특히 민족주의의 감정적 요인의 강화는 일반적으로 타민족에 의한 복속이나 외세의 침입 등, 타자에 대한 저항 또는 극복의 과정에서 나타난다. 셋째, 민족주의는 자민족 또는 타민족의 민족의 행위에 대한 평가를 통해서도 나타난다. 자민족의 행위에 대한 긍정적 평가, 그리고 타민족 행위에 대한 부정적 평가가 일반적 현상으로 나타나면, 이러한 평가는 감정적 요인과 밀접하게 연동된다. 이러한 이론적 전제에서, 본 연구는 민족주의는 다양한 경로를 통한 아자에 대한 '자기인식,' 타자와 아자 사이의 관계(주로 적대적 관계), 아자와 타자의 행위(주로 부정적 평가)에 대한 평가 등과 연관되어 다양한 모습으로 전개된다고 간주한다.

Ⅱ. 민족주의와 近代化: '獨立'과 '統合'의 한국과 일본 민족주의

(1) 전통사회와 臣民

'半島國家(peninsular state)' 한국과 '島嶼國家(archipelago state)' 일본은 전통 사회에서나 我者 인식의 발달은 매우 제한 적이었다. 그 이유는 오랜 기간 지리적 요인으로 인해 인접 국가들과 교류가 빈번하지 않았으며 비교의 대상이 되는 문화가 자국의 문화에 일상적으로 대비되는 인식상의 차이가 뚜렷하지 않았기 때문이다. 인식을 바탕으로 하는 자생의 민족주의 발전은 지연되었다.

유럽 대륙의 경우 일반화하기는 쉽지 않지만, 대체적으로 빈번한 전쟁과 정복, 식민 등의 과정을 거치면서, 타자에 대한 적대감과 아자에 대한 인식이 축적되었다. 축적의 결과로 왕조와 귀족에 집중된 일반인의 수직의 소속감은 수평적 연대감 즉 민족주의로 변화, 확장되었다. 이러한 유럽의 민족주의의 전개 양상은 전통 한국과 일본에 그대로 적용되기는 어렵다. 조선의 경우 여러 차례 외침이 존재하였지만, 간헐적이었으며 단기적이었다. 외부세력에 의해 국내 통치세력이 완전히 대체되거나 붕괴되지 않았다.

특히 조선과 막부 일본의 공통점은 외부에 의한 '同化(assimilation)'의 역사가 상대적으로 부재하였으며, 동화에 대한 저항으로 나타나는 민족주의가 발달하는 시기는 결락되었다. 외부 세력에 의한 강한 동화의 압력이 부재하였다는 사실은 사회 전반의 일상적 차원에서 他者에 대한 적대적 감정, 또는 타자의 존재와 대비되는 아자의 의식화 과정이 약했다는 것으로 해석할 수가 있다. 다시 말해, 한국과 일본의 전통사회에서 민족주의를 촉발하는 사회적 차원에서의 집단적 자아인식의 발현이 미약하였다. 중국이라는 위압적 타자가 존재하였지만, 그 존재가 사회적 자아의식으로 결집되지 못했다. 그 이유는 청은 조선에 대해 정치적 영향력을 행사할 수 있었지만, 이는 청과 조선의 '朝廷間 關係(inter-court relationship)'에 국한되었기 때문이다. 정치적 영향력이 조정간에 국한되면서, 적어도 사회적 인식 가운데 중국의 존재는 비지배자의 직접적 타자라기보다는 지배자 왕조의 타자라는 의식이 강했다고 볼 수 있다.

다른 한편, 전국시대 일본의 한반도 전역에 걸친 대대적인 조선침략은 조선인들에게 일본 에 대한 적개심을 고조시켰다. 각지에서의 의병활동, 관군에 대한 민중의 지지 등 민족적 요소가 간헐적으로 촉발되기는 하였지만, 하나의 민족적 의식을 잉태하는 데는 한계가 있었다. 결국 비교적 안정된 왕조체제에서 조선은 조정에 대한 귀속감을 중심으로 '臣民'의 의식화가 강하게 진행되었으며, 이는 '민족'의 의식화를 늦추었다. 다른 한편, 일본 도쿠카와(德川) 막부의 경우도 조선과 유사하게 지리적으로 대륙세력과 유리되어 외부 정치세력의 영향이 미약하였으며, 다른 민족과 구분되는 민족으로의 인식은 제한되었다. 특히 막부 일본의 경우 藩을 중심으로 한 분권의 정치체제를 형성하였기 때문에 민족이라는 국가단위의 수평적 의식은 희박하였다.

(2) 근대화와 한국과 일본 민족의 등장

19세기 후반 비록 차이는 있지만 한국과 일본에서 민족주의는 속도에 있어서 매우 빠르고, 그 강도에서 있어서도 매우 강력하게 진행되었다. 특히 일본의 민족주의 전개가 두드러졌다. 이는 민족주의가 국가의 '후발적 상황'에 대한 반성과 맞물려 나타난 유럽의 상황과 공통점이 있다. 黑船의 등장, 불평등조약 등으로 메이지 유신을 주도하였던 하층 사무라이들은 19세기말 일본을 '후발 및 낙후의 사회'로 인식하였으며, 이는 근대 일본 민족주의의 촉발에 한 요인이 되었다.

일본의 근대화는 서구와의 격차를 극복하는 것이었고, 그 과정을 통해 하나의 민족을 인식하는 것이었다. 1868년 메이지 유신 이후에 에도 막부의 통치조직이었던 藩을 廢하고 새로운 중앙 통치체제인 縣을 설치하는 廢藩置縣의 개혁을 실행하였다. 폐번치현이라는 집권적 통치구조에서 국가 관료가 새로운 권력으로 등장하였다. 관료가 통치체제의 핵심으로 등장한 것은 다분히 메이지 유신의 실력자들의 정치적 선택이었다. 메이지 元老들은 능력을 바탕으로 국가 관료를 '選拔'하였기 때문에 정치적 '選出'을 회피할 수 있었다. 특히 선거를 통한 선출이 억제되면서 당시의 정당 세력과 지방 세력을 통제할 수 있었던 것이다(Silberman 1994).[1]

메이지 민족주의는 소규모로 분산된 蕃을 국가라는 새로운 확장된 정치체로 묶는 기능을 수행하였다. 당시 메이지 일본에서 중앙의 집권노력에도 불구하고 분권적 잠재력은 쉽게 사라지지 않았다. 구심적 집권화가 자유주의적 정당세력과 名望家 지방세력 등을 배척하면서, 이들 세력의 저항에 직면하였다. 이러한 상황에서 일본 민족에 대한 인식은 천황을 정점으로 하는 위계적 질서 가운데서 형성되었으며, 이로써 메이지 민족주의는 일본인을 새롭게 인식하는 과정에서 結晶化되었다.

한국에서는 일본보다 민족주의의 형성이 지연되었다. 국가를 혁신하려고 하였던 정치가(志士)에 의해서 일본 민족주의가 추진되었다면, 한국의 경우는 외세의 변화를 민감하게 받아들였던 농민층에서 계몽운동가에 이르기까지의 다양한 층에 의해서 발전되었다. 東學農民운동은 일본과 구체제의 탄압에 대한 반발에서 시작되었지만, 三南지방의 농민들 사이에 민족의식을 심는 계기가 되었다. 나아가 1986년에 창설된 獨立協會는 근대 한국 민족주의를 형성하는데 큰 역할을 하였다. 독립협회는 일본이나 미국 등을 다녀오는 기회를 통해 근대적인 요소를 직접 섭취할 수 있었던 계몽 지식층에 의하여 설립되었다. 선진문물에 대한 경험, 외세에 대한 각성은 국가 개혁의 주체로서 민족을 부각시키는 활동을 하

---

1) 실버만은 관료국가를 형성하여 국가는 공리주의에 입각한 공평한 정책을 추진하는 실체라는 정치구조를 구축한 것이 통치의 중요한 기제라고 한다.

였다. 독립협회는 한국에서의 '民會(민회, 사회단체, 민간결사체)'의 효
시였으며 근대적인 정치집단의 첫 출발이었다(한홍수, 2015, 110).
독립협회는 또한 萬民共同會를 통해서 민권의식을 보급, 확산하
였으며 국가 개혁운동에 국민이 직접 참여하도록 유도하였다. 동
학농민운동과 독립협회가 주도한 민족주의 운동은 청, 일 등의 주
변 외세의 내정간섭과 이권의 침탈에 저항적 차원에서 전개되면
서, 민족에 대한 인지적 요인과 감정적 요인이 동시에 작용하였다
고 볼 수 있다.[2]

　　한국과 일본의 내셔널리즘은 공통점과 차이점이 존재한다.
가장 중요한 공통점은 외세의 침입과정에서 민족의 의식이 형성
되었다는 점에서 양국 모두 19세기 말 민족에 대한 집단적 인식
이 등장하였다고 볼 수 있다. 한국과 일본의 중요한 차이점은 한
국이 보다 인식적 차원의 민족주의에 감정적 차원의 민족주의가
더해졌다는 것이다. 감정적 차원의 민족주의는 외세의 침입에 대
한 거부로서 발달하였는데, 이는 민족주의가 단순히 민족임을 깨
닫는 차원을 넘어서, 민족을 지키기 위한 저항운동으로 확장됨을
의미한다.

　　한일 민족주의의 또 다른 중요한 차이는 그 성격에 있어서
한국은 외세로부터의 국가독립이 중요하고 일본의 경우는 국가
통일이 중요하였다. 일본 전통사회는 幕府-藩이라는 분권적 질서
에 기반하였기 때문에, 민족주의는 하나의 통합된 근대 국민을 형
성하는 것에 초점이 맞추어졌다. 따라서 그 중요한 속성을 '國家
統合의 민족주의(nationalism for national integration)'로 정의할 수

---

2) 당시 한국민족주의에서 중요한 것은 민족에 대한 인식은 매우 중요한 과
제였다. 왕조의 백성에서 민족이라는 자의식은 쉽게 형성되는 것은 아니었다.

있다. 반면, 한국의 경우는 전통 자체가 집권 질서였기 때문에 민족주의의 주된 내용에서 통합의 문제는 배제되었다. 하지만 외세의 국내 침투가 존재하지 않았던 일본과 달리, 한국의 경우는 내정간섭과 이권침탈, 주권병합 등 외세의 국내 침투(penetration)를 극복하려는 운동이 핵심이었다. 이른바 '國家獨立의 민족주의(nationalism for national independent)'이었다. 결국 일본의 19세기 민족주의는 정치적 목적을 위한 도구적 측면, 그리고 한국의 민족주의는 민족 그 자체의 생존이 중요하였던 목적적 측면이 강했다고 분석 가능하다. 이상의 논의에서 근대화 시기의 민족주의는 당시 국가가 직면한 문제를 해결하는 과정에서 그 속성이 결정된 것으로 간주할 수 있다. 분권에서 집권을 향한 일본과 집권된 실체를 유지하기 위한 한국은 민족주의를 통해서 각각의 당면 과제를 해결하고자 하였다.[3]

Ⅲ. 민족주의의 충돌: '膨脹 vs. 抵抗'의 한일 민족주의

19세가 말 독립과 통합의 성격이 매우 강했던 한국과 일본의 민족주의는 20세기 초반저항과 팽창이 속성이 매우 강한 민족주의로 전환되었다. 한국과 일본이 각자 유리된 공간에서 서로 다른 각국의 환경에서 맞추어서 발달한 민족주의는 양국의 민족이 하나의 공간에 겹쳐지게 되면서 민족주의의 충돌이라는 새로운 국면을 맞이하게 되었다. 특히 한국으로서는 민족주의 역사상 전례

---

3) 또 다른 맥락에서 한국의 민족주의에 자유주의적 요소가 일본에 비해 상대적으로 풍부하게 포함되었다고 할 수 있다.

없는 위기였다.

민족중의 충돌은 일본 민족주의의 기형적 발전에 있었다. 19세기 국가 통합을 위한 민족주의는 20세기에 진입하여 국내통합을 이룩하고, 국가 권력을 국경을 넘어 주변 국가로 확대하게 하는 정치 이데올로기가 되었다. 이러한 20세기 일본의 팽창적 전략은 한국에 대한 침략으로 나타났다. 그리고 그 발전의 귀결로 일본 메이지 내셔널리즘의 속성인 '국민 통합'과 구한말 민족주의 속성인 '국가 독립'은 정면으로 충돌하게 된다.

먼저 일본의 통합 민족주의를 들여다보게 되면, 전통사회에서 흩어져 존재하였던 정치체에서는 발달하지 못한 '일본인 인식', 헌법으로 규정되는 근대적 '국민의식', 그리고 천황의 신하라는 '皇民의식'이 통합되는 경향을 보였다. 하지만 보다 중요한 것은 통합의 내셔널리즘에 내재된 자기 팽창적 속성이었다. 메이지 일본은 통치구조의 확립과 더불어 국민개병제도와 식산흥업을 도모하면서 부국강병을 추구하는 등 매우 빠른 시간에 근대국가의 모습을 갖추었다. 국내적으로 근대화에 성공한 일본은 메이지 유신을 한 지 불과 20년이 안 된 시점에 대외적 팽창주의를 감행하였다. 1884년 전통의 동아시아 패권국가였던 청나라와의 청일 전쟁에서 승리하였으며, 다시 10년 후 1904년에는 새로운 지역 패권국가로 등장한 러시아와의 전쟁에서 승리를 거두었다. 청일전쟁과 러일전쟁에서 승리와 자신감은 국내 통합 내셔널리즘의 일본이 해외 팽창 내셔널리즘으로 전환되는 중요한 계기가 되었다.

두 전쟁을 승리로 이끌고 나서 일본인들에게는 아시아에서 유일하게 근대화에 성공한 국가로서 다른 아시아 국가에 대한 우월의식 등이 자리잡게 되었다. 결국 20세기 초반 일본 국내에서 이념적 차이가 존재하였지만, 정치인, 관료와 군부 등에 의해 일본의 팽창적 입장은 지지되었다. 메이지 유신 이후 20년이 국내적 통합의 시대라고 한다면, 1884년의 청일전쟁 이후 1945년까지 50년간 일본은 팽창의 시대로 구분된다. 그리고 팽창의 시대에서 청일과 러일 전쟁이 팽창의 장애물을 제거하는 과정이라고 한다면, 한국은 팽창을 실체화하는 과정에서 첫 번째 대상이 되었다. 일본이 팽창을 실체화하면서 한국에 실시한 정책은 바로 강압적 동화정책이었다.

    20세기 초반 일본의 팽창주의가 한국에 적용되면서, 한국의 내셔널리즘은 독립에서 저항의 내셔널리즘으로 격화되었다. 특히 '내선일체'의 식민정책은 한국인의 정체성을 일본인의 정체성으로 대체하는 동화정책이었으며, 식민지로부터의 인적 물적 자원을 수탈하는 동원정책이었다. 일본의 동화정책과 동원정책은 매우 강압적이고 포괄적으로 진행되었다. 한국은 대만보다 식민기간이 길지 않았음에도 불구하고 동화에 대한 반발이 매우 치열하였다(Rozman 2002). 식민지 이전 한국이 이미 성숙된 국가의 면모를 갖추고, 단일의 역사와 문화를 유지하고 있었던 것은 일본의 동화정책을 쉽게 수용하지 못하게 하는 중요한 요인이 되었다. 때문에 식민지하의 한국민은 '넓고 깊은' 동화정책에 반발하게 된다.

    첫째, 한국은 오랜 기간 중국과도 다르고 일본과도 다른 독립된 문자와 언어체제를 확립하였다. 특히 동아시아 한자 문화권 내에서도 한국은 고유한 문자를 개발하였으며, 이는 계층 구분에 상관없이 사회전반에 유포되었다. 상용어를 통해서 한국인은 언어적 정체성을 확고히 하고 있었으며, 식민통치의 일본어 사용의 강제화에 대해서 거부감을 가졌다. 일본의 강압으로 인해서 일본 사용이 확장되면 될수록 사실 한국인 내면의 거부감은 커졌다. 둘째, 한국은 다른 어느 나라에 비해서 혈연적 결속이 매우 강한 국민이었다. 한국인들은 혈연적 전통과 유대를 사회를 지탱하는 가장 기본적 단위로 인식하고 있었으며, 姓氏에 대한 자긍심이 매우 높았다. 한국의 성씨의 분포는 특정 金, 李, 朴 등의 몇 개의 주요 성씨에 집중되어 있으며, 동시에 전체 성씨의 숫자 또한 다른 나라에 비해서 적다. 이는 한국의 정체성에 있어서 혈연적 기반인 성씨가 매우 중요한 의미를 가지고 있다는 것을 의미한다. 정체성에서 성씨가 차지하는 비중이 크면 클수록 성씨는 정체성의 구심적 역할을 하게 되며, 개인은 자의적 성씨의 선택을 회피하며, 주어진 성씨 또는 상황에 따라서 기존의 성씨에 집착하게 되는 것이다. 한국에서 譜學의 발달은 바로 이러한 성씨가 개인 정체성의 핵심이었던 것에서 기인한 것이다. 이러한 문화적 상황에서 일본 창씨개명 정책은 한국인의 정체성 유린의 정책이었으며, 언어정책과 유사하게 창씨개명이 확산될수록 저항의 의식 또한 확산되었다.

셋째, 신사 참배 강요는 일본인 택한 매우 드문 식민지 정책이었다. 일본은 식민지지배를 실시하면서, 한국 전역에 각 邑面 단위를 기초로 일본과 동일한 신사를 설치하고 한국인의 참배를 강제하였다. 가장 대표적인 것이 서울 남산의 신사였다. 이러한 신사는 한국인의 종교와 정면으로 배치되는 것이었다. 한국인은 유교사상을 바탕으로 조상에 대한 숭배가 사회 깊이 뿌리 내리고 있었다. 이러한 상황에서 일본의 다신교적 사상인 신사에 대한 참배, 그리고 천황에 대한 숭배는 당시 한국인의 가장 내면적 모습에 대한 강압이었다. 이러한 가장 이질적 정신세계의 강압으로 한국인들은 내면적 저항을 축적되는 계기가 되었다. 넷째, 일본이 전쟁을 수행하면서 '일체화된 한국'은 종군위안부와 징용, 그리고 경제적 수탈 등을 강요 받았다. 종군위안부, 징용, 수탈은 모두 일상에서 한국민들의 저항성을 축적하는 계기가 되었다.

　이상과 같이 글과 언어의 말살, 창씨개명, 신사 참배, 종군위안부, 징용, 수탈 등의 일본의 동화정책과 동원정책의 결과는 표면적 동화가 일시적으로 나타났을 수 있었지만, 내면적으로는 오히려 저항의 내셔널리즘이 발달되는 촉매가 되었던 것이다. 또한 다양한 한국인들의 독립운동은 저항적 내셔널리즘을 사회적으로 유포시키는 원동력이 되었다. 을미사변과 단발령으로 시작된 유생들에 의한 항일의병 투쟁, 관료와 지식인들이 중심이 되어 정치사회단체, 학교, 신문과 잡지를 통해 전개한 애국계몽운동, 비밀결사운동인 신민회, 일본 차관 반환을 위한 국민성금운동인 국채보상운동, 전국민이 참여한 삼일운동 등은 한국민족주의의 전성기에 해당한다.

　일본의 팽창에 대해 한국의 저항이 치열하였던 가장 큰 이유는 한국사회가 식민지 이전의 전통사회에서 유교를 중심으로 가족, 사회, 국가질서를 유지하는 뚜렷한 가치체계를 가졌기 때문이다. 유교의 발달로 한국사회는 '계몽된 전통주의(enlightened traditionalism)'의 면모를 갖추고 있었다. 일제의 탄압으로 인해 여러 독립운동이 실패하였지만 내면적 심층에서 저항의 민족주의는 널리 공유되었다. 결국 일제 식민지는 한국 국민의 '아래로부터 정체성 형성'의 중요한 시기였다. 식민지 이전의 한국의 지식인 층에 의해서 주도되었던 독립의 민족주의는 식민지배하에서 일본의 동화정책에 대항하는 아래로부터의, 즉 민중 차원의 저항적 민족주의로 확산되었다.

Ⅳ. 민족주의의 休息: 理念시대의 한일 민족주의

식민지 시대에 형성되었던 인식과 감정 모두의 측면을 강하게 포함하였던 한국의 저항 민족주의는 해방 후 파편화 과정을 겪게 된다. 해방에 이르기까지의 항일운동을 기념하면서 인식의 공동체로서 민족주의는 확장되었다. 다른 한편, 독립을 되찾게 됨으로써 감정 측면에서 민족주의의 강도는 약화되었다. 일본의 경우는 미군정이 실시되면서 전쟁의 주체였던 국가가 부정된 "국가 없는 사회(stateless society)", 근대 역사가 부정된 "역사 없는 사회(ahistorical society)"에 직면하였다(Gluck 1993). 전쟁의 원동력이 되었던 팽창의 민족주의는 사실 철저하게 거부되어, '현대 일본(contemporary Japan)'이라기보다는 '전후 일본(post-war Japan)'으로 불리는 일본은 사회는 민족주의를 상실한 사회가 되었다(김상준 2005).

한국의 전후 민족주의에는 과거 식민지배자였던 일본에 대한 거부감을 중심으로 전개된 '反日민족주의'의 측면도 존재하였다. 하지만 보다 중요한 것은 일본은 전쟁에 패퇴한 패전국가로 전락하였지만, 한국은 독립을 되찾았다는 사실을 민족주의의 새로운 내용으로 포함하는 것이었다. 정부 수립 이후 초대 정부는 독립운동에서 항일운동으로 전개되면서 형성되었던 국가 독립의 정체성을 부활시켰다. 정부는 1949년 10월 1일 1919년의 전국적 반식민 저항운동이었던 삼일운동을 기념하는 '삼일절'과 일본으

로부터의 해방을 기념하는 '광복절'을 가장 중요한 국경일로 삼았
다. 또한 정부 수립 이후 편찬된 역사 교과서는 일제하의 임시정
부, 독립단체, 문화운동 등을 망라하는 독립운동을 집중적으로 서
술하였다. 결국 해방 후 한국의 인식공동체로서의 민족주의 확장
에 있어서 정부의 교육은 매우 중요하였으며, 교과서는 그 핵심역
할을 수행했다.

해방 후 한국이 주로 과거 역사를 중심으로 인식 민족주의가
강화되었다면, 전후 일본의 민족주의는 매우 제한되었다. 패전국
일본의 목적은 '국제주의를 침식하는 민족주의'의 성격을 배제하
고 승전국 미국과 연대함으로써, 전후 복구, 경제발전, 안전보장
등을 이룩하는 것이었다. 다른 한편, 진보적 지식층과 정치세력은
전쟁의 책임으로 팽창주의적인 일본국가를 지목하고 '국가주의와
연계되는 민족주의'의 부활에 비판적이었다. 특히 1950년대에서
1970년대에 걸쳐 지식층을 중심으로 전개되었던 진보주의적 사
고는 반전적 사고가 확산되면서 민족주의에 대해서 회의적이었
다. 진보적 이념은 전쟁의 주체가 된 군국주의의 청산뿐만 아니
라, 이와 밀접한 관련이 있었던 국가주의에 대해서도 매우 비판적
이었다. 이러한 보수 지도층의 국가 전략적 선택과 진보 여론의
반발 등으로 적어도 1980년대까지 일본 사회에서 민족주의의 부
활과 강화는 사회적 합의의 대상이 되지 못했다.

국내의 정치상황과 더불어 2차대전 후 새롭게 형성된 미국
중심의 국제질서는 한국과 일본의 민족주의의 부활을 억제하였다.
첫째, 자본주의와 공산주의이념 대결은 자본주의 진영내부의
국가간 민족주의 대결을 억제하는 효과가 있었다. 한국은 한국전

쟁 이후 국가정체성에 반공의 정체성이 새롭게 포함되어, 반일 민
족주의가 상대적으로 그 비중이 약화되었다. 대신 한국은 일본과
공산주의라는 공동의 적과 대치하고 있는 상황이었다. 결국 자본
주의 이념의 공유로 인해, 민족적 갈등이 완전히 해결되지 않았음
에도 불구하고 한국과 일본은 1965년 국교정상화 교섭에 성공하
였다.

둘째, 한국에서는 미국의 안보질서에 동참하는 권위주의 정
권들이 지속되었다. 특히 동아시아 질서는 미국을 중심으로 미국
과 한국, 그리고 미국과 일본이 동맹적 관계를 유지하고 있었다.
한국과 일본은 직접적 군사동맹의 관계가 아니었지만, 미국의 조
절 가운데 안보적 공동이익을 가지고 있었다.

셋째, 한국은 절대 다수가 산업화와 공업화에 동원되면서, 경
제적 가치를 우선시하였고, 대립보다는 대내적인 성장에 필요한
일본과의 협력에 집중하게 되었다. 다른 한편, 권위주의 정부는
통치를 위해서 자본가들과의 연대가 중요하였으며, 한국의 자본
가들은 성장을 위해서 일본의 기술과 자본 등이 필요한 상황이었
다. 다시 말해, 권위주의 정권들은 밑으로부터의 민족주의를 조절
하는 측면이 있었다(김동노 2012). 일본 또한 1960년대와 1980년
대 정치를 지배한 것은 중상주의 전략이었다. 패전국 일본에게 경
제적 부흥은 정치의 주된 관심이었으며, 수출지향의 자유무역을
선택하면서 교육과 언론을 비롯한 사회전반에 있어서의 민족주의
논의는 매우 제한되었다

결국 한일 국교정상화 이후 한국과 일본 모두에서 민족주의
는 사회의 지배적 이념에서 후퇴되었다. 이는 한국과 일본이 단순
히 국교를 정상화하였기 때문이라기보다는 냉전의 등장이라는 세

계 안보질서성의 변화, 경제발전과 자본주의 개방체제를 우선시
하는 한국의 권위주의 정부, 일본은 보수정권 등으로 국내정치의
변화 등으로 민족주의가 제어되는 현상이 나타났던 것이다.

Ⅴ. 민족주의의 갈등: '被害 vs. 被害'의 한일 민족주의

냉전기 민족주의 갈등이 두드러지지 않았던 한국과 일본은
1990년대 이후 이전에 비해 국내적으로 민족주의가 확산되는 경
향을 보였다. 그리고 민족주의는 양국관계를 악화시키고, 악화된
관계로 인해 양국의 민족주의 다시 강화는 되는 '퇴행의 나선형
민족주의(downward spiral nationalism)'가 전개되었다. 1990년대 이
후의 한일의 민족주의는 인식의 공동체로서의 민족주의라는 측면
보다 감성적 측면이 매우 강하게 나타난다는 점에서 과거와는 차
이가 나는 새로운 형태의 '新민족주의(neo-nationalism)'라고 하겠
다. 양국의 민족주의에서 감성적 요인이 강화된 가장 중요한 이유
는 과거사 인식의 문제에서 평가적 요소가 핵심으로 부상하였기
때문이다. 다시 말해, 민족주의 담론에서 과거를 어떻게 평가하는
것이 중요한 문제가 되었으며, 이 평가는 민족주의의 감정적 요소
를 확대하였다.

결국 치열하게 전개되었던 냉전시기 이데올로기의 갈등과
경합이 종식된 '이데올로기의 종언' 후 국가간의 갈등 또한 약화
될 것이라는 예측과는 매우 다른 형태의 갈등이 새로 등장한 것
이다. 탈냉전의 구조적 요인에서 발생한 것이라기 보다는 이데올
로기가 후퇴하고, 국내적으로 과거사를 다시 해석, 평가하는 과정

에서 발생한 것이다.[4] 탈냉전기 일본과 한국의 민족주의가 확산 강화라는 외형적 공통점을 가지고 있지만, 실제 그 발달과정은 국내적으로 차이가 났다.

일본의 신민족주의 등장에 대해서 파일(Kenneth Pyle 1990)은 유사한 입장에서 설명한다. 그는 전후 일본의 정체성은 1950년대의 진보주의(progressive), 1960-70년대의 중상주의(mercantilism), 1980년대의 현실주의(realism), 그리고 1990년대의 신민족주의(neo-nationalism) 등으로 변화하였다고 주장하면서, 일본 민족주의가 탈냉전 이후의 일본의 두드러진 정체성의 결집이라는 주장을 한다. 하지만 왜 일본 민족주의가 이 시기 등장하게 되었는가에 대해서는 보다 구체적인 설명이 필요하다. 일본에서의 신민족주의 등장은 아이러니하게도 '과거사 반성'에 대한 '反動'으로 나타났다.

즉 일본 민족주의는 국내 정치의 차원에서 등장하게 되는데, 이는 프랑스 혁명 등에서 보이는 자유주의 혁명후의 보수적 반동과 유사한 측면이 있다.[5] 때문에 신민족주의 등장 이전에 먼저 탈냉전기 초반 일본의 자기반성적 역사관의 등장을 살펴볼 필요가 있다. 1990년대 초반 일본의 국내정치의 변화는 일본의 과거사에 대한 보다 유연적 입장으로 변화하였다. 1990년대 자민당 거번넌

---

4) 구조적인 요인들도 배타적 내셔널리즘의 대두를 도왔다. 첫째, 냉전의 종식과 함께 양국을 묶던 이데올로기적 유대감이 약화되었다는 점. 둘째, 민주화 이후의 다양한 민족주의적 사회 집단들의 목소리가 커지게 되었다는 점, 셋째, 성공적인 산업화 이후 경제성장이라는 국민을 결속시킬 강력한 가치가 부재와 세계화시대 새롭게 수립된 한일간의 경제적 경쟁관계 등이다(이기완 2013).

5) 한일의 민족주의에 대한 많은 견해는 민족주의가 한국과 일본 사이에서 상승 작용한 것으로 간주하고 있다. 이러한 메커니즘이 존재하는 것은 사실이지만, 보다 중요한 것은 일본에서 내셔널리즘이 등장하는 단초가 무엇인가를 살펴보는 것이다.

스가 붕괴하고, 정계에는 보다 자유주의적 시각에서 일본의 과거
사 인식에 대한 비판적 입장을 제시하는 정치가들이 등장하였다.
사회당 당수로서 자민당과의 연립정권에서 수상을 역임하게 된
무라야마 도미이치(村山富市)는 1995년 8월 전후 50주년을 맞이하
면서 "식민지지배와 침략으로 인해 수많은 나라들 특히 아시아
각국의 국민들에 대해 다대한 손해와 고통을 안겨주었다"는 것을
인정하고 "통절한 반성의 뜻을 표하고 진심으로 사죄하는 마음을
표명"하였다. 그리고 후속 조치로 등장한 '평화·친선·교류 계획
(Peace, Friendship and Exchange)'은 1910년부터 1945년까지 일본
의 식민지 지배와 군사적 강점에 대한 결론이 나지 않은 논쟁들
을 마무리 짓기 위한 것이었다(김상준 2015).

  무라야마 담화는 한일간에 보다 진보된 화해를 위한 징검다
리 역할을 하였다. 1998년 10월 김대중 대통령과 오부치 게이조(小
淵惠三) 총리는 '21세기의 새로운 한일 파트너십 공동선언'을 하였
다. 공동선언에서 양국 정상은 자유민주주의, 시장경제라는 보편적
이념에 입각한 협력관계를 구축하고 그 것을 양국 국민 간의 광범
위 교류 및 상호이해를 바탕으로 발전시켜 나가겠다는 결의를 표
명하였다. 정상회담을 통한 과거사 해결은 '일본이 사과하고, 이를
한국이 충분히 인정하는' 것이었다. 오부치 총리는 "일본이 과거
한 때 식민지 지배로 인하여 한국 국민에게 다대한 손해와 고통
을 안겨주었다는 역사적 사실을 겸허히 받아들이면서 이에 대하
여 통절한 반성과 마음으로부터의 사죄를 하였다"라고 언급하였
다. 김대중 대통령은 "이러한 역사 표명을 진지하게 받아들이고,
이를 평가하는 동시에, 양국이 과거의 불행한 역사를 극복하고 화
해와 선진우호협력에 입각한 미래지향적인 관계를 발전시키기 위

하여 서로 노력하는 것이 시대적 요청"이라고 답하였다(김상준 2015).

1990년대 무라야마의 담화, 그리고 김대중-오부치 선언에서 볼 수 있듯이 탈냉전 초기의 한일관계는 과거사를 다시 한번 둘러보고, 최종적으로 종식하려는 양국의 의도가 담겨있었다. 즉 탈냉전기 초반 한국과 일본 양국에서 새로운 민족주의가 출현하기 이전에, 정치적 합의를 통한 양국관계가 적절히 모색되었으며, 과거사에 대한 화해의 분위기가 전개되었다. 양국간의 대중문화의 교류가 확산되었으며, 한일은 월드컵을 공동으로 개최하였다.

그럼에도 불구하고 아이러니하게 양국의 민족주의는 매우 빠른 속도로 팽창하였다. 1990년대 중반 이후에 정치가와 우익단체를 중심으로 무라야마, 고노 요헤이(河野洋平) 등의 자기 반성적 인식에 대해 '반발(backlash)'이 급속히 등장하였다(Lind 2008). 반발은 일본의 정부의 사죄를 퇴색시키는 가장 중요한 원인이 되었으며, 과거를 적극적으로 '재구성(reframe)'하는 방향으로 발전하게 되었다. 결국 일본 상층부의 국수주의적 정체성의 강화는 중간층과 아래로 확산되었으며, 갈등의 이슈도 교과서, 영토, 위안부, 야스쿠니 참배 등으로 확장되었다. 또한 이 시기 과거사에 대한 일본의 '妄言'이 대대적으로 증폭되었다. 특히 망언은 우파 정치인뿐만 아니라 정부 각료들에 의해서, 그리고 공식적인 입장으로서 전개되었다. 일본의 사회의 다수는 이러한 우파 정치 엘리트들의 입장을 지지하기 시작하였다.

다른 한편, 일본의 경제적 요인은 민족주의 등장에 중요한 환경요인이 되었다. 1990년대 '잃어버린 10년'이라는 선진국형 저성장이 시작되었다. 1980년대 후반 전후 최대의 호황을 맞이하였던 일본 경제는 1990년 주가하락으로 갑자기 거품 경제가 붕괴하였다. 동시에 저출산과 고령화의 사회적 문제에 직면하면서 일본은 성장 동력을 잃어버리고 장기적 경제침체의 상황이 전개되었다. 디플레이션이 진행되면서, 고용률은 하락하고, 대신 비정규직의 숫자는 증가하였다. 비정규직의 숫자가 증가할수록 소비가 감소하는 악순환이 거듭되었다. 다시 말해, 일본의 사적 영역은 매우 취약한 구조를 가지게 되었으며, 이는 민족주의 담론이 등이 보다 쉽게 개인에게 침투하는 환경요인이 되었다. 또한 이러한 사적 영역의 환경 가운데서 일본의 정치엘리트들은 역사에 있어서 보다 자기중심적 또는 자기긍정적 인식을 강조하게 되었으며, 사회적 동원, 즉 민족주의를 추진하는 계기가 되었다.

해방 후 한국은 전후 일본보다 민족주의적 요인을 보다 강하게 가지고 있었다. 종전후 민족주의의 전개에 제약을 가졌던 일본과는 달리 한국은 오히려 민족주의를 바탕으로 정체성을 형성하였다. 하지만 앞 장에서 지적하였듯이 한국의 민족주의 또한 제한과 통제가 있었다. 탈냉전 한국의 민족주의 강화는 일본의 우경화와 연동되었다. 일본의 민족주의의 재등장이 국내 우파적 경향과 맥락을 같이한다고 하면, 한국 민족주의의 강화는 국내적 우경화보다는 국제적 차원에서 일본의 우파적 경향에 대한 '반발(reaction)'의 속성을 가지고 있다.[6]

기본적으로 냉전 기간 한국의 민족주의는 유지되고 있었다.

---

6) 한국의 민족주의의 등장을 한국의 민주화로 인한 것으로 보는 견해가 존재한다. 그 이유는 민주화 이후의 양국간의 관계에서 민족주의적인 대립을 조절하는 기제가 사라졌기 때문이라는 것이다. 하지만 냉전기 한일 민족주의는 기본적으로 조절 내지는 통제적 기제로 인해 제한되었다는 것은 부분적인 요소이며, 큰 틀에서는 냉전적 상황이 민족주의의 발현 자체를 제한하였기 때문이다. 민족주의 조절 기제의 부재보다는 결국 일본의 우경화가 양국 민족주의의 발전의 단초가 되었다.

식민시대에 민중으로 확산된 저항 민족주의가 해방이 되고 나서도 쇠퇴하지 않고 계속 그 성격을 유지할 수 있었던 이유는 일본 식민통치의 특수성에 기인한다. 일본의 한국 지배가 대만 등의 다른 식민지배와는 달리 매울 강압적인 동화정책과 동원정책을 기반했다는 것은 해방 후 국가정체성 형성과정에서 중요하게 작용하는 이유가 되었다. 다시 말해, 한국인은 식민지배 이전에 이미 국가, 사회, 문화, 종교에 있어서 높은 수준의 자의식과 자긍심이 존재하였으며, 이를 말살하려고 하였던 일본에 대한 감정이 해방 이후에도 지속되게 되었던 것이다. 한국의 민족주의가 유지되었던 이유는 한국인이 식민지배 이전부터 가지고 있었던 성숙된 자아의식을 가지고 있었기 때문이라고 볼 수 있다. 식민지 지배 이전에 형성되었던 아자와 타자의 구분은 식민지 시대를 거치면서 타자에 대한 저항적 정체성의 확산으로 이어졌다. 그리고 해방 이후에는 확산된 저항적 아자 의식이 적대적 타자의식의 기반이 되었으며, 이는 국가 정체성의 핵심이 되었다.[7]

　1980년대 이후 일본의 우경화는 냉전기간 절제된 한국의 민족주의가 감정적 차원에서 강화되는 계기가 되었다. 1965년 한일 국교정상화 과정은 한국 민족주의의 절제에서 가능하였다. 안보, 정치, 경제 등의 현실적 필요성에 의해 추동(推動)된 1965년 한일 국교정상화는 양국간 식민의 문제를 경제적 보상으로 해결하는 일시적 封合에 가까운 합의였으며, 궁극적으로 재발의 소지를 안

---

7) 로즈만은 최근까지 한국이 일본에 적대감을 가지게 된 이유로 첫째, 일본의 한국 식민지배가 매우 길었다는 점, 둘째, 매우 극단적인 동화정책을 겪었다는 점, 셋째, 다른 어느 나라보다도 식민지 경험을 국가 정체성으로 삼았다는 점, 넷째, 일본과의 지리적 근접성, 경제적 의존, 문화와 언어의 유사성 등으로 인해서, 일본을 위협으로 느꼈다는 점 등을 들고 있다(Rozman 2002, 11-12).

고 있었다. 제1차 한일회담에서 한국측 수석 대표였던 양유찬 주
미대사는 일본측에게 한국은 '과거를 잊고 화해할 용의가 있다
("Let us bury hatchets")'는 취지의 개회사를 했다. 이에 대한 일본
교체수석대표는 "화해할 그 무엇이 있습니까?(What are the hatchets
to bury?)"라고 답하였다(공로명 2012). 과거 식민에 대한 한일 인식
의 차가 확연히 드러나고 있다. 냉전기 봉합되었던 과거사 인식의
차이는 탈냉전기 일본의 우경화로 인해 裂開되었다.

　　1990년대와 2000년대 일본 정치 엘리트의 우경화는 한국의
신민족주의를 촉발하는 계기가 되었다. 한국의 내셔널리즘은 보
다 구체적인 사안인 영토문제, 야스쿠니 신사 참배, 종군위안부문
제, 그리고 교과서문제 등을 둘러싸고 일본의 주장과 행동에 반대
하면서 강화되기 시작하였다. 이 시기 일본은 독도 영유권의 문제
에서도 보다 적극적으로 국내에서 일본의 영토임을 주장하기 시
작하였다. 특히 2005년 2월 일본의 시마네(島根)현의회가 '다케시
마의 날' 조례안을 심의하기 시작하였다. 독도영유권문제에 대한
일본의 강경입장에 한국 국민과 미디어는 대대적인 반대 여론을
형성하여, 독도문제를 둘러싼 한일갈등은 극에 달하게 되었다. 고
이즈미 수상의 야스쿠니 신사 참배에 대해서도 한국인들은 반대
여론을 형성하였다. 종군위안부문제는 한국의 시민단체들이
1990년대부터 관심을 가지기 시작하다가 2000년대 한일간의 가
장 중요한 갈등 사안이 되었다. 2012년 노다 요시히코(野田佳彦)
일본 총리는 "일본이 위안부를 강제 동원한 증거가 없다" 등의
발언을 하면서, 이에 대한 한국의 반발은 거세졌다.

　　전반적으로 탈냉전기 한국의 민족주의는 정부, 시민단체 등
이 주체가 되어 국가영역, 공적영역, 그리고 사적 영역 모두에서

전반적으로 나타나는 현상이 되었다. 결국 냉전기간 동안 제대로 정리되지 않았던 일본의 과거사에 대한 입장을 확실히 할 필요가 있다는 시각이 등장하였다(김상준 2015). 한국의 식민시대에 축적되었던 저항적 민족주의가 공세적 민족주의로 다시 불러들여졌다. 이는 상부의 정치, 중간의 시민단체, 아래 사회 전반으로 확산되었다. 예를 들어, 2012년 이명박 전 대통령이 국가원수로서는 처음으로 독도를 직접 방문한 것은 어느 정도 유지되어 왔던 현상유지를 파괴하며 종국적으로는 양국 사회 전반에 민족주의를 자극하였다. 대통령의 방문은 한국사회의 독도에 대한 관심을 환기시켰다. 당시 일본은 민주당의 정권의 반응에서 나타나듯 양국 관계가 더 이상 악화되는 것을 방지하고자 했다. 그러나 그 해 12월 중의원선거에서 자민당이 압승하고 아베 정권이 성립되면서 일본은 주권문제 담당 정부조직 설치 및 국내 및 국제 홍보 강화를 위한 정책을 수립 및 이행해 나갔다(이성환 2015). 이는 비교적 독도에 대한 인식과 관심이 없는 내국인을 겨냥한 것으로도 생각되며, 상부의 정치가 어떻게 사회 전반으로 확산되고 있는가를 잘 보여주는 예라고 할 수 있다.

VI. 결 론

근대화 이후 한국과 일본에서의 민족주의는 시대에 따라 다양한 주제를 포함하면서 매우 역동적으로 발전하였다. 19세가 후반 두 나라 모두 초기 민족주의의 발전에서는 새로운 민의 성격으로서 민족이라는 인식이 중요하였다. 일본의 경우는 분권형 정

322 ≪Part 2≫ 6. 정체성과 내셔널리즘

치구조가 국민의식의 발달을 저해했으며, 한국의 경우는 집권적이었지만 왕조의 신민이라는 의식이 민족에 대한 집단 인식을 형성하는데 걸림돌이 되었다. 하지만 두 나라는 서구와의 접촉가운데 일본은 통합, 한국의 독립의 민족주의를 각각 형성하였다.

20세기 초반 일본은 '팽창'주의 국가로 전환되면서, 전쟁 수행을 위한 국민의 동원이라는 측면에서 다시 일본 민족주의는 도구적 성격이 강하게 나타났다. 반면 이러한 팽창에 대비해 한국의 민족은 다시금 민족의 생존이라는 목적을 위해 '저항'적 민족주의가 전개되었다. 결국 한국과 일본의 관계사적 측면에서 양국의 민족주의는 '팽창 vs. 저항'의 패러다임아래서 서로 충돌하면서 역사상 가장 빠른 속도로 확장되었다.

20세기 후반 한국과 일본에서 민족주의의 피로감은 역력히 나타났다. 양국은 더 이상 적대국이 아니었다. 민족주의 요소는 양국 모두 보수 지배의 사회에서 잠행되었다. 물론 국가주의와 민족주의에 의해 침략전쟁을 수행하였던 일본이 한국보다 민족주의 요소가 보다 억제되었다는 차이는 존재하였다. 양국은 서로의 국익을 위해 공세적 민족주의를 조절하였다.

하지만 21세기 한국과 일본의 민족주의는 다시금 충돌하는 양상을 보이고 있다. 특히 감정적 요소가 강화되었으며, 그 이유는 과거사에 대한 평가의 차이에서 기인한다. 그 근저에는 피해자 한국, 피해자 일본이라는 양국간 타협이 어려운 평가가 존재한다. '피해 vs. 피해'의 민족주의 대결은 과거 '독립-통합'이라는 민족주의의 병행, '저항 vs. 팽창'이라는 민족주의의 충돌과는 또 다른 양상의 갈등이다.

본 연구는 민족주의가 시대에 따라서 민족에 대한 인지의 문

제에서 감정의 문제로 이행하였음을 추적하였다. 문제가 되는 것
은 최근 양국 민족주의에서 감정적 요소가 부각되는 이유는 과거
사에 대한 해석, 즉 평가적 요인에 기인하고 있다. 딜레마는 어떻
게 과거사의 평가적 부분을 부각하면서도 감정적 요소를 조절하
는가의 문제이다. 왜냐하면, 미래 한일관계를 위해서는 감정적 요
소가 조절되어야 하지만 과거사에 대한 민족주의에서 평가적 속
성은 여전히 중요하기 때문이다.

〈참고문헌〉

공로명. (2012). "한일관계, 반전은 가능한가?", 『한일관계 반전은 가
　　능한가? - '김대중·오부치 미래 파트너십 선언'의 함의를 중심으
　　로』, 서울: 연세대학교 김대중 도서관,
김동노. (2012). "민족주의의 다원화와 이념 갈등". 『동방학지』, 제159
　　집, pp.367-420.
김상준. (2005). "기억의 정치학: 야스쿠니 vs. 히로시마". 『한국 정치
　　학회보』.
김상준. (2015), "한일관계의 안정과 지속: 정치지도자의 메시지 전달
　　과 정향을 중심으로", 『일본연구논총』, 제41호.
김상준. (2015). "한일의 평화를 위한 공공외교". 『한일관계 이렇게 풀
　　어라』. 서울: 김영사.
이기완. (2013). "민족주의적 국가전략을 통해 본 아베 내각의 대외정
　　책과 동향". 『국제정치연구』, 제16집 1호.
이성환. (2015). "일본의 독도정책과 한일관계의 균열". 『한국정치외교
　　사논총』, 36(2),
한흥수. (2015). 『도전과 응전의 한국민족주의』. 서울: 옥당.
Anderson, Benedict. (1983). *Imagined Communities. Reflection on
　　the Origin and Spread of Nationalism*. London: Verso.
Gulck, Carol. (1993). "The Past in the Present". in Andrew

Gordon ed., *Postwar Japan as History*. Berkeley: University of California Press.

Lind, Jennifer. (2008). *Sorry States: Apologies in International Politics*. Ithaca and London: Cornell University Press.

Pyle, Kenneth B. (1990). "Japan, the world, and the Twenty-first Century". In Takahashi Inoguchi and Daniel I. Okimoto(eds.), *The Japanese Political Economy of Japan: The Changing International Context*. Stanford: Stanford University Press.

Rozman, Gilbert. (2002). "Japan and Korea: should the US be worried about their new spat in 2001?" The Pacific Review, 15(1).

Silberman, Bernard. (1993). *The Cage of Reason*. Chicago: University of Chicago Press.

6.2
한일의 정체성과 내셔널리즘 ―일본의 시각
미야기 타이조(宮城大蔵. 上智大学)

Ⅰ. 들어가며

본고는 김상준 교수의 논문 '한국과 일본의 정체성과 내셔널
리즘'에 대해 코멘트하면서 한일의 정체성에 대해서 논하고자 한
다. 김상준 교수의 논문은 19세기 후반 이후 긴 시간축 속에서 한
일의 정체성과 내셔널리즘에 대해서 분석하고 있는데, 본고에는
프로젝트의 취지가 '한일 50주년 기념'인 것을 고려하여 2차 세
계대전 이후를 중심적으로 다루기로 한다.

본론에 들어가기 전에 먼저 김상준 교수가 제2차세계대전
이전의 시기에 대해서 분석한 것 중에서 흥미로웠던 점에 대해서
몇 가지 말하겠다. 김상준 교수가 지적했듯이 한국과 일본은 아시
아의 동쪽 끝에 위치하고 있으며, 전세계 규모로 서양세력이 팽창
해 왔던 시기는 19세기 후반으로 세계적으로 보면 비교적 늦은
시기였다. 김상준 교수의 논문은 한일의 내셔널리즘은 19세기말
에 '위로부터의 내셔널리즘'으로서 형성되었다고 지적한다.

한편 '서양이 도래'하기 이전 시기에 초점을 맞추면 동아시
아에는 역대로 중화제국을 중심으로 책봉체제(화이질서)가 형성되
어 왔다. 조선왕조가 책봉체제의 중요한 일부로서 중국과 조공관
계를 유지했던 반면, 일본은 도요토미 히데요시의 조선출병, 사쓰

마의 시마즈시(島津氏)에 의한 오키나와 실질적 병합 등 누차 책봉 체제를 위협하는 *역할*을 하면서 몽골제국의 침공을 물리쳤다.

이처럼 한일 모두 19세기 후반에 '서양의 팽창'에 직면하게 되는데 동아시아의 중심적 존재였던 중화제국과의 긴밀도와 관계 측면에서 한일은 커다란 차이가 있었으며, 이것이 한일의 정체성 형성에 적지않은 영향을 미쳤다고 볼 수 있을 것이다. 그러나 이 점에 대해서 김상준 교수가 중화제국과 한국의 책봉관계는 중국의 조정과 조선의 조정간의 관계이며, 중국에 대한 조선 일반백성들의 인식에 영향을 미치지 않았다고 지적했는데 꽤장히 흥미로운 분석이었으며 더 자세히 알고싶은 부분이었다.

또한 19세기 후반 한일 각국의 정체성 형성에 관한 부분에서 김상준 교수는 일본에 대해서 외부로부터 침략을 당하지 않은 가운데 '위로부터의 내셔널리즘'이 형성된 반면, 한국은 열강의 침략을 받으면서 내셔널리즘이 형성되었다고 분석하고 있다. 하지만 일본에도 막부말부터 메이지 유신 성립기에 걸쳐서 급격한 정치적 변동은 미국의 페리 제독의 '흑선'과 '개국' 이에 반발하는 양이(攘夷)운동, 사쓰마번과 조슈번 등에 의한 양이 시도와 실패, 막부타도(倒幕)로의 방향전환 등 닥쳐오는 서양 열강의 위협이 결정적으로 중요한 요인으로 작용했다.

이러한 의미에서 한일의 정체성 형성과정에는 '위로부터의 내셔널리즘'이라는 공통점에 더해 청나라가 아편전쟁에 패배하면서 전통적인 책봉체제가 동요하는 가운데 '서양의 도래'라는 충격에 대한 반응의 결과로서 일어났다는 공통점이 있었다고 지적할 수 있다.

또한 김상준 교수는 일본이 청일전쟁과 러일전쟁에서 이기

고 한국을 식민지화하는 등 대외팽창의 길을 나아가면서 형성된
일본의 '팽창 내셔널리즘'을 한국의 '저항 내셔널리즘'과 대비하
면서 분석하고 있다. 한편 일본의 관점에서 보자면 이러한 '팽창'
의 과정은 서양 열강과의 치열한 권력게임이라는 성질을 띠고 있
다. '부국강병'을 실현하여 서양 열강과 어깨를 나란히 하는 것이
비서양제국 속에서 독립을 유지하는 방법이고 목적이었다. 그러
한 의미에서 일본의 내셔널리즘은 '팽창의 내셔널리즘'이면서 서
구 열강과 어깨를 나란히 하는 것을 국가목표로 하는 '탈아입구
내셔널리즘'의 성격을 가지고 있었던 것 같다.

　　또한 상술한 바와 같이 일본이 팽창하는 과정에서 한국처럼
식민지가 되었던 대만에 대해 김상준 교수는 한국, 대만에 대한
일본 식민통치의 차이가 한국, 대만의 내셔널리즘 형성 과정에서
차이점을 가져왔다는 분석은 아주 흥미로웠으며, 자세히 알고 싶
은 부분이었다.

Ⅱ. 전후 한일의 내셔널리즘과 정체성

　　그럼 본고의 분석대상인 제2차세계대전 이후로 화제를 전환
하자면 한일의 상호 이미지는 몇 개의 단계를 거쳐 변화를 겪어
왔다. 먼저 첫번째 시기는 전후 초기 한국의 이승만 정권기이다.
이 시기에 한국의 탈식민지 내셔널리즘과 이에 대한 일본의 반발
이 조속한 한일국교정상화를 바라는 미국의 '냉전 논리'를 압도하
여 국교 교섭은 교착되었다. 두 번째 시기는 1965년 한일국교정
상화 이후 일본이 한국의 군사정권에 대해 강렬하게 위화감을 느

끼고 있던 시기였다. 그리고 세 번째 시기는 한국이 민주화된 이후의 시기이다. 일본에서 한국에 대한 친밀감이 고조되고 '글로벌화'의 모델로서 간주되고, 역사문제를 둘러싼 알력이 일어나면서 한국에 대한 인식이 급변하는 시기였다.

먼저 첫번째 시기에 일본이 패전하고 점령기에 들어가고 '전후'의 첫발을 걷기 시작하는 가운데, 일본의 지배에서 해방된 한국은 한국전쟁이라는 새로운 전쟁에 직면하고 분단국가가 되었다. 일본에서는 식민지 독립이 패전과 동시에 일어났기 때문에 식민지 지배와 탈식민지화에 대한 인식이 충분히 고찰되지 않았다는 점은 부정할 수 없을 것이다. 그것이 한일교섭에서 일본이 식민지 지배시기에 좋은 일도 했다는 '구보타 발언'의 배경이 되었는데 구보타 발언은 당시 일본사회에서 그다지 예외적인 생각이 아니었을 것이다.

이에 대해서 한국은 이승만 대통령이 탈식민지화=비일본화를 강력하게 추진하고 평화선을 설정하는 등 대일강경조치가 일본을 강력하게 자극하여 한국에 대한 반발심을 조장하였다. 김상준 교수가 지적했듯이 한일은 자유주의 진영에 속해 있었지만 아시아 반공진영의 강화·결속을 바라는 미국의 의향에도 불구하고 1965년까지 국교가 정상화되지 않았다. 그 배경에는 식민지주의에 대한 인식의 차이가 있었다. 바꿔 말하자면 이 시기 한국은 탈식민지화에 의해 건국의 기반을 확립하려 했던 반면, 일본은 패전의 충격에서 과거의 식민지지배에 대한 인식이 충분히 심화되지 않았다. 정체성의 관점에서 보면 당시 일본은 '패전국'이라는 자기인식이 압도적이었고 예전 일본 자신의 '제국'을 청산해야 한다는 의식은 희박했다.

제1시기에서 한일은 '냉전'이라는 문맥에서는 같은 자유주의 진영에 속해 있었지만 한국에 있어 '건국'의 과정은 탈식민지화 논리가 중요하게 작용했고, 일본은 패전국 의식이 압도적이었기 때문에 과거의 식민지 지배에 눈을 돌리기 어려운 상황이었다. 한일의 이러한 차이가 이 시기 한일간의 격렬한 대립의 배경에 있었던 것이다.

Ⅲ. 냉전기 한일관계

두 번째 시기는 1965년 한일국교정상화 이후이다. 한국에서는 박정희 대통령이 한국 내 격렬한 반발을 억누르고 한일기본조약의 조인을 단행하였다. 한일교섭 최대 난관이었던 청구권문제에 대해서는 일본측의 주장을 받아들여 경제협력이라는 명목으로 타결되었다. 한일국교정상화가 실현된 배경에는 냉전의 대립이 격화되면서 한일 양국에 대해 국교정상화를 강력하게 요구하고 압력을 가했던 미국의 존재가 있었다. 그런 의미에서 미국이 바라는 '냉전' 문맥이 한일간의 식민지지배 청산의 차이라는 '역사인식'의 문맥을 억누르는 게 되었다.

그러나 한일은 국교가 정상화된 이후에도 미국이 바랬던 것처럼 결속이 강화된 것은 아니었다. 한일의 정부레벨에서는 안전보장협력이 검토되었으나 양국 여론의 반발을 경계하여 아주 신중하게 진행되었다. 한국의 입장에서 보면 예전의 식민지 지배국이었던 일본과의 협력은 여론의 반발을 일으킬 가능성이 높았다.

이에 대해 일본은 한국의 군사정권을 위험한 존재로 보는 경향이 아주 강했다. 오늘날에는 상상하기 어려운 일이지만 당시 일본에서는 특히 대학 관계자와 지식인 등 인텔리 계층에 대해 좌파의 영향력이 절대적이었다. 김상준 교수 논문에서는 냉전기 한일은 공산주의라는 '공통의 적'에 대치하고 있었다고 해석하고 있으나, 당시 일본에서 강력한 영향력을 가지고 있던 좌파계열 지식인 사이에서 한국은 인권을 억압하는 군사독재정권이라며 아주 낮게 평가하고 있었고, 오히려 북한쪽에 공감하고 호의를 가지는 경향이 있었다. 한국에서는 미국의 요청에 따라 베트남 파병을 단행했으나 일본에서는 베트남 반전운동이 활발하게 열렸다.

또한 당시 일본에서는 한국과의 관계를 발전시키는 것은 북한을 상대로 하는 한국의 전쟁에 연루될 위험이 높아진다며 굉장히 경계하고 있었다. 한일국교정상화 시기에도 당시 일본 정치가는 한국에 대해서 경계하는 일본의 여론에 주의하고 배려했다.

내셔널리즘과 정체성이라는 관점에서 보자면 이 시기의 한일은 한국이 박정희 정권하에서 반공과 경제개발을 양축으로 하는 개발체제에 매진했던 반면, 일본사회에서는 미국 주도의 냉전 대립에 연루되는 것을 기피하는 분위기가 지배적이었고, 1960년의 안보개정을 둘러싼 소란으로 키시 노부스케 정권이 퇴진하자 이케다 하야토 등 키시 이후의 자민당 수상들은 오로지 경제성장을 중시하고 헌법개헌과 재군비를 비롯한 안전보장에 대해서 논의하는 것이 금기시되었다. '경제대국', '평화국가'라는 일본의 자화상이 확립되어 가는 시기였다고 할 수 있다. 그러한 일본사회의 분위기에서 냉전대립의 최전선에 위치하여 군사정권이 지배하는 한국을 '위험한 국가' 이미지로 보는 사람들이 많았다. 앞서 말했듯이 일본 지식인들의 좌파지향도 이러한 경향에 박차를 가했다.

여기에서 또한 일본과 한국의 자화상에 차이점이 드러났고 한일정부, 경제계 관계는 어찌되었든 사회레벨에서는 '가깝고도 먼 나라'의 관계가 이어지고 있었던 것이다. 김상준 교수의 논문에서는 한일 모두 권위주의적 정권하에 있었다고 해석하고 있으나, 본고에서는 한국에 대한 일본의 위화감이 상대국에 대한 인식을 형성하는 데 중요하게 작용했다고 생각한다.

새삼스럽지만 이 시기에 한일 양국에 공산주의에 대한 견해의 차가 존재했다는 것을 그 배경으로 지적할 수 있을 것이다. 북한과 대치했던 한국에 '반공'은 국가의 존재의식과 연관되는 중요한 문제였으나, 같은 시기의 일본 특히 인텔리 계층에서는 좌파사상의 영향이 절대적이었고, 이것이 한국을 경계하고 저평가하는 경향의 배경을 이루고 있었다.

Ⅳ. 냉전 후의 한일관계

세 번째 시기는 냉전 이후이다. 위에 설명한 일본의 한국 이미지가 급격히 변하게 된 계기를 꼽자면 서울올림픽과 민주화를 들 수 있다. 한국의 민주화에 의해 일본은 전후 처음으로 비슷한 경제수준과 정치사회를 보유한 국가를 이웃국가로 맞게 되었다고 할 수 있다. 지금까지 일본에 있어 아시아란 혼란과 저개발의 대명사였으며 '선진국' 정체성을 가지게 된 일본은 아시아에서 '동료(仲間)'를 찾기 어려웠다. 한국의 민주화를 전후로 대만에서도 민주화가 진행되었으나, 일본은 중국과의 관계 차원에서 대만과 정치적 관계를 가질 수 없었다. 이는 민주화 이후 한국은 일본에 있어 메이지 이후 처음으로 근린에 '동료'를 갖게 되었다는 것을 의미했다.

그러나 본고의 앞 부분에서 언급했듯이 탈냉전 이후 한일관계는 안정되지 않았다. 민주화 이후 한일의 '화해'를 상징하는 것이 1998년의 오부치 게이조 총리와 김대중 대통령의 한일공동선언일 것이다. 일본은 과거를 솔직히 사죄하고 한국은 전후 일본의 발자취를 높게 평가하면서 이를 계기로 미래지향적인 자세로 임할 것을 선언하였다. 오부치 총리와 김대중 대통령 사이에는 "20세기의 일은 20세기 내에 해결하자"는 확고한 의식이 있었다.

오부치-김대중에 의한 한일화해는 양국관계에 그치지 않았다. 김대중 대통령이 내세운 '동아시아 비전그룹' 등에 오부치 총리가 지지를 표명하고 김대중 대통령도 ASEAN+3와 사상 첫 한중일 정상회담에 대한 오부치의 이니시어티브를 강력하게 지지하였다. 아시아 역내에서 선진 민주주의 국가로서 한일의 화해와 연대가 동아시아 지역주의 진전을 향한 중요한 원동력이 된 것이 이 시기였다. 냉전과 식민지주의의 청산 등 이데올로기와 역사의 그림자가 농후했던 이전의 한일관계와는 크게 달라졌다. 정체성과 내셔널리즘의 관점에서 보자면 한일이 서로를 '동료'라고 인식한 것이 이러한 전향적인 한일연대를 가져온 것이다. 이전까지 일본은 비슷한 의미의 '동료'로서 호주를 생각하고 있었고, 일본과 호주의 연대가 APEC(아시아태평양 경제협력) 등 1980년대부터 90년대에 걸쳐 아시아태평양을 무대로 지역주의의 융성기를 가져왔다. 일본은 이와 같은 '동료'를 한국이라는 근린국에서 발견한 것이다.

2000년대 후반에는 이명박 대통령이 취임하여 '글로벌 코리아'를 내세웠고 거품경제 붕괴 이후 경제적으로 침체기를 겪던 일본에서는 이명박 정권하의 한국을 '글로벌화'의 모델로서 칭찬하는 언설이 활발하게 전개되었다.

이러했던 한일관계가 일본의 노다 요시히코 정권, 한국의 이명박 정권 말기부터 악화되는 방향으로 급전개되었다. 독도/다케시마, 종군위안부문제가 한일관계의 전면에 등장하고 그러한 경향은 아베신조, 박근혜 정권에 들어와서 한층 더 현저해졌다.

이러한 관점에서 보면 냉전 이후 세 번째 시기의 특징은 한일관계와 한일상호의 평가에 대한 급격한 변화를 꼽을 수 있다. 이는 냉전 후 한일 양국의 정체성이 유동적인 상황을 반영하고 있다. 일본의 입장에서 보자면 아시아 지역주의의 융성과 글로벌화에 대한 대처 등 냉전하의 고정적인 국제환경에서는 눈에 띄지 않았던 과제에 직면해 있었고 여기에서 한국은 파트너이면서 모델로서 보여졌고, 최근에는 오로지 역사와 영토를 둘러싼 대립상대로 간주되는 풍조가 현저했다. 김상준 교수는 냉전 후의 한일관계를 내셔널리즘 대립의 시기로 해석하고 있는 것 같은데, 본고의 분석에 의하면 냉전 이후 시대를 둘러싼 급격한 변화에 의한 것이라고 볼 수 있을 것이다.

앞으로의 전망에 대해서 약간 언급하자면 한일 쌍방에 필요한 것은 좀더 균형잡힌 정체성과 상대방에 대한 인식일 것이다. 여기에서 정치의 역할이 중요하다. 정체성과 내셔널리즘이라고 말하면 자연발생적인 것으로 생각될지도 모르지만, 실제는 그 시기 정치지도자의 이니시어티브가 결정적으로 중요하다는 것이 필자의 생각이다. 한일관계에 관련해서 말하자면 1990년 말 한일간의 극적인 화해에는 오부치 게이조와 김대중이라는 한일 양국 지도자의 이니시어티브가 결정적으로 중요했다. 역으로 한일관계가 급격하게 악화된 국면에서도 정치지도자의 행동이 그 계기를 만들었다.

이와 함께 중요한 것이 '세계 속의 한일'이라는 관점이다. 냉전시대와 다르게 지금 한국과 일본은 똑같이 세계유수의 경제대국이다. 냉전하에서 한일이 서로 적대하는 것은 기껏해야 미국의 골칫거리에 지나지 않았다. 오늘날 한일간의 불화와 언쟁이 심각해지면 세계의 주목을 받고 양국 지도자의 견식과 역량이 시험받을 것이다.

본고에서 개관했듯이 역사적인 경위를 더듬어 보면 확실히 냉전 이후 한일이 상호를 '동료'라고 인식할 수 있는 상황이 도래했으며, 이는 역사적인 관점에서 매우 중요함에 틀림없다. 이러한 폭넓은 관점에서 양국관계를 논의해야 할 것이다.

7.
정치와 미디어가 한일관계에 준 영향

7.1
일한 50년의 성찰 —정치와 매스미디어

야쿠시지 가쓰유키(薬師寺克行. 東洋大学)

어느 시대에도 정치와 매스미디어는 밀접한 관계를 가지는 동시에 내외 환경 변화를 받아 그 모습을 바꾸어간다. 한일 양국의 정치와 매스미디어도 물론 예외가 아니다. 일본의 경우는 1990년대 이후 경제 분야는 고도경제성장을 거쳐 버블경제가 붕괴되고 혼란의 시기를 맞이했다. 중국, 한국 등 이웃 국가의 경제적 발전과는 달리 일본은 저출산 고령화와 재정위기라는 심각한 문제에 직면하면서 명확한 타개책을 찾지 못하였고, 국민들의 심리는 점차 내부지향적이 되고 있다. 한편 안보 분야에서는 냉전기의 안정적이고 정적인 상황이 냉전 붕괴를 계기로 가변적, 동적인 것으로 변모했다. 그리고 군사력, 정치력을 늘리는 중국을 눈앞에 두고 그 잠재적 위협에 경계심이 높아지고 있다.

이러한 환경 변화는 당연한 것처럼 정치와 매스미디어에 반영된다. 1990년대 일본에서는 이웃 나라와의 협조적인 외교 관계를 중시하는 비둘기파 정권이 이어졌고, 매스미디어도 이를 긍정적으로 평가하고 있었다. 그러나 2000년대 들어 역사문제와 영토문제 등을 중심으로 이웃 국가에 대해 경직된 자세로 임하는 정권이 잇따라 등장해 왔다. 일부 매스미디어도 이를 지지하면서 대외 강경론을 소리 높여 주장하게 되었다.

이러한 변화는 종종 '강경파의 대두' 또는 '우경화', 심지어 '군국주의화' 등 극단적인 언어로 표현되고 있다. 물론 이러한 표층적이고 인상론적인 표현이나 평가는 적어도 한국 국민이 일본을 이해하는 데 그다지 의미는 없고 오히려 아무 성과도 없는 것이다.

정치와 매스미디어 모습의 변화는 어떤 하나의 사건으로 인한 것이 아니라 그 배경에는 구조적이고 복합적인 요인이 있다. 이 논문에서는 일본의 정치와 매스미디어를 중심으로 그 변화와 배경을 중층적으로 분석하여 본다.

I. 일본 정치의 변용과 그 배경

(1) 계속 살아남았던 '요시다 독트린'

최근 특히 2001년 고이즈미 준이치로(小泉純一郎)가 총리에 취임하고 매년 야스쿠니 신사에 참배한 이후 일본 정치의 우경화가 진행되었고, 자민당은 매파적 정당의 대표인 것처럼 보이게 되었다. 제2차 아베 내각 발족 이후 아베 신조(安倍晋三) 수상이 야스쿠니 신사에 참배하고 '고노 담화'나 '무라야마 담화' 계승에 소극적 자세를 보이며 심지어 집단적 자위권에 관한 헌법 해석의 재검토를 실시하면서 이러한 견해에 박차를 가하고 있다. 확실히 이전에 비해 자민당 정권이 크게 변질되고 있는 것은 부정할 수 없다. 그러나 이러한 변화는 단순히 우경화라는 단어로는 정리할 수 없는 측면이 있다.

1955년에 자유당과 민주당이라는 두 보수정당이 합류하면서 생긴 자유 민주당은 창당 초기부터 오늘에 이르기까지 하나의 사상이나 이데올로기로 뭉친 정당이 아니었다. 그뿐만 아니라 매우 다양한 정책과 사상을 가진 의원 집단이었으며 정당의 고전적인 정의에서 보면 정당이라고 말하기 어려운 면을 가지고 있었다. 자민당은 항상 5-6개 파벌로 구성되어 있었다. 각 파벌은 마치 하나의 정당처럼 각각 독자적으로 정책과 조직을 가지고 있으며, 소속 의원 수가 때로는 최대 야당인 사회당보다 많은 경우가 있었다. 그리고 목표로 하는 방향성의 차이에서 '비둘기파' 파벌과 '매파' 파벌로 구별되어 두 세력의 균형 속에 자민당은 장기 정권을 유지해 왔다.

1945년의 패전에서 자민당 창당까지 일본 정치를 이끌어온 가장 중요한 정치가는 요시다 시게루(吉田茂)였다. 패전의 혼란 속에서 요시다가 가장 중시한 것은 일본의 독립과 국민생활을 안정시키기 위한 경제부흥이었다. 그 결과 요시다는 1951년, 샌프란시스코 평화조약을 실현함과 동시에 미일안보조약을 체결하고 '경무장, 경제중시'라는 이후 일본 정치를 크게 규정하는 노선을 확립했다.

이때는 미국과 소련 사이의 냉전이 시작되고 게다가 한국 전쟁이 발발하는 등 일본을 둘러싼 국제 환경이 격변하는 시기였다. 당초 미국은 일본의 비군사화에 주력하고 있었지만, 곧 그 정책을 변경해서 일본을 자유주의 진영의 최전선으로 규정하여 요시다에게 여러 차례 재군비를 요구해 왔다. 요시다는 재군비를 계속 거부했다. 전쟁으로 경제 시스템이 철저하게 파괴된 가운데 막대한 예산을 필요로 하는 재군비를 하면 경제 회복이 늦어질 것으로 생각했기 때문이었다. 일본의 안전은 미국에 보장받고 이를 위해 미군이 일본의 기지를 사용할 것을 인정한 것이었다.

요시다가 채택한 노선은 국제협조주의를 내걸고 미일동맹 관계를 축으로 자유주의 진영의 일원으로 가세하여 일본을 통상 국가로 발전시키는 것이었다. 동시에 일본의 군사력 보유 및 유지를 부정한 헌법을 지킬 것을 강조했다. 이것은 '요시다 독트린'이라고 불리며 보수 합동 후의 자민당 정권에서도 기본적으로 계승되어 갔다. 그러나 요시다는 재군비를 완전히 부정하는 단순한 평화주의자였던 것은 아니었고, 잘 알려진 대로 경제가 재건되면 일본이 재무장하는 시대가 올 것이라고 생각하고 있었다.

외교관 출신인 요시다는 자수성가한 정치가를 정책 능력이 떨어진다며 싫어했고 자신의 노선을 계승할 인재를 관료에서 구했다. 1949년 총선거에 많은 관료를 입후보시켜 국회의원으로 올렸다. 그 중에는 나중에 수상이 된 이케다 하야토(池田勇人)와 사토 에이사쿠(佐藤栄作) 등도 있다. 나중에 그들이 중심이 되어 자민당 내 '비둘기파' 파벌이 만들어진 것이다.

한편 전전(戰前)부터 의원을 맡고 있던 세력은 요시다를 대미 추종이라고 비판하고 헌법 개정과 재군비를 주장했다. 그들의 대부분이 공직 추방되면서 힘을 잃었지만 추방 해제로 정계에 돌아오면서 단번에 요시다에 대한 반격을 꾀했다. 그 결과 요시다가 퇴진한 후에 창당한 자민당 집행부는 '반요시다' 세력에 점령되었다. 그들의 사상은 창당할 때 문서에 잘 나타나 있다.

'당의 사명'(1955년 11월 15일)이라는 제목의 문서에는 다음과 같이 적혀 있다.

> 국내의 현상을 보면 조국애와 자주독립 정신은 손실되었고, 정치는 혼미를 계속하고, 경제는 자립에 더욱 멀어지고 있으며 민생은 불안의 영역을 벗어나지 못하고, 독립체제는 아직 충분히 갖추어지지 않았으며 게다가 독재를 지향하는 계급투쟁은 더욱 치열해지고 있다. 생각해 보면 여기에 이른 일부분의 원인은 패전 초기 점령정책의 과오에 있다. 점령하 강조된 민주주의, 자유주의는 새로운 일본의 지도이념으로 존중되고 옹호해야 하지만 초기 점령정책 방향이 주로 우리나라(역자주:일본)의 약화에 있었기 때문에 헌법을 시작으로 교육제도 및 기타 여러 제도의 개혁에서 부당하게 국가관념과 애국심을 억압하고, 또한 국권을 과도하게 분열, 약화시킨 면이 적지 않다. 이러한 간극이 새로운 국제정세 변화와 공명하였고 공산주의 및 계급사회주의 세력이 이에 편승하여 이들 세력의 급격한 부상을 허용하기에 이르렀다.

'반요시다' 세력도 역시 민주주의와 자유주의까지는 부정하지 않는다. 그들이 중점을 두는 것은 일본의 자주 독립이며, 전통과 문화, 역사이다. 미국에 의한 점령 통치는 그러한 일본 독자의 것을 부정했다고 생각하고 있었으며 그렇기 때문에 공산주의를 부정하는 동시에 미국 주도로 만들어진 헌법 개정을 전면에 내세운 것이다. 그러나 이러한 노선이 그대로 정권의 정책에 반영된 것은 아니었다.

　　자민당 내에서 비둘기파와 매파 세력이 개별 정책 등을 둘러싸고 종종 대립하고, 특히 외교·안보 정책은 크게 요동쳤다. 그러나 역대 정권은 매파 파벌 출신이 수상에 취임한 경우에도 기본적으로 '요시다 독트린'을 계승하였고, 통상국가를 지향하기 위해 경제성장을 중시하는 정책과 국제협조 노선이 지속되었다. 그 결과 이케다 내각의 소득배증, 사토 내각의 한일국교정상화와 고도경제성장, 그리고 다나카 내각의 중일국교정상화 등이 실현되었다.

　　이런 점은 자민당이 얼마나 권력 유지에 능숙한지를 보여준다. 1986년의 중참의원 동시선거에서 압승한 나카소네 야스히로(中曽根康弘) 총리는 매파를 대표하는 정치가 중 한 명이지만 이날 선거의 승리 요인에 대해 "자민당은 센터 라인을 넘어 왼쪽에 날개를 늘였다"고 지적하고 있다. 개별 정치가의 주의주장은 차치하고 정권을 유지하기 위해서는 특정 계층뿐만 아니라 포괄적으로 국민의 지지를 획득해야 한다. 그것을 실현하기 위해 당내 비둘기파와 매파의 공존이 유지되고, 한편으로 국제 사회와의 불필요한 마찰을 피하기 위해 내각은 기본적으로 요시다 독트린의 근간을 계승하여 온 것이다.

　　그런데 이러한 균형은 2000년대 들어 무너져 갔다.

(2) '매파' 시대 도래

　　1990년대 일본 총리는 비둘기파 파벌인 '코치카이(宏池会)'나 '구 다나카파' 출신 의원, 그리고 자민당과 연립을 구성한 사회당 당수들이 총리를 맡아서 비둘기파 전성기라고 불리는 시대를 맞았다. 각 총리가 미일 동맹 관계에 지나치게 기울지 않고 이웃 국가들과의 외교 관계를 중시하였고 특히 아시아 외교는 많은 결실을 거두었다.

그런데 2000년대 들어 크게 바뀌었다. 이 해 4월, 오부치 게이조(小渕惠三) 총리가 갑자기 병에 쓰러져 모리 요시로(森喜朗)가 총리에 취임했다. 이후 2015년 오늘에 이르기까지 민주당 정권 시대 3년여를 제외하고 약 12년간 자민당은 5명의 총리를 배출했지만, 그 중 4명(모리, 고이즈미 준이치로, 아베 신조, 후쿠다 야스오(福田康夫))은 전 총리인 기시 노부스케(岸信介), 후쿠다 다케오(福田赳夫) 등의 흐름을 잇는 매파 파벌 '세와카이(淸和会)' 출신이다. 나머지 한 사람 아소 다로(麻生太郎) 총리도 당내에서는 매파 의원으로 간주되고 있다.

같은 파벌 출신이라고 해서 반드시 사상과 정책이 일치하고 있는 것은 아니다. 고이즈미 총리는 경제정책을 우선하는 합리주의자이다. 재임중은 우정 민영화와 도로공단 민영화, 그리고 일본 경제의 구조 개혁 등 이른바 신자유주의적 경제정책의 실현에 주력했다. 외교·안보 정책은 미일동맹 관계를 중시하고 미국이 주도한 아프간 전쟁과 이라크 전쟁에 후방 지원과 부흥 지원의 형태로 자위대를 파견하는 등 적극적인 대응을 보였다. 또한 매년 한 차례 야스쿠니 신사 참배를 계속하면서 한중 양국과의 관계 악화를 초래했지만 그렇다고 매파 의원이라는 것은 아니다.

사상적으로는 고이즈미의 뒤를 이은 아베 총리가 훨씬 매파이다. 제1차 내각은 기간이 짧았던 것도 있어서 큰 성과는 남기지 못했다. 제2차 내각이 되면서 고이즈미 총리처럼 경제 정책에 비중을 두고 '아베노믹스'라는 적극적인 정책을 내놓았다. 매파적 모습은 안보 정책 등으로 나타났다. 집단적 자위권에 관한 헌법 해석의 재검토는 아베의 오래된 지론이었다. 중국군의 현대화와 센카쿠 열도 긴장이라는 외적 요소에 힘입어 해석 검토를 각의 결정하고 관련 법 정비를 단번에 진행했다. 총리 재임중 야스쿠니 신사 참배도 아베의 사상적 집착의 하나로 제1차 내각에서 실현할 수 없었던 것을 '통한의 극치'라고 표현했다. 제2차 내각인 2013년 12월에 참배를 강행했지만 이때는 한중 양국뿐만 아니라 미국 등 서방 국가들로부터도 비판을 받았다.

이에 반해 후쿠다 야스오는 비둘기파의 대표격인 의원이다. 총리 재임중에는 중일, 한일을 중심으로 외교에 적극적으로 임했다. 하지만 재임기간이 짧았기 때문에 성과는 적었다. 아소 총리도 매파로 알려져 있지만 총리 취임 직후 리먼 쇼크에 휩쓸린 일본경제가 침체를 계속하는 가운데 국민의 지지를 잃고, 총선거에서 패배하면서 자민당이 일시적으로 야당으로 전락하는 길을 만들고 말았다.

비둘기파 시대에서 매파 시대로의 전환은 결코 우연이 아니며 그 배경에는 몇 가지 구조적 요인이 있다.

첫 번째는 '케세카이(経世会, 다케시타파)와 '코치카이'라는 비둘기파 파벌의 자멸과 쇠퇴이다. 자민당은 80년대 말부터 '리쿠르트 사건', '사가와 규빈 사건' 등 심각한 금전 스캔들에 잇달아 휩쓸렸다. 리쿠르트 사건은 나카소네 야스히로 전 총리와 현직의 다케시타 노보루 총리를 비롯해 차세대를 담당할 것으로 간주되던 파벌 회장 등 많은 실력자가 관여하고 있었다. 또한 사가와 규빈 사건은 가네마루 신(金丸信) 부총재가 거액의 불법 헌금을 받았던 것이 발각되었다. 그 결과 당내 최대 파벌인 '케세카이'는 다케시타 총리와 파벌 회장인 가네마루 부총재라는 최고 간부가 사임 및 의원직 사퇴에 몰리고 말았다. 게다가 후임 회장을 둘러싼 대립에서 파벌 간부의 한 사람인 오자와 이치로(小沢一郞)가 40여 명의 의원과 함께 파벌을 뛰쳐나갔고 나중에는 자민당을 탈당했다.

'케이세이카이'는 이데올로기보다 일상적인 정치 행위를 중시하는 현실주의적인 집단으로 오랫동안 자민당 전체를 견인해 왔다. 정책적으로는 적극적인 재정정책에 의한 경기 부양책을 중시하면서 이를 통해 자민당의 지지 기반을 다지는 것을 자랑으로 여기고 있었다. 그리고 대외정책에서는 중일, 한일관계를 중시하는 국제협조파이며, 한중 양국 요인과 긴밀한 파이프를 가지고 있었다. 그런 의미에서 비둘기파 파벌의 대표격이었지만, 일련의 스캔들과 다케시타, 가네마루의 실각, 파벌 분열의 결과 힘을 잃어 갔다.

또 다른 비둘기파 파벌인 '코치카이'는 요시다 시게루의 계통을 이어받은 전통 있는 파벌이다. 자민당 내에서 가장 왼쪽에 위치하며 항상 억제적인 안보정책과 이웃 국가와의 우호관계 유지, 헌법 옹호를 주장해 온 집단이다. 2000년 가을 파벌 회장인 가토 고이치(加藤紘一) 등이 야당이 제출한 모리 요시로 내각에 대한 불신임안에 찬성하는 방침을 내세웠지만, 강력한 반대론이 나와 파벌은 완전히 깨져 버렸다. '가토의 난'이라고 부르는 이 소동 끝에 '코치카이'도 분열되어 이 쪽도 붕괴 상태에 빠져 버린 것이다.

'케세카이'와 '코치카이'가 쇠퇴한 결과, 떠오른 것이 매파인 '세이와카이(淸和会)'였다. '세이와카이'는 전 수상인 후쿠다 다케오가 만든 파벌로 아베 신타로(安倍晋太郞), 모리 요시로, 고이즈미 준이치로, 아베 신조, 후쿠다 야스오 등이 속해 있다. 다나카파 지배가 압도적이었던 시기에는 자민당 내에서 그다지 영향력을 가지고 있지 못했지만, 비둘기파 파벌이 자멸한 결과, 압도적인 존재가 되어 연속해서 총리를 배출하게 되었다. 즉 매파 파벌에서 총리가 이어진 것은 자민당 내 파벌 단위의 권력투쟁 결과, 비둘기파가 자멸해 버렸기 때문이었다.

두 번째 배경으로 자민당이 이익유도정치를 계속하는 것이 어려워진 것을 지적할 수 있다.

경제성장이 낳은 부의 일부는 세수 등의 형태로 국가에 들어오고, 정부는 공공 사업이나 보조금 등의 형태로 국민에게 재분배해 왔다. 그 과정에서 관료기구는 예산과 법률을 기획 및 입안하고 집행한다. 다양한 업계는 공공 사업 수주 등의 형태로 예산 배분의 혜택을 받는다. 그리고 집권당인 자민당은 예산과 법안의 내용에 깊이 관여하고 성립 과정에 책임을 진다. 이렇게 정치인과 관료 기구와 각종 업계 단체가 상호 의존하는 '부의 재분배 시스템'이 완성된 것이다.

이 시스템이 작동하면 업계 단체에 속하는 기업은 예산 배분의 혜택을 잘 받을 수 있기 때문에 자민당을 지지한다. 관료 기구는 법률과 예산에 따라 자신들의 권한을 확대할 수 있기 때문에 자민당과 좋은 관계를 유지하려고 한다. 이러한 관계가 자민당 정권을 확고히 했다. 이 구조는 '철의 삼각형'이라고 일컬어졌다.

그런데 90년대 초 거품 경제 붕괴가 '철의 삼각형'을 기능 부전에 빠지게 했다. 세수가 증가하기는커녕 감소하기 시작했지만 경기 침체를 앞두고 정부는 적극 재정을 계속했다. 그럼에도 불구하고 경기는 생각대로 회복되지 않았다. 당연히 재정적자가 급격히 증가하면서 누적 부채는 순식간에 일본 GDP의 2배 가까이까지 늘었다. 이러한 상황에 직면한 하시모토 류타로(橋本龍太郎) 총리와 고이즈미 준이치로 총리는 재정 재건의 필요성을 내세우는 동시에 산업 구조 개혁과 규제 완화 등을 통한 경제 활성화에 적극적인 자세를 취했다. 그러나 국민의 고통을 동반하는 이러한 정책들은 그렇게 평판은 좋지 않았다.

그래서 자민당은 '이익유도정치' 대신에 매파정책으로 국민의 지지를 유지하기 시작했다. 구체적으로는 창당 당시부터 현안인 헌법 개정이나 전통과 문화 등 일본의 독자성을 강조하는 보수적 성격이 강한 교육개혁, 북한의 납치문제와 미국에 의한 이라크 전쟁 등 국제환경의 긴장을 이용한 내셔널리즘을 부추기는 대외강경론과 적극적인 안보정책 등이었다. 이러한 정책은 장기 경제 침체로 자신감을 잃고 있던 일본인에게 매력적이었다. 즉 자민당 정치는 '부의 재분배' 시대가 끝나고 '매파적 이데올로기'를 자랑으로 삼는 시대로 들어간 것이다.

이 변화를 해외에서 보면 일본 정치가 우경화했다 혹은 군국주의화하는 것처럼 보인다. 그러나 변화의 배경을 깊이 탐구하면 자민당과 국민이 반드시 우경화했다는 것은 아니고 자민당이 권력 유지를 위한 방법으로 지금까지의 적극적인 재정정책을 포기하고 경제불황에 빠진 국민에게 어필하기 좋은 매파적 정책을 전면에 내세워 온 것을 알 수 있다. 이 변화는 반드시 직선적으로 일어나고 있지 않다. 2009년에는 일시적으로 비둘기파 세력인 민주당에 의한 정권 교체가 있었지만, 민주당 정권은 어설픈 정권 운영으로 인해 불과 3년여 만에 무너졌다. 이 실패가 반대로 국민의 자민당 회귀를 만들었고 야당의 분열도 있어서 오늘날 '일강다약(一强多弱)'의 정치상황을 만들고 말았다.

Ⅱ. 역사문제 대응은 어떻게 변화했는가

(1) 관용성이 있었던 비둘기파 정권 시대

다음으로 일본 정치는 한국과 중국과의 역사문제에 대해 어떻게 생각하고 행동해 왔는지에 대해 그 변화를 고찰해 본다.

1965년 한일국교정상화 당시 일본정부나 정당 등은 역사문제에 대한 인식이 매우 부족했다. 한국측에서는 식민지 지배에 대한 명확한 사죄를 요구하는 목소리가 나오고 있었다. 한편 일본 국내에서는 야당인 사회당과 노동조합이 한일국교정상화에 반대하고 있었다. 그 이유는 "한국만의 정상화는 한반도 분단을 고착화한다" 또는 "박정희 정권과 정상화하는 것은 군사독재정권에 대한 지원이 된다" 등이었으며 식민지 지배에 대한 명확한 반성과 사과 부족은 이유가 아니었다.

물론 협상 당사자인 외무성은 한국 내 험악한 분위기를 인식하고 있었다. 그것이 1965년 2월에 한국을 방문한 시나 에쓰사부로(椎名悦三郎) 외상의 김포공항에서의 성명에 포함되었다. 시나는 여기에서 "양국간의 긴 역사 속에 불행한 기간이 있었던 것은 대단히 유감스러운 일이며 깊이 반성합니다"라고 말했던 것이다. 식민지 지배라는 말조차 없었지만, 일본정부로서 처음으로 반성을 표명한 것이었다. 이 내용은 직후에 발표된 양국 외무장관의 공동성명서에도 포함되었다.

그 후 정치의 세계에서 역사문제가 크게 부각된 것은 1982년의 역사교과서문제였다. 그 해 6월, 일본 언론이 일제히 문부성의 검정을 통과한 고등학교 일본사 교과서에서 원래 '침략'이라고 기술되어 있던 부분이 검정 과정에서 '진출'로 수정되었다고 보도

한 것이다. 이에 대해 먼저 중국정부가 반응해서 일본정부에 "잘못된 점을 바로잡을 것"을 요구했다. 한국정부는 당초 외교문제로 삼고 싶지 않아서 관망하고 있었지만 국내 여론의 영향을 받아 일본정부에 시정 조치를 요구했다. 이것이 이른바 '제1차 교과서문제'이다.

나중에 이 보도는 오보인 것으로 밝혀졌지만, 당시 오히라내각은 한중 양국의 항의를 심각하게 받아들이고, 교과서 검정 기준을 수정할 것을 표명했다. 이에 따라 교육부는 검정 기준에 '근린 아시아 국가들과의 근현대 역사적 현상을 다루는 데 국제 이해와 국제 협조를 견지한다는 방침하에 필요한 배려를 할 것이라는 조항을 추가했다. '근린제국조항'이라고 불리는 이 재검토는 일본정부의 유연한 대응을 상징하는 것이었다.

그것만이 아니었다. 한일간에 교과서문제가 얽혀 있을 때, 매파 의원이 많은 자민당 문교족을 대표해서 모리 요시로 의원(나중에 총리)과 미쓰즈카 히로시(三塚博) 의원이 사태 수습을 위해 한국을 방문하여 관계자에게 설명했다. 모리가 수상이었던 2001년에도 중국과 한국으로부터 역사교과서에 주문이 있었지만, 이때 자민당은 "국내문제이며 외국에서 이러쿵 저러쿵 말하는 것은 아니다"라고 차갑게 대응했다. 80년대와 비교하면 전혀 다른 정당같이 대응했다.

고등학교 역사교과서는 나카소네 내각 시절에도 문제가 되었다. 1986년 우파계 단체인 '일본을 지키는 국민회의'가 중심이 되어 만든 '신편 일본사'라는 교과서 내용이 공개되면서 한중 양국이 "자국 중심의 편견에서 생겨난 오류가 많다"고 강하게 항의해 왔다. 제2차 교과서문제였다. 이때 나카소네 총리는 이미 검정을 통과했음에도 불구하고 내용을 수정하도록 반복해서 지시했다.

이처럼 80년대 일본정부는 한중 양국의 요구를 어느 정도 받아들여서 문제의 조기해결을 우선하는 유연성과 관대함이 있었다.

90년대에 들어서면서 일본은 역사문제에 대해 보다 구체적으로 관여하는 형태로 되어 갔다. 그 구체적인 예를 몇 가지 소개한다.

'사과'라는 말을 처음으로 표명한 것은 가이후 도시키(海部俊樹) 총리로, 1990년 5월 한국의 노태우 대통령이 방일했을 때, "과거의 한 시기, 한반도 분들이 우리나라의 행위에 의해 극심한 고통과 슬픔을 경험한 것에 대해 겸허하게 반성하고 솔직하게 사죄의 마음을 말씀드리고 싶다"고 말했다.

종군위안부문제에 대응한 것은 미야자와 기이치(宮沢喜一) 총리였다. 1992년 1월 17일, 서울에서 김영삼 대통령과의 정상회담에서 다음과 같이 말했다.

"한반도 출신의 이른바 종군위안부가 체험한 심정을 생각하면 가슴이 아프다. 증언이나 자료에서 보면 모집 등에서 군이 어떤 식으로든 관여하고 있었다는 것을 부정할 수 없다. 지금까지 극심한 고통에 유감을 표명했지만, 여기에서 다시 한번 필설로 다 표현할 수 없는 고통에 대해 충심으로 사죄와 반성을 하고 싶다. 잘못을 되풀이하지 않겠다는 반성과 결의에서 평화국가 구축에 노력하고 싶다. 일본정부는 이 문제에 정부가 어떻게 관여하고 있었는지 계속해서 조사하겠다."

이에 따라 1993년 8월 4일, 미야자와 내각의 고노 요헤이(河野洋平) 관방장관은 종군위안부에 대한 담화를 발표했다. "전쟁터에 이송된 위안부의 출신지는 일본을 따로 놓고 한반도가 커다란 비중을 차지하고 있었지만, 당시 한반도는 일본의 통치하에 있었고 그 모집, 이송, 관리 등도 감언, 강압에 의한 것 등 대체로 본인들의 의사에 반하여 행해졌다"고 넓은 의미에서의 강제성을 인정했다. 게다가 "당시 군의 관여 아래에 다수 여성의 명예와 존엄을 깊이 손상시킨 문제이다. 정부는 이 기회에 다시 한번 그 출신지 여하를 막론하고 이른바 종군위안부로서 수많은 고통을 경험하고 심신에 걸쳐 치유하기 어려운 상처를 받은 모든 분들에게 진심으로 사죄와 반성의 마음을 드린다"고 군의 관여를 인정하면서 사죄했다.

1993년 총선거에서 자민당이 패배하고, 8개 당파에 의한 비자민 연립 정권이 발족했다. 그러나 역사문제에 대한 대응은 계승되었다. 총리에 취임한 호소카와 모리히로(細川護熙)는 원래 자민당 참의원의원으로 다나카파에 속했던 자유로운 발상의 소유자였다. 1993년 11월 7일, 서울에서 김영삼 대통령과의 회담에서 호소카와는 전례 없는 구체적인 발언을 했다.

"일본의 식민지 지배에 의해, 예를 들면 한반도의 사람들이 학교 교육에서 모국어 교육의 기회를 빼앗기거나 자신의 성명을 일본식으로 개명하게 되거나 종군위안부, 징용 등 다양한 형태로 극심한 고통과 슬픔을 경험한 것에 대해 가해자로서 진심으로 반성하고 깊이 사죄하고 싶다."

종군위안부 외에 일본어 교육, 창씨개명과 강제 징용까지 언급하고 사과한 호소카와의 발언은 당시 한국에서 크게 보도되고 높은 평가를 받았다.

(2) 무라야마 담화의 정치적 의미

90년대의 비둘기파 정부는 1994년 발족한 자민당, 사회당, 신당 사키가 케 연립 정권에서 절정을 맞이했다. 총리에는 사회당 위원장인 무라야마 도미이치(村山富市)가 취임했고 역사문제를 총괄하는 데 적극적으로 나섰다. 그것이 전후 50년째가 되는 1995년 8월에 각의 결정된 '무라야마 담화'였다.

무라야마 담화에 대해서는 별도로 자세하게 소개되어 있으므로 여기에서는 정치적 의미를 중심으로 언급하고 싶다. 잘 알려져 있는 대목 중 하나가 "우리나라는 멀지 않은 과거의 한 시기, 국책을 잘못해서 전쟁의 길을 걸어 국민을 존망의 위기에 빠뜨리고, 식민지 지배와 침략으로 많은 국가들 특히 아시아 제국의 사람들에게 다대한 손해와 고통을 주었다"라는 부분이다. 당연한 것이지만 "과거의 한 시기"가 언제를 가리키고, "국책을 잘못해서"의 주어, 즉 책임자는 누구인지에 초점이 맞춰진다. 각의 결정 후 기자회견에서 무라야마는 특정 시기를 가리키는 것은 아니라고 말하며 천황의 전쟁책임도 부정했다.

무라야마는 "국민 전체가 이런 점이 이런 시기에 있었고 그러니까 역시 그건 잘못이었다, 이런 것을 반복해서는 안 된다고 받아들여 준다면 좋은 것이지 그 이상을 따지고 언제부터 언제까지 무엇이라고 말하는 것을 규정하는 종류의 것은 아니다"[1]라고 그 의도를 분명히 했다.

또한 "패전의 날로부터 50주년을 맞이한 오늘, 우리나라는 깊은 반성에 서서 독선적인 내셔널리즘을 배제하고 책임 있는 국

---

1) 야쿠시지 가쓰유키, 『무라야마 도미이치 회고록』, 이와나미 서점, 2012, p.219 (薬師寺, 『村山富市回顧録』, 岩波書店, 2012, 219頁).

제 사회의 일원으로서 국제 협조를 촉진하고 이를 통해 평화 이념과 민주주의를 널리 퍼뜨려나가야 합니다"라는 부분도 무라야마가 힘을 쏟아 작성한 부분이었다. '독선적 내셔널리즘'이라는 말은 과거에 대해 이야기한 것이 아니라 미래를 향한 말이다. 그 의미에 대해 무라야마는 "내셔널리즘이라는 것은 언제든지 싹틀 가능성이 있다. 물론 자신이 속한 국가와 민족을 사랑하는 것이 나쁜 것은 아니다. 그렇지만 자신들이 다른 나라보다 뛰어나다고 생각해서 타국에 폐를 끼쳐 버리는 독선적인 내셔널리즘은 절대로 안 된다. 그런데 현실의 정치권은 이것에 가까운 생각을 가지고 있는 사람이 있다. 자민당도 있었고, 특히 우익에 많다. 그런 생각을 가지고 있는 사람이 총리대신 등 높은 책임이 따르는 위치에 있으면 국가정책이 독선적인 내셔널리즘에 빠질 수 있다", "전쟁을 미화하는 듯한 해석은 역시 잘못이며 독선적인 내셔널리즘에 의거하고 있다고 말하지 않을 수 없다"고 설명하고 있다.[2]

'독선적인 내셔널리즘'에 대한 집념의 배경에는 무라야마 총리의 역사관 이외에 총리 취임 후 자민당 매파 의원들에게 반복해서 견제를 당했던 것에 대한 반발도 있었던 것 같다.

자민, 사회, 사키가케의 3당은 연립정권 출범에 즈음해서 "전후 50년을 계기로 과거의 전쟁을 반성하고, 미래의 평화에 대한 결의를 표명하는 국회결의안 채택 등에 적극적으로 나설" 것에 합의했다. 그런데 정작 결의 내용에 대해 협의를 시작하자 "침략행위와 식민지지배라는 말은 뺄 수 없다"는 무라야마에 대해 자민당 내에서 "일방적 단죄를 기반으로 반성과 사죄는 하지 말아야 한다"는 등 국회결의 자체에 부정적인 의견이 나왔다. 결국

---

2) 위의 책, pp.220-222.

3당이 합의한 문안은 "세계 근대사에 수많은 식민지 지배와 침략 행위가 일어난 것에 대해 마음 속 깊이 새기면서 일본이 과거에 행한 이러한 행위 및 다른 국민 특히 아시아의 여러 국민들에게 준 고통을 인식하고, 깊은 반성의 뜻을 표한다"였다. 반성의 뜻을 에둘러서 표현한 것이었다. 국회결의는 1995년 6월 9일에 중의원 본회의에서 찬성 다수로 의결되었지만 야당인 신진당 의원이 불참했고 여당에서도 다수 의원이 불참했기 때문에 찬성은 230명으로 전체 의원의 과반수에 못 미치는 참담한 것이었다. 그뿐만 아니라 일반적으로 국회결의는 중참 양원에서 의결되는 경우가 많은데 이 결의는 참의원에서는 논의조차 되지 않았다. 국회의 의사 표명이라고 하기에는 너무나도 형편 없는 결과가 된 것이다.

또한 각료들의 실언도 잇따랐다. 정권 출범으로부터 불과 1개월여 후, 환경청장관인 사쿠라이 신(桜井新, 자민당)이 기자회견에서 "일본도 침략전쟁을 하려고 싸운 것은 아니었다고 생각한다", "전체적으로는 어느 정도 사죄할 필요가 있더라도, 일본만 나쁘다는 생각으로 임해야 할 것은 아니라고 생각한다"고 발언했고, 중국과 한국에서 비판을 받는 등 외교문제가 돼서 사임했다.[3]

무라야마 담화 발표 직전인 1995년 8월 9일에는 개각에서 문부상으로 취임한 지 얼마 안 된 시마무라 요시노부(島村宜伸, 자민당)가 "전쟁을 전혀 알지 못하는 시대가 오고 있는데 변함없이 옛날 일을 다시 문제삼아서 그것을 일일이 사과하는 게 좋은 방법인가"라고 발언해서 중국과 한국정부로부터 비판을 받았다.[4]

담화를 발표한 8월 15일에는 자민당 출신 13명의 각료 중 8

---

3) 아사히신문, 1994년8월15일 석간.
4) 아사히신문, 1995년8월10일 조간.

명이 야스쿠니 신사에 참배했고 자민당의 '모두가 야스쿠니 신사에 참배하는 국회의원 모임'(오부치 게이조 회장)과 신진당의 '야스쿠니 신사에 참배하는 신진당 국회의원 모임'(와타나베 코조(渡部恒三) 회장)의 국회의원 총 168명(이 중 대리인이 93명)도 참배했다. 또한 담화가 발표된 이후이지만 같은 해 11월에는 총무청장관인 에토 다카미(江藤隆美)가 한반도에 대한 일본의 식민지 지배와 관련하여 "일본은 한국에 좋은 일도 했다"고 발언해서 사임했다.

전후 50년 국회 결의가 참담한 결과로 끝나고 내각의 자민당 매파 의원들로부터 역사를 미화하는 듯한 발언이 잇따라 나왔다 해서 그들의 주장이 일본 정치의 주류가 되었던 것은 아니다. 현실은 오히려 반대로 자사사(自社き) 연립 정권의 중추가 무라야마를 필두로 자민당 총재인 고노 요헤이, 사키가케의 다케무라 마사요시(武村正義)와 비둘기파가 지배하고 있는 것에 대한 매파 세력의 조바심의 반증이기도 했다. 그래서 무라야마는 '총리 담화'에 과거에 대한 사죄와 반성뿐만 아니라 '독선적인 내셔널리즘'에 대한 언급을 포함시켜 국제관계를 무시하고 역사의 미화에 매달리는 매파 세력의 움직임을 명확하게 비판해 두고 싶었던 것이다.

한편 한국에서는 일본 각료의 문제 발언을 '망언'으로 대대적으로 보도하였다. 이러한 보도 행태는 그들의 발언이 마치 일본 정치가의 대부분의 견해인 것 같은 인상을 주었을 뿐만 아니라 무라야마 담화 등 정권의 노력과 성과를 전면적으로 부정해 버리는 기세였다. 대부분의 경우 외교문제로 발전해서 양국 관계를 긴장시킨 것이다. 주류파인 비둘기파에 대한 소수 매파의 저항에 지나지 않았던 발언이 과도하게 중요시된 결과 비둘기파 정권이 내세우는 중요한 담화와 정책이 정당하게 평가되지 않은 상태로 끝나는 패턴이 반복된 것이다.

이러한 경향은 무라야마 자신도 경험하게 된다. 무라야마 담화는 한중 양국 정부로부터 평가받았지만, 그 후 중일, 한일관계가 모두 원활하게 진행된 것은 아니고 무라야마 내각의 후반은 반대로 껄끄러워졌다.

무라야마는 전쟁 피해자들이 일본정부를 상대로 개인배상청구소송을 제기하는 것에 대해 "종군위안부문제 등도 포함해서 법적으로는 이미 해결이 되었다고 생각하고 있기 때문에, 개인 보상을 국가가 할 생각은 없습니다"[5]라고 하여 일본정부의 기존 견해를 그대로 이어갔다

또한 한일병합조약의 유효성에 대해서는 "당시 국제 관계 등의 역사적 상황 속에서 법적으로 유효하게 체결되어 수립된 것으로 인식하고 있다"(1995년 10월 5일 참의원 본회의)고 답변했다. 이러한 견해는 한국정부와 완전히 대립했기 때문에 국회 답변을 들은 한국 내에서는 무라야마에 대한 비판이 단번에 강해졌다. 그 해 11월에 오사카에서 아시아태평양경제협력회의(APEC) 정상회의가 열렸는데, 그 직전에 중국의 장쩌민(江沢民) 주석이 한국을 방문해서 김영삼 대통령과 회담했다. 양국 정상은 "일본의 소수 군국주의 세력을 경계해야 한다"는 등 일본 비판에 보조를 맞췄다. 무라야마가 역사문제에 적극적으로 대면하고 담화를 발표했다는 본질적인 자세는 평가되지 않고, 오히려 몇 마디 말만 가지고 비판하면서 전체 외교관계를 긴장시킨 것이다. 무라야마와 같은 비둘기파를 대표하는 정치가가 등장해도 중국, 한국과의 관계가 안정되지 않았다. 거기에 역사문제의 어려움이 있다.

---

5) 아사히신문, 1995년 8월 15일 조간.

무라야마의 뒤를 이은 하시모토 류타로, 오부치 게이조 등 두 총리는 모두 '케이세이카이' 출신으로 역사문제에 대해서는 기본적으로 무라야마 노선을 계승했다. 특히 오부치 총리 시절에는 김대중 대통령과 함께 과거뿐만 아니라 미래 지향을 호소한 한일 공동선언이 발표되었고 1999년 11월에는 오부치 총리의 제안으로 중국의 주룽지(朱鎔基) 총리 한국의 김대중 대통령과 3명의 정상회담이 처음으로 실현되었다. 이 시기 일본은 역사문제를 극복하면서 한중일 3개국의 안정적이고 미래지향 관계를 구축하는 데 에너지를 쏟아부은 것이었다.

(3) 내셔널리즘의 확대와 대중 영합

일본의 역대 정권이 식민지 지배와 침략에 대한 사죄와 반성을 명확하게 표명하고, 이웃 국가들과의 외교 관계를 적극적으로 구축하려고 했던 1990년대는 전후 역사를 뒤돌아보면 일본외교가 창조성을 가지고 적극적으로 임한 시대였다라고 말할 수 있을 것이다. 그러나 비둘기파 정권이 지향했던 한중 양국과의 안정적인 관계는 결국 제도화되지 못했다. 오히려 일부 각료들이 역사를 미화, 정당화하는 발언을 반복했고, 그것이 쌍방의 매스미디어에 의해 과도하게 부각되어 외교문제로 발전하는 부정적인 사이클을 만들어 내는 불안정한 요소를 계속 안게 되었다.

2000년대에 들어서면서 일본 내 비둘기파적 분위기는 급속히 위축되었고 대신에 자기 나라는 자기 힘으로 지켜야 한다는 자기방어적 내셔널리즘이 기세를 더해 외교·안보 정책에 반영되어 갔다. 이미 언급한 바와 같이 그 배경에는 자민당 내 비둘기파 세력의 약화와 막대한 누적 채무를 안으면서 적극 재정이 어려워진 것 등이 배경에 있다. 그리고 이러한 변화의 직접적인 계기는 2002년 9월 고이즈미 총리의 북한 방문과 거기서 밝혀진 북한에 의한 일본인 납치에 대한 자세한 사실이었다.

고이즈미 총리와의 회담에서 김정일 국방위원장은 1970년대에 북한 특수부대가 일본인을 잇따라 납치해 북한으로 데려왔다는 것을 인정했다. 그리고 북한 당국은 납치된 일본인 8명이 사망하고 5명이 살아있다고 하면서 피해자의 이름과 생사를 밝힌 것이다. 이 회담 결과는 일본 국내에 충격적인 영향을 주었다. 언론은 감정적인 표현으로 북한 비난을 계속했고 정치인은 여야 모두 대북강경책을 주장하게 되었다. 당초 고이즈미는 빠르면 연내에 북한과 국교정상화를 실현하고 싶다고 생각하고 있었지만 납치 사실은 외교협상 그 자체를 불가능하게 만들었다. 이 문제를 계기로 외교를 냉정하게 논의하는 것이 불가능해졌고, 납치문제에 그치지 않고 감정 섞인 국익론이 전면에 나오게 되었다. 강경한 대외정책이 국민의 지지를 얻게 되면서 정치인들은 대외강경론을 소리 높여 주장하게 되었다.

하지만 한중 양국과의 관계에서 말하면 고이즈미, 아베, 후쿠다 각 총리는 극히 억제적이고 현실적인 대응을 계속했다. 고이즈미 총리는 매년 1회 야스쿠니 신사에 참배해서 한중 양국과의 관계를 악화시켰지만, 이미 언급한 바와 같이 고이즈미가 사상적으로 우익적이었던 것은 아니다. 고이즈미는 무라야마 담화의 핵심 부분 중 하나인 '통절한 반성과 마음으로부터 사죄의 마음'이라는 문구를 2005년 전후 60년 담화를 비롯해 반복해서 사용했다. 또한 도쿄 재판에서 유죄판결을 받은 A급 전범을 "전쟁 범죄인이다"라고 분명히 말하면서 오히려 매파 세력으로부터 비판 받은 적도 있다.

아베 신조는 2006년에 발족한 제1차 내각에서 헌법 개정의 움직임을 가속시키고 교육기본법을 개정하여 전통과 문화의 존중과 애국심을 포함시키는 등 내정에 대해서는 이데올로기를 전면에 내세운 정권 운영을 실시했다. 그러나 외교면에서는 총리 취임 직후 중국과 한국을 방문하여 고이즈미 정권 시절 악화된 관계를 단번에 개선시켜 보였다. 후쿠다 총리는 특히 중일 관계를 중시하고 동중국해 해저 가스전 공동 개발에 대한 중일 양국간의 합의에 도달했다.

그리고 납치문제 다음에 일본 국내의 방어적 내셔널리즘에 불을 붙인 것이 민주당 정권 시대에 일어난 두 가지 사건이었다. 첫 번째는 2010년 9월에 동중국해 센카쿠 제도에서 발생한 중국 어선과 일본 해상보안청 순시선의 충돌 사고였다. 순시선이 일본 영해에 침입해서 고기잡이를 하고 있던 중국 어선을 단속하던 중 어선이 갑자기 순시선에 부딪혀 온 것이다. 해상보안청은 선장을 체포·구금했다. 중국정부는 강하게 항의하였고, 한중일 청소년 교류 등 인적 교류를 중단했을 뿐만 아니라 희토류 수출을 중단하고 심지어 중국에 체류하고 있던 일본인 기술자 4명을 구속하는 등의 보복 조치에 나섰다. 중국의 과도한 반응과 보복조치는 일본뿐만 아니라 국제사회로부터 비난을 받았다. 이 사건을 계기로 중국에 대한 일본 국내의 경계심은 높아지고, 그것이 2012년의 센카쿠 국유화로 이어졌다.

또 하나의 사건은 2012년 8월 한국의 이명박 대통령의 갑작스런 독도 방문과 천황 발언이다. 독도/다케시마 방문 며칠 후 이명박 대통령이 "(천황은) 한국을 방문하고 싶어하지만 독립운동으로 돌아가신 분들을 찾아가 진심으로 사과한다면 오시라고 (일본측에) 말했다"라고 발언했다. 이 발언만으로도 일본 국민을 매우 놀라게 했지만, 한국정부는 대통령의 언동에 대한 유감의 뜻을 전하는 노다 요시히코(野田佳彦) 총리의 친서를 그대로 돌려보내는 외교 의례상 이례적인 대응을 했다. 이 밖에 한일 양국 정부간에 합의된 군사정보포괄보호협정(GSOMIA)을 한국측이 서명일에 갑자기 취소해 버리는 사건도 있었다. 이러한 사건이 일본 국내에서 한국에 대한 경계심을 높인 것은 부정할 수 없다.

그 결과 중국·한국으로부터의 외교적 압력⇒일본 국내에서 자기방어적 내셔널리즘 고조⇒자민당 내 매파가 더욱 대외강경론을 전개⇒국민의 지지가 자민당에 모임⇒정부도 한중 양국에 강한 자세로 임하게 되는 악순환이 태어난 것이다.

이런 종류의 논의는 어느 쪽이 먼저 원인을 만들었는지와 같은 주장이 항상 동반한다. 본고는 그것을 결론 내는 것이 목적이 아니다. 중요한 것은 외압이 일본 국내의 내셔널리즘을 강화하고 거기에 정치인들이 영합하고 현실의 외교 정책을 규정하는 구도가 완성되어 있다는 것이다. 다른 관점에서 분석하면 일본 국내의 분위기는 능동적으로 형성된 것이 아니라 어디까지나 수동적, 반사적이며 그리고 대중민주주의 체제하에서 정치인은 의원이라는 지위를 유지하기 위해 국내 분위기에 영합한 언동을 한다. 그 결과 중국과 한국에 소극적으로 대응해서는 안 된다는 등의 주장이 큰 힘을 얻게 된 것이다. 이러한 환경 속에서 위정자가 외교에 대해 냉정하고 합리적, 이성적인 판단을 해서 정책을 제시하기 위해서는 국내 여론의 이해를 얻고 여당 의원을 설득하는 등 이중, 삼중의 큰 벽을 넘어야 한다. 그리고 이러한 상황을 만들어내는 데 가장 큰 역할을 한 것이 한일 양국의 언론이다.

Ⅲ. 매스미디어의 변화

(1) 이전에는 이성적이었던 매파 논단

　　최근 일본 정치와 국민에게서 보여지는 대외강경 자세와 역사문제에 대한 자기정당화 경향을 사상적인 의미에서 '우경화'라고 간단히 단언할 수 있을까? 내각부는 매년 10월, '외교에 관한 여론조사'를 실시하고, 그 중에서 '한국에 친밀감을 느끼는가?'라는 질문을 하고 있다. 그 결과를 보면, 2009년부터 2011년은 60%를 넘는 사람이 '친밀감을 느낀다'고 응답했다. 이 숫자는 1950년대 이후 최고 수치로 일본에서 한류 붐을 반영한 숫자였다. 그런데 2012년에 단번에 39.2%로 떨어졌다. 이듬해는 40.7%로 조금 회복했지만, 2014년은 31.5%로 다시 급감했다. 반대로 '친밀감을 느끼지 않는다'는 숫자는 2009년부터 2011년의 30%대가 역시 2배로 늘어나서 2014년에는 66.4%까지 증가하고 있다.

　　이 숫자의 변화 배경을 설명하는 것은 쉽지 않다. 앞에서 언급한 바와 같이 2012년 8월에 이명박 대통령이 독도/다케시마를 방문하고, 천황에 대해 "진심으로 사과한다면 오시라"는 발언을 한 해이다. 그리고 2014년은 박근혜가 대통령에 취임한 지 1년 남짓 지났을 때의 조사이다. 일본에 대한 비판 자세를 높인 이명박 대통령이 퇴임하고 박근혜 대통령으로 교체됨으로써 한일관계는 개선되지 않을까라고 일본측은 기대하고 있었다. 그런데 박근혜 대통령은 이명박 대통령 이상으로 강경한 자세로 일본을 대하여 정상회담조차 실현되지 않는 상태가 이어졌다. '친밀감을 느낀다'는 숫자가 다시 내려간 것은 박근혜 대통령에 대한 실망의 표현이다.

물론 한국에 대한 일본인의 극적인 의식 변화에 사상적 변화는 수반하지 않을 것이다. 이렇게 단기간에 대중적 사상 형성 등은 있을 수 없는 이야기이다. 즉 여론조사 결과는 한국 대통령의 일본에 대한 비판적인 자세에 대한 반사적 반응의 축적에 지나지 않는 것이다.

물론 일본의 일반 국민은 한국 대통령과 정부의 움직임에 대해 1차 정보를 얻을 수 없다. 국민 인식은 확실히 언론 보도에 의해 형성된다. 현대 사회에서 국민의 여론 형성, 의식 형성에 결정적인 역할을 하는 것은 매스미디어이며 그것이 여론이라는 형태로 집약되어 정치적 지도자와 외교 당국의 행동을 크게 규제하는 시대에 들어와 있는 것이다. 그래서 일본 정치 분석에 이어 일본을 중심으로 매스미디어, 언론 공간에 대한 고찰을 계속해 본다.

오늘날 일본의 매스미디어와 언론 공간은 한중 양국 등 이웃 국가와의 우호관계 구축을 중시하고 역사문제에 대해서도 사죄와 반성을 당연한 일로 생각하는 자유주의 세력과, 외교·안보 정책에서도 역사문제에서도 중국이나 한국에 대해 안이한 타협을 인정하지 않고 강경 자세를 추구하는 매파·우파 세력으로 극단적으로 양분되고 있다. 그러나 역사적으로 보면 매파·우파 세력의 언론은 반드시 일관되게 경직적이었던 것은 아니다.

보수세력의 대표적인 잡지는 「제군!」(1969년 창간)과 「정론」(1973년 창간)이다. 두 잡지가 창간되었을 무렵의 일본 언론 공간은 냉전 구조를 반영하여 좌우 이데올로기 대립이 심했으나 주류는 어느 쪽인가 하면 「세계」나 「중앙공론」등 좌파 세력이었다. 그런 가운데 창간된 「제군!」과 「정론」은 공산주의 비판 등에 주력하고 있었지만, 어느 정도 논리성과 다양성을 중시하면서 오늘의 보수 언론처럼 다른 의견을 완전히 부정하는 자세는 아니었다. 「제군!」 의 편집장은 "잡지라는 것은 그 논문에 100퍼센트 찬성하니까 게 재하는 것은 아니다", "건설적인 논쟁을 위한 방아쇠 역할이다"[6] 라고 말하고 있으며, 매파의 논리일변도가 아니라 일종의 포럼 기 능을 갖게 하는 편집을 하려고 노력하고자 했다. 실제로 시미즈 이쿠타로(清水幾太郎)와 이시하라 신타로(石原慎太郎)의 '핵무장론' 을 게재하는 한편 노사카 아키유키(野坂昭如) 등에 의한 핵무장 비 판론도 게재했다.

비슷한 것은 한국 비판의 급선봉인 산케이신문에도 말할 수 있다. 1985년 나카소네 야스히로 총리의 야스쿠니 신사 참배에 중국이 크게 반발하고 있던 무렵 산케이신문은 1면에 "중국의 내 정간섭을 허용하지 말라"는 제목의 원고를 게재했는데, 그 중 "많 은 일본인은 과거 일본이 중국을 침략하고 중국 인민에게 엄청난 위해를 가한 것을 알고 있으며, 그러한 잘못을 다시는 반복하지 말아야 한다는 것을 인식하고 있다"(1985년 11월 18일자 조간)고 침 략을 솔직히 인정하고 있다.

거슬러 올라가 1979년 4월 야스쿠니 신사에 A급 전범이 합 사되어 있는 것으로 밝혀졌을 때는 사설에서 "제2차세계대전 이 후 연합국에 의한 극동군사재판은 전쟁을 계획하고 수행한 책임 자를 전쟁범죄자로 처형했다. 그 방법이 타당한지에 대해서는 이 견도 나오고 있지만 패전 일본이 전쟁 악몽을 결말 짓고 평화국

---

6) 조마루 요이치, 『「쇼군!」「정론」연구』, 이와나미 신서, 2011, p.95. (上丸洋 一, 『「諸君！」「正論」の研究』, 岩波書店, 2011, 95頁.)

가로 일어서는 전환점이 되었다. 이러한 사실 속에 전후 일본이 성립되었으며 30여 년의 경과가 있다고는 해도 그 일이 세월의 흐름 속에 사라져서는 안 된다. A 급 전범의 합사는 이 역사적 사실을 무시하고 있다. (생략) A급 전범을 조명하는 데 합의가 확산되고 있다고는 생각할 수 없다" "(야스쿠니 신사에) 모시는 자유는 확실히 있을 것이다. 자유가 있다면 무슨 짓을 해도 좋다는 것은 아닐 것이다"(1979년 4월 21일자 조간)라고 하며 명확하게 합사를 비판하고 있는 것이다. 두 기사를 오늘날의 산케이신문의 논조와 비교하면 이것이 같은 신문일까 하고 오인할 것 같은 논조이다.

　80년대까지의 보수 언론은 자신의 의견을 주장하기 전에 기존의 사실 관계를 중시하고 게다가 주장을 구성할 때에 논리성과 관용성, 합리성을 가지고 있었던 것이다.

　이미 언급했듯이 동일한 것은 정치세계에도 적용된다. A급 전범 합사에 대해서는 보수계 국회의원 사이에서도 이견이 나오고 일부 의원이 분사를 실현하기 위해 관계자에게 손을 쓰기도 한다. 또한 제1차 역사교과서문제시 해결에 노력한 것은 총리 관저와 외무성, 문부성뿐만 아니라 매파 의원이 많은 자민당 문교족이었다. 즉 80년대까지만해도 일본 정계에도 언론계에도 중국과 한국의 일본에 대한 비판과 주문을 전면적으로 부정하거나 무시하는 분위기는 없었고, 오히려 양국의 이해를 얻어 좋은 관계를 구축하자는 겸손이 존재하고 있었던 것이다. 그 배경에는 일본이 고도 경제성장을 이루고 한중 양국과의 사이에 압도적인 국력 차이에서 나오는 심리적 여유도 있었을 것이다. 동시에 식민지 지배와 침략이라는 역사를 자신의 인생에서 경험한 전중(戰中) 세대가 아직 현역으로 다양한 분야에서 중추로 활약하고 있던 것도 커다란 요소일 것이다. 그러나 2000년대에 들어서면서 정치권에서 모노톤 매파 세력이 대두한 것과 같은 변화가 매스미디어 세계에서도 일어났다.

(2) 양극화한 언론 공간

일본의 매스미디어 상황은 다음과 같이 시대를 구분할 수 있다. 80년대까지는 냉전을 반영한 좌우 대립적 구조가 만들어져 있었지만, 양측이 상대를 인정하고 이론을 받아들여 논쟁하는 것이 가능했다. 주요 매체는 신문이나 잡지와 같은 인쇄 매체였다.

그런데 90년대에 들어서면서 특히 정치 보도의 세계를 중심으로 텔레비전의 영향력이 증가하고, '텔레폴리틱스'시대를 맞이했다. 동시에 진행된 것이 매스미디어가 실시하는 여론조사의 영향력 증대이다. 내각 지지율과 개별 정책에 대한 지지 및 반대 숫자가 정권 운영과 총리의 거취에 커다란 영향을 미치는 '여론조사 정치'의 시대이기도 하다. 한편으로 일본을 둘러싼 외교·안보 환경은 급변하여 한중 양국의 경제 발전과 역사문제와 영토문제에서 마찰이 격화되고 게다가 중국 군사력의 현대화를 보고 일본 국내에서는 대외강경론이 인기를 얻게 되었다. '텔레폴리틱스'와 '여론조사정치'가 이러한 논조를 증폭시켜 실증이 부족한 민족주의적 보도와 언론이 대중적 지지를 얻는 매파 전성 시대를 맞이한 것이다.

1990년대 일본 정치는 혼란기를 맞이했다. 리크루트 사건 등 심각한 스캔들이 잇따르는 가운데 오랫동안 안정적이었던 자민당의 권력 기반이 동요되기 시작했고, 정권 교체가 현실로서 논의되었다. 당시는 정치 개혁과 PKO협력법 등이 정치의 큰 테마가 되면서 여야가 격렬하게 대립했는데, 자민당과 사회당을 중심으로 하는 '55년 체제' 때처럼 여야가 적당한 지점에서 타협을 반복하고 이것이 예측가능한 정국은 이미 없어지고 사라졌었다.

그래서 방송국은 여야 간부 등 정치인을 출연시켜 격렬하게 논쟁시키는 프로그램을 시작했다. 그러자 이러한 프로그램이 예상외로 높은 시청률을 기록하였다. 방송국 입장에서는 뜻밖의 금광을 발굴한 것 같았다. 한편 정치인도 정치 토론 프로그램에 출연하는 것은 장점이 있었다. 출연하는 것만으로 지명도가 단번에 올라 선거에 유리해진다는 효과가 있었던 것이다. 즉, 정치 토론 프로그램은 방송국, 정치인 모두에게 유익하고, 그 결과 정치 프로그램이 전성기를 맞이한 것이다. 하지만 프로그램 내에서 벌어진 것은 냉정하고 논리적인 논쟁이 아니라 시청자에게 조금이라도 눈에 띄는 인상을 남기려는 화려하고 감정적이며 과장된 언동의 응수였다. 방송사도 더 높은 시청률을 획득하기 위해 더 치열한 대립을 연출하게 되었다. 이러한 정치의 극장화는 지금까지 정치에 무관심했던 사람들에게 정치를 가까이하게 한 효과는 있었지만 정작 플레이어인 정치인의 질을 저하시킨 것은 틀림없다.

또 다른 요소인 여론조사는, 예전에는 조사원이 유권자의 가정을 집집마다 돌며 질문하는 '면접방식'이 중심이었다. 이 방식은 고액의 비용이 들기 때문에 자주 실시하는 것은 어려웠다. 그런데 90년대 들어 컴퓨터가 무작위로 선택한 번호로 전화해서 받은 사람에게 질문을 하는 '전화조사'의 노하우가 확립해 나가면서 비용이 적은데다 준비도 간단했기 때문에 신문사와 방송국이 자주 실시하게 되었다. 주요 신문사와 방송사는 매월 내각지지율 조사를 실시하거나 큰 정치적 사건이 있으면 바로 여론조사를 실시하게 되었다.

전화조사로 자주 실시되는 여론조사가 나타내는 숫자는 응답자 의견이라기보다는 질문에 대한 반사적 대응의 축적에 지나지 않는다. 하지만 이것이 '여론조사결과'라는 형태로 보도되면 숫자가 사실로서 독보적인 것이 된다. 총리와 주요 정당의 간부는 내각 지지율과 정당 지지율에 일희일비하게 되었다. 내각 지지율이 30%대로 내려가면 '정권은 황신호', 20%대로 떨어지면 '적신호'라고 보도되면서 여당 내에서 총리 교체론이 나오고, 마지막에는 퇴진으로 몰리는 일도 자주 일어났다. 실제로 내각 지지율이 한자릿수로 떨어졌던 다케시타 노보루 총리와 모리 요시로 총리는 허망하게 퇴진했다. 정권 출범시 70% 이상의 높은 지지를 기록한 민주당의 하토야마 유키오(鳩山由紀夫) 총리도 퇴진 후 인터뷰에서 "정치자금문제를 안고 있었기 때문에 정권 출범 초기부터 어디까지 할 수 있을까 생각하고 있었다. 작년(2009년) 12월경 내각 지지율이 50% 전후가 되면서 하락에 브레이크가 걸리지 않게 되었다. 최고 70%였던 지지율이 절반으로, 그리고 3분의 1로 떨어진다. 생각할 수 없는 이야기다. 그래서 계속 그만두는 것을 생각하고 있었다""여론조사에서 지지율이 떨어진다. 미디어는 이를 바탕으로 정권을 비판한다. 더욱 지지율이 떨어진다. 이런 부정적인 소용돌이가 일어났다. 이런 무서움을 지겹도록 느꼈다"[7]며 여론조사의 무서움을 말하고 있다.

여론조사가 정치적으로 힘을 갖게 되면서 정당과 정치인은 반대로 여론조사를 이용하기 시작했다. 즉 지지율이 높아지도록 국민들에게 받아들이기 좋은 것을 말하거나 눈에 띄는 행동을 하

---

7) 아사히신문, 2010년 6월 18일자 조간.

게 된 것이다. 이러한 시기에 자민당 내에서는 비둘기파 세력이
쇠퇴하기 시작했고, 국제환경은 한중 양국의 대두가 시작되고 있
었다. 국내에서는 종전과 같은 국제협조주의가 아니라 일본문화
와 전통을 지키면서 중국과 한국의 요구에 굴하지 않는 정치가
인기를 얻게 되었다.

  텔레폴리틱스와 여론조사정치가 영향력을 더해 가고 비둘기
파 세력이 정치의 전면에서 사라지면서 매파적 주장이 대대적으
로 발신된다. 이것들이 겹쳐 2000년대의 언론 공간이 만들어져
갔다. 그 결과는 매파·우파 언론의 대두와 자유주의 언론과의 극
단적인 양극화였다. '반중', '반한'을 강렬하게 내세운 잡지와 신간
서적이 잇따라 출판되어 서점의 매장에 빽빽하게 진열되었다. 우
파계 월간지는 매번 중일, 한일관계, 북한의 납치문제, 야스쿠니
신사 등의 역사문제를 유사한 필자를 반복적으로 동원하여 상품
화해 갔다.

  80년대에도 우파, 좌파의 언론 공간이 형성되어 대립하고 있
었지만 이미 언급한 바와 같이 서로 관대함을 가지고 다른 의견
을 인정하여 상호 교류도 있었다. 그런데 2000년대 이후에는 자
신의 세계에 틀어박혀 오로지 자기정당화에 에너지를 쏟게 되었다.
특히 우파 언론은 논리보다 감정을 앞세워 정부에 대해 "한 걸음이
라도 양보 말라", "의연한 태도를 취하라"고 주장하게 되었다.

  중국이 군사를 현대화하고 항공모함을 보유한다. 센카쿠 제
도의 영유권을 주장하고 중국 군함이 영해를 자주 침범한다. 한국
이 종군위안부문제에서 미국을 비롯한 각국에서 대통령을 선두로
일본 비판을 반복한다. 강제징용공 문제로 일본기업에 지불을 명
하는 판결을 내린다. 이러한 일본에 대한 압력이 우파 언론의 자

양분이 되어 우파적 주장이 텔레폴리틱스와 여론조사정치의 사이클 속에서 증폭되어 갔다. 이것은 매스컴의 세계, 언론의 세계에 머무르지 않고 자연스럽게 당시의 정권의 외교정책에 있어서 제약 요인이 된다. 즉 최근의 한일, 중일 관계의 악화, 긴장은 단순히 일본 총리 혹은 집권 자민당, 국민이 우경화했기 때문이라는 단순한 문제가 아니다. 텔레폴리틱스로 상징되는 매스미디어의 보도, 자주 실시되는 여론조사, 그리고 비둘기파 세력이 쇠퇴한 정치라는 많은 요소가 낳고 있는 구조적인 문제가 배경에 있는 것이다.

Ⅳ. 결 론

전후 70년, 한일기본조약 체결 50주년을 맞이한 오늘날, 한일관계는 전후 최악의 상태가 되었다. 양국 위정자의 언행이 이런 상황을 만들어 낸 커다란 요인이 되었다는 것은 틀림없지만, 동시에 양국 매스미디어가 만든 부정적인 역할도 간과할 수 없다.

양국의 많은 매스미디어는 상대국을 규탄, 비판하는 것에 오로지 에너지를 쏟아왔다. 대중화, 정보화 사회에서 국민의 인식은 대부분 매스미디어의 정보에 의해 형성된다. 부정적인 정보가 반복 보도되는 것으로 '반일', '혐한'이라는 감정적 반응이 만들어지고 그것이 매스미디어의 여론조사를 통해 국민의 다수 의사로 기정사실화되어 간다. 그리고 민주주의 체제하에서 국회의원은 자신의 지위를 유지하기 위해 대중에 영합하는 매파적 언동으로 나아간다. 이 악순환이 한일관계 개선의 큰 걸림돌이 되고 있는 것이다.

물론 일본 정치인과 국민 대부분이 식민지 지배를 정당화하고 종군위안부를 부정하고 있는 것은 아니다. 하지만 국민이 매파적인 내용으로 넘치는 매스컴 보도에 놀아나고, 이에 대한 동조 및 압력 속에서 진행되는 설문조사에 답변하고 그것이 정치인의 언동을 규정하고 있다는 현상은 국가 전체가 우경화하고 있는 것 같은 인상을 만들어 버린다. 이 구도는 한국도 마찬가지일 것이다. 즉 표층적인 현상, 일시적인 반응, 일부 세력의 언론이 과도하게 평가되어 부(負)의 순환을 형성하고 있는 것이다. 이를 벗어나기 위해서는 어떻게 하면 좋을까? 여기에서 몇 가지 제언을 해본다.

우선 한일 양국 매스컴이 '규탄·비판 저널리즘'을 극복하고, '창조적·건설적 저널리즘'으로 변신하는 것이 필요하다. 현재 양측의 많은 매스컴은 매일 발생하는 사건의 세부 사항과 지도자 발언의 단편적 어구에 초점을 맞추고 있으며 상업주의적 목적하에 아무런 성과도 없는 상호 비판을 전개하고 있다. 이러한 보도가 전체상을 크게 왜곡하고 있다.

먼저 '보도'와 '언론'을 명확히 구분하여 '보도'는 보다 정확하게 사실을 알리는 것에 철저히 하고, 기자들의 주관과 평가를 안이하게 섞지 않는 저널리즘 원칙으로 돌아가야 할 것이다. 그 바탕에 '언론' 공간은 일부분이 아닌 전체를 시야에 두고 실증성을 중시해야 한다. 여기서 빼놓을 수 없는 것은 연구자들과 전문가에 의한 실증적, 논리적인 연구와 그 성과의 공표일 것이다.

그런데 전문가에 의한 연구 환경은 정치, 매스미디어의 경우와 유사한 문제에 직면하고 있다. 고베 대학의 기무라 칸(木村幹) 교수는 저서에서 한반도 연구자는 역사인식문제를 둘러싼 논의에서 "일본과 한국의 어느 쪽을 지지하는가"와 같은 '리트머스지'를 통과하게 되고 때로는 '일본제국주의의 신봉자' 혹은 '한국의 첩자' 등과 같은 낙인이 찍히고 심지어는 비방중상에 지나지 않는 이메일이나 우편물이 전해지는 상황에 놓여 있다고 말한다. 그 결과 많은 우수한 연구자가 한반도와 관련된 연구에서 물러나고 있다는 것이다.

기무라는 한반도 연구 공간이 어떠한 위기적인 상황에 있는지 다음과 같이 설명하고 있다.

"중요한 것은 이러한 이데올로기적 논쟁을 기피하는 연구자의 퇴출이 결과적으로 한반도 연구에서 이데올로기적 논쟁을 좋아하는 연구자가 차지하는 비중을 확대시킬 것이다. 그리고 이데올로기적 논쟁을 좋아하는 연구자의 비율 증가는 한반도 연구 자체의 이데올로기성을 더욱 높이는 효과를 가지게 된다"[8]

비슷한 것은 한국에서도 일어나고 있다. 2014년 2월 세종대 박유하 교수가 출판한 『제국의 위안부』를 둘러싸고 위안부 할머니들이 출판 금지 등을 요구하는 가처분 신청 소송에서 서울동부지방법원은 작품의 일부를 삭제하지 않으면 출판을 인정하지 않는다는 결정을 내렸다. 언론, 출판, 표현의 자유라는 일반적인 가치 기준에서 보면 사법이 이런 결정을 내리는 것은 예사롭지 않다.

즉 한일 양국에서는 연구 공간에도 협소한 내셔널리즘이 밀려들어 서서히 힘을 갖기 시작하고 있는 것이다. 역사를 정확히 인식함과 함께 국제협조주의에 따른 현실의 대외 정책을 만들어 나가기 위해서는 이데올로기를 배제한 실증주의라는 원점의 중요

---

8) 기무라 칸, 『일한 역사인식문제는 무엇인가』, 미네르바 서방, 2014, pp.10-13. (木村幹, 『日韓歴史認識問題とは何か』, ミネルヴァ書房, 2014, 10-13頁.)

성으로 되돌아 오지 않으면 안 된다. 그런 의미에서 이 책과 같은
한일 양국 연구자 모임이 지속적으로 의견 교환과 저작물의 간행
을 계속해 나가는 것이 폐쇄적 상황을 타파해 나가는 계기가 될
것이라고 기대한다.

〈참고문헌〉

키타오카 신이치. (2008). 『자민당』. 중공문고. (北岡伸一. (2008). 『自
　　民党』. 中公文庫.)
사토 타쿠미. (2008). 『여론과 세론』. 신조선서. (佐藤卓己. (2008).
　　『輿論と世論』. 新潮選書.)
스가와라 타쿠. (2009). 『세론의 곡해』. 코분샤 신서. (菅原琢. (2009).
　　『世論の曲解』. 光文社新書.)
『론좌』편집부 편. (2006). 『리버럴로부터의 반격』. 아사히신문사. (『論
　　座』編集部編. (2006). 『リベラルからの反撃』. 朝日新聞社.)
와카미야 요시부미. (2014). 『전후70년 보수의 아시아관』. 아사히신문사.
　　(若宮啓文. (2014). 『戰後70年　保守のアジア観』. 朝日新聞社.)
야쿠시지 가쓰유키. (2014). 『내셔널리즘과 외교』. 강담사. (薬師寺克
　　行. (2014). 『ナショナリズムと外交』. 講談社.)
야쿠시지　가쓰유키. (2014). 『현대일본 정치사』. 유히각. (薬師寺克行.
　　(2014). 『現代日本政治史』. 有斐閣.)

7.2

한일 50년 성찰 ―정치와 미디어를 중심으로

신정화(辛貞和. 東西大學)

본장의 목적은 1965년 한일국교정상화 이후 오늘에 이르기까지 50년간 우호·협력과 대립·갈등을 반복해 온 한일관계에 양국의 정치와 미디어가 미친 영향을 분석하는 것이다.[1] 먼저, 2000년대 이후 일본에서 역사문제와 영토문제 등에 강경한 입장을 취하는 정부가 왜 연속적으로 등장했는가를 정치와 미디어의 변화를 통하여 제시한 야쿠시지의 논문 『日韓50年の省察―政治とマスメディア-』의 내용을 요약·비평하고, 다음으로 한국의 관점에서 지난 50년의 한일관계에 미친 정치와 미디어의 영향력을 설명한다.

I. 日韓50年の省察 ―政治とマスメディア-
　―일본을 중심으로

(1) 요 약

논문의 주요 내용은 다음과 같다. 1990년대 이후 일본은 대내적으로는 경제 붕괴라는, 대외적으로는 한국과 중국의 경제발

---

[1] 본 논문은 2015년 1월에 탈고되었다. 따라서 본 논문에서 분석하고 있는 박근혜정부의 대일정책은 출범 초기인 2013년 2월부터 2014년 12월까지이며, 2015년 12월 28일 '위안부 한일합의'는 포함되지 않았다.

전, 잠재적 위협으로서 정치·군사대국 중국이라는 새로운 환경에 접하게 되었다. 이와 같은 대내외적 환경변화는 정치와 매스미디어의 보수화를 가져왔다.

1) 정치의 변용

'55년 체제'하 일본의 집권정당인 자민당은 비둘기파 세력과 매파 세력으로 양분되어 있었다. 우선 비둘기파는 국제협조주의 하에 미일동맹을 축으로 하여 자유주의진영의 일원으로 일본을 통상국가로 발전시키고자 하는 요시다노선에 충실한 세력이다. 과거사문제와 관련하여서는 한국 등 주변국가와의 우호적인 관계가 일본의 국익 실현에 도움이 된다는 판단하에 소극적이나마 반성을 표명했다. 이에 반해 매파는 민주주의와 자유주의까지는 부정하지 않았으나 일본의 자주독립과 전통 및 문화, 역사를 보다 중시하는 세력으로, 역사문제와 영토문제 등을 중심으로 주변국가에 대해 강경한 자세를 표명했다. 이와 같은 양 세력의 차이는 주로 외교·안보정책에서 나타났다. 그러나 역대 수상은 자신의 소속 파벌과는 무관하게 기본적으로 요시다노선을 계승했다. 이 결과 한일국교정상화와 중일국교정상화가 가능했으며, 과거사문제를 둘러싸고 일본이 주변국가와 마찰하는 경우는 드물었다.

특히 90년대의 경우는 비둘기파 세력의 전성기로 비둘기파 출신의원 그리고 자민당과 연립정권을 형성한 사회당 당수가 수상을 역임했다. 이들 수상들은 주변국가와의 외교관계를 중시해 일본의 침략전쟁과 식민지 지배에 대한 사죄와 반성을 표명한 '미와자와 담화', '고노 담화', '무라야마 담화' 등을 연이어 발표했다.

2000년대에 들어와서 비둘기파 세력(経世会, 宏池会)이 자멸·쇠퇴함에 따라 매파세력(清和会)이 확대되었다. 경제성장의 중단

으로 인해 분배정치가 더 이상 불가능한 상황에서, 매파 세력이
국민들의 지지를 획득하기 위해 사용하는 방법은 내셔널리즘의
강화 및 대중 영합적 정책이다. 북한의 일본인 납치문제, 센카쿠
열도 중국어선 충돌문제, 그리고 이명박 대통령의 독도방문과 천
황 발언문제 등으로 대표되는 중국·한국으로부터의 외교적 압력
이 일본 국민들의 내셔널리즘을 자극하고, 이를 배경으로 자민당
내 매파세력이 한발 더 나아간 대외강경론을 주장하면 국민들의
지지가 자민당으로 결집했다. 이 결과, 일본정부도 한국과 중국에
강경한 자세를 취하게 되었다.

2) 매스미디어의 변화

　　매스미디어의 경우도 국제적 차원의 냉전을 반영하는 형태
로 리버럴·좌파세력과 강경·우파세력으로 양분되어 있었다. 80
년대까지는 일본의 역사적 책임을 중시하는 '아사히신문'과 '세가
이'(世界)를 대표로 하는 리버럴 세력의 영향력이 우세한 가운데,
양 세력은 사실에 근거한 상대의 논리는 받아들이는 등 나름 발
전적인 언론공간을 유지해 왔다. 그러나 90년대 이후 '텔레폴리
틱스'(Tele-politics)와 '여론조사정치'의 영향력이 증가하는 가운데
'산케이신문', '쇼군'(諸君) 등 매파세력이 발신하는 이른바 민족주
의에 기초한 '규탄·비판 저널리즘'이 언론공간을 주도하게 되었다.
　　이처럼 비둘기파 정치세력의 쇠퇴로 인한 매파 정치세력의
확대 그리고 텔레폴리티스와 빈번한 여론조사를 배경으로 한 매
파 미디어 세력의 영향력 확대 등 다양한 요소가 최근 한일, 중일
관계를 악화·긴장시키고 있는 것이다. 즉 단순하게 일본의 수상
또는 야당 자민당, 국민이 우경화했기 때문이 아닌 것이다.

(2) 비 평

1) 2000년대 이후 일본은 실질적으로 우경화했는가? 아니면 우경화는 인상에 불과한가?

야쿠시지 선생님은 "2000년대 이후의 일본의 변화를 우경화가 아니라 우경화하고 있는 것 같은 인상에 지나지 않는다"고 지적하고 있다. 즉 "일본의 대다수의 정치가와 국민들은 식민지 지배를 정당화하고 종군위안부를 부정하지 않고 있으며", "국민들이 매파적인 내용이 넘쳐나는 미디어의 보도에 놀아나 동조압력 가운데 행해지는 여론조사에 회답하고, 이것이 정치가의 언동을 규정하고 있는"것에 지나지 않기 때문이라고 주장하고 있다. 요약하면 대다수의 국민들과 정치가들은 변화하지 않았으나, 단지 일부 정치가의 언동만이 우경화되었다는 것이다.

주요 정치가의 야스쿠니 신사 참배, 역사수정주의의 확대, 그리고 집단적 자위권 법안의 추진 등이 대표하듯이 '사회적·국가적' 차원에서 일본은 보수·우경화되어 왔다. 그럼에도 불구하고 국민들의 50% 정도는 2차대전이 잘못된 전쟁이었다고 생각하고 있으며, 30% 정도는 과거 식민지지배와 침략에 대한 사과가 불충분하다고 생각하고 있다.[2] 그러나 이를 뒤집어 보면 국민들의 50%가 2차대전을 긍정하고 있으며, 70%가 과거사 관련 사과가 충분히 행해졌다는 입장인 것이다. 그리고 이러한 비율은 점차 증가해 왔다.

물론 일본이 전후 다원주의적 민주주의 정치체제를 발전시켜 왔기 때문에 전전과 같이 급격하게 팽창주의적 군국주의로 회

---

2) 每日新聞, "戰後70周年特別世論調査"2015.08.08.~09) 및 NHK放送 "世論調査"(2015.08.07).

귀할 가능성은 적다. 그러나 '국가적 차원'의 우경화와 이에 대한
국민들의 지지(암묵적 지지포함)가 증가하고 있는 것은 일본의 우경
화가 사실이라는 것을 의미한다. 그리고 앞으로 국제환경이 일본
에 더욱 불리하게 형성되고, 국내적으로 정치적, 경제적 위기가
심화된다면, 일본의 보수우경화는 보다 강화될 것으로 보인다.

2) 55년체제하 자민당의 보수온건노선과 사회당의 역할

55년체제하에서 자민당이 보수온건노선을 유지한 이유는 야
쿠시지 선생님의 설명처럼 비둘기파뿐만이 아니라, 매파세력도
요시다노선을 존중했기 때문이다. 이와 함께 주목할 점은 사회당
이 평화노선을 추구하면서 제1야당으로서 자민당, 특히 매파를
견제해 왔기 때문이다. 90년대 이후 사회당의 군소정당으로의 전
락은 자민당 내 비둘기파의 쇠퇴 이상으로 자민당 매파의 견제세
력이 사라졌음을 의미한다.

3) 자민당 내 비둘기파와 매파의 역사인식에 나타나는 공통점과
차이점

자민당의 비둘기파와 매파는 제2차세계대전은 침략전쟁이
아니라 서구제국주의에 대한 자위전쟁이었으며, 한반도 식민지지
배는 합법적으로 이루어졌다. 그리고 동경재판은 승자의 재판이
었다는 거의 유사한 역사관을 가지고 있다. 차이점은 비둘기파가
국익 실현의 차원에서 주변국가와의 우호적인 관계를 중시해 역
사인식 표명에 소극적이었는 데 반해, 매파는 미국에 의해 왜곡된
일본의 전통, 문화, 역사를 회복하려는 목적에서 적극적으로 역사
인식을 표명했다는 것이다. 이것은 자민당 매파는 물론, 비둘기
파의 역사인식도 식민지 지배의 불법성을 주장하는 한국의 입

장과는 거리가 있었음을 의미한다. 결국, 이와 같은 차이로 인하여, 한국정부는 1995년 '무라야마 담화'를 역대 일본정부가 표명한 역사인식 중 가장 전진적이라고 평가하면서도 만족할수는 없었던 것이다.

Ⅱ. 한 국

(1) 들어가는 말

1965년 '한일기본조약'을 통해 국교를 정상화한 박정희 권위주의 정권은 미국의 아시아 냉전 전략의 틀 안에서 일본의 자민당 내각과 우호 협조 관계를 유지했다. 또 1980년대 신군부세력인 전두환 정권은 다카파 보수정권인 나카소네 야스히로(中曾根康弘) 내각과 공동으로 신냉전에 대응했다. 그러나 대다수의 국민들은 일본의 과거사 반성이 불충분하다고 생각했으며, 또 정부의 과거사문제에 대한 애매한 태도에도 불만을 가지고 있었다. 정부와 국민 사이에 과거사문제 청산을 둘러싼 괴리가 존재했던 것이다. 그러나 권위주의 정권인 박정희 정권과 전두환 정권은 국익의 실현이라는 명목 하에 국민들의 요구를 탄압·관리하면서 일본과 경제·안보를 중심으로 한 냉전형 우호관계를 유지했다.

한편, 국제적 차원의 냉전 붕괴 그리고 한국의 경제발전과 민주화를 배경으로 수립된 김영삼 정권과 김대중 정권, 그리고 노무현 정권은 냉전기의 권위주의 정권과는 다른 대일정책을 실시하고자 했다. 즉 한반도의 평화와 동북아 지역의 안정 구축이라는 차원에서 일본과의 협력을 중시하면서, 양국 간 갈등 요인인 과거 사문제는 일본이 스스로 해결하기를 기대했다. 그 대표적 예가 김 대중 정권이 발표한 '21세기 새로운 한일 파트너십 공동선언'이 다. 그러나 장기 경제 침체와 55년 체제의 붕괴를 배경으로 점차 보수·우경화되어 가는 일본은 한국의 기대와는 달리 과거사를 합 리화하고 독도에 대한 영유권 주장을 강화시켰다. 이와 같은 일본 의 움직임을 국내의 미디어가 보도하고, 이에 자극 받는 형태로 반일여론이 표출되면, 정부는 대일정책의 중심축을 과거사문제로 이동시켰다. 그리고 이에 일본이 반발함으로써 한일관계는 재차 악화되었다. 여론에 민감할 수밖에 없는 민주정부의 한계이기도 했다.

본고는 이상과 같은 인식에 입각하여 1965년 한일국교정상 화 이후 2015년 현재의 박근혜정부에 이르기까지의 50년 동안의 한일관계를 정치적 리더십과 매스 미디어의 역할에 초점을 맞추 어서 분석하고자 한다.

(2) 냉전기 권위주의 정부와 한일관계

1) 박정희 정권: 경제·안보협력과 반일운동의 탄압

냉전기인 1965년 한국과 일본은 '한일기본조약'을 체결했다. '한일기본조약'은 미국의 아시아 냉전전략 그리고 한국과 일본의 국가전략의 일치에 의해 이루어졌다. 박정희 정권은 쿠데타 정권 으로서 결핍된 정당성을 확보하고 북한의 위협을 막기 위해 추진 하는 경제발전의 성공을 위해 일본의 경제적 지원을 필요로 했다. 한편, 패전 이후 새롭게 경제대국으로 등장한 일본은 동북아시아 에서의 새로운 역할을 시작하기 위해 한국과의 사이에 존재하는 과거사를 해결할 필요가 있었다. 이와 같은 전략의 일치에 의해 식민지지배의 청산을 경제원조로 마무리 지은 '한일기본조약'이 체결된 것이다.

한국과 일본은 주권의 상호존중과 호혜평등의 원칙에 입각해 국교를 정상화했다. 이것으로 한국과 일본 사이에 맺었던 모든 조약의 무효가 확인되었으며, 박정희 정권은 경제발전에 필요한 자본을 청구권자금(무상 3억 달러, 유상 2억 달러, 민간 상업 차관 1억 달러)의 형식으로 확보할 수 있었다. 물론 대부분의 국민들도 일본과의 국교정상화는 필요하다고는 생각하고 있었다. 그러나 정부와는 달리 한국이 만족할 수 있는 수준에서 일본의 식민지 지배에 대해 사과와 보상이 이루어질 때 새로운 한일관계가 성립될 수 있다고 보았다. 과거사 청산의 처리 방식에 대한 정부와 국민의 인식간에는 괴리가 존재했던 것이다.

1962년 '김종필-오히라 메모'를 계기로 한일회담 반대운동이 본격화되었다. 박정권은 주동자들을 정부가 국익을 위해 추진하는 한일회담을 반대하는 행위는 북한을 이롭게 하는 것이라는 이른바, 용공논리로 체포하는 등 공권력을 사용해 반대운동을 진압하면서 한일회담을 강행했다. 그리고 한일기본조약이 수립된 후에는 산업화의 성공을 위해서는 과거사문제와는 상관없이 일본으로부터 적극적으로 자본과 기술을 도입해야 한다는 이른바, '용일(用日)민족주의'를 확산시켰다. 이에 따라 국민들의 반일운동은 박정희 정권의 반민족성을 고발하는 반정부운동과 연계되어 진행되었다.[3]

한일국교정상화 이후 한국경제는 '한강의 기적'이라고 불릴

---

3) 이현진, "신문기사를 통해 본 한일회담에 대한 여론 추이: 한일회담 반대 여론과 정부의 대응논리를 중심으로", 「한일국교정상화 연구 최종보고서」(2014년 10월 30일), p. 206.

만큼 비약적으로 성장했다. 이와 함께 박정희 정권의 '용일민족주의'도 국민들 사이에서 일정 정도 지지를 확보했다. 즉 국민들이 일본을 제국주의 침략자에서 경제협력의 대상으로, 더 나아가 근대화의 모델로 인식하기 시작한 것이다. 그렇다고 해서 과거사 문제에 기인하는 국민들의 반일감정이 해소된 것은 아니었다. 국민들은 끊임없이 박정권의 친일성향을 의심했으며, 박정권은 국민들의 반일감정이 반정부운동으로 확산되는 것을 경계해야만 했다.

물론 박정희 정권하에서 한일 관계를 긴장시키는 사건들도 발생했다. 그 대표적인 예가 김대중 납치사건(73년 8월)과 문세광 사건(74년 8월)이다. 전자는 박정희의 권위주의적 정치체제와 일본의 민주주의 정치체제와의 마찰이, 후자는 대북정책을 둘러싼 양국의 온도차가 그 원인이었다. 결국 두 사건은 대내외의 진상 규명 요구에도 불구하고 정부간 대립이 국익에 도움이 되지 않는다는 한일 양정부의 공통된 인식에 의해 정치적으로 마무리 되었다.

2) 전두환 정권: 경제·안보협력과 '극일'

박정희 사후 군사적 방법으로 권력을 장악한 전두환은 1981년 3월 제12대 대통령에 취임했다. 전두환 정권 역시 군사 정권으로서 결핍된 정당성을 확보하기 위해 경제발전이 절실했으며, 그에 필요한 자금을 주로 일본으로부터 확보하고자 했다. 전두환 정권은 8월 일본에 대해 '한일운명공동체의 인식에 입각한 차원 높은 경제협력', 즉 '안보·경제 협력금'으로 100억 달러(정부차관 60억 달러, 민간차관 40억 달러)를 요구했다. 그 근거는 첫째, 한국이 반공의 방파제 역할을 수행하고 있기 때문에 일본의 경제발전이 가능했으며, 둘째, 1965년의 '한일기본조약' 체결 당시 일본이 지불한 경제 협력금이 일본의 식민지 지배가 한국에 초래한 피해에 비해 충분하지 않다는 것이었다.[4] 이처럼 전두환 정권 역시, 박정희 정권과 마찬가지로 과거사문제를 일본으로부터 안보·경제협력을 이끌어내기 위한 수단으로 인식하고 있었던 것이다.

'안보·경제 협력금' 문제를 둘러싸고 한일 정부가 갈등하는 가운데 65년 한일국교정상화 이후 처음으로 역사문제가 한일간의 쟁점으로 등장했다. 1982년 6월, 일본의 아사히신문을 비롯한 많은 미디어들이 다음 해인 1983년부터 사용할 고교 역사교과서에 대한 문부성의 검정 결과를 "교과서 더욱 '전전(戰前)' 복권(復權)으로- '침략' 표현 약화되다"라고 비판적으로 보도했다. 그리고 이를 동아일보를 비롯한 국내 언론들이 동경 특파원 발신으로 기사화함에 따라 그 동안 눌려왔던 국민들의 과거사문제에 대한 불만이 표출되기 시작했다.

7월 23일 일본 국토청장관 마쓰노 유키야스(松野幸泰)가 일본의 교과서 기술내용에 대한 한국과 중국의 태도는 일본에 대한 내정간섭이라고 반발했다. 이를 기화로 한국의 주요 언론들은 다투어 일본의 역사 왜곡 관련 기사를 일면 톱으로 게재했다. 한국을 방문한 일본인의 택시 승차를 거부할 정도로 국민들의 반일감정이 격화되었다. 이와 함께 과거사 청산을 보류한 채 일본과 국교를 정상화한 박정희 정권에 대한 비판도 재부상했다.[5]

---

4) 한일 경제협력자금 협상과 관련한 자세한 내용은 小倉和夫 지음, 조진구·김영근 옮김, 『한일 경제협력자금 100억 달러의 비밀』, 디오네, 2015을 참조할 것.

5) 역사교과서 검증문제가 한일의 외교문제로 확대되어 가는 과정에 관한 자세한 설명은 신주백, "한일 역사교과서 문제의 사적 전개-1982년과 2001년의 전

전두환 정권도 박정희 정권과 마찬가지로 국민들의 반일감정(운동)을 부정적으로 보았다. 국민들의 반일감정(운동)이 '안보·경제 협력금' 협상에 부정적인 영향을 미칠 수도 있으며, 박정희 정권에 대한 비판이 같은 권위주의 정권인 자신들에 대한 비판으로 비화될 수도 있었기 때문이었다.

그러나 전두환 정권의 대응 방식은 박정희 정권과는 달랐다. 먼저 일본과 진행중이던 경제 협력금 협상을 중단하고, 역사교과서의 시정을 일본정부에 대해 요구했다. 그리고 국민들의 반일감정을 탄압하기보다는 그것을 '극일'로 전환시켜 관리하고자 했다. 즉 국민들의 반일감정을 비생산적이며 감정적이라고 규정하고, 한국이 실력을 키워서 일본을 이겨야 한다는, 이른바 '극일'을 주장한 것이다. 정부의 영향력하에 놓여 있던 미디어들은 '극일'의 상징으로서 국민 누구나 벽돌 한 장 값을 내어 독립운동의 역사를 보존하고 후대에 알릴 수 있는 독립기념관을 건립하자는 정부의 주장을 대대적으로 보도하는 등 여론을 선도했다.

5년 후인 1987년 500여 억 원의 국민성금을 기초로 독립기념관이 완공되었다.[6] 이를 통해 전두환 정권은 국민들의 반일감정(운동)을 관리하는 데 성공했으며, 자신들에게 부족한 정통성까지를 확보할 수 있었다. 전두환 정권의 성공적이라고 할 수 있는 대응은 전두환을 비롯한 주요 정치세력이 1965년의 한일기본조약' 체결에 관여하지 않았으며, 또 70년대의 경제발전을 배경으로 국민들이

개 양상을 중심으로",『韓日關係史硏究』제33집 (2009년 8월), pp. 240~243.

　　6) 독립기념관 설립과정에 대해서는 鄭泰範, "日本 歷史敎科書 歪曲事件과 獨立記念館 設立 過程의 政策的 分析",『韓國敎員大學校 敎授論叢』第11卷 第2號 (1995.11)를 참조할 것.

일본에 대해 일정 정도 자신감을 가지게 되었기에 가능했다.

한편 일본의 미야자와 기이치(宮沢喜一) 내각은 한국·중국과의 갈등이 확대되자, 교과서 검증 기준에 근린제국과 관련된 근현대사를 기술할 때에는 국제 협력과 국제 이해라는 시점에서 필요한 배려를 하겠다는, 이른바 '근린제국 조항'을 신설했다.[7] 그리고 한국정부가 수정을 요청한 13개 항목 19가지 내용 중 4개 항목 6가지 내용을 즉각 수정하겠다고 발표했다. 또 중지되고 있던 '한일 경제 협력금' 협상을 재개해 한국이 요구한 경제협력금을 빠른 시일 내에 제공하겠다고 약속했다. 이로써 역사교과서로 인한 한일 갈등은 마무리되었다. 이후 한일관계는 신냉전에 대한 공동 대응을 축으로 우호·협력적으로 진행되었다.

(3) 탈냉전기 민주주의 정부와 한일관계

1) 김영삼 정권: '미래지향적 한일관계'의 설정과 '역사 바로 세우기'

냉전의 붕괴 그리고 한국의 민주화와 경제성장을 배경으로 1993년 2월 김영삼 정권이 출범했다. 김영삼 정권은 한국 최초의 문민 정권이라는 자신감에 기초해 이전의 권위주의 정권과는 다른 대외정책을 추진하고자 했다.

김영삼 대통령은 노태우 전(前) 정권의 '한일 우호협력 3원칙'은 계승했으나, 과거 한국의 권위주의 정권이 과거사문제의 해결을 간과해 왔다고 평가하고 있었다. 따라서 일본이 자발적으로 과거사문제를 반성할 때 민주화시대에 부합하는 '미래지향적 한일관계'의 수립이 가능하다고 생각했다. 한마디로 '역사 바로 세

---

7) 江藤名保子, ″第1次教科書問題1979~82年″, 『日中関係史1972-2012 I 政治』, 東京大学出版会, 2012年, pp. 151-154.

우기'의 대일버전이었다.

김영삼 대통령은 한일 현안으로 새롭게 부상한 종군위안부 문제와 관련하여 일본정부에 대해 더 이상 금전적인 보상을 요구하지 않겠다고 선언했다.[8] 즉, 일시금 500만원과 매월 생활안정 지원금, 의료비 지원, 임대주택 입주 등 피해자들에 대한 지원 조치는 한국정부가 할 테니, 일본은 위안부문제에 대한 진상을 조사하고 그 결과를 후세에게 교육하라고 요구했다. 김영삼 정권은 과거 권위주의 정권과는 달리, 과거사문제를 경제협력 즉 물질적 차원이 아니라, 반성과 사과라는 정신적 차원에서 해결하고자 한 것이다. 그것은 가해국인 일본이 과거 한반도 식민지 지배의 부당성을 인정함으로써 피해국인 한국이 부당히 침해당한 정의를 회복함을 의미했다.[9]

한국의 정책 전환에 자극받는 형태로 5개월 뒤인 8월 4일 미야자와 내각은 '고노 담화'를 발표해 위안부 모집의 강제성을 인정하고 사죄를 표명했다. 이어 11월에는 호소가와 모리히로(細川護熙) 총리가 경주를 방문하여 일제 강점기 일본이 행한 창씨개명과 한국어 사용 금지를 언급하면서 식민지 지배의 부당성에 대해 사죄했다. 특히 김영삼 대통령과 호소가와 총리의 경주 정상회담은 한국의 권위주의 정권과 일본의 자민당 내각과의 유착관계를 종결시키고 미래지향적 관점에서 새로운 한일관계를 구축하고자 하는 양국 정상의 의지를 상징하고 있었다.

---

8) 朝日新聞(1993.1.10).
9) 福島啓之, "戰後日本か關係修復外交と近隣諸国の対日認識ー援助, 謝罪とナショナリズムー", 『国際政治170, 戰後日本外交とナショナリズム』(2012 October, Vol 170), p. 111.

2년 뒤인 1995년 8월 15일 패전 50주년을 맞이하여 자·사 연립정권의 무라야마 도미이치(村山富市) 총리는 과거사에 대한 명확한 반성과 사과를 담은 '무라야마 담화'를 발표했다. 한국은 '무라야마 담화'에 만족하지는 않았으나 역대정권이 발표한 과거사 반성 중 가장 진전된 것으로 평가했다

문제는 일본정부의 진보적인 역사인식을 견제하고자 하는 일본 국내 보수·우파세력의 반격이었다.[10] 1994년 5월 "태평양전쟁은 침략전쟁이 아니다"라는 나가노 시게토(永野茂門) 법무장관의 발언을 시작으로 연속적으로 과거사 합리화 발언이 행해졌다.

한국정부와 국민들은 일본정부가 행한 일련의 사죄와 반성의 진정성을 의심하게 되었다. 또 민주화의 진전과 함께 반일운동의 주도세력과 성격도 변화하고 있었다. 즉 권위주의 정권 시대의 반일운동은 주로 정권의 대일정책에 불만을 가진 세력이 중심이 되어 식민지 지배의 총체적 청산을 주장했다. 그러나 민주화를 배경으로 피해자와 유가족, 그리고 이를 지원하는 시민단체가 중심이 되어 구체적인 피해사실을 규명하고, 이를 토대로 법적 대응 및 피해보상을 추진하는 '현재의 문제'로서의 반일운동이 전개되기 시작했다.[11] 여기에 더해 민주화에 의해 정부의 통제로부터 자

---

10) 1994년 5월 "태평양전쟁은 침략전쟁이 아니다"라는 나가노 법무상의 발언을 시작으로 1995년 6월 와타나베 전 부총리의 "한일조약은 원만히 체결되었으며 무력에 의한 것이 아니다"라는 발언, 그리고 같은 해 10월 에토 다카미(江藤隆美) 총무청(総務庁) 장관의 "식민지 시대 일본은 한국에 좋은 일도 했다"는 발언 등이 연이어 행해졌다. 그리고 보수우익세력의 집중 공세에 직면한 무라야마 총리는 10월 5일 국회에서 "한일 합병조약은 당시 국제법상 유효"라는 발언을 행했다.

11) 전재호, "한국민족주의와 반일(反日)", 『정치비평』(2002년/하반기), pp. 140~141.

유로워진 미디어는 '국익'이라는 이름하에 일본 규탄 기사를 경쟁적으로 보도했다. 그러나 식민지 시대 일본이 한민족의 '정기'를 끊기 위해 전국 곳곳에 쇠말뚝을 박았다는 이른바, '쇠말뚝' 기사에서 볼 수 있듯이,[12] 일부 미디어의 보도는 사실에 근거하기 보다는 국민들의 반일 감정 조성에 초점이 맞추어져 있기도 했다.[13]

미디어와 여론이 일본을 비난하는 가운데, 김영삼정부는 1995년 한일 국교정상화 30주년을 기념하기 위해 준비해 온 다양한 교류 협력 행사를 중단시키고, 민족 정기 회복을 위해 식민지 시대의 상징이던 중앙청(과거 조선총독부)을 철거한다고 발표하였다. 또 10월 김영삼 대통령은 "일본은 역사 왜곡을 반복해서는 안 된다"고 직접 비판하고, "남북 분단의 원인이 일본의 식민지지배에 있다는 신념에는 변화가 없다"는 자신의 지론을 덧부쳤다. 그리고 11월 한중정상회담에서 김영삼 대통령은 "이번에야 말로 (일본의) 버르장머리를 고쳐놓겠다"는 이른바, '버르장머리' 발언을 행했다.[14]

비외교적인 대응이라고 대내외로부터 비난을 받았던 김영삼 대통령의 발언은 그의 개인적인 민족주의적 정향과 함께, 당시 성수대교와 삼풍백화점 붕괴사고 등으로 급락하고 있던 지지율을 회복하기 위한 일종의 '정치 쇼'로서의 성격도 가지고 있었다. 물론 강경한 대일자세 덕분에 일시적으로 지지율이 상승(50%에서 60%로)하기도 했다. 그러나 일본의 '버르장머리'를 고칠 수는 없

12) 박유하, 『누가 일본을 왜곡하는가』, 사회평론, 2000년, pp. 15~45.
13) 최영재, "사실과 진실을 포기하고 국민 정서에 영합", 『신문과 방송』 (2005년 1월 4일), pp. 54~55.
14) 동아일보(1995.11.18).

었다. 오히려 일본의 한일어업협정 연장 거부 그리고 외환위기 극복을 위해 긴요한 일본으로부터의 지원 확보에 실패함으로써 국익에 손해를 입히는 결과를 초래했다.

2) 김대중 정권: '21세기의 새로운 한일 파트너십 공동선언'과 새 역모 교과서

김대중 정권의 대일정책은 1998년 10월 8일 오부치 게이조(小淵惠三) 총리와 함께 발표한 '21세기의 새로운 한일 파트너십 공동선언'으로 상징된다. '한일 파트너십 공동선언'을 통해 일본은 과거사에 대한 반성과 사죄를 처음으로 공식 문서로 명문화했고, 이에 호응하여 한국은 1945년 이후 일본의 민주주의와 평화를 위한 노력을 적극적으로 평가했다. 간단히 말해 양국 정부가 20세기의 한일관계를 총정리하고 21세기를 향한 새로운 비전을 제시한 것이다.

미래지향적 한일관계를 김대중 대통령이 적극적으로 추진한 이유는 1997년에 발생한 금융위기의 극복 그리고 햇볕정책으로 상징되는 대북정책을 성공시키기 위해서 일본의 도움이 필요했기 때문이었다. 또 개인적 차원에서는 1973년 본인의 납치사건 당시 일본의 진보적 양심세력들과 쌓은 연대감으로부터 전후 일본의 민주주의를 평가하고 있었기 때문이었다.

김대중 정권은 주도적이고 개방적인 대일정책을 전개해 나갔다. 먼저, 그때까지 '일왕'(日王)이라고 부르던 관행을 바꾸어 일본이 사용하는 '천황'(天皇)이라는 공식 표현을 사용하기로 했다. 또 왜색문화의 유입이라고 규제되어 왔던 일본의 대중문화를 일부 세력의 반대에도 불구하고 개방했다. 그리고 2002년을 '한일 국민교류의 해'로 지정하고 각종 문화·예술 행사를 적극적으로 지원하고, 6월 한일 월드컵 공동개최 기간 동안에는 비자 간소화 조치를 취했다. 이와 같은 정책들에 의해 민간 차원의 교류가 본격화되었으며, 한일 상호간의 호감도도 상승했다. 그러나 일부 미디어가 정부의 '천황' 표기방침에도 불구하고 '일왕' 표기를 고수한 것에서 알 수 있듯이[15] 일본에 대한 김대중 정권의 인식과 정책은 미디어의 그것보다 앞선 것이었다.

역대 어느 정부보다 일본과 가장 협력적이고 우호적이고 협력적인 관계를 지속했던 김대중정부도 후반기에 들어서 일본의 과거사 합리화 움직임에 직면하게 되었다. 2001년 3월 일본의 보수·우파 세력의 시각을 대변하는 '새로운 역사를 만드는 모임'이 제작한 교과서가 일본정부의 검정을 통과했기 때문이다. 새역모의 교과서가 한일간 외교문제로 비화되는 과정은 1982년의 역사교과서문제의 경우와 동일했다. 즉 일본의 진보적 언론이 새역모의 교과서문제를 지적하고, 이것을 한국 언론이 국내에 보도하자 국민들의 반일감정이 분출했다.

김대중 정권은 먼저 일본정부에 대해 교과서문제가 양호한 한일관계에 부정적 영향을 끼치지 않도록 적절히 대처해 달라고 요구했다. 그러나 일본정부는 이를 받아들이지 않았다. 결국 정부는 최상룡 주일대사를 일시 귀국시키고, 일본 대중문화의 추가 개방 일정을 연기한다는 방침을 발표하는 등 단호한 조치를 취했다.

2001년 4월 야스쿠니 신사(靖国神社) 참배를 소신으로 밝힌 고이즈미 준이치로(小泉純一郎)가 총리에 취임하면서 상황은 더욱 악화되었다. 한국정부의 거듭된 우려 표명에도 불구하고 고이즈

---

15) 조세영, 『한일관계 50면, 갈등과 협력의 발자취』, 대한민국 역사박물관, 2014년, p. 197.

미 총리는 8월 13일 야스쿠니 신사 참배를 강행했다.

이를 계기로 미디어와 여론은 일본의 우경화 움직임에 정부가 소극적으로 대처하고 있다고 비판하기 시작했다. 그러나 김대중 정권은 미래지향적 대일정책의 기조를 유지했다. 그리고 10월 고이즈미 총리가 한국을 방문하여 일본식민지시대 형무소였던 서대문 독립공원에서 과거사와 관련한 사죄와 반성을 재확인했다. 이를 계기로 국민들의 반일여론도 점차 진정되어 갔다.

다음 해인 2002년 한국과 일본이 공동으로 개최한 월드컵은 성공을 거두었다. 그리고 고이즈미 총리는 일본 총리로서는 최초로 북한을 방문해 김정일 국방위원장과 정상회담을 개최하고 '북일평양선언'을 발표하는 등 김대중정부의 대북정책에 대한 지지를 표명했다. 김대중 대통령의 일관성 있는 대일정책이 일정한 성과를 거둔 것이다.

3) 노무현 정권: '다케시마의 날' 제정과 '한일관계 관련 국민에게 드리는 글'

2003년 2월 출범한 노무현 정권은 국정목표의 하나인 '평화와 번영의 동북아시대'를 실현하기 위한 주요 동반국가로 일본을 설정했다. 일본의 지지를 확보하기 위해 노무현 대통령은 국내의 비판에도 불구하고 6월 6일 현충일에 일본을 방문해, 과거를 직시하고, 북한 핵문제를 평화적으로 해결해 미래지향적인 한일관계를 구축하는 것에 고이즈미 총리와 인식을 공유했다. 그리고 다음해인 2004년 7월의 한일정상회담에서는 "역사문제에 대한 합의가 어렵기 때문에 자신의 임기 동안에는 과거사문제를 공식적인 의제나 쟁점으로 제기하지 않겠다"는 발언을 행했다. 그리고 한일국교정상화 40주년이 되는 2005년을 '한일 우정의 해'로 지정했다.

　노무현 정권의 기대와는 달리, 고이즈미 총리는 반복하여 야스쿠니 신사를 참배했으며, 납치문제를 이유로 북한에 대한 제재를 강화하는 등 한국과의 대북공조도 파기했다. 그러나 노무현 정부는 대일정책의 기조를 변경하지 않았다. 그러자 노무현 정권의 출범시기부터 비판적이었던 국내의 보수 미디어들이 노정권의 조용한 대일정책을 '반민족적'이라고 집중적으로 공격하기 시작했다.

　2005년 3월 시마네현(島根県)이 독도가 일본의 영토임을 주장하는 '다케시마의 날'(竹島の日)을 제정하자 노무현 대통령의 일본에 대한 태도는 급변했다. 노 대통령은 독도문제를 일본의 식민지 지배의 불법성과 연결한 '한일관계 관련 국민에게 드리는 글'을 작성하여 청와대 홈페이지에 게재했다. 국가 최고지도자인 대통령이 외교문제와 관련하여 국민들과 온라인으로 직접 소통하는 사상 초유의 일이 벌어진 것이다. 노 대통령은 독도가 우리 땅임을 명백히 지적하고 일본 시마네현의 '다케시마의 날' 선포를 "대한민국의 광복을 부인하는 행위"로 규정하고, "침략과 지배의 역사를 정당화하고 또 다시 패권주의를 관철하려는 (일본의) 의도"를 좌시할 수 없다고 역설하였다.[16]

　노 대통령이 일본에 대해 강력한 자세를 표명하자, 정권 출범 초기부터 노 대통령에게 비판적이었던 보수세력까지 지지를 표명했다. 그리고 미디어들은 이를 '외교적 선전포고', '대일 전면전 선언' 등을 제목으로 하는 자극적인 보도를 쏟아냈다. 2004년 3월 탄핵사태 이래 지속적으로 하락하고 있던 지지율이 급격히

---

16) 청와대, "한일관계 관련 국민들에게 드리는 글"(2005년 3월 23일).

상승했다. 물론, 노 대통령이 지지율의 상승까지를 염두에 두고 '한일관계 관련 국민에게 드리는 글'을 발표했는지는 모르겠으나, 강경한 대일비판이 지지율의 향상에 기여한 것은 확실했다.

일본은 노무현 정권의 초강경 자세를 국내정치용으로 평가 절하했다. 독도를 일본의 영토라고 기술한 검정 중학교 교과서를 채택하는 학교가 증가했으며, 더 나아가 한국이 독도를 '불법 점거'하고 있다는 주장까지 제기되었다.

이처럼 독도문제를 둘러싼 한일의 갈등이 증폭되는 가운데, 6월 20일 한일정상회담이 개최되었다. 노무현 대통령은 과거사문제와 야스쿠니 신사 참배문제와 관련해 일본의 입장 전환을 요구했다. 그러나 고이즈미 총리는 "두 번 다시 전쟁을 하지 않겠다는 마음으로 야스쿠니 신사를 참배하고 있다"는 기존의 주장을 반복했다. 과거사문제와 야스쿠니 신사 참배문제를 둘러싸고 양 정상이 접점을 찾는 것이 불가능해졌다. 이후 노무현 대통령은 일본과 필수불가결한 외교 협상은 정상적으로 수행하되 선택적인 외교행위는 하지 않겠다고 선언했다. 일본 역시 입장을 굽히지 않았다. 결국, 2008년 2월 노무현 대통령의 임기 만료까지 한일 셔틀외교는 재개되지 않았다.

4) 이명박 정권: 종군위안부문제와 독도 방문

이명박 대통령은 2008년 2월 25일 대통령 취임식 참석을 위해 방한한 후쿠다 야스오(福田康夫) 총리와 정상회담을 갖고 노무현 전 정권시기인 2005년 6월 이후 중단되어 온 셔틀외교의 재개에 합의했다. 실용외교를 내걸고 등장한 이명박정부가 노무현 정부에서 극도로 악화된 한일관계를 복원하고자 한 것이다.

이명박 대통령은 김영삼과 노무현 전(前) 정권의 대일정책을 반복하고 싶지 않았다. 즉 정권 초기에는 과거사 청산문제를 일본에게 위임하고 미래지향적인 관계를 추구하나, 일본의 과거사 합리화를 계기로 정권 후반기에는 관계가 악화되는 패턴을 반복하기를 원하지 않았던 것이다. 그러나 한일관계를 악화시킨 주범이라 할 수 있는 과거사에 대한 일본의 태도는 일층 보수화되어 가고 있었으며, 지난 수년간 한일관계가 악화된 주된 이유는 일본의 사과에도 불구하고, 한국의 지도자가 국내정치적 차원에서 과거사문제를 이용하고 있기 때문이라는 입장을 취하고 있었다.

4월 취임 후 처음 일본을 방문한 이명박 대통령은 "과거에 얽매여 미래로 가는 데 지장을 받아서는 안 되며, 역사인식문제는 일본이 할 일"이기 때문에, 이전 정부들과는 달리 독도문제나 과거사문제를 일본에 대해 제기하지 않고 미래지향적 한일관계를 구축해 나가겠다고 표명했다.

한편, 2009년 자민당 내각을 무너뜨리고 탄생한 일본의 중도·진보 성향의 민주당 내각은 역사인식문제와 전후 보상문제에 대해 진전된 입장을 표명했다. 한일 강제병합 100주년인 2010년 8월 간 나오토(菅直人) 총리는 '한일합병 100년 담화'를 발표해 식민지 지배를 반성하고 사죄했으며, 2011년 6월 '한일도서협정의'를 통해 조선왕실 도서반환을 약속했다. 이 결과, 한일관계는 우호적으로 진행되었다.

2011년 8월 종군위안부문제에 대해 한국의 헌법재판소가 위안부문제에 대해 "기본권 침해 구제의 절박성보다 외교행위의 특수성을 먼저 고려하는 것이 국익에 부합한다고 보기 힘들다"는 결정을 내렸다. 이를 계기로 위안부 관련 시민단체가 일본대사관 앞에 종군 위안부의 소녀상을 건립하는 등 정부가 적극적으로 종군위안부문제 해결에 나설 것을 요구하는 여론이 확대되었다. 지지도가 하락하고 있었던 이명박 정권이 국내 여론을 무시하면서, 일본 측의 책임 있는 대응만을 요구하는 것은 어려웠다.

결국, 11월 교토에서 개최된 한일정상회담에서 이명박 대통령은 종군위안부문제의 해결을 요구했다. 그러나 노다 요시히코(野田佳彦) 총리는 1965년 한일국교정상화 때의 청구권협정 체결로 이미 해결된 문제라고 응수했다. 양국 정상이 종군위안부문제로 다투는 상황이 연출된 것이다. 이후 종군위안부문제가 양국 사이의 중심 쟁점으로 부상하는 가운데, 이명박 대통령은 2012년 3·1절 기념사와 8·15 광복절 경축사를 통해 일본에게 종군위안부문제의 해결을 강력히 요구했다. 그럼에도 불구하고, 이명박 정권은 일본과 대북 공조체제를 유지하고자 하였으며, 결국 국민들의 반발로 실패로 끝나긴 했으나, '한일정보보호협정'을 체결해 한일 간의 군사관계를 강화시키고자 했다.

이명박 대통령은 대통령 임기 종료 6개월을 앞둔 2012년 8월 10일 한국 대통령으로서는 처음으로 독도를 전격 방문했다. 이어 13일에는 국제사회에서 일본의 영향력이 저하되었다는 발언을 하고, 다음 날인 14일에는 일본 '천황'의 사죄를 요구했다. 그 배경에는 한국의 경제적 발전과 국제적 위상의 향상에 따라 일본의 전략적 중요성이 약화되었다는 인식이 있었다. 그리고 특히 독도 방문의 경우는 거의 모든 국민이 일본의 독도영유권 주장을 비판적으로 바라보고 있는 것을 배경으로, 20% 대에 머물고 있던 지지율을 상승시키기 위한 목적에서 행해진 일종의 퍼포먼스적인 측면도 강했다. 그러나 정권의 기대와는 달리 대부분의 미디어와 국민들은 이명박 대통령의 행동을 전략도 일관성도 없는 즉 흥외교로 국익을 손실시키고 있다고 비판했으며, 지지도도 상승 하지 않았다.[17] 그 위에 일본정부는 독도문제를 국제사법재판소 (ICJ)에 제소하자고 한국정부를 압박했다. 뿐만 아니라, 재특회가 중심이 되어 전개하는 혐한 시위와 '헤이트 스피치'가 재일한국인 의 일상까지를 위협하는 상황이 발생했다. 이명박 정권이 추구하 고자 한 과거 정권과는 차별성을 갖는 대일정책은 결국 실패로 끝나버린 것이다.

5) 박근혜 정권: 과거사문제의 해결과 정상회담의 연결

2013년 2월 25일 박근혜 정권이 출범했다. 박근혜정부의 출 범과 함께 이명박 전정권 말기에 악화된 한일관계의 개선이 기대 되었다. 이명박 전 대통령의 독도방문과 천황사죄 발언 이후 최악 의 상태에 처해 있는 한일관계의 개선이 기대되었다. 왜냐하면, 박 대통령은 후보자 시절 일본과의 사이에는 역사인식이나 영유 권문제와 같은 갈등이 존재하나 이를 대화를 통해 풀어야 한다는 입장을 표명하고 있었다. 또 김영삼 정권부터 이명박 정권에 이르 기까지 모든 정권이 출범 초기에는 미래지향적 한일관계를 내걸 고 일본과 우호관계를 우선적으로 추진했기 때문이다.

그러나 박근혜 대통령은 취임 직후 일본이 "역사문제를 해결 하지 않는 한 정상회담은 없다"고 해, 정상회담의 조건으로 과거 사문제의 해결을 일본정부에 요구했다. 또 2013년 3.1절기념사에 서는 일본에 대해 과거사문제에 전향적인 태도를 보일 것을 촉구 하면서, "가해자와 피해자라는 역사적 입장은 1000년의 역사가

---

17) 한겨레신문(2012.08.16).

흘러도 변할 수 없는 것"이라고 표현했다. 역대 어느 대통령보다도 강력한 수위였다. 또 박근혜 대통령은 미국 및 중국 정상과 양자회담에서 반드시 일본의 역사 수정주의 태도를 공개적으로 비판했다.

이와 같은 박 대통령의 강력한 태도 뒤에는 위안부문제의 해결을 요구하는 여론이 존재했다. 따라서 만일 역대정부가 해결하지 못한 위안부문제를 해결한다면 민족주의자로서의 이미지를 확립할 수 있었다. 이것은 아버지 박정희가 일본 관동군 소좌였으며 또 과거사문제를 해결하지 않은 채 일본과 국교를 정상화했다는 이른바, 친일이라는 부(負)의 유산이 해결됨을 의미했다. 여기에 더해 부상하는 중국이 일본보다 한국의 경제와 대북정책에 있어 중요하다는 외교적 판단도 작용하고 있었다. 박근혜 대통령이 위안부문제의 해결을 한일관계 개선의 전제 조건으로 내걸고 정상회담조차 거부하자, 일본은 박 대통령을 비판했다. 위안부문제를 둘러싼 대립이 감정적 소모전으로 확대되어 나갔다. 그 대신 박근혜 대통령은 정권을 지지하는 보수세력은 물론 진보세력으로부터도 '민족주의자'라는 이미지를 확보할 수 있었다.[18]

(4) 마무리 글

본 글에서는 1965년 한일기본조약 체결 이후 2015년 현재까지 약 50년 동안 우호·협력과 대립·갈등을 반복해 온 한일관계에 영향을 미쳐 온 한국 대통령의 정치적 리더십과 매스 미디어의 태도를 중심적으로 분석했다.

---

18) 동아일보·아산정책연구소, "박근혜정부의 외교안보정책 여론조사" (2015.4.2).

　　냉전을 배경으로 일본과 국교를 정상화한 박정희 대통령과 그 후임인 전두환 대통령은 공통적으로 군사적 방법으로 권력을 장악한 권위주의 정권이었다. 따라서 이들 대통령은 결핍된 정권의 정당성을 획득하기 위해 경제발전을 필요로 했으며, 이에 요구되는 자본을 일본으로부터 확보하고자 했다. 따라서 두 대통령에게 있어서 과거사문제는 해결되어야 할 대상이기보다는 경제적 지원을 확보하기 위한 수단으로서의 의미가 컸다. 결국, 박정희 대통령의 경우는 대일청구권의 형식으로, 전두환 대통령의 경우는 경제협력금이라는 명분으로 일본으로부터 자금을 확보하는 데 성공했다. 그리고 이 자금을 사용해 경제발전을 추진함으로써 정권의 안정화에 성공했다. 이들 정권에 있어서 일본과의 우호적인 관계는 정권의 안정성 유지를 위해 필요 불가결한 것이었다.

　　한편, 국민들은 일본과 국교가 정상화되기 위해서는 과거사문제가 해결되어야 한다고 생각했다. 따라서 과거사 청산이 이루어지지 않는 국교정상화를 반대했으며, 1982년의 일본의 역사교과서문제에 반발했다. 그리고 정부의 통제에 의해 미디어의 영향력이 거의 부재한 가운데 학생, 지식인, 야당으로 구성되는 반정부세력이 중심이 되어 일본의 한반도 식민지 지배라는 과거의 총체적 사실 그리고 과거사문제를 해결하려고 하지 않는 정부까지를 반일감정(운동)의 대상으로 하고 있었다.

　　따라서 권위주의 정권들은 반일감정(운동)을 부정적으로 인식했다. 따라서 국민들과 미디어의 반일감정(운동)을 박정희 정권의 경우는 공권력을 사용해 탄압했으며, 전두환 정권은 '극일'로 전환시켜 관리했다. 이렇듯 권위주의 정권시대 과거사문제에 대한 정권과 국민들의 인식 사이에는 괴리가 존재했으나, 정권의 절대적인 힘의 우위에 의해 과거사문제가 한일관계를 악화시키는 경우는 발생하지 않았다. 그 결과 한일 양 정부는 미국의 대공산권 봉쇄정책의 테두리 안에서 안보·경제를 중심으로 우호·협력적인 관계를 유지할 수 있었다.

냉전의 붕괴 그리고 한국의 경제발전과 민주화를 배경으로 탄생한 문민 정권인 김대중, 노무현, 이명박 정권에 이르기까지 한일관계는 정권 전반기에는 미래지향적 관계 구축에 입각한 우호·협력 그리고 정권 후반기에는 과거사문제와 독도영유권문제를 둘러싼 갈등·대립이라는 사이클을 반복해 왔다.

즉 이들 문민 정권들은 공통적으로 정권 초기에는 북핵문제의 해결 및 동북아시아의 평화와 안정을 구축하기 위해서는 일본과의 협력이 필요하다는 관점에서 과거사 청산을 일본에 위임한 채 일본과 미래지향적 협력 관계를 수립하고자 했다. 그러나 정권 후반기에 들어와 일본이 과거사를 노골적으로 합리화하고 이와 관련해 미디어들이 정부의 과거사청산에 대한 소극적 자세를 비판하고 이에 영향을 받는 형태로 반일 여론이 확대되면, 정책을 변경해 일본에 대해 강력히 사죄와 반성을 요구했다. 대통령이 개인적으로 일본의 과거사 합리화를 용인하기 어려웠다는 점에 더해, 민주주의 정권의 속성상 국민 여론을 중시할 수밖에 없었기 때문이었다. 즉 상업화된 미디어가 외교정책상의 합리성보다 상업적 이익에 기반하여 과거사문제를 자극적으로 보도하고, 이에 자극받은 반일민족주의적 여론이 정부의 대일정책을 비판한다.[19] 이런 상황이 벌어지면, 미디어나 여론으로부터 독립된 외교정책

---

19) 김기정·김용호·정병석, "태평양전쟁의 외교정책과 언론: 관계유형의 모색과 사례분석을 중심으로", 『國際政治論叢』 제40집 4호(2000), p. 377.

을 수행하기보다는 그에 부합하거나 앞서가는 정책을 실시하는 것이 정권의 안정성 확보에 유리하기 때문이다. 김영삼 대통령의 '버르장머리 발언', 노무현 대통령의 '국민에게 드리는 글', 그리고 이명박 대통령의 독도 방문과 천황사죄 요구 발언 등이 그 대표적 예라고 할 수 있다.

　　한반도와 동북아시아의 안정과 평화가 한일 양국의 '국익'에 합치한다면, 양국은 협력해야 한다. 그러기 위해서는 양국관계 악화의 주범이라고 할 수 있는 과거사문제가 해결되어야 한다. 이를 위해서 먼저, 양국은 자민족 중심의 배타적이고 편협한 자세에서 벗어나 보편적이고 다원주의적인 역사인식을 가져야 한다. 구체적으로 일본정부가 주도적으로 과거사 합리화 움직임을 중지해야 한다. 그리고 한국정부는 전후 일본이 과거사와 관련해 보인 일련의 사과와 반성을 평가하면서, 미디어와 여론으로부터 일정한 거리를 두고 과거사 처리에 대한 확고한 의지와 방향을 제시해야 한다. 또 미디어도 시장적 영리 추구를 우선으로 하는 자극적인 반일기사 보도를 자제하는 것이 필요하다.

〈참고문헌〉

박유하. (2000). 『누가 일본을 왜곡하는가』. 사회평론.

小倉和夫 지음. 조진구·김영근 옮김. (2015). 『한일 경제협력자금 100억 달러의 비밀』. 디오네.

조세영. (2014). 『한일관계 50년, 갈등과 협력의 발자취』. 대한민국 역사박물관.

김기정·김용호·정병석.(2000). "태평양전쟁의 외교정책과 언론: 관계 유형의 모색과 사례분석을 중심으로". 『國際政治論叢』, 제40집 4호.

이현진. "신문기사를 통해 본 한일회담에 대한 여론 추이: 한일회담 반

대여론과 정부의 대응논리를 중심으로". 「한일국교정상화 연구 최
종보고서」(2014.10.30).

신주백. (2009). "한일 역사교과서문제의 사적 전개-1982년과 2001년
의 전개 양상을 중심으로". 『韓日關係史硏究』. 제33집.

전재호. (2002/하반기). "한국민족주의와 반일(反日)". 『정치비평』.

鄭泰範. (1995). "日本 歷史敎科書 歪曲事件과 獨立記念館 設立 過程
의 政策的 分析". 『韓國敎員大學校 敎授論叢』, 11(2).

최영재. "사실과 진실을 포기하고 국민 정서에 영합". 『신문과 방송』
(2005.1.4).

청와대. "한일관계 관련 국민들에게 드리는 글"(2005.3.23).

동아일보·아산정책연구소. "박근혜정부의 외교안보정책 여론조사"(2015.4.2).

동아일보(1995.11.18).

한겨레신문(2012.8.16).

江藤名保子. (2012). "第1次敎科書問題 1979~82年". 『日中関係史
1972-2012 I 政治』. 東京大学出版会.

福島啓之. (2012). "戦後日本の関係修復外交と近隣諸国の対日認識ー
援助, 謝罪とナショナリズムー", 『国際政治170, 戦後日本外交とナ
ショナリズム』, vol. 170.

毎日新聞, "戦後70周年特別世論調査"(2015.8.8~9) 및 NHK放送, "世
論調査"(2015.8.7).

朝日新聞(1993.1.10).

8.
시민사회의 변증법과 한일관계

8.1
시민, 민주주의, 사회

오구라 키조(小倉紀蔵. 京都大学)

I. '체제의 공유'란 무엇인가? (무엇이었는가?)

2015년 3월, 일본 외무성 홈페이지에서 한국에 관한 기술이 바뀐 것은 최근 한일관계에서 역시 상징적인 사건이었다고 할 수 있다.

주지하는 바와 같이 일본 외무성 홈페이지의 한국 기초 데이터 부분에서 "(한국은) 우리나라(역자주 일본)와 자유와 민주주의, 시장경제 등의 기본적 가치를 공유하는 중요한 이웃국가"라는 그동안의 기술이 2015년 3월에 "우리나라에 가장 중요한 이웃국가"로 바뀌었다.

이러한 문구 변경에 대해 스가 요시히데(菅義偉) 관방장관은 "외무성 홈페이지는 계속해서 갱신하고 있고, 항상 그 부분만 고정되는 것은 아니다. 한국은 우리나라에게 있어 중요한 이웃국가"라고 말했지만,[1] 이것은 외무성의 생각과는 다른 견해이다. '산케이 뉴스'는 "2월 아베 신조(安倍晉三) 수상의 시정방침연설에서도 한국에 관해 '기본적인 가치와 이익을 공유한다'고 한 작년 문구는 사용되지 않았다. 외무성 간부는 '산케이신문에 관한 문제도 있고, 한국의 법 지배에는 의문이 있다. 가치관이 같다고 말할 수 없다'고 했다"[2]고 보도했다.

필자도 개인적으로 한 신문기자로부터 아마도 '외무성 간부'와 동일인물인 사람과의 대화 내용을 들었다. 그 외부성 간부는 강한 의사와 신념하에 "일본과 한국은 체제를 공유하고 있지 않다"는 개인적인 생각을 외무성 전체 견해로서 홈페이지에 반영시켰다고 봐야 한다. 그리고 그 이면에는 물론, 아베 정부의 한국관이 있다.

위안부문제, 징용공을 둘러싼 재판, 불상 도난, 산케이신문 서울 지국장의 재택기소문제 등 한국의 '법 지배'에 대해 아베정부 및 일본 외무성이 위화감을 갖고 있는 것은 확실하다. 그것뿐만 아니다. 일본 사회의 대다수가 이러한 위화감을 공유하고 있다고 해도 좋을 것이다.

'위화감'의 의미를 생각하기 전에 먼저 우리는 한일관계에서 '체제 공유'야말로 가장 중요한 양국간 공통 사항이라는 인식이 일반화된 것은 언제였는지부터 고찰하고 싶다. 이 경우 '체제'는 물론 '자유민주주의'와 '자본주의'를 가리킨다.

---

1) "외무성 홈페이지 「한국과의 기본적 가치 공유」를 삭제", 『산케이 뉴스』전자판, 2015년 3월 4일 18시 54분.
2) 위와 같음.

위와 같은 질문을 했을 때, '체제 공유'라는 관념이 실은 두 개의 다른 모습으로 이해되어야 한다는 것을 알게 된다.

첫째는 냉전 시대의 '체제 공유'이며, 두 번째는 냉전 이후의 '체제 공유'이다.

냉전 아래 공산주의 진영에 대항하기 위해 일본과 한국은 실제로 체제를 '공유'하고 있었는지의 여부는 덮어둔 채, 다시 말하자면 이데올로기적으로 '체제 공유'를 주장한 것이라고 말할 수 있다.

예를 들어 1984년 9월 8일의 전두환 대통령 방일에 즈음하여 발표된 나카소네 총리와의 공동성명에서 분명히 드러나고 있다. 이 성명에서는 다음과 같이 언급되어 있다. ① "양국 정상은 자유, 평화 및 민주주의라는 공통 이념을 추구하는 한일 양국이 이러한 협력 관계를 유지 발전시켜 나가는 것은 양국 국민의 이익이 될 뿐만 아니라 동아시아 평화와 안정, 나아가 세계 평화에도 공헌한다는 점에 관해 의견을 같이했다." ② "총리대신과 대통령은 한일 양국이 상대국의 경제 성장과 번영이 자국의 경제 성장과 번영에도 공헌한다는 점에 유의하고, 양국이 경제 다방면에서 협력관계를 증진하는 것이 중요하다는 데 의견을 같이했다."

①에 관해서는 광주 사건의 상처가 생생한 1984년 시점의 용어임을 감안하면 '자유민주주의의 공유'라는 사실을 말했다기보다는 일본측의 대폭적인 양보(역사적 사실의 은폐) 아래 "자유민주주의의 공유를 목표로 한다"는 하나의 지향성을 표명하는 것이 본래의 의도였다고 해석해야 할 것이다. 또한 ②에 관해서도 '자본주의의 공유'라기보다는 자본주의의 방향을 둘러싸고 힘든 줄다리기를 하고 있다는 실정을 감추기 위한 측면이 강한 것이

아닐까.

적어도 1987년까지는 일본과 한국이 민주주의라는 '체제'를 공유하고 있다는 인식은 성립하기 어려웠기 때문에 '체제의 공유'라는 실태는 실질적으로 1987년 이전에는 존재할 수 없었을 것이다.

그렇다면 1987년 이후, 혹은 유럽에서 냉전의 붕괴 이후의 어느 시점에서 실질적인 '체제 공유'라는 공통 인식이 성립될 수 있었던 것일까.

한일 정상 레벨에서 '체제 공유'를 강조했던 하나의 사례로 1994년 3월 25일 김영삼 대통령 방일 만찬에서의 호소카와 총리에 의한 다음과 같은 말이 있다. "한일 양국은 자유, 민주주의, 시장경제라는 기본적 가치를 공유하는 이웃 국가이고, 저는 양국 관계가 21세기를 향해 앞으로도 커다란 발전 가능성을 지니고 있다고 확신하고 있습니다." 아마도 이 시기쯤부터 한일이 '체제 공유'라는 것을 이데올로기가 아니라 실감(實感)의 차원에서 서로 강하게 확인하는 차원에 들어간 것이라고 말할 수 있을 것이다.

그리고 1998년 10월 8일 오부치 총리-김대중 대통령의 '한일공동선언-21세기를 향한 새로운 한일 파트너십'에 담긴 다음 문구가 실질적인 의미에서 한일의 '체제 공유'라는 말을 현실화한 최초의 사례가 아니었을까.

"두 정상은 한일 양국이 자유·민주주의, 시장경제라는 보편적 이념에 입각한 협력 관계를 양국 국민간의 광범위한 교류와 상호 이해를 바탕으로 앞으로 더욱 발전시켜 나가겠다는 결의를 표명했다."

즉, 1987년 이전 혹은 유럽의 냉전 붕괴 이전의 '체제의 공유'는 이른바 공산주의에 대항하는 간판과 같은 것으로서 실태와 동떨어져 있었다. 그러나 1987년 민주화 선언 이후, 혹은 유럽에서 냉전 붕괴 이후에 나온 '체제의 공유'는 단순한 슬로건이기보다는, 서서히 실태가 동반된 '현실'이 되어갔다고 생각된다. 그 완성형이 1998년의 이른바 '한일 파트너십 선언'이었던 것이다.

Ⅱ. '체제 공유' 이후의 마찰

이러한 연장선상에서 2000년대에 들어서면서 한일관계에서 '체제의 공유'라는 관념이 마치 자명한 것처럼 언급되어 왔다.

하지만 냉정하게 생각해 보면 사실 '체제의 공유'라는 것이 당연시된 이후 한일간 마찰이 그때까지와는 다른 의미로 커져왔던 것은 아닐까? '체제 공유'가 양국간의 갈등을 없애는 만능의 개념이라고 한다면 1990년대 이후 한일관계는 커다란 문제없이 발전되어 왔을 것이다. 그러나 현실은 그렇지 않았다. 오히려 '체제 공유' 이후에 한일간문제는 어떤 의미에서 보다 복잡화·심각화되고 말았다고 할 수 있다.

그 이유는 도대체 무엇 때문일까?

여기에서는 요인 중 하나가 '시민', '민주주의', '법'이라는 기본 개념의 차이에 있는 것이 아닌가라는 가설을 세워보기로 한다. 즉, '체제 공유'라는 관념하에 우리는 비교적 낙관적으로 한일간의 가치 공유를 믿어 왔지만, 실은 '시민', '민주주의', '법' 등의 근본적인 개념에서 한일간에는 원래 커다란 인식 차이가 있는 것이 아닐까? 이러한 질문을 해보기로 한다.

　그러면 다음 단계로 '시민', '민주주의' 등 기본적인 단어에 대한 한일간의 차이가 어디에서 유래하고 있는지 의문이 떠오른다. 본 논문에서는 그것을 역사적으로 거슬러 올라가 사상적으로 분석해 보고 싶다.

Ⅲ. 한일 '시민'의 차이

　'시민'이라는 말을 일본어와 한국어는 공유하고 있다.

　그러나 실제로 이 단어가 가리키는 문화사회적 '함축(connotation)'은 한일간에 상당히 다른 것이 아닐까?

　이것을 이해하기 위해서는 역시 역사적 경위를 정리할 필요가 있다.

　한국은 해방 후 엘리트에서 민중으로(80년대), 민중에서 시민으로(90년대)의 변화를 경험했고, 90년대에 세계화를 추진했다고 말할 수 있는 것은 아닐까?

　80년대까지 한국은 엘리트 중심 사회였다고 말할 수 있다. 단, 이 경우 엘리트는 크게 다음과 같은 3개의 유형이 있었다. ① 유교적 전통에 따라 고학력 인문학적 교양을 가진 사대부형, ② 식민지 통치의 영향을 받은 테크노크라트형, ③ 마찬가지로 식민지 시대의 영향을 받은 군인형.

　다나카 아키라(田中明)가 지적한 대로 군인 유형(③)을 엘리트라고 규정하는 것은 조선왕조 시대의 문인 우위 사회에서 극히

이례적이며, 그런 의미에서 박정희 시대부터 전두환 시대까지는 '예외'의 시대였다고 말할 수 있다.[3]

그리고 아마도 1960년대 이후 군인 유형(③)이 엘리트로서 정치적 지배를 한 것이 그 후 한국사에서 사회 변혁의 주체를 규정하는 커다란 요인이 되었다. 이것도 다나카가 지적하는 것이지만, 군사독재정권 시대의 저항운동은 혹 그것이 기독교계 인사에 의한 것이었다 하더라도 그 근본적 정신은 유교 사대부의 것이었다.

그러나 1980년대 들어 한국에서는 민중이라는 개념이 사회의 전면에 등장하고, 노동운동과 좌파 세계관과 합체해서 사회 변혁의 핵심 주체가 된다. 격렬한 민주화운동은 유교적인 사대부의 저항 정력과 그 영향을 받은 민중의 변혁주체성이 합체해서 완수된 것이다.

다만 1990년대 들어 급속히 후기자본주의가 진행된 한국에서는 민중의 도덕적 저항 주체성에 대해 소비경제와 결부된 대중의 부상이 눈에 띄는 현상으로 주목받았다.

그대로 민중이 역사의 뒷면으로 후퇴하고, 후기자본주의적 대중 지배의 시대가 될 것이라고 생각했지만(일본은 그렇게 되었다), 한국에서는 그렇게 되지 않았다. 사회의 도덕지향성이 매우 강했기 때문이다.

이러한 궤적으로 시민이 출현했다고 생각된다. 즉, 군인 엘리트에 대항하여 사대부 및 민중 정신이 변혁의 주체로 나타났지만,

---

3) 다만, 이것이 한국의 전체 역사에서 '예외'였음을 직접 의미하는 것은 아니다. 즉, 군사독재정권에 의한 지배는 직접적으로는 대일본제국 영향 하의 사건이었지만, 군인 지배가 한국의 전체 역사에서 전례가 없는 것이었다고는 말할 수 없다.

그 달성을 비웃기라도 하듯 후기자본주의적인 대중이 힘을 갖기 시작했다. 이것을 도덕적으로 억제하려는 형태로 이번에는 시민이 나타난 것이다. 김대중 정권부터 노무현 정권에 걸친 시기의 사건이었다.

따라서 한국의 시민은 '비정통적인 일본적·독재적인 군인 지배'를 타도한 '정통으로서의 사대부·민중'의 연장선상에 위치하고 있고, 이러한 정통은 권력을 장악하지 않고는 다시 부도덕하고 비정통적인 세력에 의해 헤게모니를 빼앗겨 버리는 유교적 역사관을 강하게 가지고 있기 때문에 상당히 권력지향적인 것이다. 그리고 후술하는 바와 같이, 한국에서 사대부 정신은 "왕의 잘못된 판단을 바로잡을 수 있는 것은 자신들밖에 없다"는 생각을 가지고 있기 때문에 "정부의 잘못된 정책이나 판단을 소리높여 비판·규탄해서 바로잡는다"는 정치적 행위에 매진하는 것이다. 한국인이 자주 "우리나라 시민은 권력이다", "정부보다도 강한 권력이다"라고 말하는 것은 이러한 것을 가리키고 있다.

이에 대해 일본은 엘리트에서 대중으로(60년대), 대중에서 중간층으로(70년대)라는 변화를 경험했고, 그 후 '내향화'의 방향으로 향했다고 말할 수 있지 않을까.

물론 일본에도 시민은 있었고 현재도 있다. 하지만 일본에서 시민이라는 말이 가장 사회적인 영향력을 가진 것은 1970년대부터 90년대일 것이다. 90년대 이후는 반대로 '프로 시민'이라는 단어도 생겨났고, 정치적 활동을 하는 시민을 조롱하고 냉담한 시선을 보내는 논조도 인터넷에 나타났다.

일상생활에 깊이 관련 있는 이슈에 관해 시민 감성이 세밀하게 움직여서, 이에 따라 세세한 수준에서 정치·행정·사회의 수정이 이뤄진다는 의미에서 일본 시민의 힘은 강력하다고 말할 수 있다. 그러나 거기에는 한 나라의 정치 전체를 움직여 보려는 사대부적인 지향성은 거의 인정되지 않는다.

이러한 부분의 사상적 배경은 보다 정밀하게 인간관의 수준까지 내려가서 분석되어야 한다. 이 글의 후반부에 다루어진다.

Ⅳ. 시민을 낳은 역사적 배경

한일에서 이러한 시민 개념의 차이는 근대사회를 형성해 온 과정의 차이에 기인하는 것이지만, 그 차이의 연원을 부분적으로는 한일 각각의 역사에서 찾는 것도 가능하다고 생각된다.

앞서 언급했듯이, 역사적으로 말해서 한국에서 '시민'의 연원은 사대부에게 있다고 하는 가설을 세워보자. 조선왕조에서 사대부야말로 왕의 정치에 대해 비판하고 바로잡을 수 있는 최대 세력이었다. 유교적 통치는 '도덕적 이치를 현실 사회에 실현하는 것'을 가리키지만, 이 이치를 장악하고 있는 인간이 반드시 왕은 아니었다. 오히려 "사대부야말로 이치를 장악하고 있는 것이고, 왕은 이치에서 벗어나는 경향을 강하게 가지고 있기 때문에 사대부에 의해 수정되어야 한다"는 것이 주자학의 생각이었다. 물론 조선 정계에는 사대부 권력을 왕의 권력보다 중시하는 노론파와 왕의 권력을 더 중시하는 남인파의 대립이 있었고, 왕과 사대부의 관계 규정은 하나가 아니었다. 그러나 현실적으로 조선왕조에서는 사대부가 실제 정치를 움직이고 있었다는 사실은 바꿀 수 없다.

근대 이행기에 한국에서는 '사회의 총 사대부화'라고 할 현상이 일어난 것도 중요한 사건이었다.[4]

이에 대해 일본의 경우, '시민'의 연원은 '자치'가 아니었을까. 이 경우 자치라는 것은 무로마치 시대부터 에도시대의 봉건체제에서 지배층(무사)의 원격 통제를 받으면서 농촌에서 농민이 실시한 자기 통치인 것이다. 지배층(무사)은 농촌에 상주하지 않기 때문에 농민들은 자신들의 대표인 촌장·민정 관리(庄屋·名主·肝煎)를 통해 어느 정도의 자치를 실시했다. 자치에서 가장 중요한 것은 "규칙을 지키는 것"이었으며, 한 번 정해진 규칙을 위반하는 것은 어떠한 사람도 용서받지 못했다.

이러한 봉건체제의 풍습이 일본의 근대에도 남아 있다. 일본인은 반권력 지향성이 약하고, 법을 준수하는 것을 금과옥조처럼 생각하는 경향이 있다. 도덕은 쉽게 법의 벽을 돌파할 수 없다. 근대 이후 사회의 '총 중간층화'에 이것이 반영되어 있다. 이것은 봉건적인 자치의 연장선상에 있는 정신이라고 말할 수 있을지도 모른다.

돌이켜 보면 한국에는 왕조 체제 유풍이 근대에 이르러서도 남아 있다. 한국인은 반권력 지향이 강하고, 법보다 도덕 쪽이 우월하다고 생각하는 경향이 있다. 그러나 이 정신에 자치 관념은 희박하고, 한 번 결정한 것을 지키기보다는 자기보다 상위의 입장에 위치하는 인간과 조직에 대해 자기의 '정당한' 요구를 끝없이 들이대는 지향성을 가지고 있다.

다른 말로 말하면, 자치형의 일본사회에는 '외부'가 없는 반

---

4) 이것은 흔히 말해지는 사회의 '총 양반화(總兩班化)'와는 다른 것이다.

면, 반자치형의 한국사회는 항상 '외부'를 향해 계속 요구하는 경향이 있었다.

V. 민주주의에 대해

현대 사회를 만드는 데 무엇이 가장 중요한 지표가 되었을까? 이에 관해 한일간에 무슨 차이가 있었는가?

한국의 경우는 도덕이지 않았을까? 그리고 이것은 유교적 전통에 기초한 것이 아니었을까. 만약 그렇다고 하면 한국에서는 반도덕적 행위에 대한 생리적 혐오가 가장 두드러지게 나타나는 것이 설명될 수 있다.

이에 대해 일본은 법이지 않았을까? 그리고 여기에는 반유교적 전통이 깊이 관련되어 있다. 만약 그렇다고 하면 일본에서는 반도덕적 행위보다도 오히려 반준법적 행위에 대한 생리적 혐오가 가장 두드러지게 나타나는 것이 설명될 수 있다.

이것을 감안하면 다음과 같이 말할 수 있다.

일본에서는 법실증주의적인 정신이 메이지 시대 이후 뿌리내렸다. 이것이 관료 지배에 대한 지지를 뒷받침하게 된다. 법보다 상위 개념이 아니라 그 법을 해석하는 것은 관료이며, 게다가 입법을 실질적으로 통제하고 있는 것도 관료이기 때문이다. 이것에 의해 확실하게 법치라는 서양에서 나온 개념이 일본에 침투한 것이다. 하지만 반대로 민주주의의 기능 부전이라는 현상을 심각하게 초래하고 말았다.

이에 대해 한국에서는 도덕지향적인 정신이 조선왕조 이후

사회에 뿌리내리고 있었다. 이것은 법의 경시를 수반한 것이며, 법보다 상위의 도덕이 가장 중요하다는 관념이 된다. 역사 인식에 서는 가상 도덕 역사(가상 히스토리)의 전횡을 초래하게 된다. 이것 이 한국사회의 민주주의에 대한 과신과 실망이라는 현상을 초래 한 것은 아닐까?

Ⅵ. 주체와 네트워크의 상극

위와 같은 점을 감안하면서 다음으로 조금 더 심층 레벨까지 내려가서 '한일간 사회를 만드는 방법의 차이'라는 문제로 나눠 들어가보고 싶다.

그 이유는 이 문제에 관해서는 단순히 '한일은 다르다'라는 인식을 얻는 것만으로는 이미 부족한 것처럼 생각되기 때문이다. 단순히 다르다는 측면에서 보면 일본과 브라질, 한국과 아르헨티 나도 매우 다를 것이다. 하지만 한일은 이웃나라이다. 이웃나라간 사회의 차이에 대해서는 단순히 '서로 다르다'라는 인식에 머물러 있는 것이 아니라 '상대국은 역사 속에서 투쟁과 함께 사회를 구 축해 온 것이다. 그 구축 방법은 물론 자국과는 다르다. 그 방법 이 만약에 완전히 잘못되어 있다면 이의를 제기할 필요도 있다. 그러나 우선은 어떤 역사적 경위로 이러한 사회가 구축되어 왔을 까라는 내재적인 사정을 아는 것이 중요하다'. 이러한 인식을 한 일이 공유하는 것이 긴 안목으로 보면 필요한 것이 아닐까. 한일 사이의 마찰은 쉽게 사라지지 않는다. 그러나 깊은 수준에서의 상 호 이해가 진행된다면 조금씩이지만 상대국의 행동에 대해 이해하는 능력도 깊어지지 아닐까.

이하부터 필자가 '주자학화는 일본 근대'라는 책에서 설명한 것을 반복하겠다.[5]

Ⅶ. 동아시아적 사회의 두 가지 모델: 주체형과 네트워크형

원래 동아시아 사람들의 인간관·세계관을 생각해 보면, 매우 대략적으로 말해서 다음의 2가지 유형이 있다고 생각된다.

첫째는 '주체형'이다. 이것은 '私'(일본어)이고 '我'(중국어)이고 '나'(한국어)이며, 1인칭으로서의 '나'가 세계의 중심에 있고, 사회는 이러한 '나'를 중심으로 해서 바깥으로 만들어 간다는 생각이다.

동아시아 전통 사상 속에서 이러한 개념에 가장 친근한 것은 유교이다. 유교에서는 '나'라는 중심의 주위에 가족·혈족·공동체·국가·세계(천하)라는 동심원이 모순 없이 그려지는 것이 이상으로 여겨졌다(그러나 실제로 그런 것은 드문 일이므로 다양한 유교적 아포리아가 생긴다. 예를 들어 '충'과 '효'의 모순 등).

물론 이러한 '나'는 서양 근대 사상의 원자적 개인으로서의 '나'와는 달리, 남계 혈통의 연속성이라는 정통성을 맡은 '나'이다. 따라서 이를 '주체'라는 말로 표현한다 하더라도 이것이 서양의 근대적인 주체와는 크게 다르다는 것은 말할 것도 없다. 그러나 드 배리(William Theodore de Bary)가 말한 대로, 특히 송대 이후의

---

5) 이하 441페이지까지의 서술은 졸저 『주자학화하는 일본 근대』(후지와라 서점, 2012)의 제5장에서 언급한 것과 동일하다.

사대부들이 이상적인 개인의 속성으로 설정한 것은 개인의 도덕적 책임감·자율성이라고 생각한다면,[6] 이것을 '주체성'이라는 말로 표현해도 좋을 것이다. 특히 동아시아에서는 근대화와 함께 전통 사회에서는 극히 소수의 상위 계층만이 담당할 수 있었던 이런 '주체성'을 국민국가의 구성원 전원에게 교화하는 것이 이루어졌다. 국민의 '선비'화이다. 메이지 이후 일본에서도 활발히 이러한 교화가 이루어졌지만, 이것이 가장 성공적인 예는 해방 후 한국이라고 할 수 있다.

그러나 이것과는 다른 또 하나의 유형이 동아시아에는 있다. 그것은 '네트워크형'이다. 이것은 확고한 한 개의 주체성이라는 개념과는 완전히 달리, '나'보다 '네트워크'가 먼저 존재한다는 유형의 세계관이다. 동아시아에서는 특히 가족이나 혈족이라는 관계성이 극도로 중시되기 때문에 '네트워크형'도 당연히 강력하게 존재하고 있다. '네트워크형'에는 많은 유형이 있다. 이에 관해서는 나중에 언급하기로 한다.

Ⅷ. 사회의 동심원

(1) 한국적 '주체형'

대략 이상과 같은 인간관의 유형을 설정한 후, 다음으로 일본 및 한국에서 이것들이 어떻게 발현했는지 특징을 고찰해보자.
먼저 한국적 '주체형' 모델부터 검토해 본다.

---

6) Wm. T. 드 배리, 『주자학과 자유의 전통』, 山口久和 訳, 平凡社, 1987. (Wm. T. ドバリー, 『朱子学と自由の伝統』, 山口久和訳, 平凡社, 1987.)

키워드는 다음 세 가지이다.

동심원(同心円)
주체성(主体性)
리(理)

한국사회에서 '주체형' 인간관을 그 다양성과 변화까지 포함해서 가능한 한 간단하게 기술해 보면 키워드는 위의 세 가지가 된다.

이러한 세 가지 키워드를 사용해서 한국사회에서 '주체형'의 인간관을 다음과 같이 규정해 본다(이것은 모든 한국사회의 규정이 아니다. 후술하듯이 한국사회에서는 '주체형' 이외에도 별도 유형의 인간관도 다양하게 존재한다).

'나를 모든 기점으로 해서 밖으로 동심원을 그리려고 하는 것이 한국인의 주체성이다. 이러한 주체를 체현하는 '이치(理)'의 다과(多寡)에 따라 동심원의 크기가 결정된다'

이하, 이 규정에 대해 설명해 보자.

(2) 나 중심의 동심원

한국인의 '주체형' 인간관에서는 우선 무엇보다도 '나'가 중심이다. '나는 인간이다'라는 신념이 그 뒷면에 있기 때문에 이러한 '나 중심주의'는 당연히 '인간 중심주의'이다. 그리고 주자학의 성선설에 의거해서 이러한 인간 중심주의는 강한 낙천적 성격을 갖고 있다. 이 낙천성이 가장 두드러지게 나타나고 있는 것이 '나의 확충으로서의 동심원'운동이다.

나라는 인간이 중심이 되어 그 주위에 부모·친자라는 가족의 원형이 있고, 그 바깥에 혈족이라는 '가까운 사람'이나 친구라는 '친한 사람'들의 원형이 있고, 그 바깥에 지역과 회사와 조직의 지인·동료들의 원형이 있고, 그 바깥에 '같은 국민'이라는 원형이 있고, 그 바깥에 '같은 민족'이라는 원형이 있고, 그 바깥에 국가와 민족을 넘어 보다 커다란 공동체(예를 들어 '지구촌 가족')라는 원형이 있다. 아니, 있어야 한다고 생각한다.

이러한 세계관이 낙천적이라는 이유로는 ① 내가 항상 중심이 되어 있기 때문이고, ② 나를 포함한 원형이 곳곳에 뿔뿔이 흩어져 있는 것이 아니라 어디까지나 나를 중심으로 하는 동심원을 그린다고 생각하고 있기 때문이며, 더 근본적으로는 ③ 나는 인간이라는 전제가 있기 때문이다.

(3) 일본적 '네트워크형'과의 비교

동아시아에서 이러한 '주체형'과 가장 좋은 대조를 이루는 것은 일본인의 '네트워크형' 인간관일 것이다.

①②③ 각각에 대해 생각해 보자.

① '나의 비중심성': 일본적인 '네트워크형'에서는 내가 세상의 중심이 되어 있다는 관념은 없고, 나는 오히려 세계의 주변부에 있는지, 혹은 나를 제외하고도 세계는 성립되는지, 혹은 나보다도 '관계'의 우위성이 보전되어 있다. 한국적 '주체형'의 지평에서 보면, 그렇게 보이는 것이다. 우선 내가 중심에 있고, 내가 주체적으로 관계들을 구축해간다기보다는 우선 나보다도 중요한 무언가의 '관계'들이 있고(그것은 '동료', '세상', '가문', '회사', '일본', '세계' 등으로 불린다), 나는 기존의 관계 속에서 비중심적으로 어디까지

나 관계적으로 존재한다는 실감이 강하다고 생각된다. 이것은 무엇을 연속시킬 것인가라는 의식과도 깊은 연결이 있다. 일본에서는 회사나 조직, 공동체의 연속성을 최우선하고, 구성원 개개인의 주체성은 그 다음으로 한다는 원리를 보전하고 있는 사례가 많다.

② '나의 산재성': 그러므로 일본적 '네트워크형'에서 나는 세계의 중심이 될 수 없고, 오히려 '관계 A에 있어 나'와 '관계 B에 있어 나'와 '관계 C에 있어 나'가 분산해서 존재하고 있다는 실감이 강한 것이다. 이것을 잘 보여주는 것이 일본어 1인칭의 다양성이다. 한국적 '주체형'의 세계관에서 보면 내가 복수의 영역에 분산되어 버리는 것은 있을 수 없는 사태이지만, 일본적 '네트워크형' 세계관에서는 원래 나는 세계의 중심에 없기 때문에 나보다 더 관계 쪽이 우위에 있기 때문에 내가 분산되어도 문제는 없는 것이다.

이것은 포스트모던이라는 사상을 어떻게 생각하느냐에도 관련된다. 일본에서는 1970년대 이후, 포스트모던은 '주체(나)의 무화(無化)'라고 생각하는 경향이 강했던 반면, 한국에서는 1990년대에 포스트모던이라는 사상이 유입되면서 이를 '주체(나)의 복수화'라고 파악하는 경향이 강했다. 모던이라는 시대사상에서 자신들이 가지고 있는 세계관(한국은 '나의 한 개성', 일본은 '나의 복수성')을 각각 한발짝 앞으로(한국은 '나의 복수성', 일본은 나의 '제로성') 진전시켜 나가는 시도였던 것이다.

③ '나의 비인간성': 내가 인간이라는 것은 말할 필요도 없는 것처럼 들리지만, 사실은 그렇지 않다. '주체형'의 한국인과 비교하면 '네트워크형'의 일본인은 자신이 인간이라는 확고한 신념이

결여되어 있는 것 같은 인상을 받는다. 오히려 인간과 동물의 중간 상태라는 듯한 자기 규정을 갖고 있는 사람이 일본에는 많은 듯하다. 이러한 낙천적인 인간 중심주의가 결여된 데에는 유교의 영향력이 미약했던 점이 작용했음에 틀림없다. 유교와 같은 문명주의적 인간 중심주의보다는 불교적·신도적·애니미즘적인 비인간 중심주의가 일본인의 세계관에서 사라지지 않은 것이 커다란 요인일 것이다. 유교의 인간 중심주의에서 인간은 확고한 주체성을 가지고 다른 생물과는 단절된 이성을 구사해서 도덕 세계 건설에 매진한다는 사명감을 가진 존재인 것이다. 이러한 인간 중심주의 혹은 인간 우월주의의 세계관에서 보면 '네트워크형'의 일본인은 더욱 애니미즘적 또는 토테미즘 세계관, 즉 인간과 다른 생물과의 연속성 쪽으로 보다 중심이 놓여진 인간관을 가지고 있는 것처럼 보이는 것이다. 신사에 가면 여우나 다른 동물이 모셔져 있는데, 그런 믿음은 중화적 세계관으로 말하면 음사(淫祠, 사신을 모신 사당)의 영역이며, 결코 공적인 정통성을 가질 수 있는 것이 아니다.

즉 일본에서 인간 중심주의는 한국보다 훨씬 약한 것이다. 이성 긍정의 멘탈리티도 약하고, 인간의 주체성이라는 걸출한 이념도 '주체형'을 배운 메이지 이후 수많은 지식인(주자학적 지식인)이 민중들에게 열심히 설파했지만, 결국 침투하지 못했다. 한마디로 일본인의 대부분은 '네트워크형'이며, '인간'이라는 개념을 아직 잘 모르는 것이다.

일본인의 특징의 하나로서 '토론·논쟁을 하지 않는다'는 것이 자주 언급된다. 예를 들어 가토 슈이치(加藤周一)는 이것을 일본어의 '용법'의 문제로 다루고 있다. 가토가 아니더라도 매우 일반적이고 일상적으로 꼽히는 일본인·일본어의 특징이지만, 이것은 예를 들어 다음과 같은 것이다. ① "논쟁, 논의의 습관이 별로 없다. 이유를 들어 의견을 주장하는 것이 없다." ② "도리를 말하는 것보다도 격투(格鬪)한다." ③ "불특정 다수의 사람을 설득하는 것이 비교적 적다. 그런 종류의 설득이라는 것이 없기 때문에, 대중에게 호소할 때는 그것을 '조작'하는 형태가 된다." 가토는 가부키와 셰익스피어를 비교하면서 가부키에는 연설이 없지만, 셰익스피어에는 군인과 시민에게 호소한다고 말한다.[7]

그러나 한국어는 일본어와 동일하게 높은 빈도로 주어를 생략하고 문법적으로도 일본어와 흡사한 언어이지만, 한국인은 연설이나 토론·논쟁을 빈번히 한다. 과거 대통령 선거에서 후보가 공연이나 광장에 수십만에서 백만의 사람을 모아 연설을 했고, 지금도 대통령 선거 전에 후보들의 TV토론은 일본의 그것과는 전혀 다른 차원이라고 말해도 좋을 만큼 격렬한 논의가 전개된다. 전통 가면극에서도 민중이 지배 계층을 비판하는 통렬한 대사는 논쟁적인 단어의 속사포이다. 어디까지나 주체가 중심이 된 정치이고 연극인 것이다. 일본인과는 전혀 다른 세계관이라고 말할 수 있다.

(4) 일본은 메이지 이후에 동심원화

일본에서 '나=주체 중심의 동심원'을 그리는 것이 강력한 당위성을 가지고 인식되어, '주체형'이 침투한 것은 사회가 주자학

---

7) 가토 슈이치, "일본어를 생각한다", 『語りおくこといくつか』, 가모가와 출판, 2009, pp. 67-68. (加藤周一, 「日本語を考える」, 『語りおくこといくつか』, かもがわ出版, 2009, 67-68頁.)

화된 메이지 이후의 일이다.

즉, 에도 시대까지 일본에서는 '나=주체 중심의 동심원' 운동은 존재하지 않았다. 과거(科擧)도 남계 중심의 종족 체계도 존재하지 않았기 때문이다. 내가 중심이 되어 주체성을 가지고 도덕적 공동체를 구축해 간다는 매우 주자학적인 운동원리가 에도 시대까지 일본에는 존재하지 않았다. 한국에는 존재했다. 에도 시대까지의 일본은 기본적으로 네트워크 중시의 사회이며, 나는 그 네트워크 속의 여러 결절점 중 하나에 불과했던 것이다. 물론 주자학적 교양은 침투했지만 그것을 지탱하는 사회 시스템이 존재하지 않았던 것이기 때문에(내가 주체가 되어 '리'를 실현해 나간다는 상승과 중심화 시스템이 존재하지 않았다) 주자학적 교리는 일본에서 그림의 떡이었던 것이다.

이에 반해 한국에서는 과거가 존재했기 때문에 내가 중심이라는 멘탈리티를 사대부들도 물론 가지고 있었고, 민중도 이러한 멘탈리티에 익숙해져 있었던 것이다. 즉 주자학적 주체의 논리는 과거라는 시스템이 없으면 탁상공론인 것이다.

이러한 과거를 모방한 제도를 문관고등시험의 형태로 드디어 채용한 것이 메이지 이후의 일본이다(1893년 문관임용령 및 1899년 개정문관임용령). 일본인은 메이지가 되어서야 뒤늦게 주자학화=주체화를 한 것이다. 공부를 한 사람, 도덕적 수양을 익힌 사람, 극기한 사람, 이들이 중심이 되어 동심원을 그리면서 다른 동심원과 논쟁을 반복하면서 사회를 구축해 간다는 다이내미즘을 일본은 드디어 메이지 이후에 경험할 수 있게 되었다.

그러나 이는 한국의 전통사회에 거버넌스가 있고, 일본 에도 시대까지는 거버넌스가 없었다는 뜻은 전혀 아니다. 일본과 한국에서는 거버넌스 방식이 달랐다. 일본은 '네트워크형' 거버넌스, 한국은 '주체형' 거버넌스가 주류이며, 각각의 담당자도 달랐다. 요컨대 한국의 경우는 사대부라는 상층 계층만이 거버넌스 능력을 가지고 있었던 반면, 일본에서는 민중 또한 거버넌스 능력을 가지고 있었다. 그래서 '네트워크형'과 '주체형' 중 어느 쪽이 더 뛰어난 사회구축 방법인가라는 논의를 하고 있는 것은 아니다. 일본은 에도 시대까지 '네트워크형'이었지만, 메이지가 되고 돌연 '주체형'으로 전환하려고 했다는 것이다.

이것은 전통 사회에 있어서 일본과 한국 민중의 폐쇄성에 대한 불만의 표출 차이로 나타나고 있다. 각자가 처한 상황의 폐쇄성에 대한 불만은 한국에서는 '한'이라는 감정이 가장 일반적이다. 또한 일본에서는 후쿠자와 유키치(福澤諭吉)가 봉건사회의 민중의 '원'이라는 감정을 해소시키지 않으면 독립의 정신을 기를 수 없다고 했다.

'한'은 성취되어야 할 동심원이 성취되지 않는 데서 오는 울적한 원통함이지만, '원망'이라는 것은 동심원 자체가 존재하지 않는 데서 오는 울적한 불만이다. 즉, '한'의 경우에는 나를 중심으로 한 동심원이 그려져 마땅하다는 낙천적인 신념이 그 기저에 있는 반면, '원망'의 경우에는 원래 그런 동심원을 그릴 수 있는 주체화의 길이 차단되어 있는 것에 대해 울적함을 더해간다, 이러한 비관적인 감정인 것이다.

(5) 동심원의 고통

그런데, 이러한 '나=주체 중심의 동심원'적 세계관은 유교 경전 '대학'에서 수신(修身)→제가(齊家)→치국(治国)→평천하(平天

下)라는 동심원 운동과 흡사하다. 수백년간의 주자학화 과정에서 한국사회는 이러한 유교적 동심원 구조를 침투시킨 것이다.

이러한 동심원 운동이 낙천적이라는 것은 단적으로 말해서, 원형이 확대해 나간다는 운동에 대한 신념에서 유래하고 있으며, 동시에 내가 주체가 되어 원형을 확장시켜 나갈 수 있다는 자기에 대한 신뢰에서 유래하고 있다. 이 신념과 신뢰는 일본인에게는 도저히 이해할 수 없을 정도로 깊은 것이다. 일본인은 동심원의 역동적인 운동을 겨우 백수십년 전에 처음 알게 되었기 때문에 한국과는 그 역사성의 깊이가 다르다.

시마다 겐지(島田虔次)는 "유교적 세계(천하)는 이른바 국가와 가족(개인)이라는 2개의 중심을 가진 타원형"8)이라고 말한다. "수신·제가·치국·평천하의 이상이라는 것은 요약하면 이러한 타원을 철저히 타원답게 하려는 이상주의이며, 그것을 어느 한쪽의 중심에 수렴시켜 원형으로 하려고 하는 것은 아니다." 그 근거로 다음의 예를 든다. "유교에는 예로부터 '부자천합(父子天合)'에 대해 '군신의합(君臣義合)'이라는 명제가 있다. 『예기(礼記)』 곡례편에 만일 아버지가 잘못된 행위를 한 경우, 자식은 '세 번 말리고 설득하고 듣지 않으면 울면서 따른다.' 하지만 군주에 대해 신하는 '세 번 말리고 설득하고 듣지 않으면 떠난다'는 기재가 있다", "과거 일본의 '충효일치'의 원칙에서 안이하게 유추할 수 없는 것이 있다."9)

그러나 이 지적은 잘못된 것이다. 중심이 2개 있다고 할 때,

---

8) 島田虔次, 『주자학과 양명학』, 이와나미 신서, 1967, pp.28-29. (島田虔次, 『朱子学と陽明学』, 岩波新書, 1967, 28-29頁.)

9) 위와 같음, pp.28-29.

'나(아)'는 어디에 있는가. 유학에서는 나(주체)의 중심성이라는 것에 그토록 집착하고, 그것을 철저하게 탐구한 것이 아닐까. 처음부터 두 개의 원형으로 갈라지는 주체성 등이라는 것을 유가는 절대로 인정하지 않는다. 가족과 국가는 별개의 원형을 형성하는 것이 아니라, 어디까지나 하나의 원형을 형성하는 낙천적인 '이념'과 그것이 실제로는 항상 어렵다는 '현실' 사이의 괴리·마찰에 고뇌하는 것이 유가인 것이다. '부자천합'(父子天合)과 '군신의합'(君臣義合)이 마치 두 개의 완전히 별개의 덕목인 것처럼 말하는 것은 잘못된 것이다. 어디까지나 이 두 개를 동심원적으로 정합시켜야 한다는 절대적인 '리'에 고뇌하고, 그래도 최후 선택지로 '부자천합'(父子天合)을 상위에 둔다는 서열의 문제이다. "떠난다" 앞에 앞에 "세 번 말리고 설득했는데 듣지 않으면"이라는 전제가 있다는 것을 잊어서는 안 된다. "세 번 말리고 설득한다"는 것은 보통 죽음을 의미하는 것이다. 유가에서 분명히 충효일본(忠孝一本)은 도저히 현실화하기 어려운 명제였지만, 반대로 충효분리(忠孝分離)를 안이하게 선택해서 타원형적 인생을 다하는 것이 이상이라고 말하는 것은 아니었던 것이다.

즉, 현실적으로는 이러한 낙천적인 동심원 구조는 주체에 커다란 고통을 가져다 준다. 한국사회의 마찰, 고뇌, 갈등, 신음 등도 많은 경우 이러한 주체적 동심원 운동에 대한 신념에서 유래하고 있다고 해도 과언이 아닐 정도다.

이것은 자기가 충분히 극기심을 발휘해서 도덕적으로만 있어도 동심원이 확대될 것이라는 인식은 매우 성선설적인 이념형에 지나지 않기 때문이다. 한국 사람들은 이념형과 개별적인 현실을 혼동해 버리는 경향이 강하다. 이념형이야말로 현실이라고 착각해 버리고 있다.

현실은 그것과는 정반대이다. 동심원은 쉽게 확대되지 않는다. 타인이라는 존재가 있기 때문이다. 타인의 동심원과 나의 동심원이 격돌하고 투쟁한다. 동심원의 영역 획득 경쟁이 격렬하게 펼쳐진다. 사람들은 아프고, 상처받고, 고통스럽고, 울지만, 그래도 싸운다.

(6) 동심원과 중간집단

그런데, 한국식 동심원운동은 중심의 나로부터 바깥 쪽까지 단숨에 직선적으로 확대해 나갈 것을 이상으로 하고 있다. 동심원운동은 성급한 것이다.

그래서 중심에서 바깥쪽까지의 중간에 존재하는 여러가지의 원을 다음의 더 큰 원에 가기 위해 수단화하거나 가능하다면 생략해서 다음의 보다 큰 원에 도달하고 싶다는 심정이 강하게 발생해 온다. 이처럼 '중간을 생략해서 단번에 목적에 도달하려는 심성'을 점진주의의 주자학에서는 몹시 싫어했다. 학문의 향상에 관해서도 중단 단계를 소홀히 하는 것을 '엽등(躐等)'이라고 하면서 철저하게 경고했던 것이다. 한 단계, 한 단계, 위로 나아가지 않으면 안 되는 것이다.

그러나 동심원의 경우, 실제 한국사회에서는 중간에 있어야 할 원의 종류가 그다지 풍부하지 않았다. 그것은 남계종족의 결속과 권력 지향에 의해 이 동심원이 유지되었으며, 공상(工商)이나 취미의 세계(노리개) 등 사대부적 세계에서 일탈한 세계가 미발달했기 때문이다. 아니, 오히려 동심원을 최대한 아름답게 확대해 나가기 위해 그러한 불필요한 중간적 가치를 폄하했다고 말하는 편이 좋을지도 모른다. 원래 유교의 수신→제가→치국→평천하라는 규정 자체가 이 동심원 운동의 중간 단계에서 주변으로부터 원을 변형시키는 여러 중간적 가치의 존재를 배제한 곳에서 이루어져 있다.

이에 대해 일본에서는 상공의 발달과 취미 세계(노리개)의 정교화, 다양한 가치와 지향의 혼재라는 상황에서 실로 미세한 중간 집단이 존재하고 있었다. 아니, 일본의 경우는 중간 집단이라기보다는 오히려 반구조화의 여러 가치들이라고 부르는 편이 좋을지도 모른다. 중간이라고 하면 나라고 하는 핵의 외부에 동심원적으로 커다란 고리로서 사회나 공동체가 존재하고, 나와 사회와의 사이에 중간이 존재하는 듯한 이미지를 낳고 만다. 실제로 일본에는 동심원 등이 없었기 때문에 중간 집단도 존재하지 않았다. 메이지 이후에 일본에서도 동심원 구조가 형성되었고 그래서 중간 집단이라는 것이 출현해 온 것이다.

한국은 반대였다. 동심원은 존재했지만, 중간 집단은 취약했다. 그런 전통 사회가 한국에서는 해방 후 철저하게 변형되었고, '종교 단체', '학교', '사회', '취미 동아리', '친선 단체', '정치운동 조직' 등 여러가지 중간 집단을 형성했다. 이에 따라 동심원 구조는 훨씬 복잡해진 것이다. 단, 동심원에 대한 신념에는 변화가 없기 때문에, 이러한 중간 집단의 역할도 일본과는 상당히 다르다. 같은 '회사' 혹은 'NPO' 등이라고 해도 일본과 한국에서는 그 내용과 인간의 상호 작용하는 방식이 다른 것이다. 한국에서는 회사원이라는 것은 물론 열심히 일하지만, 예를 들어 사원의 가족적 유대를 끊으면서까지 충성을 요구하는 회사는 오래 소속하지 않고 바로 그만두는 경향이 현저하게 강하다. 즉 자기의 동심원운동에 이로운 회사라면 작동하지만, 그렇지 않고 가족이라는 동심원을 파괴하는 회사에는 자기동일화하지 않는 것이다.

이에 비해 일본에서 회사원이 회사에 대한 귀속 의식이 강하고, 취미 세계에서의 인적 관계를 지속시키는 것은(이러한 것은 한국인이 항상 놀라움과 함께 바라보는 일본적인 현상이다) 회사나 취미의 관계성이 자기의 동심원 확대에 어떻게 기여하는지라는 관심보다도 회사나 취미라는 관계성 속에서 어떻게 자신이 결절점(結節点)이 될 수 있을까라는 의식이 더 강하기 때문일 것이다.

단, 한국에서도 강한 자기동일화를 꾀하는 중간적 가치와 집단은 존재한다. 그것은 종교이다. 초월성과 동심원의 관계는 영성과 주체성과의 관계에 연결하는 중요한 문제이므로 나중에 상세히 설명한다. 초월성과 무관한 회사나 취미 등은 한국인의 동심원 구조에 있어서 그다지 중요하지 않다는 것을 여기에서 확인해 두고 싶다.

(7) 한국의 '네트워크형'

그런데 지금까지 한국적 '주체형'의 관계성에 관해 말해 왔지만, 한국에도 '주체형' 이외의 세계관이 물론 존재한다.

특히 '네트워크형'은 강력하다. 앞서 언급했지만, 한국에서도 이치의 세계에서는 '주체형'이 지배적이고, 기의 세계에서는 '네트워크형'이 지배적인 것이다.

이치의 세계(공간)에서 사람들은 타인과 이치의 많고 적음을 다투고, 보다 순수하고 많은 이치를 체현한 사람이야말로 더 주체성을 가진 존재로서 상위에 선다. 여기에서는 수직적인 주체성 논리가 중요한 것이며, 사람들은 이치가 많아지면 사회적으로 상승하고, 적어지면 하강하는 투쟁을 사회라는 필드에서 일생 동안 반복한다.

그러나 끊임없는 투쟁만으로는 몹시 지쳐 버린다. 그때 나타난 것이 기의 세계(공간)인 것이다. 기의 공산에서 지배적인 것은 수평적 유대의 정신이다. 전형적인 언어로 말하면 '정'이다. 한국인은 일상적으로 중시하는 '정'의 관계는 분명히 '네트워크형'이다. 여기에서는 이치의 경쟁에 지친 주체를 풀어주고, 봄 바다와 같은 포용력으로 사람을 관계성의 그물 속으로 유영시킨다.

그래서 한국사회가 '주체형' 일변도라는 것은 전혀 틀린 말이다. 오히려 어찌 보면 일본 사회보다 한국사회가 강한 '네트워크형'인 것처럼 보인다. 이치에 의한 주체성의 투쟁은 여행자나 단기 체류자의 눈에는 보이지 않기 때문에 잘 이해할 수 없다. 오히려 여행객이나 단기 체류자의 눈에 띄는 것은 수평적인 정의 세계이기 때문에, '한국사회는 정의 세계'라는 잘못된 인식을 갖게 된다. 그러나 최근에는 한국사회의 깊은 곳까지 파고 들어가는 일본인이 늘어나고 노골적으로 경쟁 원리가 침투하면서 정의 세계가 희박 해지고 있기 때문에, 예전처럼 '한국사회는 정의 세계'라는 순진한 인식을 가진 일본인은 줄어들고 있다.

한국형 네트워크는 일본과는 다르다. 어디까지나 '나'는 한 개성을 유지하고 있는 것이다. 억지로 말하면, '나'는 상사나 연상의 상대에 대한 '저'와 대등하거나 부하나 연하의 상대에 대한 '나'로 분열될 뿐, 그 이외로는 분열하지 않는다. '나'의' 복수성이 전제되고 있는 일본형과는 크게 다른 것이다.

Ⅸ. 국가와 영성(靈性)

(1) 가족과 국가

그런데, 한국의 이러한 유교적 동심원 구조에서 가장 중요한 원형은 무엇이냐 하면, 역시 '가족'이라는 원형이다.

다음으로 우리는 이 '나'와 '가족'을 가장 핵심적인 부분으로 하는 한국적인 동심원이 어떻게 국가를 만들어 가는지, 즉 '제가→치국'의 화살표에 대해 생각해 보자.

헤겔의 범식(範式)에서는 우선 가장 기본적인 공동체로서 가족 공동체가 있는데 그것을 정면으로 부정하는 존재로서 시민이 등장하는 것으로 되어 있다. 시민은 자신의 이익을 지키려는 욕망의 주체이기 때문에 이익과 욕망과는 무관하게 공동체를 형성하고 있는 가족과는 가치적으로 완전히 서로 반대인 것이다. 이러한 가족과 시민의 대항 관계를 어떻게든 수습하지 않으면 공동체는 붕괴할 것이다. 그래서 헤겔이 지양(aufheben)이라는 개념과 함께 내놓은 것이 국가이다. 국가는 완전히 서로 대립하는 가족과 시민을 지양하고, 보다 높은 차원에서 조화시키는 유일한 시스템인 것이다.

그렇다면 한국의 경우는 어떨까. 한국에서도 가장 중요한 것은 가족 공동체이다. 그리고 헤겔에게 있어 시민의 역할을 담당하고 있는 것이 '사악한 타자'인 것이다. 사악한 타자가 한국의 거룩한 가족 공동체를 파괴하러 온다. 그 가장 전형적인 존재는 일본이다. 물론 시대에 따라 사악한 타자는 북한이거나 미국이기도 했지만, 도요토미 히데요시(豊臣秀吉)의 침략으로부터 식민지 지배까지 가장 직접적으로 위협을 초래한 일본이 주된 표상이었다. 식민지 시대로 끝난 것은 아니다. 해방 후에도 일본은 호시탐탐 한국의 가족 공동체의 파괴를 노리고 있다. 이러한 인식이 1990년대까지 일반적이었다. 가령 '일본'이라는 표상의 형태를 취하지 않고도 은유로 일본이 기능하고 있다는 경우도 많았다. 예를 들어 자본도 물론 가족 공동체를 파괴하는 것이다. 그러나 이러한 자본의 사악성도 '일본의 상업주의', '일본의 경제침략'등의 형태로 일본과 관련지어 이야기되는 경우가 많았다. 또한 외설성(성적 문란)도 또한 유교적인 가족 공동체를 파괴하는 것이지만 이 또한 '외설이고 패덕적인 저질 일본 문화'라는 형태로 표상되는 경우가 많았다. 즉 '우리의 순결하고 거룩한 가족 공동체'를 위협하고 파괴하려는 것은 일본이라는 외부였던 것이다.

신성한 가족 공동체와 사악한 타자로서의 일본을 지양해서는 국가를 만들 수 없다. 즉 헤겔적인 운동은 한국에서는 불가능한 것이다.

한국에서는 어디까지나 가족 공동체는 동심원을 그리며 확대해 나가야 한다. 그래서 가족 공동체를 파괴하려고 하는 일본을 배격하고 가족을 지양하지 않고 그대로 확대해 나가기 위해 무엇이 강력하게 요청되는가 하면, '도덕'인 것이다. 우리가 맑고 올바른 도덕성을 가지고 있기에 사악한 타자(예를 들어 일본)를 배격할 수 있다는 강렬한 신념이 있다. 그리고 이러한 도덕성은 동심원의 중심인 '나'의 성실·긍정적 마음에서 발하고 있으니까, 나는 모름지기 도덕성을 함양하고 주체적으로 도덕적 무장을 하지 않으면 안 되는 것이다. 그리고 이러한 도덕 투쟁에서 나·가족이 승리를 거둬 일본을 배제할 수 있다면, 그 연장선상에(즉 동심원의 외측에) 국가·민족보다 큰 동심원을 그릴 수 있다고 생각하는 것이다.

(2) 반체제운동과 동심원

하지만 실제 국가는 그런 도덕적인 존재가 아니었다. 이승만 대통령 이후 역대 정권은 독재·친일·군부라는 부도덕성을 항상 안고 있어, 그런 의미에서 '나→가족'의 연장선상에 동심원을 그릴 수 있는 존재일 수 없었다. 그러나 국가에 대한 신뢰는 지속적으로 국민에게 주입됐고, 북한과의 배타적인 관계에서 국가를 부정하는 것은 위험한 도박이었기 때문에, '이 정권은 국가가 아니다'라는 형태로 정권의 부도덕성을 규탄하는 세력이 항상 강력하게 존재했다. 이것이 한국의 반체제운동의 한 유형이다(반공적 반체제). 여기에는 이치의 힘이 강하게 관여하고 있지만, 이에 대해서는 후술한다.

또한 국가의 외부에는 북한이라는 존재가 있었기 때문에 '이 정권은 국가가 아니다'라는 명제 외에 '이 정권은 민족이 아니다' 혹은 '이 국가는 민족이 아니다'라는 부정의 운동성도 항상 존재했는데 이것이 또 하나의 반체제운동의 유형이다(용공적 혹은 용북적 반체제). 이러한 인식의 패턴은 국가보안법에 의해 엄격하게 단속되었고 사상 통제되었다. 그러나 북한의 이데올로기를 신봉하는 '주사파(주체사상파)' 등이 항상 '이 정권은 민족이 아니다', '이 국가는 민족이 아니다', 그리고 더 거슬러 올라가 '(이 정권과 국가를 지지하는) 한국인은 민족이 아니다'라는 테제를 내걸고 정권 및 반공적 반체제를 위협했다.

(3) 이치와 동심원

이러한 한국의 동심원운동을 생각할 때, 또 하나 중요한 개념이 있다. 그것은 주자학적인 이치이다.

자기와 가족, 국가 등이 도덕성을 획득할 때, 그 동심원은 진정한 것으로 기능할 수 있지만 이러한 도덕성이야말로 이치이다. 이치에는 수평성 측면과 수직성 측면이 있는데 이 중 중요한 것은 수직성이다. 즉 도덕성이 낮은 수준에서 높은 수준까지 주체를 상승시킬 수 있는 것은 그 주체가 획득할 수 있었던 이치의 전체성 비율에 비례하고 있는 것이다. 보다 많은 전체성을 획득한 주체야말로 보다 높은 수준의 도덕성을 발휘할 수 있고, 동시에 보다 큰 동심원을 그릴 수 있는 것이다. 즉 도덕성의 높은 수준과 동심원의 크기는 비례하고 있다고 생각된다.

그런데 이러한 이치는 초월성을 지닌 우주의 최고 원리이다. 주자학적 사회에서는 황제나 왕과 같은 지상의 최고 권력보다도 이치가 상위에 위치하고 있다. 그래서 스스로 이치를 구현하고 있다고 자부하는 사대부들은 여전히 이치를 지니고 있지 않은 황제나 왕을 교육하고, 간하면서, 교정할 수 있었던 것이다.

이러한 정신력이 지금도 한국사회에 있다. 정치적으로는 대통령이 아무리 막강한 권력을 쥐고 있다 할지라도 한국인에게 대통령보다 높은 수준의 가치가 있으며 그것이 이치인 것이다. 현실에서는 그것을 이치라고 부르지 않고, 예를 들어 기독교인이면 '하나님', '하느님'으로 부르며, 불교도이면 '부처님'이라고 부른다. 이렇게 현실적인 발현의 방법은 다양하지만, 이를테면 어떤 지상적 가치보다 뛰어난 초월적 가치(이치)가 한국인에게는 존재하는 것이다. 이러한 초월적 가치는 세속적인 정치 권력에 대항축으로 기능하는 경우가 많다. 한때 민주화·반독재 운동이 격렬했던 무렵, 거기에서 한국의 기독교 세력이 달성한 커다란 역할을 상기하기 바란다. 그리고 세속적 권력에 대한 대항으로 사람들이 믿는 이치는 단순한 또 하나의 세속적 가치가 아니라 극도로 종교적인 영성을 담당하고 있는 경우가 많다. 그런 의미에서 한국은 영성이 강한 사회라고 말할 수 있고, 실제로 많은 종교 인구와 신앙에 대한 열정심은 일본이 비교할 수 없을 정도인 것이다.

대통령은 절대적인 권력을 가지고 있으며, 종종 '선거에 의해 선출된 왕'이라고 불리지만, 실제로는 왕이 아니다. 국민의 투표에 의해 선정되기 때문이다. 이에 대해 일본에서는 수상도 국민의 직접 투표에 의해 선정되는 것은 아니고, 또한 천황은 애초 선정되는 존재조차 아니다. 이렇게 비교해 보면 한국의 경우는 '강력한 대통령'보다도 그것을 제어하는 '이치'의 힘이 강한 반면, 일본에서는 '비교적 약한 권력의 수상'을 제어하는 '이치'의 힘도 또한 약하다고 할 수 있다. 일본은 메이지가 되어서야 비로소 주자학적 사회를 만든 것이기 때문에 초월성을 가진 전능한 이치라는 것에 대한 이해와 역사가 일천하고, 또한 전후에는 이치와 천황이 합체해 만들어진 전전(戰前)의 국체(国体) 개념에 대한 극도의 혐오감이 일본 사회를 지배했기 때문에 이치의 힘이 일관되게 약한 것이다

가토 슈이치(加藤周一)는 다음과 같이 말한다.

"메이지 정부의 방침에 분명하게 반대하면서 국가의 바람직한 방침을 논한 예외적인 논객도 없었던 것은 아니다.

그 대표적인 경우가 우치무라 간조(内村鑑三)이다. 왜 우치무라의 경우가 예외가 될 수 있냐면, 그의 경우에는 모든 논의의 기초에 초월적인 신앙이 있었기 때문이다. 국가에 이상(또는 목표)을

부여하는 데 있어서는 국가 자신을 자기 목적으로 하지 않는 이상 국가에 초월하는 입장이 전제되어야 한다. 다른 말로 말하면 초월적인 입장에서 국가의 상대화를 전제로 하고나서야말로 국가에 이상을 부여할 수 있다. 그런데 감정적·자연적인 '개인'의 주장은 국가를 상대화하지 않는다. 단지 우치무라의 유일신 신앙의 격렬함만이 국가를(또는 그리스도 교회조차도) 상대화할 수 있었던 것이다."[10]

국가에 이상을 줄 뿐만 아니라 국가를 제어할 때 가장 중요한 것이 국가를 초월한 이치가 존재하는지 여부라는 것이다. 우치무라 간조에게는 그 이치가 있었다. 그러나 초월적 가치에 생소한 일본인 대부분은 국가를 초월하는 가치에 무관심이 계속되었다는 것이다.

(4) 천황과 이치

전후 자유주의 진영은 자유와 민주주의와 헌법 제9조를 '전후 일본의 초월적인 이치'로 견지해 왔지만, 그 이치에 초월성을 부여한 것은 타자인 미국이 아니냐는 비판에 항상 직면해 왔다. 반대로 한국의 경우, 한국인이 사수하는 이치의 힘을 강화한 것은 (이치의 적이다) 일본이지만, 그 이치를 한국인에게 준 것은 일본이 아니다. 한국인이 주체적으로 이치를 획득한 것이다. 이에 대해 일본에서는 전전에 스스로 주체적으로 획득한 천황+이치=국체

---

10) 가토 슈이치, "일본인의 세계상". (加藤周一,「日本人の世界像」.) 첫 출판은 『근대 일본사상사 강좌 제8권 세계 속의 일본』, 치쿠마쇼보, 1962. (『近代日本思想史講座 第八巻 世界のなかの日本』, 筑摩書房, 1962.) 인용은 『가토 슈이치 자선집 3』, 이와나미 서점, 2009, pp.195. (『加藤周一自選集 3』, 岩波書店, 2009, 195頁.)

는 1945년에 붕괴하고, 그에 대신하여 하늘=미국에서 내려온 일본국 헌법이라는 이치는 항상 타자성 및 비초월성이라는 스캔들 투성이가 되어 있었던 것이다. 스스로 피를 흘려 쟁취한 이치가 아니었기 때문에, 전후 일본에서 자유와 민주주의와 평화는 마치 공기와 같은 존재로 거기에 있다. 국민은 그 이치에 도달하기 위한 노력을 하는 것은 아니다. 이치의 수직성은 희석되고 동일한 평면에 2차원적으로 이치가 이완된 모습 그대로 침투하고 있는 것이다. 수직성을 상실해서 수평성만이 되어 버린 이치라는 것은 형용모순이기 때문에 결국 그런 이치는 국민에게 아무런 매력도 없는 것이다. 이 단조로운 가치의 상황을 가능한 한 철학적으로 해석하고자 니체의 허무주의를 가지고 오거나 포스트 모던 사상에 기초한 일본특수론을 가지고 오곤 했지만, 이치 없는 일상의 끝없는 권태와 공허성은 그와 같은 이론에 따라 치유되기 어려웠다.

전전은 그렇지 않았다. 천황은 하늘=황제이기 때문에 하늘이라는 초월적인 가치와 황제라는 지상적인 권력이 합체한 존재였다. 이것은 중국 황제도 조선의 왕도 이룰 수 없었던 통치 개념이다. 앞서 언급한 바와 같이 황제나 왕은 천리(天理)의 지배를 받는 것이다. 이에 대해 천황은 그대로가 천리인 것이다. 천황 위에는 아무것도 없었다. 그래서 천황이라는 칭호의 의미를 그대로 구현한 것이 메이지 헌법 이후 국체론에서의 천황이었다고 할 수 있다. 그 이전의 천황은 이름이 실체를 드러내고 있지 않았던 것이다.

특히 쇼와 시기의 황도(皇道) 철학에서는 스즈키 사다미(鈴木貞美)가 지적하듯이, 그 이전의 다이쇼 생명주의에서 유행한 '우주 대생명'이라는 영성 예찬 개념이 천황과 극적으로 합체하면서 천황이야말로 우주 대생명의 근원이며, 모든 것을 주재한다고 하는 궁극의 사상으로 결실을 맺었다.[11] 이때 본래의 영성이 가지고 있는 지상 권력과의 긴장·대항 관계라는 사명은 소멸해 버린 것이다. 즉 이때 메이지 시대의 모토다 나가사네(元田永孚) 등이 그리고 있는 것처럼 천황의 상위에 초월적인 이치가 존재한다는 주자학적인 구조는 완전히 부정된 것이며, 메이지 시대에는 겨우 남아 있던 이치와 천황과의 불일치에서 오는 국체의 균열·긴장은 원칙적으로 봉쇄된 것이다.

일본에서는 이런 국체 개념은 전후에 해체되었다. 그러나 일본의 국체 개념을 계승한 북한에서는 수령제라는 정치 체제 아래 어버이 수령(김일성)이야말로 이치이며, 국민에게 혁명적·도덕적인 사회정치적 생명을 주는 영성의 극점이라고 규정되었다. 김일성 위에 이치는 없는 것이다.

이렇게 생각해 보면, 천황을 중심으로 하는 동심원 구조로 일본 사회를 그리고, 천황으로부터의 거리에 따라 전 국민을 서열화하는 마루야마 마사오(丸山眞男)의 일본사회론은 전전의 극히 한 시기에 겨우 성립한 이데올로기 구조를 확대 해석한 것에 의해 만들어진 것임이 성립된다. 마루야마의 오해는 천황과 이치의 관계를 제대로 이해하지 못한 것에 기인하고 있다. 천황과 이치가 합체한 것은 다이쇼 생명주의가 끝난 뒤의 일이며, 천황+이치+영성=우주 대생명이라는 등식을 일본 국민이 받아들이는 것이 가능했던 것도 다이쇼 생명주의로 인해 일본인이 초월적인 영성으로서의 이치라는 생소한 관념에 익숙해져 있었기 때문이다. 마

---

11) 스즈키 사다미, 『일본인의 생명관』, 주코 신서, 2008, 제5장. (鈴木貞美, 『日本人の生命観』, 中公新書, 2008, 第5章.)

루야마가 규탄한 쇼와 전반기의 일본 사회의 동심원 구조는 일본
적이라기보다는 오히려 한국적인 구조(동심원)를 변형(권력과 이치
의 합체)시킨 것이라고 할 수 있다.

X. 현재의 한일과 동심원 운동

(1) 포스트 모던화하는 한국

이러한 특징을 가진 한일 사회이지만, 1990년대 이후, 커다
란 변화가 생기게 되었다. 한마디로 한국의 포스터모던화와 일본
의 재(再)모던화라는 현상이다. 이 점에 대해서는 졸저『한류 임팩
트』(코단샤, 2005) 등에서 상세히 설명했기 때문에 여기에서는 상
세한 설명은 하지 않기로 한다.

2006년의 일이었지만 한국 잡지 '창작과 비평'의 핵심 저자
들과 대화했을 때, 그들은 한결같이 '포스트 모던'을 '아이덴티티
의 복수화'라고 이해하고 있었다는 것이 생각난다. 그들에게 주자
학적 전통 및 국민 국가 형성 과정에서 강력하게 주입된 '아이덴
티티는 한 가지 개성'이라는 개념을 해체하는 것, 그것이 곧 '아이
덴티티의 복수화'이며, 그것이야말로 포스트 모던인 것이었다. 일
본에서도 구미에서도, 포스트 모던에 대해 그렇게 해석하는 사람
들이 있지만, 내가 아는 한, 일본에서는 그런 해석은 어디까지나
소수이다. 1970년대부터 일본형 포스트 모던에서 주장된 것은
'아이덴티티의 해체'이지 결코 '복수화'가 아니었다. 오히려 일본
에서도 70년대부터 80년대의 '급진적 포스트 모던' 운동을 모르
고 나중에 온 90년대의 논자들이 '아이덴티티의 복수화'라는 '온

건한 포스트 모던'을 제기하게 되었다고 말해도 좋다. 70년대부터 80년대의 프랑스적인 포스트 모던 이해와 이후 미국으로 건너가 90년대에 활짝 핀 미국적인 포스트 모던 이해와의 차이라고 해도 좋을지도 모른다.

즉 일본에는 에도 시대부터 '주체의 무+네트워크에 있어서 아이덴티티의 복수성'이 존재했고, 1970년대 이후 포스트 모던에서 그러한 경향이 '전통과의 친화성'이라는 논점으로 더욱 깊어진 데 대해 한국은 1990년대 이후 포스트 모던화에서도 아이덴티티는 복수화했지만 그것이 주체의 무화(無化)로는 이어지지 않았다. 아이덴티티를 복수화하는 주체가 필요했던 것이다. 이것은 아이덴티티의 복수화를 제기하고 그것을 추진한 사람들이 주로 근대적인 민주화 세력이었다는 것과도 깊은 관계가 있다.

앞에서도 언급했듯이, 이것은 원래 전통사회의 주체 개념에 대한 한일간의 차이에도 기인하고 있다.

어쨌든 '아이덴티티의 해체', '주체의 무화'라는 데까지는 다 다르지 못했지만, 적어도 '아이덴티티의 복수화'라는 의미에서의 포스트 모던화에 관해서는 1990년대 후반부터 2000년대에 이르기까지 한국의 움직임은 실로 급속했다.

이 배경에는 다양한 요인이 있었을 것이다. 1991년에 소련과, 1992년에는 중국과 국교를 맺고 한국은 건국 사상 처음으로 냉전의 벽 '너머'의 국가와의 관계를 시작한 것이다. 1991년에는 북한과 동시에 유엔에도 가입했다. 이 변화는 아무리 강조해도 지나치지 않을 정도로 컸다. 그때까지 자유주의·자본주의 진영에 완전히 갇혀 동쪽 진영과는 일절 관계를 갖지 않고 자국의 강력하고 배타적인 아이덴티티를 최고도로 강화시키고 있었다. 그러나 노태우 대통령의 북방 외교로 한국은 이제까지 정의해 왔던 아이덴티티에 결정적인 수정을 가한 것이었다. 물론 반공을 주장하는 국가보안법은 그대로 유지되었고, 국내 정당에 공산당·사회당은 허용되지 않았지만, 그래도 이 시점에서 한국인의 아이덴티티는 극적으로 변화를 받은 것이었다.

(2) 동심원 운동과 민족

이러한 변화를 받아들이면서 일본인과 한국인의 주체와 네트워크는 어떻게 된 것일까.

한국인에 있어서는 '나→가족→국가'라는 동심원 운동에서 식민지 시대 이래 계속되어 온 '가족→국가'의 →의 불성립이 좀처럼 해소되지 않았다. 개발 독재라는 통치와 분단 국가에 기인하는 다양한 이유(군부의 전횡, 미국과 일본과의 부도덕한 유착 등)도 컸다. 또한 동심원운동의 기동력인 이치가 국가를 초월하고 있고 더구나 정권이라는 것은 완전히 초월하고 있다는 이유도 컸다.

그러나 1993년 김영삼 대통령(군인 지배로부터의 탈피), 1998년 김대중 대통령(지역 격차의 시정과 민족의 유화)이라는 새로운 정권의 탄생으로 인해 이러한 →에 있어서 모순은 서서히 해소되어 갔다. 그것과 동시에, 근대화 이후 계속 추진되어 왔던 '나→가족→X→국가'라는 구조, 즉 가족과 국가 사이에 중간 조직 X를 삽입하는 근대의 프로젝트가 이 사회에 서서히 침투해 갔다. 그 전형적인 예는 회사이다. 한국인에게 회사라는 조직은 이질적인 것이었다. '가족→국가'라는 동심원 운동에 대한 장애로 이해되기도 했다. 그러나 70년대에 체제측 사상가들이 회사에서 열심히 일하는 것은 한국을 가난한 나라에서 탈피시켜 세계로 약진하는 것에 연결

시킨다는 이념을 국민에게 주입했다. 그 성과가 나타나게 된 것은
80년대 이후이다.

이리하여 한국인은 회사에서 맹렬하게 일하는 것이 '나→가
족→회사→국가→민족→세계'라는 동심원운동의 중요한 단계임을
믿고 그것을 실천해 왔다. 확실히 그 결과 한국이라는 국가는 부
유해졌고, 그로 인해 북한과의 체제 간 경쟁을 이겨내고, 한국을
세계 유수의 국가로 도약시키는 데 성공했다.

그러나 일본 회사원과 다른 점이 있다. 한국 회사원의 경우,
아무리 맹렬하게 일하고 있어도 기독교 신자라면 일요일에 교회
와 성당에 가고, 정치적으로도 자신이 속한 회사나 조직과 무관하
게 자기의 신념에 따라 행동한다. 즉, 자기 정체성을 회사에 완전
히 수렴시키는 것은 없다.

이것을 정체성의 복수화라고 해도 좋을 것이다. 즉 한국은
근대화 과정에서 회사라는 이질적인 조직을 동심원 구조 안에 넣
는 데는 성공했지만, 그것이 완전히 동심원 속에 완벽하게 동화되
어 있지 않다. 아직 이질적인 존재이고 그러므로 동심원운동의 기
동력인 이치의 틀과는 완전히 일체화되지 않은 것이다. 자기가 믿
는 이치 쪽을 우선하기 때문에(그것을 우선하지 않으면 동심원을 그릴
수 없다) 그것과 배치되는 회사라면 바로 그만둬 버린다.

한국사회의 역동성은 이런 곳에 있다. 즉, 개개인이 믿고 있
는 이치가 다르기 때문에 그 이치의 차이에서 생기는 동심원 확
대운동 사이에서 마찰이 일어난다. 이 마찰이 역동성의 첫 번째
요인이다. 그리고 개개인의 동심운동 안으로 그 운동의 원동력인
이치와 배치되는 다양한 중간 단계가 혼입되어 올 수 있고 그것
과 운동 자체 사이에 마찰이 생긴다. 이러한 마찰이 역동성의 두

번째 요인이다.

이것은 전통에서 근대까지 경험하면서 한국이라는 사회가 달성한 아마도 가장 양질의 부분이라고 생각된다. 그것은 정체성의 동일화와 복수화를 둘러싸고 항상 역동적인 마찰이 발생하고 있다는 점이다. 이러한 사회에 안정과 정체는 없는 것이다.

다만 한국인은 정부·국가·민족 중 무엇이든 결국에는 귀속된다는 의식이 강하다. 그것은 단적으로 동심원운동이 계속해서 확대되어 어딘가로 나아가야 한다는 성격 때문이다. 민족의 외부에 지역(예를 들면 동아시아)과 세계와 지구 등이라는 틀을 설정하고 거기에 귀속된다는 의식을 가진 사람도 한국에는 의외로 많다. 그러나 현실적으로는 정부 또는 국가나 민족 무언가에 귀속 범위를 설정하는 것이 요구된다. 그리고 이 세 가지 가운데 어느 것에 귀속하는가라는 것으로 격렬한 마찰과 대립이 펼쳐진다. 이것이 한국사회가 역동적인 이유 중의 하나이다.

그리고 중요한 것은, '나→가족→X1→X2…'라는 형태로 귀속 범위를 확대해 나갈 때, 민족이라는 틀은 누구라도 통과하지 않으면 안 되는 단계라고 생각되고 있다는 점이다. 정권이나 국가에 대해 비판적이어도 민족에 귀속하지 않으면 공적으로 말하는 것은 거의 허용되지 않는다. 그래서 '나→가족→X1→X2→민족→X3→X4…'라는 동심원 구조 속에서 '나'와 '가족'과 '민족'은 고정되어 있는 것이다. 그러므로 한국사회는 한편으로 매우 자유로운 사회인 것 같지만, 예를 들어 역사인식문제와 영토문제라는 '민족'의 틀 설정에 직접 관련된 이슈에 관해서는 매우 경직적이고 자유가 없는 것이다. 그리고 '민족'이 규정하는 이치의 내용에, 동심원의 중심인 '나'도 소급해서 규정되어 버리기 때문에 이러한 의미에서 '나'의 다양성은 인정되지 않는다. 한국인이 정치적으로는 자유롭게 다양한 의견을 말할 수 있는 것 같지만, 역사인식문제와 영토문제에서 자유롭고 다양한 의견을 말할 수 없는 것은 위와 같은 이유에 의한 것이다. 이는 한국사회의 가장 미숙한 측면을 나타내고 있다.

(3) 일본의 경우

반대로 일본의 경우는 어떨까.

예전부터 에도시대에는 네트워크 속에서 자기 동일성에 그다지 구애받지 않고 살았을 일본인이지만, 메이지 이후 주체화에 의해 정체성의 한 개성이 교화되어 침투했다. 그러나 전후에는 그러한 주체화 교육은 좌절됐다고 생각해도 좋을 것이다. 그 이유는 다양하지만 가장 중요한 것은 유교적인 동심원운동을 메이지 이후에 도입했음에도 불구하고, 전후는 그 동심원에서 국가나 민족이라는 원형이 거의 누락되었다는 점일 것이다. 자민당 장기 집권 시기에는 정권이라는 원형조차도 거의 누락되어 있었다. 그래서 동심원은 확대하지 않고 겨우 '나→가족→회사' 정도로 운동은 정지해 버린다. 일본인에게는 초월적인 이치도 거의 존재하지 않기 때문에, 이 동심원을 구동하는 외부의 힘도 약한 상태이다. 한국의 직장인은 아무리 장시간 노동을 해도 신이나 정치적 신념과 반일 등 회사와는 다른 이치를 보유하고 있는 반면에 일본 직장인은 거의 회사의 가치만큼 수렴해 버리는 것도 이 때문이다.

그것과 동시에 일본에 원래 존재하던 네트워크적 인간 관계도 급속히 희석되어 버렸다. 예전에는 주체성을 가지고 있지 않거나 정체성이 여러 개 있어도 네트워크가 충분히 기능하고 있었기 때문에 그 속에 살아가는 기술이라는 것을 일본인은 가지고 있었다. 그러나 메이지 이후의 주체화가 전후에 어중간한 형태로 좌절된 것과 사회의 네트워크 붕괴가 동시에 온 것이다. 전후의 동심원이 '나→가족→회사'까지밖에 확대되지 않은 가운데 직장인은 그래도 회사 관계의 네트워크 속에서 나름의 주체성을 발휘하고 살아갈 수 있지만, 회사라는 원형을 가지지 못한 자, 예를 들어 무직자나 주부 등은 '나→가족'까지 원형이 확대되지 않는다. 취미나 자원 봉사 등의 네트워크를 가진 사람은 그래도 구원을 받지만, 그것조차 없는 사람은 동심원에서도 네트워크에서도 버림을 받고 은둔할 수밖에 없는 것이다. 은둔형 외톨이가 많은 경우, 가족에 의존하면서 지탱하고 있는 것은 동심원이 '나→가족'까지는 간신히 확대하고 있음을 보여주고 있다. 그러나 여기에서는 정체성의 복수성은 망각되고, 게다가 의식이 지향하는 프론티어가 존재하지 않기 때문에, 동심원운동은 반대로 중심으로 수렴하는 운동, 즉 '나'의 내부에 프론티어를 찾는 운동으로 역회전해 버리는 것이다. 동심원이 가족까지만 확대되어도 주부의 경우는 은둔형 외톨이가 되지 않는 이유는 원형의 운동이 그래도 외부에, 즉 자신의 가족(남편과 아이)을 향하고 있기 때문이다. 밖으로 향하지 않는 경우 프론티어를 지향하는 움직임은 쉽게 자기 내부로 향하고 만다.

　　이것은 일본에서 메이지 이후의 주체화의 패배임과 동시에에도 시대 이후의 네트워크가 극도로 약화되고 있음을 나타내고 있다. 증가하는 고립자 중 일부가 인터넷을 통해 내셔널리즘 담론에 접근하는 것은 자기 내부로 향하고 있는 동심원운동의 힘을 역회전시켜 외부로, 가족보다도 더 외부의 정권이나 국가나 민족

이라는 원형으로 확대시키고 싶다는 욕구인 것이며, 그런 의미에
서 생존을 향한 매우 정당한 운동이었던 것이다.

XI. 역사적 경험으로부터의 편견

이와 같이 생각한다면 일본과 한국이 서로 상대방의 사회를
비판할 때, 실제로는 자기 사회가 가지고 있는 자명하고 무의식적
인 성격에 의해 편견 섞인 인식을 노정하고 있다고 말할 수 있는
것은 아닐까?

예를 들어 한국인은 '일본인은 권력추종적'이라고 비판한다.
'권력추종적'이라는 형용사는 한국인의 세계관에서 보면 '반
시민적', '반민주주의적'과 동의어로 간주된다. 그러나 이러한 한
국인의 인식에 대해 다음과 같은 의문을 제시할 수 있다.

① 그 비판 자체가 유교적 권력관에서 유래하고 있는 것은
아닐까.

② 일본인이 얼마나 어떤 의미에서 '권력추종적'인지를 객관
적으로 검증하는 것은 가능한가.

③ 일본인의 행동을 '권력추종적'으로 해석하는 한국인(매스
컴 포함)의 논리를 객관적으로 검증하는 것은 가능한가.

반대로 일본인은 '한국인은 덕치적, 비법치적'이라고 비판한다.
'덕치적', '비법치적'이라는 형용사는 일본인의 세계관에서
보면 '반시민적', '반민주주의적'과 동의어로 간주된다. 그러나 이
러한 일본인의 인식에 대해 다음과 같은 의문을 제시할 수 있다.

① 그 비판 자체가 '전후 일본적'인 권력관에서 유래하고 있

는 것은 아닐까.

② 한국인이 얼마나, 어떤 의미에서 '덕치적', '비법치적'인지
를 객관적으로 검증하는 것은 가능한가.

③ 한국인의 행동을 '덕치적', '비법치적'으로 해석하는 일본
인(매스컴 포함)의 논리를 객관적으로 검증하는 것은 가능한가.

이상과 같은 '사상 수준'에서의 상호인식이야말로 향후 한일
에게 필요한 것이 아닐까. 표면적인 역사적 사실의 확정과 정치인
의 말도 매우 중요하지만, 우리 한일 양쪽에 지금까지 가장 부족
했던 것은 이러한 사실과 단어를 어떻게 해석하는지에 대한 사상
적 영위(營為)였다. 그리고 한일의 '다름'을 상호 반목의 소재로 하
는 것이 아니라, 상대 국가와 사회가 어떤 고민을 가지고 역사적
으로 만들어져 왔는가라는 것에 대해 깊은 수준에서 인식하는 것
이 필요한 것이 아닐까.

8.2
한일 시민사회 교류 50년

이기태(李奇泰. 統一硏究院)

I. 한일관계와 시민사회의 위기

2015년은 한국과 일본이 국교를 맺은 지 50주년이 되는 해였다. 1945년 해방 이후 한국에 일본은 정치, 경제, 안보 등의 분야에서 협력하면서도 때로는 갈등 관계의 대상이었다. 이런 가운데 확실한 사실은 현재 한일관계는 1965년 국교정상화 시기와는 비교가 되지 않을 정도로 정부 교류 및 민간 교류 모든 측면에서 양적, 질적으로 확대되었다는 것이다.

그럼에도 불구하고 2015년에 한일관계는 각종 현안들로 인해 불편한 관계가 지속되었다. 물론 연말에 한일 양국 정부간에 일본군 위안부문제 해결을 위한 합의가 이루어졌지만, 여전히 한일 양국의 국내에서는 여러 비판 및 수정 요구가 일어나고 있다. 이 외에도 한일간에는 독도문제, 역사교과서문제 등 여러 현안으로 인해 언제든지 갈등 관계로 확대될 수 있는 여지가 상존해 있다.

또한 한국과 일본 양국의 위기가 모두 취약한 시민사회에서 기인하고 있다고 분석 가능하다. 현재 한일 사회는 심화되는 경제 양극화와 사회적 안전망의 결여, 청년실업문제와 세대갈등 등 거의 모든 점에서 비슷한 상황에 처해 있으며, 이런 상황이 사회의 우경화와 민족주의를 부추기고 있다고 볼 수 있다. 무엇보다도 한

국과 일본의 보수 지배체제가 일부 시기를 제외하고 지금까지 70
여년 동안 변함없이 유지되어 오면서 정당 간의 이념 경쟁이 사
라졌고 노동조합의 대항력이 위축되면서 그 결과 국가나 지배세
력에 맞설 수 있는 시민사회의 역량이 취약했기 때문이다. 양국
시민사회의 자국 중심주의와 과거에 대한 집단적 무지가 향후 한
일관계의 불행을 가져오는 배경이 될 수 있다.[1]

　　이러한 상황에서 여기에서는 지난 50년 동안 한국과 일본의
시민사회 교류를 통해 한일의 민간 교류가 어떠한 양상으로 진행
되어 왔는지 알아본다. 그리고 오구라 키조(小倉紀蔵) 교수의 한일
시민사회의 특징을 사상적 관점에서 분석한 논지에 대한 한국측
의 해석 및 의견 제시를 아울러 담으려 한다.

Ⅱ. 한일 시민사회 교류의 역사

(1) 1990년대 이전 한일 시민사회 교류

　　1965년 6월 22일 한일기본조약이 체결되면서 한국과 일본의
국교정상화가 성사되었다. 사실 1960년대 당시 일본 국민들은 한
국에 대해 관심이 거의 없는 상태였다. 1972년 일본 NHK가 실시
한 여론조사에 따르면 한국을 좋아한다고 응답한 사람은 고작
1.3%에 불과하였다. 반면에 한국이 싫다고 한 사람은 9.8%였다.
결국 일본 국민의 90% 정도는 한국이 싫지도 좋지도 않은 무관
심 상태였다는 것이다. 또한 작가인 혼다 야스하루(本田靖春)는 한

---

1) 이시재, "한국과 일본의 시민사회의 비교연구," 김영작 외, 『21세기 한일
관계』, 서울: 법문사, 1997.

국에 대해 '많은 일본인에게 인식된다면 배후에 있는 귀찮은 존재 같은 것'이라고 묘사하기도 했다.

이와 같이 한국에 대해 무관심했던 일본인들에게 한국에 대한 관심이 생기게 된 시점은 바로 1970년대였다. 그 계기 중 하나가 바로 김대중 납치사건이었다. 김대중 납치사건이란 1973년 8월 8일에 당시 야당지도자였던 김대중이 일본 도쿄 그랜드팔레스호텔에서 한국 중앙정보부 주도하에 납치된 사건을 말한다. 이때부터 일본인들의 한국문제에 대한 관심과 한국 민중과의 '연대'라는 구호가 고조되었다. 무엇보다 도쿄에서, 그것도 대낮에 이웃나라의 유력 야당 정치가가 납치되었다는 사건은 특히 일본 언론의 주목을 끌었다. 예를 들어 당시 일본 주간지들의 제목을 보면 '드러난 일본에서 암약하는 한국 CIA 200명의 전모'(『週刊大衆』, 1973년 8월 30일), 'KCIA란 일본에서 뭐하고 있어?'(『女性セブン』, 1973년 9월 26일), '울던 아이도 울음을 그치는 남산의 제5국, 알려지지 않은 한국 CIA의 실태'(『週刊ポスト』 1973년 9월 7일) 등이었다. 당시 일본 언론에서는 납치사건의 '엽기성'과 '흥미로움'을 강조하였다. 그래도 이 사건을 계기로 일본에서 한국 민주화운동에 '연대'하는 시민운동 조직들이 생기는 배경이 되었다.

예를 들면 우선 민단계 민주단체들은 사건 당일에 일본정부는 김대중을 구출할 의무가 있다고 성명을 냈고, 자민당 아시아아프리카연구회에서 이에 대해 협력하였다. 일본인 지식인 71명도 8월 23일 '김대중 사건은 인간의 자유에 대한 공연한 도전'이라며 김대중과 가족의 안전, 그리고 한일 양국이 김씨의 재방일(再訪日)을 실현할 것을 요구하는 성명을 발표하였고, 이 외에도 일본인들을 중심으로 김대중의 재방일을 요구하는 집회가 11월과 12월에 걸쳐 150~500명 규모로 세 차례 개최되었다. 또한 1974년 4월에는 한국 민주화운동에 연대하자는 '일한연대연락회의'가 발족하였다. 이처럼 1970년대 일본에서는 한국의 인권과 민주화를 지원하는 시민운동이 재일동포조직과 일본인 중심 조직들에 의해 전개되는 모습을 보였다. 이러한 시민운동은 1980년대 들어서서까지 계속되었다. 1980년에 새로이 정권을 장악한 신군부에서 김대중에 대한 사형선고를 내리자 일본에서도 김대중 구명운동 및 시위가 전개되기도 하였다.

본격적인 한일 시민사회의 교류·협력은 1972년 손진두 재판을 시발점으로 볼 수 있다. 당시 손진두는 일본으로 밀입국했다가 출입국 관리법 위반으로 추방당할 위기에 처했는데, 원폭피해자로서 한국에서는 원폭치료를 받을 수 없어서 치료를 받기 위해 일본에 밀입국한 것이라는 사실이 일본 사회에 알려지면서 그를 돕기 위한 운동이 벌어졌다. 이는 한국 국내에도 영향을 미쳐 70년대는 결사의 자유가 상당히 제한되었던 시기였음에도 불구하고 '태평양전쟁유족회'가 결성되어 원폭 피해자들이 조직적으로 움직일 수 있게 하는 계기를 만들었다.

이때부터 서서히 형성되기 시작한 한일 시민사회간 네트워크는 민주화되지 않은 한국사회의 현실과 1980년대에 접어들어 활동을 지원했던 일본 내 세력들이 지속되지 못함으로써 활동이 주춤하다가, 1990년대 초 故김학순 일본군 위안부 피해자의 증언을 계기로 한국과 일본에 과거사 관련단체들이 결성되면서 양국 시민사회의 연대가 형성·발전되었다.[2]

---

2) 정미애, "한일관계에서 시민사회의 역할과 뉴거버넌스", 『아태연구』, 제18권 제2호(2011), pp.17-41.

또한 1980년대에는 서울에서 88서울올림픽이 개최되었다. 88올림픽 개최는 일본인들의 한국에 대한 인식이 새로이 전환되는 전환점이 되었다. 당시 일본 매스컴에서는 서울올림픽이 마치 일본에서 열리는 것처럼 야단이었다. TV의 경우 민간방송국은 물론 관영인 NHK까지 한국의 갖가지 풍물과 전통문화를 다투어 방영했었고, 주요 일간지의 스포츠면에는 예외 없이 '서울올림픽 앞으로 ○○일'을 게시하며 일본의 예상 메달수와 주요 선수들의 프로필 등을 기사화하고 있었다. 그리고 일본인들의 대한국 인식은 '올림픽을 훌륭히 치를 수 있는 나라'로 바뀌었다. 또한 올림픽은 한국이 치르고 장사는 일본이 한다는 일본의 기대는 깨지고 '장사도 한국이 한다'는 인식이 점차 확산되고 있었다.[3] 이처럼 1980년대에 88올림픽을 개최하면서 일본인들의 한국에 대한 관심이 증폭되었고 한일간에는 일종의 인식의 전환점이 되었다.

(2) 1990년대 이후 한일 시민사회 교류

1990년대 냉전 붕괴 이후 한국과 일본은 냉전 시기에 미국의 동아시아 정책과 반공이라는 공통점에 가려졌던 일제 식민지 시기에 대한 과거사문제 해결이라는 새로운 과제를 맞이하게 되었다. 그리고 1990년대 초부터 본격화된 일제 과거 청산을 위한 한일 시민사회의 교류 성과가 나타나기 시작했다. 냉전 붕괴 이후 지금까지 한일 시민사회 교류의 특징을 다음과 같은 세 가지로 나타낼 수 있다. 첫째, 한일간 연대의 폭이 넓어지고 방식도 다양해졌다. 둘째, 과거 일제의 전쟁피해문제로 시작된 여러 과거사

---

3) 경향신문, "세계를 서울 품에, 88올림픽 코리아 열풍 일본열도 공략", 1988.8.5.

현안, 특히 일본군 위안부문제와 같은 경우에는 세계의 전쟁, 성매매, 여성 인권문제로 논의가 보다 확대되었다. 셋째, 한일 시민단체의 네트워크를 넘어서 아시아 피해국 시민단체들의 연대를 이끌어 내었고, 이들 연대는 한일 시민단체 네트워크 보다 더 긴밀한 연대를 나타내고 있다.

여기에서는 1990년대 이후 현재까지 한일간 주요 현안문제에 대한 한일 시민사회의 교류 및 성과에 대해 서술해 본다.

1) 일본군 위안부문제

1990년대에 일본 내에서는 재일한인에 의해 '조선인 종군위안부문제를 생각하는 모임'이 설립되었고, 다른 일본의 시민단체들도 이에 대거 참여하기 시작하였다. 또한 12개의 시민단체는 '종군위안부문제 행동 네트워크'라는 연대 조직을 만들었다. 이들이 전국적으로 확산되면서 펼친 활발한 사회 활동은 방어적인 자세의 일본정부에 대항하는 일본의 양심이라는 평가를 받았다. 비슷한 시기에 한국에서는 '한국정신대문제대책협의회', 즉 '정대협'이 1990년에 발족하면서 정대협을 중심으로 진상규명과 대책을 촉구하는 활동이 활발하게 전개되었다. 정대협은 1992년에 미야자와(宮澤喜一) 총리의 방한을 계기로 일본대사관 앞에서 진행한 수요 집회를 현재까지도 계속 진행하고 있다.

한국의 이런 움직임에 호응하여 일본 시민단체는 현재까지 일본군 위안부의 전후 보상 실현에 대응하는 운동을 확대하고 있다. 즉, 피해자 구원을 위한 전후 보상운동의 성격이다. 이처럼 수십년간 가려졌던 여성의 성폭력문제가 전후 보상을 요구하는 시민운동을 통하여 인권문제로 발전하는 형태를 나타내고 있다.

1990년 이후 재일 한인 여성운동 조직인 '교회여성연합회'와 '매매춘문제에 도전하는 모임'과 같은 일본의 여성운동 단체들은 한국의 일본군 위안부문제 운동가와 피해자를 초청하는 등 단체 본래의 목적 이외의 부가적인 활동의 하나로 이에 참여했다.

일본군 위안부문제만을 위한 새로운 운동 단체의 결성은 재일한인에 의해 처음 시작되었다. 1991년 5월 오사카에서 '조선인 종군위안부문제를 생각하는 모임'이 설립되었고, 11월에는 재일 한인을 중심으로 국적과 소속단체에 구애되지 않고 모두가 참여하는 '종군위안부문제 우리여성네트워크'가 만들어졌다. 이러한 새로운 단체 결성에 이어 기존 일본 YWCA와 같은 여성단체나 일본기독교교회협의회와 같은 시민단체도 대거 참여하기 시작했으며, 일본군 위안부문제를 위한 새로운 단체 결성도 1991년부터 1994년 사이에 중점적으로 나타났다. 여러 시민단체들 가운데 12개 단체는 '종군위안부문제 행동네트워크'라는 연대 조직을 만들어 영향력 증대를 위해 노력하였다. 이러한 활동은 전국적으로 확산되어 일본 각 지역에서 평화운동이나 인권 운동을 벌이던 시민 그룹과 결합하였다.

이 외에도 일본 시민단체 중에서도 '아시아-일본 여성자료센터'와 '전쟁과 여성에 대한 폭력 리서치, 행동센터(VAWW-NET: Violence Against Women in War Network Japan)'의 활동이 최근까지 활발히 진행되고 있다. VAWW-NET은 전범 법정의 국제공청회에서 위안부 생존자도 함께 증언하며 과거만의 문제가 아니고, 일본군 위안부가 '성노예'였음을 일본사회, 더 나아가 전 세계에 인식시켰다. 또한 여성전쟁평화박물관은 도쿄의 중심부에서 최초로 전쟁 중 성폭력에 관한 자료를 모아놓은 곳이다.

2005년 일본에서 '강제동원 진상규명 네트워크'라는 시민단체가 설립되었다. 일본의 시민단체와 활동가들이 조선인 피해자의 실태조사를 지원하기 위해 결성한 이 단체는 일본인들이 자체적으로 조직을 결성한 첫 사례였다. 이 단체는 한국의 '대일항쟁기 강제동원피해조사 및 국외강제동원희생자 등 지원위원회'와 함께 한일간 민간협력의 좋은 모델로 평가받고 있다.

이와 같이 일본군 위안부문제와 관련한 일본 시민사회의 활발한 움직임은 전후 일본 사회운동에서 하나의 주요한 흐름을 이루며 평화운동의 맥락에서 발전해 왔다고 볼 수 있다. 1970년대부터 싹트기 시작하여 1990년대 이후 확대기에 이르기까지 새로운 여성운동의 흐름과 보조를 맞추어 기독교운동, 노동운동, 보수적인 지역운동까지도 참여하게 된 것이다. 이들의 활발한 사회활동은 방어적인 자세를 견지하고 있는 일본정부에 대항하는 일본의 양심이라는 평가를 받아왔다.

'일본군 위안부문제'와 관련한 한일 시민사회의 협력 사례가 존재하지만, 사실 일본 시민단체의 노력들은 일본정부의 소극적 태도에 가려져서 그 영향력은 대한민국 내에서 미미하다고 볼 수 있다. 일본 시민단체들의 노력과 목소리는 한국의 시민사회와 다를 바가 없는데 한국에서 주로 미디어를 통해 접하게 되는 내용은 일본의 우경화와 민족주의적 움직임이기 때문에 한국사회와 국민들에게 쉽게 전달되지 않는다는 한계가 있다.[4] 일본 시민사회는 한국이 폄하하는 것처럼 '죽은 시민의 사회'가 결코 아니고 그 동안 보여준 과거사에 대한 반성과 도덕적 헌신성을 한국사회

---

4) 천자현, "다음 세대를 위한 한일관계의 새로운 패러다임," 『일본비평』 제12호(2015), pp.26-49.

에서 평가해 주어야 한다.

2) 역사교과서문제

1990년대 이후 '새로운 역사교과서를 만드는 모임', 일명 '새역모'라는 우익단체가 기존의 역사관을 '자학사관'이라고 비판하며 일본의 침략사실을 인정하지 않는 내용의 교과서를 출판한 것이 시초가 되었다. 한국정부는 불만을 언급하며 수정을 요구하였고 이에 따라 한일관계는 냉각되었으며 심지어 1989년부터 실시해 온 한국 대학생과 교원 교류 사업의 방일이 취소되는 등 인적, 문화적 교류 조치에 대한 연기 및 취소가 각계 사회 집단에서 일어났다.

한일 시민사회는 과거 청산 및 역사교과서문제에 대해 적극적인 활동을 전개하였는데 그 중에서 역사교과서문제 해결을 위한 한국과 일본 시민사회의 활동을 살펴보면 다음과 같다. 일본에서는 '어린이와 교과서 전국네트 21'이라는 시민단체가 1998년에 결성되어 진보적 사회운동 단체의 네트워크 통합자로 기능하였으며 새역모 역사교과서의 채택 저지운동을 벌였다. 이 외에도 다양한 일본 시민사회의 움직임이 있었는데 특히 '새역모의 교과서 채택에 반대하는 스기나미 부모회'가 교육위원회를 상대로 2005년 7월에 도쿄 지방재판소에 소송을 제기했다. 이는 일본 시민단체가 교과서 채택과 관련하여 사법적 판단을 구한 최초의 사례였다. 이러한 노력의 결과 2005년 새역모의 역사교과서 채택률은 0.39%에 머물렀다.

한편 한국에서는 '아시아 평화와 역사교육연대'라는 단체가 적극적인 활동을 전개해 나갔다. 이들은 한일공동시위와 서명운동을 개최하는 한편 2001년에는 도쿄에서 약 500명이 참가한 '인간띠잇기' 행사를 진행하였다. 사실 역사교과서문제는 일본정부의 교과서 검정이 4년에 한 번 이루어지기 때문에 4년마다 발생하는 현안으로 정례화된 측면이 있다. 특히 2011년에는 동일본 대지진 피해자를 돕기 위해 한국 곳곳에서 모금운동이 한참 전개되어 일본에 대한 우호 분위기가 가장 고조되고 있었는데 일본 문부과학성이 검정결과를 발표하며 일본에 대한 공감대가 일시에 반일감정으로 바뀌기도 했다.

한일 시민사회의 구체적인 연대 사례는 요코하마에서의 우익교과서 반대 활동이다. 요코하마는 일본 우익교과서가 채택될 가능성이 가장 높은 '위험한' 지역으로 분류되었다. 따라서 일본 시민단체인 '요코하마연락회'는 한국의 시민단체인 '아시아역사연대'와 연대해 한일 양국에서 요청 활동을 전개하였다. 아시아역사연대는 방일 활동을 통해 요코하마시 교육위원회에 요청 활동을 전개했고, 요코하마연락회는 인천을 방문했고 인천시의회는 역사 왜곡 결의안을 채택해서 요코하마시 교육위원회에 서한을 보냈다.

이와 같이 시민운동이 한일 시민연대로 확장되면서, 정부차원에서 가능하지 않았던 역사 갈등을 해결하기 위한 실마리를 만들어가기 시작했다는 점에서 한국사회의 질적 변화를 의미하는 것이었다. 앞서 언급했듯이 역사 교과서문제에 있어서도 한국사회가 '보수우경화'로 단정짓고 있는 일본사회에 우리가 생각하고 있는 것 이상으로 '양심적'인 시민세력이 다수 존재한다는 것이다. 한국에서 보는 것처럼 일본은 일원적 사회가 아니며 오히려 역사교과서문제 대응에 있어서도 일본은 42개 단체가 뜻을 같이

한 반면에 한국은 1개 단체가 참여했을 뿐이다.

3) 우토로 마을(ウトロ地区) 문제

일제의 과거 청산과 관련된 시민사회 연대의 또 다른 예는 우토로 마을 사건이다. 우토로 마을은 일본 교토에 있는 조선인 마을이다. 그런데 '우토로' 주민들이 일본기업인 '닛산차체(日産車体)'의 부당한 토지소유권 행사 때문에 강제 퇴거를 당할 위기에 처하게 되었다. 이것이 특히 더 문제가 되는 이유는 우토로 마을 자체가 태평양전쟁 당시 일제가 조선인 인력을 동원하는 과정에서 불가피하게 생겨난 것이기 때문이다.

이에 일본 시민사회는 '우토로를 지키는 모임'을 중심으로 우토로 주민들의 심리적 후원군 역할을 하고 대내외 홍보활동에 초점을 맞추었다. 일본인도 우토로 주민들과 함께 한다는 믿음은 주민들의 버팀목이 되었다. 이들은 대시민 홍보와 때로는 사법적, 물리적 투쟁 역량을 지원해 주기도 하였다. 재판과정에서 함께 대책을 세우고, 부동산업자 쪽에서 가옥 해체를 시도할 때마다 회원들을 동원하여 물리적으로 함께 막아내는 등의 온갖 활동적 투쟁을 하였다.

한국 시민사회의 지원 활동은 1996년 '우토로 재일동포의 거주권을 지키는 서명운동'으로 시작되었다. 한국 시민사회의 지원 활동 중 그 무엇보다 중요했던 것이 바로 모금활동이었다. 한국 시민사회 단체들은 1년 남짓한 기간에 민족주의와 애국심 마케팅을 통해 5억원 이상을 모았다. 2005년에는 우토로를 향한 한국사회의 관심이 폭발적으로 증가했고 언론에서도 대대적으로 보도가 되었다. 한국 시민사회의 경우는 일본 시민사회와 달리 모금활동을 겸했다는 것과 한국정부와 일본정부 양쪽을 비교적 강하게 압박한 것이 특징이었다.

대체로 양국 시민조직은 서로 방문하기도 하며 상대방 국가에서의 홍보활동에 공동으로 참여하는 등 활발한 교류를 하였다. 한국 '우토로조사단'이 일본 현지에서 우토로 문제에 대한 강연을 하기도 하고 춘천에서 일본 시민단체 회원들이 발표와 토론에 참여하기도 하였다. 특히, 1998년 '우토로를 지키는 모임' 주최로 '인간 띠잇기' 집회를 열어 많은 재일 한인과 일본인들이 함께 어깨동무도 하며 어울리기도 하였다.

우토로 문제에 있어서 한일 시민사회의 협력이 거둔 가장 큰 성과는 서로가 서로에게 미친 격려의 힘이었다. 함께 연대하며 아이디어나 노하우를 교환할 기회를 풍요롭게 만든 것이었다. 일본 시민단체의 전문성, 집중성과 한국 시민단체의 민족주의적 열정이 시너지 효과를 발휘해 우토로 문제를 완화시켰다.[5]

4) 문화 및 청소년 교류

2000년대에는 문화와 청소년 교류가 활발하게 전개되었다. 먼저 문화교류부터 살펴보면 2000년대 전에는 대한민국 정부가 한일병합의 영향으로 국민 감정을 해치는 등의 이유로 일본 만화나 영화, 음악 등 대중 문화를 법으로 규제해 왔다. TV에서 일본 노래를 틀어주는 것이 금지되었고 일본 애니메이션은 방송이 금지되었다. 또한 한국사회는 일본의 대중문화를 폭력적이고 성적인 것이라는 편견을 가지고 있었고 일본문화는 저질문화라는 인식이 한국을 지배하였다. 하지만 1998년 김대중 대통령 취임시기

---

5) 유영국, "우토로 문제를 통해 본 한일 시민사회 연대의 성과와 과제," 『한국민족문화』, 제34호(2009.7), pp.407-454.

부터 4차에 걸쳐서 일본의 대중문화 수입이 허용되어 점점 일본 문화에 대한 인식이 좋아지고 이는 한일 시민단체의 문화적 교류의 시발점이 되었다.[6] 2002년 한일월드컵 공동개최와 2005년 한일 우정의 해를 거치면서 학술, 스포츠, 예술 등의 분야에서 다양한 시민사회의 교류가 오고 갔다. 가장 대표적인 사례로 2005년부터 2008년까지 매년 서울에서 한일축제한마당이 개최되기도 하였다.

　　한일 청소년 단체의 교류활동에 대해 살펴보면 한국의 '국제청소년 교육재단'과 일본의 '오사카 어린이 육성연합회'는 1987년 '제 1회 한일학생 친선교류'를 시작으로 매년 캠프를 개최하고 있다. 청소년 교류의 시작은 이렇게 80년대부터 시작했지만, 문화교류와 더불어 2000년대에 들어서 청소년 교류는 그 규모와 분야에 있어서 훨씬 확대된 모습으로 나타났다. 청소년 문화포럼을 열어 토론회를 하거나 양국의 문화활동을 체험하며 다양한 소통을 해오고 있다. 지금 이 시각에도 다양한 청소년 교류가 일어나고 있겠지만 앞으로도 양국 청소년들이 서로 교류하며 상대방의 문화에 대한 이해를 바탕으로 친교할 수 있는 기회를 보다 광범위하게 늘려가야 할 것이고 특히 온라인 커뮤니티를 통한 지속적, 일상적 교류가 전개된다면 더욱 더 좋을 것이다. 서양 문화에 많은 영향을 받고 있는 한국과 일본 청소년들이 함께 아시아 문화를 창조한다면 지구촌 젊은이들의 동양문화에 대한 관심을 더욱 더 확대할 수 있을 것이다.

---

6) 이용교, "한일 청소년문화 교류의 실제와 발전방안", 『글로벌청소년학연구』, 제3권 제2호(2013), pp.67-90.

Ⅲ. 한일 시민사회의 특징 및 과제

(1) 한일 시민사회와 정치역학

일본은 1950-60년대 진보적 시민운동 및 사회운동 단체의 정치적 진출이 눈에 띄게 활성화되었다. 1970-80년대에는 이러한 사회단체들의 활동이 제도적 틀 내에 정착하였다. 1990년대 이후에는 특수이익을 대변하는 조직과 단체들의 영향력에서 벗어나 일본을 전반적으로 개혁하려는 논의가 진행되었다.

한편 한국에서는 개발독재기에는 많은 단체들이 정부의 조합주의 통제하에 놓여 있었다. 1980년대 중반 이후부터 정부 주도의 통제를 벗어나려는 사회운동이 나타났으며 정치권에 대한 감시와 비판을 담당하는 시민사회의 성장이 두드러졌다. 1990년대 후반에는 전국적 네트워크를 갖춘 사회운동 단체의 영향력이 증대되었다. 때로는 정부보다 더 급진적인 개혁을 주장하였는데 이처럼 일본과는 달리 한국에서 문제가 되고 있는 것은 개혁의 정체가 아니라 개혁의 급진적 전개라는 지적이 존재한다.

또한 한국은 서울을 중심으로 한 수도권에 인구가 집중함으로써 1차적 인간관계를 중심으로 한 네트워크가 지역공동체를 대체하며 전국적 사회조직에 대한 의존도가 증대되고 있는 반면에 일본은 지역사회가 그대로 남아 있어 지역공동체가 유지되어 오고 있으며 따라서 소규모 집단의 상호연계가 중심을 이루고 있다.[7]

한편 한일 양국간의 교류는 국가 차원뿐 아니라 시민사회 차원에서, 특히 1990년 이후 괄목할 만한 활발함을 보이고 있

---

7) 박철희, "사회집단 구성의 동태적 발전과 정치적 연계의 관한 한일비교", 『한일공동연구총서 15』. 2006.8, pp.258-293.

다.[8] 하지만 노무현정부 때에는 고이즈미 총리의 야스쿠니 신사 참배와 각종 시민단체들의 전국 연합에 의한 정치적 압력에 직면하면서 일본에 대한 대응의 강도를 높였다. 한일관계와 관련하여 더욱 염려가 되는 것은 한일 양국의 행동과 시민단체들이 근본주의적 주장을 내세우고 있으며 이들이 추구하는 이상이 정면으로 맞서고 있다는 것이다. 즉 일본의 우익 성향의 시민단체는 먼저 사회주의적 중국과 민주적 한국을 한통속으로 간주한다. 이러한 인식 하에 반아시아적이며 일본이 아시아의 가장 근대화된 선진국이라는 자부심을 가지면서, 다른 정치적 목소리들을 억압하고 반대한다. 또한 한국의 반일 민족주의 사회단체는 폐쇄적이고 닫힌 민주주의에 기초한 민족주의 성향을 지니면서 지나치게 내향적 특수성에 기초하여 방어적 성격을 갖고 있다. 따라서 한민족 이외의 타민족에 대해 부정적 성향을 띠고 있다. 게다가 한일관계의 개선을 바라는 대다수 침묵하는 다수에도 불구하고 근본주의적 이념을 추구하는 한일 양국의 운동가들에 의해 한일관계 쟁점이 주도되는 경향이 있다.[9]

종합해 보면 한일 시민사회는 다음과 같은 공통점을 갖는다. 먼저 가족주의적 전통이 강하다. '가족주의'가 가족의 영역을 벗어나 사회적인 영역에까지 영향력을 행사하고, 시민사회가 책임을 져야 할 일을 가족 내에서 해결한다면, 강한 가족주의는 시민사회의 발전에 저해가 되는 것이다. 한국과 일본은 지난 100년간 국가를 앞세워 왔고 그 과정에서 시민사회는 상대적으로 억압을

---

8) 기미야 다다시, "분단체제론과 한일 시민사회", 『창작과 비평』, 제146호 (2009), pp.405-415.

9) 박철희, "한일 갈등의 반응적 촉발과 원론적 대응의 구조", 『한국정치외교사논총』, 제29집 제2호(2008.2), pp.323-348.

받았다.

반면 1990년대부터는 한일 모두 '세계화 정책'을 통해 국가 경쟁력을 제고하여 세계시장에서 이겨나가야 한다는 것이 목표로 설정되었고, 선진국 수준으로 구조를 바꾸어 나가야 하고 시장을 자유화하는 것이 시대적 조류로 나타나게 된다. 이러한 사회경제 적 분위기와 함께 한일 시민사회, 특히 양국의 청년들은 국가를 위해서 개인의 이익을 희생해도 좋다고 생각하는 국가주의적 특성이 강한 한국 청년과 개인주의적인 일본 청년이 존재한다.

이와 같이 한국의 가족 중심주의와 국가의 과잉지배는 일본 에 비해 시민사회의 발전에 큰 저해요소가 되고 있었다. 한편 일 본의 시민사회는 일상 생활에 파고든 시장지배를 극복하려는 노 력을 해야 한다. 그리고 한국의 시민사회 발전을 위해서는 시민적 공공성과 국제주의를 더욱 추구하여야 한다.

(2) 한일간 현안에 대한 한국 시민사회의 현황 및 과제(오구라 원고에 대한 코멘트)

오구라 교수가 설명하고 있는 역사적, 사상적으로 '시민', '민 주주의', '법'에 대한 한일간 인식의 차이에 대해 전반적으로 동의 한다. 오구라는 역사적으로 한국 '시민'의 근원은 사대부에 있다 는 가설을 세우고 있다. 하지만 유교의 근본 이념에 따라 국가를 지탱하는 것은 '백성' 즉 시민에 있음을 사대부도 알고 있었고, 조 선의 농촌 같은 곳에서도 일본과 같은 '자치'가 존재했다고 볼 수 있다.

또한 역사적 경험에 의한 편견이 한국의 '덕치'와 일본의 '법 치'에 대한 편견으로 나타났다는 점을 오구라는 주장하고 있다.

그리고 이러한 편견이 한일 시민사회에 뿌리 깊게 인식되어 있고, 영토문제, 일본군 위안부문제 등 한일간 현안을 해결하는데 있어 걸림돌이 되고 있음도 부정할 수 없다.

오구라는 '변증법적'으로 한일간 차이를 극복하기 위해 상호 간 철저한 '부정'이 필요하다고 주장한다. 하지만 한편으로 한일 양국이 상호 부정을 견뎌낼 수 있을 것인가에 대해 의문을 나타내고 있다. 그렇다면 역시 해답은 '시민사회'에 있음은 자명하다. 상호 간 지속적인 교류를 통해, 그리고 '동아시아'라는 보다 넓은 관점에서 '시민', '민주주의'의 개념 창조를 통해서만이 한일간 현안에 대한 극복이 가능하다.

한국 시민단체의 역동성은 아시아 최고 수준이라고 할 수 있다. 특히 정부 권력에 대한 견제와 정부 정책에 대한 적극적 참여, 그리고 약자에 대한 대변이라는 역할에 충실하면서 사회 변혁의 핵심으로 존재해 왔다. 또한 최근에는 온라인에서의 시민단체 활동도 매우 적극적으로 나타나고 있다.

특히 1980년대 이후 민주화 과정을 거치면서 정부 및 기득권층에 대한 한국 시민사회의 '도덕'적 우위 의식이 강하게 존재한다. 이러한 '도덕'적 우위 의식은 한일관계에도 동일하게 적용되고 있다. 특히 민주화 과정을 통해 생성된 '도덕'적 우위 의식의 진보세력이 한일관계에서 강경한 입장을 취하는 경우가 많다. 한국 시민사회에서는 식민지 지배에 따른 한일간 현안에 대해 보수-진보 상관 없이 '도덕'적 해결이 '법'에 의한 해결을 압도하는 경향이 강하다. 결국, 한일 양국 모두 시민사회의 다원화와 보편적 가치에 근거한 국제적 협력 및 거버넌스를 강화할 필요가 있다. 또한 전략적으로는 일본 시민사회와의 선별적 교류가 필요한데

이는 일본 시민사회, 그 중에서도 일본의 우경화 경향 속에서 한일간 현안에 이성적으로 대응할 수 있는 일본 내 진보세력을 강화할 필요가 있다.

462

집필진 약력

<한국측>

김기정 (金基正)

연세대학교 정치외교학과 교수/ 미국 University of Connecticut 정치학 박사/ 연세대 행정대학원 원장/ 한국정치학회, 한국국제정치학회 부회장 역임/ 미국 University of California, San Diego 교환교수, 게이오(慶應義塾) 대학 방문교수

김상준 (金相準)

연세대학교 정치외교학과 교수/ 미국 The University of Chicago 정치학 박사/ 연세대학교 대외협력처장/ 현대일본학회 회장/ 미국 Massachusettes Institute of Technology(MIT) 방문교수

김웅희 (金雄熙)

인하대학교 국제통상학과 교수/ 일본 쓰쿠바(筑波)대학교 국제정치경제학 박사/ 한국전자통신연구원 기술경제연구부 선임연구원/ 일본 독협(獨協)대학 객원교수

문정인 (文正仁)

2016년 연세대 정년 퇴임 후 현재 연세대 명예특임교수/ 미국 캘리포니아 대학 (UCSD) 세계정책전략 대학원 Krause 석좌연구원/ 한반도 평화포럼 공동대표, 아시아연구기금 이사장/ 대통령 자문 동북아시대 위원회 위원장, 외교통상부 국제안보대사 역임/ 아시아연구기금 이사장, 한일50년 성찰 프로젝트 자문위원

배종윤 (裵鍾尹)

연세대학교 정치외교학과 부교수/ 연세대학교 정치학 박사/ 연세대학교 김대중 도서관 연구교수/ 미국 프린스턴대학교 국제지역연구원 (PIIRS) 전임연구원

신정화 (辛貞和)

동서대학교 동아시아학과 부교수/ 일본 게이오(慶應義塾)대학교 정치학 박사/ 통일부 자문위원/ 한국정치학회 부회장

양기호 (梁起豪)

성공회대학교 일본학과 교수/ 일본 게이오(慶應義塾)대학교 정치학 박사/ 대통령자문 동북아시대위원회 전문위원 / (사)한일미래포럼 운영위원장

이기태 (李奇泰)

통일연구원 국제전략연구실 부연구위원/ 일본 게이오(慶應義塾)대학교 정치학 박사/ 연세대학교 북한연구원 전문연구원/ 국민대학교 일본학연구소 전임연구원

이원덕 (李元德)

국민대학교 국제학부 교수(일본학연구소 소장)/ 일본 도쿄(東京)대학교 국제관계학 박사/ 현대일본학회 회장(2015) 역임/ 외교부 자문위원

최희식 (崔喜植)

국민대 일본학과 부교수/ 일본 게이오(慶應義塾)대학교 정치학 박사 / 국민대 일본학연구소 전임연구원

<일본측>

고마키 데루오 (小牧輝夫)

오사카경제법과(大阪経済法科)대학 아시아태평양연구센터 객원교수(아시아경제 연구소 명예연구원)/ 오사카시립(大阪市立)대학 경제학부 졸업/ 아시아경제연구소 연구주간/ 고쿠시칸(国士舘)대학 21세기 아시아학부장·교수

니시노 준야 (西野純也)

게이오(慶應義塾)대학 법학부 정치학과 교수, 동대학 현대한국연구센터장/ 연세대학교 정치학과 박사과정 수료, 정치학 박사/ 주한국 일본대사관 전문조사원, 일본 외무성 전문분석원

미야기 타이조 (宮城大蔵)

조치(上智)대학대학원 글로벌 스터디 연구과 교수/ 히토츠바시(一橋)대학 대학원 박사후기과정 수료/ 정책연구대학원대학 조교수

소에야 요시히데 (添谷芳秀)

게이오(慶應義塾)대학 법학부 교수/ 미시간대학교(Ph.D. 국제정치학)/ 게이오대학 동아시아연구소 소장(2007~2013년)

야쿠시지 가쓰유키 (薬師寺克行)

도요(東洋)대학 교수/ 도쿄(東京)대학 문학부 졸업/ 아사히 신문 논설위원, 정치부장

오구라 키조 (小倉紀蔵)

교토(京都)대학 대학원 인간·환경학연구과 교수/ 서울대학교 철학과 문학석사

오코노기 마사오 (小此木政夫)

게이오(慶應義塾)대학 명예교수/ 게이오대학 법학연구과 박사과정, 법학박사/ 게이오대학 지역연구센터 소장, 법학부장/ 아시아연구기금 이사, 한일50년 성찰 프로젝트 자문위원

오쿠조노 히데키 (奥薗秀樹)

시즈오카현립(静岡県立)대학 대학원 국제관계학 연구과 준교수, 동대학 현대 한국조선연구센터 부센터장/ 규슈(九州)대학 대학원 비교사회문화연구과 박사후기과정 수료/ NHK기자 , 한국 동서대학교 국제학부 조교수

韓日關係 50年의 省察

초판인쇄　2017. 2. 10
초판발행　2017. 2. 15

편　자　아시아연구기금(The Asia Research Fund)
발행인　황 인 욱
발행처　도서출판 오 래
　　　　서울특별 마포구 토정로 222 406호
　　　　전화: 02-797-8786,8787; 070-4109-9966
　　　　Fax: 02-797-9911
　　　　신고: 제302-2010-000029호(2010.3.17)

ISBN 979-11-5829-025-2　93340

 http://www.orebook.com
email orebook@naver.com

정가 20,000원